# 딜레마와 제도의 설계

나남
nanam

나남신서 1361

딜레마와 제도의 설계

2009년 2월 15일 발행
2011년 9월 5일 2쇄

저자_ 소영진 · 이영철 · 윤견수 · 하민철 外
발행자_ 趙相浩
발행처_ (주) 나남
주소_ 413-756 경기도 파주시 교하읍
출판도시 518-4
전화_ (031) 955-4600 (代)
FAX_ (031) 955-4555
등록_ 제 1-71호(1979.5.12)
홈페이지_ http://www.nanam.net
전자우편_ post@nanam.net

ISBN 978-89-300-8361-4
ISBN 978-89-300-8001-9(세트)
책값은 뒤표지에 있습니다.

나남신서 1361

# 딜레마와 제도의 설계

소영진 · 이영철 · 윤견수 · 하민철 外

나남
nanam

# Dilemma and Institutional Design

*by*

Soh, Young Jin · Lee, Yung Chul
Yoon, Gyoun Soo · Ha, Min Cheol
and Associates

nanam

# 머리말

이번에 펴내는 《딜레마와 제도의 설계》는 딜레마 연구시리즈의 제3권이다. 딜레마 연구모임은 이미 《딜레마 이론》과 《딜레마와 행정》을 펴내어 행정현상을 이해하는 데 있어서 딜레마 현상을 독특한 범주로 부각시키고, 딜레마를 연구하기 위해 필요한 새로운 개념과 분석틀을 제시하였으며, 구체적 사례를 통해 그 이해를 넓혀왔다. 연구시리즈 제1권인 《딜레마 이론》에서는 연구의 출발점으로서 딜레마 개념이 조직과 정책에 대한 새로운 이해를 가능하게 한다는 점을 부각시키기 위해 딜레마 개념 정의, 딜레마의 인과관계 구조, 딜레마의 형성과정, 그리고 딜레마에 대한 대응행동 등에 초점을 두고 사례분석을 시도하였다. 그리고 제2권인 《딜레마와 행정》에서는 딜레마 정의의 현실적합성에 대한 재검토를 바탕으로 딜레마 형성 요인, 딜레마와 제도변화의 관계, 중간집단 등에 초점을 맞추고, 구체적 정책사례와 조직에 대한 분석을 통하여 딜레마 현상을 심도 있게 파악하려고 하였다. 제3권인 《딜레마와 제도의 설계》는 무엇보다도 딜레마 현상을 행정학 연구의 큰 틀 속에 위치지으면서, 딜레마 현상에 대응하거나 예방하기 위한 제도적인 설계에 초점을 두고 있다.

이제까지 딜레마와 관련된 연구들은 크게 두 가지 범주로 나누어진다. 하나는 딜레마 상황에 처한 정책결정자가 선택의 어려움에서 벗어나기 위해 소극적인 대응으로서 회피적 결정을 하는 양상에 대한 연구들이다. 많은 연구들이 소극적인 대응의 방식으로 정책결정 지연, 정책결정의 책임 전가, 정책의 순환적 선택 혹은 비일관성, 형식주의, 무마용 자원 확대 등을 경험적으로 확인하고, 그 함의를 논의하였다. 이것은 연구 초창기 딜레마가 정책과 조직에 대한 새로운 이해를 가능하게 해준다는 것을 제시하기 위해 딜레마 현상이 우리 주변에 폭넓게 존재한다는 것을 경험적으로 밝히려는 의도의 소산이기도 하였다.

다른 하나는 딜레마에 대한 적극적인 대응으로서 딜레마를 해소하거나 예방하기 위한 제도설계가 가능한가를 탐색하는 연구들이다. 이 범주의 연구들은 최근 들어 많이 축적되고 있다. 제도가 딜레마와 밀접한 관련이 있다는 것은 딜레마 워크숍을 통해서 지속적으로 제기되어 왔다. 특히 우리 연구모임은 딜레마 연구시리즈 2권인 《딜레마와 행정》에서 '딜레마라는 것이 만약 피해야 할 상황이라면 그것을 피하기 위해 어떻게 제도를 설계해야 할 것인가'라는 구체적인 연구질문을 제기하였었다.

딜레마 연구시리즈 3권인 《딜레마와 제도의 설계》는 바로 딜레마를 예방하거나 해소하기 위한, 그것이 어렵다면 적절하게 관리하기 위한 장기적이고 적극적 대응으로서 제도설계에 초점을 두었다. 물론 이미 2권 《딜레마와 행정》에 제도와 딜레마의 관계에 대한 논문이 4편 실려 있고, 향후 연구과제의 중요한 영역으로 제도와 딜레마의 관계를 논의했었다. 이번 딜레마 연구시리즈의 제 3권은 딜레마와 제도가 어떠한 관계에 놓일 수 있는가, 혹은 어떠한 관계를 형성할 수 있는가에 대해

보다 집중적으로 다루었다는 점에서 차이가 있다.

그렇다면 '제도와 딜레마'에 대한 연구에서 어떠한 연구주제들이 가능한가? 이미 2권 《딜레마와 행정》에서 딜레마 연구모임은 딜레마 이론과 제도의 관계에 대한 연구 범주를 두 가지로 제시한 바 있다. 하나는 기존 제도의 기원과 운영이 딜레마 현상과 어떤 관계가 있는가를 밝히는 것이다. 이것은 제도의 역사적 기원을 탐구하는 회고적(*retrospective*) 정향을 띠는 연구가 될 것이다. 다른 하나는 딜레마 상황이 예견되는 경우 그것을 예방하고 적절하게 관리하기 위해 어떻게 제도설계를 할 것인가에 대한 것이었다. 이것은 제도가 딜레마를 예방하거나 해소할 수 있다는 전망적(*prospective*) 정향을 띠는 연구가 될 것이다. 이번 3권 《딜레마와 제도의 설계》는 바로 이러한 전망적 정향을 가지고 딜레마와 제도의 관계를 이해하는 데 초점을 둔 논문들이 많다.

## 이 책의 내용

《딜레마와 제도의 설계》는 세 부분으로 구성되어 있다. 1부에는 딜레마현상을 다각도에서 음미한 이론 중심적인 글을 모았고, 2부에는 딜레마의 해결을 위한 제도적 대응에 관련된 처방 중심적인 글을 모았으며, 3부에는 딜레마 상황이 정책집행과정에서 야기하는 문제를 검토하는 글을 모았다.

〈제 1부 딜레마 현상: 이론적 성찰〉에는 4편의 이론 중심적인 논문이 실렸다. 4편의 논문은 아주 다른 이론적인 각도에서 딜레마 현상을 이해하고 있다. 기존의 결정이론이 불확실성, 모호성을 중심으로 전개되었다면, 딜레마 이론은 기존의 이론이 포착하지 못하는 면을 새롭게 해석해내고 있으며, 딜레마 예방을 위한 제도적 대응방안 혹은 관리전략은 어떠해야 하는지도 흥미롭게 다루어지고 있다.

이종범의 "불확실성, 모호성과 딜레마 상황하에서 절차적 합리성의 탐색"은 불확실성, 모호성, 딜레마 상황하에서 어떤 정책결정체제가 합리성을 확보하기 위하여, 각각의 상황에 대응하기 위해 설계하는 제도적 장치들이 다르다는 점에 착안하여, 그 차이를 이론적으로 밝힌 논문이다. 이종범은 기존 정책결정이론에서 합리적 정책결정에 어려움을 초래하는 요인으로 많이 논의되어온 불확실성과 모호성에 덧붙여, 행정현상에서 빈번히 발견되는 딜레마 상황이 또 다른 차원의 어려움을 초래하는 요인이 될 수 있음을 이론과 사례를 통하여 제시하고 있다. 이종범의 주요 관심은 딜레마 상황에 대한 제도적 대응에 놓여있지만, 딜레마 상황을 불확실성과 모호성에 대비시킴으로써, 딜레마 상황이 결정상황 혹은 행정현상의 이해에서 차지해야 할 위치를 이론적으로 확연하게 부각시키고 있다.

딜레마 상황과 관련하여 이종범은 딜레마에 대한 적극적 대응으로서 상호조정, 타협, 재판, 대체적 분쟁해결제도, 위원회, 국회, 직접투표 등의 제도적 대응에 관련된 기존 논의를 종합하고, 절차적 합리성을 확보할 수 있는 '공론과정'(*public deliberation*)의 원칙들을 제시하고 있다. 그리고 세 가지의 경험적 사례, 울산시 북구청의 음식물자원화시설 입지선정정책, 방사능핵폐기물 처리장 건설정책, 노무현 대통령 탄핵소추사건 등에 대한 분석을 토대로 제도설계에 대한 이론적 아이디어를 제시하고 있다. 해결해야 할 문제의 사안이 복잡할수록, 그리고 난이도가 높을수록 대응기제가 더 정교하여야 하며, 결정과정의 정통성이 높아져야 한다는 것을 이론적으로 추론하고 있다. 즉 딜레마 상황에 적합한 제도적 대응을 할 때, 딜레마가 성공적으로 해결될 가능성이 높아짐을 제시하고 있다.

안문석·김태은의 "만족모형과 코즈정리의 딜레마 이론적 재해석"도 대표적인 결정이론 모형인 합리모형과 만족모형의 논리를 딜레마와 관련지어 재해석하여 기존의 이론을 새로운 시각에서 바라본 논문이다. 이종범의 논문이 딜레마에 대한 대응으로서 보다 충분한 논의와 숙고과정을 제시했다면, 안문석·김태은은 이와는 대조되는 논리를 펴고 있다. 기존의 정책결정이론은 충분한 시간과 자원, 정보가 정책결정자에게 주어지면, 가능한 대안을 모두 검토해서 최적의 대안을 선택할 수 있는 합리모형적 접근이 가능하다고 가정하고 있는 반면, 이 논문은 기존의 논리와 달리 정책결정에 충분한 시간과 자원이 주어지면, 오히려 딜레마적 상황이 나타날 가능성이 높아질 수 있다는 점을 이론적으로 추론하고 있다. 그리고 딜레마 상황에서는 자연스럽게 합리모형에 근거한 정책결정의 가능성이 줄어들게 된다는 점을 지적하고 있다. 이런 상황에서 벗어날 수 있는 대안으로 정책결정에 허용된 시간의 단축을 제시하고 있다.

허용된 자원이 제약되고, 허용된 시간이 단축되면, 상호 충돌하는 대안이 존재하지 않게 하고, 또한 상호 충돌하는 대안이 존재한다 하더라도 참여자의 기대수준을 낮추어 주기 때문에 딜레마에서 벗어나게 해준다. 코즈정리는 이같은 해석의 이론적 근거가 된다. 코즈정리는 완벽한 정책결정에 대한 욕심보다는 만족모형 접근이 딜레마로부터 벗어날 수 있는 대안이 될 수 있음을 이론적으로 제시하고 있다. 지자들은 디 나가서, 모든 정책문제가 딜레마적 성격과 함께 탈딜레마적인 성격이라는 양면성을 갖는다는 점을 고려할 때, 만족모형이 결정자에게 주어진 시간과 자원의 부족 때문에 현실적으로 수용하게 되는 모형이 아니라, 딜레마적 상황에 빠지지 않기 위한 계산된 전략이라는 재해석을 제시하고 있다.

김동환의 "보호된 가치와 정책 딜레마"는 '보호된 가치'(*protected value*) 개념을 도입하여 정책 딜레마의 발생조건을 새로운 관점에서 접근하고 있다. 보호된 가치의 개념을 도입함으로써, 김동환은 공리주의적 접근과 다른 절대주의적 접근을 통해 딜레마 연구의 외연을 확장하고 있다. 보호된 가치는 다른 가치와의 교환 가능성을 거부하는 특징을 가지고 있다. 따라서 정책 딜레마가 보호된 가치에 의해 유발된다면, 정책 딜레마를 해소하기 위한 제반조치들이 기대하는 성과를 가져오지 못할 가능성이 높다. 보호된 가치에 의한 딜레마는 교환 가능성을 거부하기 때문에 토론을 통해 서로 양보하는 타협적 해결을 기대하기 어렵게 한다. 도덕적 판단의 대상이 될수록 담론을 수행하기 어렵다.

김동환은 결국 보호된 가치에 의한 딜레마는 해소의 대상이 아니라 관리의 대상이라는 점을 지적하고 있다. 또한 보호된 가치와 딜레마의 관련성은 개인의 심리적인 측면을 넘어서서 제도적인 측면에서 찾아볼 수 있다는 가능성을 제시하고 있다. 즉 보호된 가치들은 그렇지 못한 가치들에 비해 강하게 제도화되어 있을 가능성이 높고, 그러한 경우 보호된 가치들간의 충돌은 제도간의 충돌로 나타날 가능성이 높다고 볼 수 있다. 이 논문이 딜레마를 예방하기 위해 제도설계를 어떻게 해야 하는가를 논의하는 것은 아니지만 앞으로 보호된 가치에 의한 딜레마 발생 가능성이 높아지는 것을 고려할 때, 제도적 대응이 실효성을 거두기 어렵다는 점을 암시하고 있다는 점에서 향후 딜레마에 대한 적극적 대응전략으로서 제도설계에 대한 새로운 관점이 필요하다는 것을 보여준다는 점에서 매우 큰 의미를 가지고 있다.

윤견수의 “정부의 결정을 딜레마 상황으로 가게 하는 요인과 그에 대한 대응책 연구”는 딜레마에 대한 많은 사례연구의 검토를 통해서 기존의 딜레마 이론을 종합하여 딜레마에 대한 체계적인 이해를 돕고, 현실적인 처방으로서 딜레마 예방과 관리전략을 제시하고 있다. 그는 딜레마 상황을 구성하는 4가지 요소를 제시하면서, 갈등을 일으키는 대안들의 상징성이 높을수록, 결과가치가 부정적이며 보호된 가치의 성격을 가질수록, 행위자들의 상호작용과 응집력이 높아 갈등이 심할수록, 존재론적 문제 상황에 가까울수록 딜레마의 강도가 커지게 된다고 본다. 그리고 딜레마 상황에서의 반응이 긍정적이지 않다는 가정 하에 딜레마 예방과 관리전략으로서 분해(*decoupling*)와 재규정(*reframing*)을 제시하고 있다. 분해는 딜레마를 구성하는 요소들, 즉 대안-가치-행위자의 결합관계를 분해하는 것을 말하고, 재규정은 스키마, 은유, 지도 등 인지적이고 상징적인 방법을 통해 문제상황에 대한 인식을 수정하는 것을 말한다. 마지막으로 윤견수는 딜레마 예방과 관리전략으로서 분해와 재규정이 가능하도록 하기 위해서는 딜레마 상황에 대한 이해당사자들의 자유롭고 적극적인 토론이 가능한 토론장치, 즉 절차적 합리성을 확보할 수 있는 제도가 필요하다고 설명한다. 이것은 딜레마가 궁극적으로 제도의 변화 및 제도설계와 밀접한 관계가 있다는 것을 의미하며, 제도를 통해 딜레마의 충격을 완화하는 것이 중요하다는 것을 보여주고 있다.

〈제 2부 딜레마 대응으로서의 제도설계〉에 실린 3편의 논문은 딜레마에 대한 대응으로서 나타난 제도설계의 경험적 사례들을 검토하고 있다. 노동위원회 분쟁조정제도, 전자정부특별위원회, 노사정위원회는 서로 다른 조건에서 형성되었지만, 딜레마의 해소 또는 극복을 위한 제도적인 대응이라는 점에서는 공통점을 가지고 있다.

이종범 · 윤견수의 "정부의 딜레마에 대한 제도적 해결장치의 연구: 노동위원회 분쟁조정제도 변천을 중심으로"는 노동문제의 딜레마를 정부가 수용할 때와 그렇지 않을 때의 제도운영에 차이가 있을 것이라는 가설을 노동위원회 사례를 통해 경험적으로 분석하고 있다. 분석 결과, 1990년대 이전까지는 노동문제의 딜레마를 정부가 의도적으로 무시하고 제도를 운영하여, 분쟁해결의 신속성을 위해 회의제보다는 행정기관을 활용했고, 노동위원회의 전문성과 독자성을 살리기보다는 노동부나 지방노동사무소의 직접적이고 강제적인 개입방식을 선호하였다. 그러나 1990년대 이후에는 딜레마를 바라보는 정부의 시각에 기본적인 변화가 발생하였으며, 이에 노동문제의 딜레마를 더 이상 무시하지 않고 이해당사자들의 요구를 수용하는 쪽으로 정책의 틀을 바꾸기 시작했다. 즉 절차적 정당성을 높이는 방향으로 제도를 정비하였다. 이 논문은 결과적으로 정부가 사회의 딜레마를 수용할 때와 그렇지 않을 때의 사이에는 제도운영에 차이가 있으며, 특히 정부가 딜레마를 수용하기 시작한 1990년대 초반을 고비로 노동위원회와 관련된 제도는 상당부분 개선되었음을 밝히고 있다.

소영진의 "전자정부 구축사업 추진체계의 딜레마와 극복방안: 전자정부특별위원회의 사례를 중심으로"는 전자정부 구축 사업에 내재한 딜레마 상황을 극복하는 데 성공한 전자정부특별위원회의 제도설계에 어떠한 성공요인이 있었는가를 밝히고 있다. 정보화 사업은 빠른 기술변화와 성장성, 업무영역의 모호성, 업무의 수평적 통합성과 조직의 수직적 할거성으로 인하여 정책 패러독스(*policy paradox*)가 존재하는 정책문제였다. 패러독스가 존재하는 정책에 일정한 조건이 주어지면 갈등이 표면화되어 정책결정이 원칙적으로 어려워지는 정책 딜레마가 발생하게 된다. 이러한 맥락에서 저자는 우리나라의 전자정부 구축사업이 그동안 여러 형태의 조정기구들(국가기간전산망조정위원회, 정보화추진위원회)을 구성하여 문제를 해결하려고 시도하였지만, 할거주의로 인하여 딜레마를 극복하지 못하였다고 결론짓고 있다. 반면 전자정부특별위원회는 한시적이고 낮은 위상, 기획예산처의 예산 지원, 청와대의 정치적 뒷받침, 민간 주도적 구조 등이 상충성, 분절성, 가치 균등성 등의 딜레마를 야기하는 조건들을 완화시킬 수 있었던 것으로 분석하고 있다. 이 연구가 흥미로운 것은 흔히 딜레마나 갈등 해소를 위해 높은 위상을 가진 강력한 조정기구의 설계를 권고하는 것과는 달리 오히려 한시적이고 낮은 위상을 가진 것이 딜레마를 예방할 수 있었다는 것이다. 이것은 정책문제의 성격에 따라 딜레마의 양상이 달라지고, 그에 따라 제도설계가 달라져야 딜레마를 효과적으로 예방할 수 있다는 것을 보여준다.

하민철·윤견수의 "행위자들의 양면적 상황설정과 딜레마 그리고 제도화: 노사정위원회의 제도화 과정을 중심으로"는 국가위기의 극복이라는 정책문제를 해결하기 위해 문제해결기구를 구성해야 하는 상황에 직면한 노동자, 사용자 등의 이해당사자 조직들과 정부가 어떻게 문제해결기구로서 노사정위원회를 설계하는가에 대해 분석하고 있다. 노사정위원회는 어느 특정 주체가 일방적으로 제도설계의 대안을 관철시키지 못하고, 노사정 모두가 공동으로 참여하여 설계해야 하는 대상이었다.

이러한 상황에서 노사정위원회의 제도설계 과정을 분석해본 결과, 노동자(민주노동, 한국노총), 사용자(전경련, 경총), 정부(청와대, 노동부, 경제부처) 등의 참여자들은 각각 이익과 정당성이 상충되는 딜레마 상황에서 노사정위원회를 양면적으로 설정할 수밖에 없음을 확인하였다. 한편으로는 노사정위원회의 기능과 위상이 강화되었을 때 이익을 얻을 수 있지만, 다른 한편으로는 기능과 위상이 강화되는 경우 손해를 볼 수도 있기 때문에 이러지도 저러지도 못하게 되는 것을 확인하였다. 결국 딜레마 상황에서 다수의 제도설계자들은 제도설계를 일관된 방향으로 할 수 없게 되고, 양면적인 제도설계 대안들 중 공통분모들의 결합으로 제도설계가 이루어지게 된다는 것을 확인하였다. 이는 정책문제의 성격에 따라 제도설계에 참여자 수가 달라질 수 있고, 그에 따라 딜레마를 인식하는 주체들이 달라질 수 있기 때문에 제도설계 과정이 전혀 다른 양상을 보일 수도 있음을 보여준다.

〈제 3부 딜레마와 정책집행의 불협화음: 새 딜레마, 비일관성, 신호중복, 딜레마 구성〉에 실린 4편의 논문은 제도와 딜레마의 관계에 대한 다양한 양상들을 보여주는 논문들이다. 각 논문들은 경험적 사례를 바탕으로 딜레마와 제도 사이에 이루어지는 다양한 양상에 대해 흥미로운 분석을 제시하고 있다. 딜레마를 해소하기 위해 시도한 부분적인 제도수정이 새로운 딜레마를 발생시키며, 제도 변화로 인해 예상되는 딜레마를 적절하게 관리하기 위한 제도설계에 실패하면, 정책의 비일관성을 피할 수 없고, 제도변화에 따라 발생하기 마련인 신호중복 문제를 제대로 관리하지 못하면, 딜레마를 야기한다는 것을 보여주고 있다. 그리고 새로운 제도의 도입과정에서 특정 행위자에 의해 딜레마가 구성되고 제도 도입에 영향을 미치는 과정을 보여주고 있다.

김태은의 "정책 딜레마상황이 정부규제에 미치는 영향에 관한 연구: 수도권 입지규제의 변화를 중심으로"는 어떤 문제를 해결하기 위해 기존의 정부규제를 수정하였을 때, 새로운 형태의 딜레마가 나타나는 것을 경험적으로 보여주고 있다. 국민의 정부와 참여정부의 수도권 입지규제 사례를 통해 어떠한 요인에 의해 딜레마 상황이 형성되고, 이러한 딜레마 상황에서의 대응이 수도권 규제에 어떠한 영향을 미치는가를 분석하였다. 외환위기가 발생하면서 국민의 정부는 '수도권에 외국인 직접투자를 유치해야 하는가 말아야 하는가'라는 딜레마 상황에 처하게 되었고, 이러한 딜레마 상황에서 국민의 정부는 '한정적 대응', '눈가리기식 대응'을 하였다. 그 결과 참여정부는 국민의 정부의 딜레마 대응에 의해 유발된 새로운 형태의 딜레마에 직면하게 되었다. 즉 국민의 정부의 딜레마 대응을 위한 제도수정이 '국내 대기업의 저항'이라는 새로운 변수를 생성하였으며, 동 변수에 의해 참여정부는 '국내 대기업의 수도권 입지를 허용해야 하는가 말아야 하는가'의 딜레마 상황에 직면한 것이다. 이 상황에서 참여정부 역시 '비일관적 대응'으로 딜레마 상황에 대응하였다. 이 논문은 딜레마를 해소하기 위한 제도 수정이 새로운 형태의 또 다른 딜레마를 가져올 수 있다는 것을 경험적으로 보여주는 흥미로운 논문이다.

노명순의 "대입정책에서 나타난 정책 비일관성의 원인 분석"은 이 책 4장에 실린 윤견수의 논문 "정부의 결정을 딜레마 상황으로 가게 하는 요인과 그에 대한 대응책 연구"가 제시한 틀에 따라 대학입학정책의 집행과정에서의 비일관성을 검토하고 있다. 저자는 정부의 결정을 딜레마 상황으로 가게 한 요인들이 어떻게 딜레마의 양상을 표출시켰는지를 대학

입학제도의 변화라는 실제 사례를 통해 보여주고 있다. 즉, 대학입학제도의 개선안들은 그 대안들의 상징성이 매우 높고, 결과가치가 부정적이며, 보호된 가치의 성격을 담고 있으며, 행위자들의 상호작용과 응집력이 높아 갈등이 매우 심했다는 것을 확인하였다. 노명순은 대학입학제도의 개선안이 불러올 딜레마를 적절하게 관리하기 위해서는 공론의 장, 즉 절차적 합리성을 확보할 수 있는 제도적 장치를 마련할 것과 정책대상을 분리하여 정책대안을 수립할 것을 제시하는 분해(*decoupling*) 전략이 필요하다고 제안하고 있다.

안성민의 "전자정부 추진과 제도의 갈등"은 개혁을 둘러싼 제도적 공간에서 개혁제도와 기존제도 사이의 갈등에 따라 딜레마가 어떻게 발생할 수 있는가에 대해 경험적 사례를 통해 검토하고 있다. 이 논문은 전자정부 추진을 개혁으로 이해하고, 개혁에 따른 제도변화와 기존제도인 감사제도와의 갈등 가능성을 살펴보고 있다. 저자는 '개혁과 제도'의 모형을 설정하여 개혁이 가져올 수 있는 가능한 갈등의 양상을 이론적으로 검토하고, 개혁과 제도 모형에 따라 전자정부를 추진하는 공무원들을 대상으로 심층면접과 설문지 조사를 통해 개혁과 제도 모형이 예측하는 갈등이 전자정부 추진과 감사제도 사이에 실제로 존재하고 있음을 보여주고 있다. 저자는 행정개혁의 과정이 신호중복(*double signaling*) 현상을 야기할 수밖에 없기 때문에 성공적인 행정개혁을 위해서는 신호중복에 대한 적절한 관리가 필요함을 지적한다. 실제 공무원들이 행정개혁의 과정에 신호중복 현상으로 갈등을 겪고 있다는 점을 고려할 때, 감사자가 딜레마 리더십을 발휘하여 진지하게 고민하는 노력이 행정개혁의 과정에서 갈등하고 있는 공무원들에게 성공적인 개혁을 가능하게 하는 힘을 실어줄 수 있다는 점을 강조하고 있다.

서준경의 "정책 딜레마의 사회적 구성: 프레임분석을 중심으로"는 딜레마가 어떻게 구성되는가에 초점을 두었다. 이것은 여타의 딜레마 사례연구들이 주로 딜레마 상황에 직면하였을 때 어떻게 사후적으로 대응행동을 선택하는가에 초점을 둔 것과는 다른 독특함을 가지고 있다. 저자는 인터넷 실명제 도입사례에서 어떻게 시민단체가 의도된 방향으로 딜레마 상황을 사회적으로 구성하고, 강화하였는가를 시간의 흐름에 따라서 조명하였다. 이 과정에서 시민단체는 프레임 정렬(*frame alignment*)에 성공함으로써 딜레마 상황을 구성하는 데 성공하였고, 이에 따라 정부를 딜레마 상황에 빠뜨렸다. 그리고 정부로 하여금 인터넷 실명제 도입과 관련하여 정책과 제도의 순환적 선택 또는 비일관성을 초래하게 만들었다. 이 논문은 사회적 구성주의 관점에서 사회운동론적 관점의 프레임 분석(*frame analysis*)을 활용하여 딜레마의 구성과정을 분석하였다는 점에서 딜레마 이론과 다른 이론 사이의 접목 가능성을 보여주고 있다.

## 앞으로의 연구

《딜레마와 제도의 설계》에서 충분히 논의되지 못한 사항 중의 하나는 제도와 딜레마의 관계이다. 제도와 딜레마가 맺을 수 있는 관계의 유형은 다양하겠지만, 처방적 관점에서 제도와 딜레마의 관계를 고려할 때, 크게 두 가지 양상을 고려할 수 있다. 하나는 딜레마를 예방하거나 해소하기 위한 수단으로서 제도를 설계하는 경우이고, 다른 하나는 제도 자체가 딜레마를 발생시키는 원인으로서 작동하는 경우이다.

첫째, 딜레마를 해소하거나 예방하기 위한 수단으로서 제도를 설계하는 관계를 살펴보자. 이 관계는 딜레마가 존재하는 시간 프레임에 따라서 다시 세분화할 수 있다. ① 예를 들어 현 제도가 과거의 어떤 딜레마를 해소하기 위해 설계된 것일 수 있다. 이것은 앞에서 언급한 회고적 정향을 띤 연구주제의 예이다. ② 그리고 지금 존재하는 딜레마를 해소하거나 미래에 예견되는 딜레마를 예방하기 위해 새로운 제도를 설계할 수 있다. 이것은 딜레마라는 것이 피해야 할 상황이라는 기본 가정에 근거를 두고, 그것을 피하기 위해 어떻게 제도설계를 할 것인가의 문제로 귀결된다.

둘째, 제도 자체가 딜레마를 발생시키는 원인으로 작용하는 경우 역시 몇 가지로 세분화할 수 있다. ① 먼저 현 제도와 변화된 환경적 조건의 부조화로 인해 딜레마가 발생할 수 있다. 아무런 문제없이 타당한 것으로 수용되던 제도가 환경 조건의 변화에 의해 더 이상 타당하지 않은 것이 될 수 있다. 또한 과거에는 관심을 두지 않았던 형식주의적 대응으로서 사문화되었던 제도가 촉발사건에 의해 부각되면서 딜레마를 발생시킬 수 있다. ② 그리고 어떤 딜레마 문제를 해결하기 위한 제도 수정 혹은 제도설계가 예상하지 못했던 새로운 형태의 딜레마를 발생시키는 경우를 생각할 수 있다. 사실 모든 정책이나 조직 현상에서 모순은 항상 내재되어 있기 마련이고, 이 모순이 임계치를 넘어서 적절한 관리가 이루어지지 않을 때 딜레마 상황으로 전환할 수 있다는 것을 생각할 수 있다.

위와 같은 제도와 딜레마의 관계에서 중요하게 짚어보아야 할 주제가 몇 가지 있다. 이 주제들은 미래의 딜레마 연구의 주제들이 될 수 있다.

먼저, 제도의 신뢰도와 딜레마 해소 혹은 예방 효과의 관계를 고려할 수 있다. 즉 제도에 대한 신뢰도가 높을 때와 낮을 때, 각각 딜레마 해소 혹은 예방 효과는 다를 수 있다. 제도에 대한 이해당사자들의 신뢰도가 높을 때, 제도의 결정결과에 대한 수용성이 높을 것이고, 이 경우 딜레마가 해소되거나 예방될 가능성이 높다고 볼 수 있다. 반면 제도에 대한 신뢰도가 낮을 때, 제도의 결정결과에 대한 수용성이 낮을 것이고, 이 경우 딜레마가 악화되거나 딜레마가 발생할 가능성이 높다고 볼 수 있다. 제도의 신뢰도는 다양한 하위지표들을 가질 것이다. 제도의 정통성 수준은 그 좋은 예가 될 것이다. 제도가 정통성을 갖추고 있을 때, 딜레마 상황의 이해당사자들이 제도의 결정결과에 대해 수용하는 정도가 높아진다. 딜레마 성격을 가진 문제들이 헌법재판소나 대법원으로 이관되어 결정되는 것은 바로 이러한 제도의 정통성에 문제해결을 기대는 것으로 이해할 수 있다.

둘째, 딜레마가 예견되는 문제를 해결하기 위해 새로운 문제해결기구를 설계하여야 하는 경우, 제도설계자가 단일한가, 다수인가에 따라서 그 양상이 달라질 수 있을 것이다. 만일 제도설계자가 단일하다면 제도설계 과정은 효율적으로 진행되지만, 제도설계자가 다수라면 제도설계 과정 자체가 새로운 갈등을 불러일으킬 가능성이 높다. 그러나 여기에서 고려해보아야 할 것은 제도설계자가 단일하다고 해서 효과적인 문제해결기구를 설계할 수 있다는 보장이 없다는 것이다. 문제해결 결과에 따라 손해가 예상되는 이해당사자들이 제도설계 결과를 수용하지 않을 가능성이 높기 때문이다. 반면 제도설계자가 다수인 경우, 문제해결기구의 설계과정은 지난한 과정이 되겠지만, 문제해결기구 구성에 성공한다면 이해당사자들의 수용성이 높아질 수 있기 때문에 오히려 문제해결이 쉬워질 수 있다. 딜레마와 제도의 관계에서 이러한 주제들은 향후 매우 흥미로운 주제가 될 수 있을 것으로 기대된다.

## 감사의 말

2007년 가을학기에 딜레마 연구팀은 고려대학교 행정학과 대학원에서 〈공공관리 특강〉의 형식을 빌려 고려대학교 행정학과 대학원생들과 딜레마 강의를 진행하였다. 딜레마 강의를 진행하면서 대학원생들은 시간의 흐름에 따라서 두 가지 반응을 보였다. 처음에는 상식적 수준에서 이해하였던 딜레마 개념과 딜레마이론에서 제시하는 학문적으로 엄격한 개념 사이의 차이로 인해 이해하는 데 어려움을 겪었다. 그리고 딜레마이론에서 제시하는 개념의 '난해함'에 어려움을 겪었다. 그러나 강의가 중반을 넘어서고 자신들의 딜레마 사례들을 발표하면서 좀더 명확하게 이해하는 모습을 보였다. 학생들은 자신들의 사례들을 정교하게 다듬었고, 이 과정에서 새롭고 중요한 아이디어들이 도출되었다. 실제 몇몇 학생들은 자신들의 기말보고서를 더욱 다듬어서 전문 학술지에 투고하여 게재하는 데 성공하였다. 그 중 두 편의 논문, 즉 노명순의 논문과 서준경의 논문을 이 책에 실을 수 있게 된 것은 매우 큰 소득이었다.

이번 강의를 통해서 딜레마 연구팀은 많은 도움을 얻을 수 있었다. 특히 이 강의를 통해서 딜레마 연구의 외연을 확장하여야 한다는 기존의 과제에 더하여 딜레마이론을 보다 쉽게 이해할 수 있도록 개론서 혹은 교양서 성격의 책을 만들어야 한다는 데에 공감대를 형성하였다. 지금 연구팀 구성원들은 1차적으로 개론서 작업을 진행하고 있고, 그 작업이 마무리되는 대로 교양서 성격의 책을 준비할 계획이다.

모든 책들이 그러하듯이 이 책이 나오게 된 데에는 많은 사람들의 도움이 있었다. 나남출판사는 경영에 별 도움이 되지 않을 수도 있는 〈딜레마 시리즈〉를 계속 출간할 수 있도록 도와주었다. 연구팀은 항상 나남출판사의 조상호 사장님과 편집진 여러분께 감사하게 생각한다.

2009년 1월

소영진 · 이영철 · 윤견수 · 하민철

나남신서 · 1361

# 딜레마와 제도의 설계

## 차 례

# 제 2부 딜레마 대응으로서의 제도설계

# 제 1 부 딜레마 현상: 이론적 성찰

# 1 불확실성, 모호성과 딜레마 상황하에서 절차적 합리성의 탐색[1)]

이 종 범

이 논문의 목적은 어떤 체제가 선택의 어려움 속에서 정책의 질을 높이기 위하여 행하는 제도적 대응과 그 절차적 합리성을 음미하기 위한 것이다. 절차적 합리성이란 어떤 체제가 문제의 설정이나 수단을 선택함에 있어서 제도나 절차에 따라 행동함으로써 목적에 근접하여 가는 것을 말한다. 목적의 범주에는 가치의 선택이나 수단의 선택이 모두 포함된다. 선택이 어려운 정도는 같을지라도 그 원인이 다르면 대응양상도 달라질 수밖에 없다. 불확실성으로 인하여 선택이 어려운 정책문제는 부족한 정보를 탐색하고 그것을 지원하는 제도를 만들거나 제도를 개선하려고 한다. 모호성으로 인한 경우에는 주로 의미해석이나 합의과정과 관련된 제도의 개발에 더 많은 관심을 기울인다. 딜레마의 경우에는 서로 상반된 가치입장이 밝혀지도록 유도하고 공적 결정을 가능케 하는 합의절차를 설계하는 데 제도개발의 초점이 주어진다. 물론 필요한 경우에는 단기적 대응으로 시간을 버는 것도 중요하다. 문제가 복잡하고 중요할수록 다양한 방법들을 종합적으로 활용한다.

## 1. 서 론: 정책결정과 절차적 합리성

이 논문의 목적은 어떤 체제(조직, 정책결정자, 이해당사자 또는 국가)가 선택의 어려움 속에서 정책의 질을 높이기 위하여 행하는 제도적 대응행동을 분석하여 보고 그 절차적 합리성을 음미해 보는 데 있다. 체제는 정보의 부족이나 해석상의 차이로 인하여 결정의 어려움을 겪을 수도 있고, 첨예하게 대립된 상충적 가치로 인하여 어려움을 겪을 수도 있다. 이때 체제는 세 가지 상이한 상황에 대하여 다른 절차나 제도를 마련하여 대응함으로써 절차적 합리성을 확보하려고 한다. 절차적 합리성이란 체제가 목적을 달성하기 위하여 제도나 절차에 따라 행동하는 것을 전제로 할 때, 체제가 최적화를 추구하기보다 타당한(*reasonable*) 수준, 예를 들면 만족수준(*satisficing criteria*)이나 사회적 합의를 그 결정기준으로 수용하는 것을 말한다. 목적의 범주에는 가치의 선택이나 수단의 선택이 모두 포함된다.

정책이 주어진 목표를 전제로 하고, 그 수단만을 선택하는 것이라면 도구적 합리성의 문제만 다루어도 되지만, 정책문제는 목표 자체도 음미하여야 하기 때문에 가치의 선택을 다룰 수밖에 없다. 사실, 정부가 가장 위험한 때는 도구적 합리성에만 입각하여 행동하면서, 국민의 선호와는 상반된 잘못된 목표를 가장 능률적으로 수행할 때이다(Singer and Wooten, 1976: 79~103; 이종범, 1986: i). 다소 비능률적이라 하더라도 국민의 선호가 반영된 목표를 추진하는 것이 더 바람직하다. 이 논문은 주어진 목적을 전제로 하는 도구적 합리성과 목적 간의 갈등을 해결하기 위한 실질적 합리성을 다 다루려고 한다. 특히 절차적 대응을 중심으로 그 합리성을 다루려고 한다.

합리성은 감정이 배제된 지적 통찰에 의하여 사건 또는 사건 간의 관계나 결과의 의미를 분석하고 판단하는 것이다. 이를 실질적 의미와 도구적 의미로 크게 나누어 볼 수 있다. 실질적 합리성(*substantial rationality*)은 체제가 그 목적이나 가치의 우선순위를 선택하는 제도나 절차의 합리성에 관한 것이다. 즉 구성원들의 선호를 취합하는 과정상의 합리성을 의미한다(Singer and Wooten, 1976: 79~103; Townley, 2002; Biggart and Delbridge, 2004). Diesing(1962)의 정치적 합리성과 Boudon(2003)의 공리적 합리성이 이 범주에 속한다. 이에 비해서 도구적 합리성은 주어진 목적을 달성하는 수단적 의미에 초점을 맞추기 때문에 목적합리성, 경제적 합리성(Diesing, 1962), Simon(1976: 129~148)이 사용하는 실질적 합리성과 절차적 합리성을 포함한다.[2)]

Boudon(2003: 1~21)은 통합적 의미에서 인지적 합리성의 개념을 제시하고 있다. 합리적 행동의 구성요소로 그는 3가지의 공리적 가정(개인주의, 이해가능성, 합리성)과 3가지의 도구적 가정(결과주의, 이기주의, 최적화)을 제시하고 있다. 공리적 가정으로서 (1) 사회적 행동은 개인행동의 집합으로(개인주의), (2) 사람은 다른 사람의 행동을 이해하며(이해), (3) 개인의 행동은 이성적 판단(정당한 이유)에 근거하고 있고(합리성), 도구적 가정으로서 (4) 행동의 이유는 행동의 예견된 결과에 근거하며(결과주의), (5) 자신의 행동의 결과에 관심을 가지며(이기주의), (6) 최선의 결과를 가져오는 대안을 선택(최적화)한다는 것이다. 앞에서 논의한 실질적 합리성은 Boudon의 공리적 가정과 맥을 같이 하고, 도구적 합리성은 그의 도구적 가정과 맥을 같이 한다.[3)] 합리성 논의는 일반적으로 후자 중심으로 이루어지나 전자도 중요하다.

절차적 합리성은 아주 상이하게 사용되고 있다. 절차적 합리성은 Simon(1976: 129~148)처럼 절차적 합리성을 도구적 합리성의 한 범주로 보려는 견해와 Diesing(1962)처럼 가치의 우선순위를 결정하는 정치적 합리성과 같은 것으로 보려는 견해로 대별된다. Simon(1976: 129~148)의 절차적 합리성은 결정자가 당면하는 상황의 불확실성이나 인지상의 한계를 전제로 다양한 절차로 대응할 때 나타나는 합리성을 의미한다.[4] 즉, 특정 절차를 따르면 목표를 최적화할 수는 없지만 만족스럽거나 적절한 결과를 얻을 수 있다는 것이다.

이에 비해서 Diesing(1962)은 가치를 취합하는 절차나 기제의 정치적 합리성을 논한다. 그는 특정 공적 결정과정이 대안적 방법보다 더 절차적 합리성을 보장하는지에 관심이 있다. Simon(1976)이 말한 절차적 합리성이 도구적 측면을 강조한 것이라면, Diesing(1962)의 정치적 합리성은 목적의 결정도 포함한다. 따라서 양자를 평가하는 기준도 달라진다. 전자는 주로 사후적 결과가치의 달성(능률성, 효율성, 분배의 공정성)을 강조하는 반면, 후자는 가치의 우선순위 결정에 적절한 행동을 하였는가에 초점을 둔다. 즉, 진정한 의미의 선호가 반영되어 특정 단위의 목표가 설정되었는가를 문제 삼는다. 따라서 결과에 대한 사회적 합의, 혹은 정통성이나 정당한 절차의 준수여부로 합리성이 평가될 수 있다(Suchman, 1995).[5] 정책결정의 합리성은 도구적인 것뿐만 아니라 실질적인 것도 따져야 한다(Singer and Wooten, 1976). 이 논문은 절차적 합리성의 개념을 도구적 의미에서 확장하여 선호의 취합이나 선택과정에도 적용하려고 한다. 2절에서 절차적 합리성은 도구적 의미가 부각되고, 3절과 4절에서는 실질적 의미가 더 부각된다.

정책이론에서 합리성은 주로 대안 간의 선택을 둘러싼 정보의 조건에 관한 것이었다. 특히 불확실성과 모호성하에서 합리성의 제약에 관한 것이었다. 불확실성은 결정에 필요한 정보에 비해서 결정자가 가진 정보가 부족한 상태를 말한다(Galbraith, 1977). 모호성은 정보의 다의적 의미 때문에 결정하기 어려운 상황을 의미하며(March and Olsen, 1976; Weick, 1979), 때에 따라서는 불완전한 의사전달로 표현되기도 한다. 이에 비해서, 딜레마는 선택을 전제로 하며 가치 간의 상충성이 있고 대안 간의 중요성이 비슷하기 때문에 선택이 어려운 상황을 의미 한다(이종범 외, 1994: 27; 윤견수 외, 2000).[6] 딜레마 상황은 정보가 불충분한 경우는 물론이고 충분한 경우조차도 집단 간 충돌이 첨예화되었을 때 발생한다.

어떤 체제는 선택의 어려움의 유형에 따라서 상이한 제도적 대응을 한다. 불확실성과 모호성 상황에서 그것을 감소시킬 수 있다면 결정은 쉽게 이루어진다. 그러나 정보가 충분하지 못하거나 정보가 애매한 상태에서 결정의 압력은 높고, 이해집단이 서로 타협의 여지가 없이 심하게 대립하고 있을 때, 이 문제는 딜레마로 전환된다. 예를 들면, 모호성은 해소되었으나 가치의 차이 때문에 타협이 어려운 경우가 있는가 하면(예, 행정수도 건설), 잔존하는 불확실성 때문에 더 이상의 결정이 어렵게 되는 경우가 있다(예, 남북경협 문제). 이 문제들은 이미 불확실성과 모호성의 문제가 아니고 딜레마로 전환된 것이다. 딜레마 상황에서는 관련 당사자들이 모두 선택한 정책을 수용하느냐의 여부가 중요하다. 여기서 수용이란 반드시 선거의 결과나 만장일치로 정해지는 것뿐만 아니라, 관련 당사자들이 결정을 정당하다고 인정하고 순응하는 것을 포함한다.

이 논문의 목적은 정보의 부족(불확실성과 모호성)이나 가치의 상충성(딜레마)으로 인한 선택의 어려움 속에서 결정체제가 합리성을 확보하기 위하여 대응하는 다양한 제도적 장치들을 음미해 보려는 것이다. 즉 그 절차적 합리성을 확보하기 위하여 노력하는 제도적 장치와 운영방법을 음미하여 보려고 하는 것이다. 특히 딜레마에 대한 대응 중에서 단기적이고 소극적 대응과 장기적이고 제도적 대응에 관련된 기존 논의를 종합하고, 앞으로의 방향을 제시하려고 하는 것이 이 논문의 목적이다. 이를 질문형태로 바꾸면 다음과 같다. (1) 정보가 불확실하거나 모호할 때 이를 극복하기 위한 제도적 장치들은 어떠한 것이 있는가? 어떻게 합리성을 증진하기 위하여 노력하는가? 그럼에도 불구하고 선택의 어려움이 남을 때, 그 문제는 어떻게 처리하는가? (2) 딜레마에 처해 있는 상황에서 의도적으로 합리성을 확보하기 위하여 어떠한 제도적 장치를 마련하여 대응하는가? 절차적 합리성을 확보하기 위한 결정기제와 공론과정의 원칙은 어떠한 것이 있는가?

이 논문의 구성을 보면 2절에서는 불확실성의 조건 속에서 합리성을 보장하기 위한 절차적 방법을 논하고, 3절에서는 모호성의 상황에서 합리성을 보장하기 위한 절차적 방법을, 4절에서는 딜레마에 대응하기 위한 절차적 방법을 논하고, 5절에서는 앞으로의 과제를 제시하려고 한다.

## 2. 불확실성과 절차적 합리성 : 정보탐색활동

불확실성은 한 체제가 동원할 수 있는 정보(양과 질)가 문제를 처리할 때 필요한 정보에 비해 상대적으로 부족한 것을 의미한다. 정책문제가 확실하고 위험한 상황하에서는 기대효용의 극대화나 최적화가 가능하고 따라서 이를 달성하려고 한다. 즉 주어진 목표를 최적으로 달성하는 것이 중요하지 그에 이르는 절차나 과정이 중요하지 않다. 그러나 결정자는 정보가 부족한 만큼 선택의 어려움에 처한다. 따라서 결정자는 정보탐색을 통해서 부족한 부분을 보충할 수 있으면 합리적 결정을 할 수 있다. 그러나 이것은 정보의 질과 정보탐색비용 간의 교환관계로 표현된다. 결정자의 수용기준에 따라서 탐색활동의 범위는 정해진다. Simon (1977)의 만족기준(*satisficing criteria*)이 이에 해당하고, 조직은 이에 맞는 절차를 마련하여 절차적 합리성을 확보하려고 한다. 정책결정 모형 중에서 만족모형을 중심으로 합리성을 추구하고 있는 절차를 먼저 살펴보자.

만족모형에서 결정주체는 인지상의 한계를 인정하고, 만족수준을 선택할 수 있도록 하는 절차를 통해 합리성을 추구하려고 한다(Simon, 1977). Cyert와 March(1963)는 불확실성을 극복하기 위한 다양한 절차적 장치들을 제시하였다. 간소화 모형(요소분해, 목표-수단의 계층제), 모의실험(*simulation*), 조직학습, 불확실성의 회피, 준갈등해결, 표준운영절차의 활용이나 정보처리 과정에서 개략적 탐색법(*heuristic*)의 사용 등이 중요한 절차적 대응이다. 이중에서 예를 들어 준갈등해결(*quasi-resolution of conflict*)은 조직 전체로 발생할 수 있는 갈등을 부분으로 국지화하여 해결함으로써 갈등도 줄이고 필요한 정보처리의 양도 줄임으로써 불확실성을 감소시키는 것이다.[7)]

체제나 조직이 당면하는 환경을 복잡하지 않은 것으로 상정하면 위의 대응 방법들로도 만족수준을 충족시킬 수 있다. 그러나 현대 조직이나 체제가 당면하는 환경은 매우 복잡하기 때문에 불확실성이 높다고 할 수 있다. 환경의 불확실성은 조직의 구조에도 영향을 준다. 불확실성이 낮은 상태에서는 기계적 구조로 대응을 하여도 만족수준을 충족할 수 있으나, 불확실성이 높은 경우는 유연성이 높은 유기적 구조로 대응하여야 한다(Galbraith, 1977; Gresov, 1997). 또, 조직이나 체제가 당면하는 과업환경이 불확실한 상태에서 만족수준을 충족하려면 조직이 정보통신기술과 학습조직의 기법을 수용하여 유연한 대응을 하여야 한다. 즉 정보통신기술의 발달은 자료가 아닌 것을 자료화하였고, 시·공간을 초월하도록 하였으며, 현장과 중심부를 직접 연결함으로써 중간기능을 축소하였고, 다양한 정보네트워크의 활성화, 임시과업조직의 운영과 수평적 의사전달(교차기능팀 운영)을 확충하도록 하였다. 추가하여 조직은 권한부여적 공식화, 혁신과정을 일상화하는 초일상(*meta-routine*)의 모색(Adler et al., 1999), 체계적 사고와 학습의 일상화(Senge, 1994), 지속적 변신(*continuous morphing*) (Rindova and Kotha, 2001), 정보의 공유와 전자서비스의 증가 등 유연한 절차를 도입함으로써 기존의 불확실성을 많이 개선하였다. 그럼에도 불구하고 체제는 역시 결정하기 어려운 불확실성에 직면하곤 한다.

체제는 불확실하더라도 개략적 결정을 할 정도로 정보의 질이 충족되면 결정을 내린다. 그러나 정보가 부족하여 개략적 결정을 할 수 없음에도 불구하고 결정의 압력이 높아지면, 이때 선택의 어려움은 딜레마로 전환될 가능성이 높다. 소영진(1999: 197~201)이 위천공단의 딜레마 분석에서 제시한 것과 같이 집단 간 경쟁과 상호불신, 정부 또는 결정자에 대한 불신이 높을수록, 자원이 빈곤하면서 이해관계가 클수록, 경쟁집단의 조직화 정도와 전략적 행동의 가능성이 높고, 결정지연에 대한 반발가능성이 클수록 불확실한 문제는 딜레마로 전환될 가능성이 높아진다. 이때 결정자는 선택을 하든 그렇지 않든 나름대로 자신의 행동을 정당화하거나 합리화하여야 할 필요가 있다. 다양한 대응행동이 요구되는데, 이것은 4절에서 다시 논의될 것이다.

### 3. 모호성과 절차적 합리성: 다의적 해석과 의미부여

모호성(*ambiguity*)이나 불확실성은 모두 정보의 불완전한 상태를 지칭하지만 그 의미가 다르다. 불확실성이 정보 부족을 의미한다면 모호성은 정보 해석상의 차이 때문에 나타나는 불완전함이다. 모호성은 개인들의 선호나 조직목표의 모호성(March and Olsen, 1976; 전영한, 2004), 인과지식의 모호성,[8] 행위자 간의 사고틀이나 문화의 차이로 인한 의미해석의 다의성(Weick, 1979) 등으로 유형화하여 볼 수 있다. 사람들은 행동하기 전까지 자신의 선호를 모르고 있다가 행동 후에 사후적 해석으로 자신의 선호를 아는 경우도 많다(Weick, 1979). 여러 가지 선호나 가치가 충돌하고, 선호가 고정되어 있지 않으며, 지속적으로 변화하는 구성적 성격을 갖고 있다면 모호성의 정도는 더 높아진다(March, 1978; Weick, 1995). 그런가 하면 지식이나 배경의 차이 때문에 동일한 것을 다르게 해석함으로써 발생하는 모호성이 있다. 즉 상대방의 의도를 잘 읽을 수 없는 경우도 있고, 규칙의 몰이해로 인해 상대방 행동에 대한 이해가 부족할 수도 있고, 상대가 의도적으로 모호성을 창출하기 때문에 이해할 수 없는 경우도 있다.

관련 당사자들이 구성적 규칙에 합의하고 이에 따라서 당사자가 상호작용을 하다 보면 자연스럽게 모호성이 줄어든다(Weick, 1979). 그렇다고 이것이 바로 합의를 이룬다는 것을 의미하지 않는다. 이 과정에서 크게 4가지 조건에 따라서 상이한 제도적 대응을 하게 된다. 즉 (1) 당사자 간에 가치나 선호의 차이가 있으나 그것의 변화가 가능할 때, (2) 잘못된 인식을 교정하고 결정을 시도할 때, (3) 가치나 선호는 고정적이면서 최소한의 구조 속에서 결정을 시도할 때, 그리고 (4) 가치가 고정적이어서 변화가 어려울 때 등의 조건에 따라서 각각의 절차적 대응방법은 다르다.

첫째, 가치나 사고틀의 차이가 있어도 이것이 가변적일 때 이것은 해결 가능한 문제에 속한다(March and Simon, 1958). 예를 들면, 노동과 복지문제에 대하여 상이한 부처가 모여서 정책을 결정할 때, 각 부처는 상이한 해석틀을 가지고 자기 것을 주장한다(Schon, 1979; Edelman, 1977). 즉 재정경제부는 성장위주의 시각에서 문제를 보기 때문에 시장적 의미의 복지를 주장하고, 노동부는 생산복지, 즉 기술과 훈련을 통하여 능력을 보충하여 주고 나아가서 생산에 참여함으로써 자신의 복지를 증진시킬 것을 주장하고, 보건복지부는 노동에 상관없이 노동자의 후생과 복지를 증진시키는 것과 관련된 정책개발에 초점을 맞추어 복지배분과 전달체계에 더 관심을 표명할 것이다. 이러한 차이는 동일한 복지 문제를 상이한 해석틀과 은유로 접근하기 때문에 나타난 것이다. 이를 해결하기 위하여 위원회를 구성하여 상호조정을 시도할 수도 있고, 계층제적 방법으로 해결을 시도할 수도 있다. 후자의 예로서 재정경제부가 되었든 또는 국무총리실이나 청와대가 되었든 상위차원에서 정책방향을 정하고 그에 따라 재해석하면 된다. 예를 들면 국가가 "시장복지"로 그 기본입장을 정리하면 각 부처는 이에 따라서 하위 은유들을 적응시켜야 한다. 즉 복지와 노동자 교육훈련에 관한 기능과 예산은 축소될 수밖에 없고, 시장의 자율성에 노동복지의 문제를 맡기게 된다는 것이다.

둘째, 이해당사자가 현실을 잘못 해석하여 모호성이 발생하는 경우도 있다. 미국의 법정에 대한 해석의 차이가 그 예가 될 수 있다. Lee (1991: 342~365)에 의하면, 일부집단은 법정을 변호사, 검사, 판사로 구성된 "법조인 모임"으로 은유할 수도 있고, 다른 집단은 이것을 "사교모임"으로 은유할 수도 있다. 그 은유 형태에 따라서 법정에서 3자 간의 행동에 대한 예측과 설명도 달라지고, 제도의 개선 방향도 달라진다. Lee(1991)의 분석에 의하면 최근 미국의 법정은 법조인 모임 보다는 사교모임에 더 가깝다.[9] 이와 같이 상이한 현실 인식 중에서 더 정확한 인식을 가려 낼 수 있고, 논증과정이나 이야기 과정을 통해서 상대방이 특정 의견을 타당한 것으로 수용할 수 있으면(Hummel, 1991), 정책문제는 모호성이 줄어들고 목표에 적합한 수단을 찾는 도구적 합리성의 문제로 전환된다. 해석학이 제시하는 해석학적 순환을 할 수 있는 장치를 두는 것도 중요한 제도적 대응이 될 것이다. 즉 이야기와 대화나 상호작용을 제도화하여 상대방의 입장을 이해할 수 있는 기회를 제공하는 것이다. 행정절차법에서 제시하는 청문절차나 의견개진 절차도 이러한 상대방의 현실적 및 이론적 맥락을 이해할 수 있도록 하는 제도이고, 이것이 형식적이지 않고 실질적으로 운영되도록 할 수 있다면 해석상의 불일치는 감소할 것이다.

체제나 조직이 함정에 빠지는 행동(*entrapment*)은 정책실패의 가능성을 내포한다. 이것은 조직이 하나의 해석에만 집착하고 가능한 대안적 해석을 배제함으로써 해석이 왜곡되는 현상을 말한다. 이것은 환경을 잘못 설정하는 중요한 예라고 할 수 있다. Hammond와 그의 동료들(1998: 47~58)은 이러한 함정의 예로서 기준점의 함정(*anchoring trap*), 현상유지, 매몰비용, 확인증거의 함정, 준거틀의 함정(*framing trap*), 추정과 예측의 함정 등을 들고 있다. 여기서 벗어날 수 있는 방법은 다양하지만 그 중 중요한 것은 이견표명을 제도화하는 것이다.

세 번째의 경우로는 March와 Olsen(1976)이 논의한 쓰레기통 모형의 결정상황을 들 수 있다. 이들은 조직화된 무질서(*organized anarchy*)로 결정상황을 표현한다. 결정과 관련된 조건들, 예를 들면 조직은 참여자의 선호, 인과지식, 결정 기회가 모두 모호(불확실)할 때, 조직의 결정은 최소한의 조직화와 무질서로 표현될 수 있다. 즉, 참여자, 문제, 해결책, 기회의 흐름이 독립적으로 존재하다가 우연히 이들이 만나서 결정이 이루어진다는 것이다. 뚜렷한 합리적 이유가 없이 결정된다는 것이다(March, 1978: 590). 그렇다고 완전한 무작위나 무질서를 의미하기보다 결정, 접근, 관심 구조로 일컬어지는 최소한의 구조가 존재하고 그 틀 속에서 결정이 이루어지는 것이다. 즉 문제와 해결책이 만나는 결정구조, 결정에 필요한 참여자를 초청하는 접근구조, 결정자가 자신의 관심을 쏟는 관심구조 등이 있고, 이것이 조직의 정보와 에너지의 흐름에 영향을 주면서 4가지 독립적 흐름이 만나도록 하여 결정이 이루어진다는 것이다(March and Olsen, 1976).

예를 들어, 모호성 상황하에서 문제 설정(*enactment*)은 외부 현실 그대로 되기보다는 당사자 간 상호작용의 산물이다. 물론 결정자들이 문제를 있는 그대로 설정할 수도 있으나, 샤레이드(*charade*) 게임에서처럼 완전히 다르게 상황을 인식하여 설정할 수도 있고, 과장하거나 증폭시켜 설정할 수도 있다 (Weick, 1979). 중요한 것은 관련 당사자들이 참여하여 자신의 견해를 표명하는 등의 다중적 상호작용을 통하여 합의에 이를 수 있다면 만족할 수 있다. 그런데 설정 과정에 이해당사자들의 관심구조나 결정구조에 따라서 일방의 의견만이 주로 반영되곤 한다고 한다 (Weick, 1979). 결과적으로 편견의 동원(*mobilization of bias*)과 같은 사회의 왜곡이 발생하게 되고 이것은 잠재적 딜레마라고 할 수 있다.

네 번째로는 모호성은 줄어들었으나 가치나 선호의 타협이 불가능하고 고정적인 경우가 있다. 예를 들면 동일한 부류에 속하는 환경학자나 생태학자들끼리 새만금간척사업을 평가함에 있어서 완전히 상반된 견해를 표명하기도 한다(김서용, 2004). 동일한 부류의 학문에 속하는 학자가 동일한 주제에 대해서 상이한 과학적 결과를 말하는 것은 어떻게 정당화하여야 하는가? 기본 가치관으로서 문화의 차이인가? 수도 이전 정책에 대한 찬성과 반대도 동일한 양상을 나타내고 있다. 과학적 지식은 객관적인 것으로 간주되지만 정책주장 간의 충돌을 보면 동일한 문제에 대해서 다른 가치를 가지는 과학자들이 완전히 상반된 주장을 한다. 과학자가 지식의 객관성에 대한 윤리보다 자신이 선호하는 환경가치(보존과 개발)에 따라서 사실을 다르게 수집 정리하기 때문이다. 각 집단의 주장은 가치합리성의 기준에 비추어 볼 때 타당하다. 그러나 어느 주장이 되었든 둘 중의 한 주장은 폐기되어야 할 것이다. 이 문제는 실질적 합리성의 견지에서 그 해결책을 모색하여야 할 것이다. 각각의 주장들은 가치합리성의 입장에서 자신의 행동을 정당화하고 있으나 전체 사회의 입장에서 실질적 합리성은 무엇인가를 질문하여야 할 것이다. 이러한 주장의 불일치는 사회가 심각한 갈등을 겪고 있을 때 더 많이 나타난다. 즉 딜레마 상황에서 주로 나타나는 현상들이다. 따라서 이것은 다음 장인 딜레마와 절차적 합리성에서 언급하게 될 것이다.

논의를 요약하면 모호성 상황에서도 한 대안의 선택이 다른 대안의 선택보다 우월하다고 판단할 수 있다면 어려움에 처하지 않고 결정을 한다. 즉 한 대안이 다른 대안보다 비용이익의 관점에서 유리하다고 판단할 수 있거나 결정에 대한 수용가능성이 높을 때, 결정자는 결정을 할 수 있다. 그러나 위 조건을 충족할 정도로 모호성이 줄어들지 않았거나 줄어도 타협의 여지가 없는 경우에 선택의 어려움에 직면한다. 경쟁 집단이 타협의 여지없이 첨예하게 대립되어 있을 때 그리고 정부 또는 결정자에 대한 불신이 높을수록, 모호한 상황은 딜레마로 전환될 가능성이 커진다.

## 4. 딜레마와 절차적 합리성 : 공론과정과 가치선택

Lindblom(1959)은 정책결정의 특성으로 단절적 점진주의(*disjointed incrementalism*)를 주장하고 있다. 그가 전제하는 상황은 다양한 행위자, 불분명한 선호, 이해당사자 간의 타협의 어려움, 가치와 사실의 혼재, 과학적 지식에 의한 해결보다는 사회적 합의가 중요한 상황 등이다. 이 경우는 정보의 불확실성뿐만 아니라 모호성 및 가치의 충돌로 인한 결정의 어려움이 동시에 내재되어 있다. 다원적 집단의 존재로 이해관계나 가치의 유사성에 의하여 이합집산이 일어나고, 사회적 합의가 이루어지는 결정 유형을 상정할 수 있다. 상이한 이해집단 간의 다양한 주장과 논의가 있고, 이것이 사회의 통합과정을 거쳐서 결정되어 가는 과정을 말한다. 이 결정모형은 사회가 갖고 있는 경기규칙에 따를 뿐만 아니라 기존정책의 토대(*base*)를 인정하고 그것으로부터 점진적 변화(*bit decision*)를 의미한다. 따라서 현상유지의 성향이 높다. 그러나 가치나 이해관계의 충돌이 급진적이고 그 차이가 클 때, 그리고 주장의 강도가 높을 때, 이 문제는 점진적 변화가 아닌 근본적 변화를 요구하는 것이기 때문에 딜레마적 요소를 갖게 된다.

선택의 어려움은 모호성과 불확실성이 높은 조건에서 나오는 것은 당연하지만, 그렇지 않은 확실한 상황에서도 발생한다. 그렇다고, 선택의 어려움이 다 딜레마로 되는 것은 아니다. 딜레마는 주어진 맥락에서 선택을 전제로 하며, 상충성이 있고, 대안이 단절적이고, 중요성이 비슷하기 때문에 선택이 어려운 상황이다(이종범 외, 1994: 27; 소영진, 1994: 45~75, 1999; 김동환, 1999; 윤견수 외, 2000). 다르게 표현하면 이익집단 사이에 중요한 가치의 충돌이 있거나 이익의 충돌이 심하기 때문에 어떤 대안을 선택하더라도 당사자 중 일방은 그 결과를 수용하려고 하지 않는 경우가 있다. 제제의 이해당사자들이 자신들의 가치입장에 따라서 행동하려고 하는 성향이 강할 때, 그 체제는 딜레마 상태에 빠지기 쉽다. 딜레마는 결정자의 입장에서 선택을 하여야 하나 뚜렷한 해결책이 없고, 타협점을 찾기 어려운 갈등이며, 있다고 하여도 그것을 수용할 수 없고, 결정을 하였으나 집행하기 어렵고, 집행하여도 번복될 가능성이 높은 피하고 싶은 갈등이다.

이 때 정책의 틀을 바꾸거나 맥락을 변화시킬 수 있다면 딜레마를 해결할 수도 있다. 그러나 의도적으로 맥락을 변화시키기는 어렵고, 자연적으로 맥락이 변화되기를 바라는 경우가 대부분이다. 물론 체제의 지도자가 새로운 비전을 제시하여 성공하면 맥락의 변화를 유도할 수도 있다. 또한 수용과정의 정통성이 높아서 상대방의 정책순응을 유도할 수 있을 때에는 딜레마로부터 벗어날 수 있다.

맥락의 변화를 유도하기 어려운 딜레마 상황에 처한 경우, 결정자는 먼저 해결책의 모색보다 그 압력으로부터 벗어나기 위하여 소극적 행동을 한다. 동시에 적극적으로 주어진 제도에 따른 행동도 하고, 필요하면 새로운 제도(예, 특별위원회)를 마련하여 대응하려는 노력도 한다. 먼저 선택지연 등 소극적 대응을 보고, 다음에 예방을 포함한 적극적 대응으로서 공적결정과정과 관련된 제도적 행동을 검토하겠다(이종범 외, 1994; 윤견수 외, 2000).

### 1) 소극적 대응으로서 회피적 결정

딜레마에 대한 대응행동은 다양하지만 5가지만 소개하려고 한다. (1) 결정의 지연, (2) 책임전가, (3) 순환적 선택 또는 정책의 비일관성, (4) 형식주의, (5) 무마용 자원 확대 등의 대응이 그것이다.

첫째, 선택을 하지 않는 대응행동 중에 가장 전형적인 것은 결정지연이다. 이것은 결정을 피하면서 시간을 끄는 것이다. 좋은 결정을 하기도 어렵고, 잘못했을 때 책임을 져야만 한다면 결정자는 자신이 이것을 처리하려고 하지 않는다. 즉 맥락이 바뀔 때까지 기다렸다가 결정하려고 한다. 그러면서 동시에 상징적으로 무언가 하고 있다는 것을 보여주는 여러 가지 행동을 한다(윤견수, 1993). 딜레마 문제가 상황이나 맥락이 바뀌면 해결되는 경우가 많다. 예를 들면 김영삼 정부는 노동법 개정, 특히 노동시장의 유연성 확보를 위한 입법이 불가능하다고 판단하여 결정을 지연하였다. 그러나 김대중 정부는 이 문제를 쉽게 해결하였다. 그 이유는 IMF 사태로 인하여 한국의 경제적 상황과 맥락이 노동시장의 유연성이 필요하다는 공감대가 형성되면서 딜레마를 쉽게 해결할 수 있었다. 우리는 결정지연을 도구적 의미에서 합리적이었다고 주장하기도 어렵지만 그렇다고 비합리적이라고 말 할 수도 없다.

둘째, 딜레마는 노력을 하여도 좋은 결정을 기대하기 어렵고, 그렇지만 결정의 책임은 면할 수 없는 그러한 문제이다. 이때 결정자는 자신의 책임과 권한을 포기하고 회의체, 하급기관, 또는 상급기관으로 결정권을 전가하여 처리하려고 한다(최성모 · 소영진, 1993). 이동통신사업자 선정에 있어서 정보통신부가 경제인 단체에 위임 처리한 것이나 의약분업의 문제를 보건복지부가 시민단체에 위임하여 처리한 것도 이런 예에 해당한다.[10)]

셋째, 순환적 선택이나 정책의 비일관성도 딜레마 대응의 다른 형태이다(염재호 · 박국흠, 1992). 기존 정책을 유지하다가 강한 반대에 부딪쳐서 그것을 포기하고 반대의 정책을 수행하는 것이 이러한 유형에 속한다. 김영삼 정부 당시 대북정책이 이러한 양상을 나타냈다(염재호 · 박국흠, 1992). 정부가 한 이익집단의 압력에 굴복하여 그 대안을 선택하였으나, 집행할 수 없는 상태가 되는 경우가 그것이다. 즉 정부가 친노동 정책을 폈다가 기업의 반발로 인하여 그것을 취소하고, 반대로 친기업 정책을 선택하였으나 다시 노동단체의 반발로 이것을 수정하여야 하는 경우가 이에 해당한다.

넷째, 형식주의도 대응행동의 하나이다. 정부가 정통성 획득의 목적으로 이상적인 법을 만들었지만 그것을 실행하기 어려운 경우가 발생한다. 이와 같이 법이나 정책을 만들어 놓고 그 목적대로 집행하지 않는 것이 형식주의이다. 환경정책이나 산업안전법과 같이 법은 만들어 놓고 그것의 집행을 유보하는 것이 이에 해당한다(박통희 · 김동환, 1992; 최성모, 1994). 즉 정책집행에 필요한 조직, 인력과 예산을 충분하게 배정하지 않음으로써 실제로 집행을 하지 않는다는 것이다.

다섯째, 무마용으로 자원을 확대하여 딜레마에 대응하는 형태가 있다(소영진, 1993). 서울시가 재개발 사업을 공영개발에서 합동재개발(재건축)로 전환한 사실은 자원의 확대를 의미하고, 그 후부터 서울시 재개발 사업이 활기를 띄고 추진되었다(이종범, 1994). 즉 동일한 파이를 놓고 지주, 세입자, 건설업자 등 3자가 나누워 먹을 때는 그것을 둘러싼 분쟁이 극화되었지만 파이를 크게 한 후에는 그 갈등의 정도가 줄어든다. 주택건설 시장을 공영개발에서 합동재개발로 전환하여 시장의 수요를 반영하고 건설사업 분야의 파이를 크게 하자, 건설업자, 소유주, 세입자 간의 분쟁도 줄어들었고 재개발 사업이 활기를 띄었던 것이 사실이다. 이 경우 누구도 손해를 보는 사람은 없는 것처럼 보이지만, 사실상 이 정책은 실제의 아파트 값을 올리는 결과를 초래하였기 때문에 주택을 마련하려는 사람들에게 피해를 준 것이다.

지금까지 제시한 방안들은 적극적으로 문제를 해결하였다기보다 주변적 행동을 하거나 비행동(*inaction*)을 통해서 결정의 책임을 회피하는 것이었다. 이러한 결정도 그 내부를 보면 맥락의 변화를 기대하면서 사회적 혼란(불확실성)을 최소화하려는 행동이고, 합리적 행동이다. 결국 문제는 순환적 결정, 지연, 형식주의 등의 비선택적 대응행동과 사회적 혼란 간의 교환관계로 귀결된다. 비선택으로 인한 혼란이 더 크다면 정책의 일관성은 떨어지더라도 선택을 하여야 하고, 그렇지 않다면 맥락이 변할 때까지 기다리는 것이 합리성을 최대한으로 보장하는 것이다. 즉 상황에 적절한 선택이 절차적 합리성을 보장하는 것이다.[11]

### 2) 적극적 대응으로서 공적 결정과정

딜레마는 집단 간 타협하기 어려운 가치의 충돌이 있을 때 나타나는 정책 상황이다. 따라서 먼저 집단의 가치입장이 밝혀지고, 그것의 정당성 여부가 판단될 수 있는 여건이 조성되어야 하고, 나아가서 이를 근거로 당사자 간 타협이 되었든 제 3자의 조정이 되었든, 또는 이해관계자 전체의 어떤 방식의 선택과정을 거치든 그들의 선택을 통해서 최종 결정을 하고, 이것을 집행하는 제도가 필요하다.

토론과정을 통하여 집단 간 경쟁과 상호불신, 정부 또는 결정자에 대한 불신정도를 낮추고, 결정과정의 정통성을 높임으로써 저항을 약화시키고 정책순응을 유도할 수 있다면 딜레마는 해소될 수 있다. 딜레마 상황에서 벗어나려면 몇 가지 최소한의 조건이 필요하다. 즉 사회적 통념으로 결정 절차나 제도가 정당하다고 인정되어야 한다. 달리 말하면, 이해당사자들이 경기규칙을 긍정적으로 수용하여야 하고, 그 경기규칙에 따라서 충분히 논의한 후에 결정하여야 한다. 그 결정 방법은 다수결일 수도 있고 전문가의 판단일 수도 있다. 이 과정에 당사자들이 자기의 의견을 직접 또는 간접적으로 표명하고 경기규칙에 따라 결정한다면 그 결정은 수용 가능성이 높아진다. 딜레마에서 벗어나는 적극적 대응으로서는 먼저, 판단 및 선택과 관련된 기제들을 논의하려고 한다. 즉 상호조정과 타협, 재판과 준재판, 위원회, 국회의 선택과 국민투표에 이르는 결정기제를 논의하고,[12] 이어서 이 모든 기제에는 진지한 논의가 전제가 되어야 하기 때문에 그 전형에 해당하는 공론과정의 원칙을 제시하려고 한다.

#### (1) 선택기제

딜레마의 유형(규모, 강도, 난이도, 복잡성, 정책의 유형)에 따라서 그 대응절차와 방법은 달라질 수밖에 없다. 또한 그 판단기준도 달라진다.

사회가 부여한 권위에 따라 행위자가 충실하게 행동하는 것이 절차적 합리성을 가장 잘 충족시키는 것이다. 예를 들면 법원이 여론재판을 하여도 안 되고, 국회가 전문적 판단만을 주장하여도 안 된다. 그런가 하면 각종 위원회가 절차를 무시하고 특정 이해관계를 반영하는 독단적 결정을 하여도 안 된다. 특정 행동이 주어진 역할에서 일탈한 만큼 사회로부터 정통성을 인정받을 수 없다(Biggart and Hamilton, 1984; Suchman, 1995). 먼저 딜레마에 대응하는 다양한 선택제도를 소개하면 다음과 같다.

첫째, 상호조정과 타협은 대립하는 집단들이 자신의 이해관계나 상이한 목표 또는 해석틀에 근거한 대안을 두고, 공식 및 비공식 토론을 통하여 합의를 이루어 가는 기제를 말한다. 3절의 모호성 논의에서 제시하였던 상위기준을 활용할 수도 있고, 상호성(*mutuality*)의 원칙에 기초한 양보와 타협에 의할 수도 있다(Harmon, 1985). 당사자가 직접 합의를 이루어 가는 과정도 있고, 대리기관 또는 중립적 전문기관의 중재나 조정에 의하는 경우도 있다(대체적 분쟁해결제도 참조). 그런가 하면 정부기관이나 이해관계자, 시민단체가 개별적으로 또는 집단적으로 리더십을 발휘하여 다양한 의견을 수렴하면서 해결을 유도할 수도 있다. 그런가 하면 울산지역에서 있었던 주민배심원제를 통한 비선호시설의 성공적 입지 사례도 다른 좋은 예가 될 수 있다(김도희, 2005).

둘째, 재판 및 대체적 분쟁해결제도(*Alternative Dispute Resolution*)에 의한 해결도 딜레마가 발생하였을 때 그것을 예방하기 위한 장치이다. 정책이나 법률에 대한 위헌판단, 또는 선거무효소송 같은 사건을 공론과정에 맡기거나 다른 방법으로 해결하려고 한다면 극단적 갈등 상황으로 치달을 것이다. 즉 누구도 양보하지 않고 자신이 옳다고 주장할 것이고, 그 결과로 집단 간 또는 지역 간 분열이 생길 수 있다. 그러나 이것을 사법적 판단에 맡기면 극단적 딜레마로 전환될 수 있는 정치-사회적 문제를 법원의 전문지식을 활용하여 국지적으로 해결할 수 있게 된다. 이 경우 절차의 정통성을 높이기 위한 방법으로서 관련당사자의 이익을 대변하도록 하고, 그 후에 판사가 중립적 판단을 하도록 하고 있다. 또한 중요한 정책 사안에 대해서는 합의제와 삼심제도 등 가외적 장치를 두어서 신뢰성을 확보하고, 그것에 법적 구속력까지 부여하여 해결한다. 이에 더하여 적용되는 기본규칙에도 오류가 있을 수 있기 때문에 그것에 이의를 제기할 수 있도록 하는 헌법재판제도까지도 보완적으로 운영하고 있다. 이러한 사법제도뿐만 아니라 재판에 준하는 많은 대체적 분쟁해결제도도 딜레마를 해결하거나 예방하기 위하여 활용되는 제도이다. 예를 들면 노동위원회가 개별적 재판을 하는 것 중에는 그것이 집단화되어 딜레마로 될 수 있는 문제를 개별화하여 해결하는 것도 많다(이종범 · 윤견수, 2000).

셋째, 위원회도 공공정책의 딜레마를 해결하는 기구이다.[13] 노사정위원회, 행정쇄신위원회, 규제개혁위원회, 인권위원회, 정부혁신지방분권위원회, 균형발전위원회 등 각종 위원회는 딜레마적 갈등을 해결하는 기구들이다. 위원회는 일상적 운영으로도 그 기능을 하지만 비일상적으로 운영할 때도 딜레마를 해소하는 기능을 한다. 특히 비일상적 문제해결을 상징하는 특별위원회를 설치하여 운영할 때, 사람들이 느끼는 정통성은 일시적으로 더 증가한다. 그 후의 정통성 유지는 운영의 내용에 달려 있다. 예를 들면, 행정쇄신위원회는 대통령 소속의 임시특별위원회로 출발하여 각종 사회집단이 갖고 있는 상충적 이해관계를 조정함으로써 행정규제제도를 개선하였다. 특이한 조직화 방법, 예를 들면 3심제도, 정부기관이지만 민간중심의 운영, 전문지식과 상식의 결합 등 다양한 제도적 장치와 운영전략을 활용함으로써 이해집단의 저항을 극복하고 개혁에 성공한 조직이다(이종범, 1999). 이에 비해서 노사정위원회는 노동자 집단, 사용자 집단과 정부가 노동기본정책에 합의점을 찾아가는 방법으로 운영되어 왔다. 노사정위원회는 각 집단 내의 하위집단끼리의 역학관계가 복잡하고, 그것이 협상과정과 집행과정에 반영되기 때문에 효율적으로 운영되기 어려웠는데도, IMF 초기에 노동의 유연성 확보와 같은 중요한 문제를 많이 해결하였다(하민철 · 윤견수, 2004).

넷째, 국회도 딜레마를 해결하는 중요한 기구이다. 국회는 지역의 대표성을 통하여 국민의 선호를 반영하는 기구이다. 최종결정은 국회의 의견이지만 실제로는 상임위원회 중심으로 운영되고, 그것도 소위원회 중심으로 운영되고 있다. 이 경우 필요한 토론과정을 거치고 다수결의 방식에 의하여 결정을 한다. 즉 회의 성립과 의결에 필요한 정족수의 문제, 회의진행의 규칙, 청문회를 비롯한 이해집단의 의견, 전문위원의 검토보고서를 통한 중립적 의견을 반영하는 절차들이 보장되어 있다.

마지막으로 국민의 직접투표에 의한 결정은 딜레마에 대한 대응장치로서 최종적으로 국민에 호소하는 제도이다. 투표는 개인들의 선호를 집단의 선호로 치환하는 제도이다. 이 경우 전제조건은 투표자가 선택에 필요한 정보를 충분히 가지고 있고, 선호가 그대로 반영될 수 있어야 한다는 것이다. 이를 위한 필요조건으로써 공적 논의가 활발하게 이루어져야한다. 딜레마와 관련된 결정을 하고 그 결정이 초래할 저항을 방지하고 집행력을 가지려면 정통성을 갖고 있어야 하고, 그에 따른 강제력이 있어야 한다. 즉 투표권이 행사될 때, 정당하게 행사되어야 하고, 강제력을 가지고 집행되어야 한다.

공적결정의 기제에 따라서 그 내부 운영방법이 다를 것은 명백하다. 그러나 위원회, 국회, 선거 관련 기제들 모두 공론과정을 거쳐서 결정되어야 하는 것들이다. 딜레마는 상충적인 두 개의 대안 간의 선택을 요구하는 상황이어서 어느 집단도 양보를 하지 않으려고 하는 정책의 문제로 발생한다. 그렇다고 하더라도 정통성이 높은 절차에 따라서 결정이 이루어질 수 있다면, 그 결정의 수용가능성은 높아진다. 공론과정의 원칙은 각 기제들의 실질적 정통성을 높이는 방안들이다. 다음 절에서는 공론과정상 필요한 원칙들을 음미해 보자.

(2) 공론과정의 원칙

공론과정의 원칙으로서 다음과 같은 다섯 가지를 음미해 보려고 한다.

원칙1 : "회의체는 참여자가 동등한 권한을 가지고 토론할 수 있는 이상적 담화조건이 충족되어야 한다."

여기에서 회의체는 결정을 담당하는 기구일 수도 있고, 공론과정에서 토론을 주로 하는 기구일 수도 있다. 먼저 회의체의 구성은 사회로부터 소외된 계층이 목소리를 낼 수 있도록 구성되어야 하고(Farmer, 1995), 나아가서 회의체가 이상적 담화조건을 충족시킬 때, 결정의 편견이 줄어들 수 있다(문태현, 2005). 물론 회의체가 이 조건을 충족시키기 어렵겠지만 이 조건을 만들려고 노력하는 것은 필요하다. 특히 회의체 구성의 조건으로서 적절한 규모(대규모도 아니고 소규모도 아닌)는 매우 중요하다. 그렇게 함으로써 참여자들이 진실한, 상황 중심적 사고로, 자발적 관심을 가지고, 실질적 공헌을 하는 일이 용이해진다(Fox and Milller, 1996: 111~128).

원칙2: "이익갈등과 가치갈등은 분리하여야 한다."

이익갈등이 가치갈등으로 치환되는 것을 방지하여야 한다. 경제문제를 정치적으로 해결할 때 발생하는 낭비를 우리는 많이 보아왔다. 예를 들면, 노사 간 분쟁을 정치권이 개입하여 정치논리로 해결하는 경우가 이것이다. 좀 더 중요한 사례는 정치논쟁 때 많이 보게 된다. 이익갈등이 가치갈등으로 채색되어 편 가르기 형식을 취할 때, 그것을 다시 이익갈등으로 치환시키기는 어렵다. 그것에 상징적 의미와 감정적 요소가 추가되면 분쟁의 강도는 더 심해지고, 고정관념에 입각하여 내-외집단으로 편 가르기를 하면 문제의 해결은 점점 더 어려워진다. 대통령 선거 때마다 되풀이되는 지역 간 차별이나 색깔논쟁이 이의 전형이다. 반대로 가치갈등을 이익갈등으로 치환시키는 것도 금지되어야 한다. 즉, 가치의 문제는 가치의 문제로 처리하여야 하며, 사실의 문제로 처리할 때도 종류는 다르지만 위험이 따르기는 마찬가지이다. 가치의 문제를 일부 집단의 선호에 따라서 판단하거나 전문가가 일방적으로 판단할 때 가치에 관한 사회적 합의를 이루기 어렵다. 국민이 관심이 없거나 원하지 않는 문제를 중요한 문제처럼 만들고, 이에 따라 그 문제를 해결하려고 하는 결과를 초래한다. 이때는 소비자의 선호를 충분히 반영하지 않은 채, 도구적 합리성만을 최대화하는 정책을 양산하기 쉽다.

원칙3: "당사자 간 흥정이나 타협을 일차적으로 추구하여야 한다."

이익갈등은 물론 가치갈등도 당사자 간 타협을 모색해 보아야 한다. 특히 두 이해관계자 사이의 타협점 또는 가치의 초기준(*upper criteria*)을 찾아보고 그것이 있다면 그것에 입각하여 결정하여야 한다. 즉 사회적 합의, 보편적 가치, 역사적 사명, 또는 보다 절실한 가치에 우선권 두기 등 초기준에 근거하여 타협을 모색하여야 한다. 흥정이나 타협을 권장한다고 하여서 담합이나 당자사자 간의 이해관계만을 반영한다면 그것 또한 바람직하지 않다. 예를 들면 예산당국과 국회의원 간 담합의 산물에 해당하는 정치적 선심사업은 자원의 낭비를 초래하기 때문에 바람직한 것이 아니다.

원칙4: "당사자 간 가치입장이 토론과정에서 명백하게 드러나게 하는 장치가 필요하다."

최종 결정자들이 경쟁 집단의 가치입장을 정확하게 파악할 수 있도록 유도하여야 한다. 즉 이해당사자들이 주장(논증)과 반박(반증) 등의 토론과정을 통하여 자신이나 상대방의 채색된 가치와 허구적 요소를 드러나게 하는 제도가 필요하다. 그러나 서로 자신의 진실을 주장하도록 허용하지만 하나의 주장만이 존재하는 것처럼 지배적이어서는 안 된다(김동원, 2005). 2004년 국회의원선거 당시에 수행되었던 정당 간 TV 토론이 이 유형에 속한다. 그것이 정책토론이 되었든, 이념적 지지와 관련된 편 가르기였든, 사실에 대한 의견 차이였든 국민들이 현명한 선택을 할 수 있도록 정확하게 알려 주어야 한다.

원칙5: "최종결정에 영향을 주는 허용되지 않는 집단행동은 금지하도록 하고, 최종선택은 잠재적 이해관계자(국민 포함)의 선호를 반영하도록 하여야 한다."

문제의 성격에 따라서 이해관계자는 다양한데, 이들의 진정한 의사가 반영되어야 한다. 이해관계자들의 진정한 선호가 반영되지 않는다면 앞의 원칙들은 무의미하다(김동환 · 김헌식, 2005). 각 개인이 자신의 자율적 선택이 다른 요인(강제나 위협 등)에 의하여 방해받아서는 안 되고, 그것이 왜곡되어서도 안 된다. 물론 선택기제에 따라서 상이한 선호표현 방식이 있고, 그에 따라서 개개의 선호가 반영되도록 하여야 한다.

망라적인 것은 아니지만 중요한 공론과정의 다섯 가지 원칙을 제시하였다. 즉 대화가 원활하고 진지하게 되어서 진정한 결정이 될 수 있는 기본조건을 제시하였고, 그 과정에 나타날 수 있는 왜곡을 줄이기 위한 장치를 제시하였다. 특히 주장이 극단화될 수 있는 가능성을 줄이는 장치로서 사실의 문제는 사실적 방법으로 해결하고, 가치의 문제는 가치간 합의로 해결할 수 있도록 유도하고, 결정의 왜곡을 초래할 수 있는 불필요한 집단행동이나 상징적 행동을 억제하는 장치들이 필요하다는 것을 제시하였다.

### 3) 딜레마와 절차적 합리성

지금까지 딜레마에 대한 두 가지 상이한 대응행동을 논의하였다. 딜레마가 발생한 후의 단기적이고 소극적 대응방법들은 딜레마를 근본적으로 해결하지 못한다. 적극적이고 장기적 대응방법들은 주어진 조건하에서 절차적 합리성을 확보하기 위하여 노력하는 대응방법들이다. 예방적 대응은 필요한 절차를 만들어 딜레마가 발생하지 않도록 하는 것이고, 사후적 대응은 딜레마가 발생한 후에 손실의 보전이나 수정보완과 같은 장치이다. 지금까지 설명한 적극적이고 장기적 대응방법들은 두 가지 기능을 다 가지고 있기 때문에 한 기능만으로 규정하기는 어렵다.

사회에는 다양한 딜레마가 있고, 그 유형에 따라 상이한 대응을 하여야 그 해결 가능성이 높아진다. 편의상 복잡성과 해결의 난이도에 따라 3가지 예시 사례를 가지고 새로운 이론 가능성을 탐색해보면 다음과 같다. 사례로서는 (1) 비교적 단순한 사례인 울산시 북구청의 음식물자원화시설 입지선정정책, (2) 더 복잡하고 어려운 방사성폐기물 처리장 건설정책, (3) 가장 복잡하고 어려운 문제였던 노무현 대통령 탄핵소추사건을 들고자 한다.

첫째, 울산시 북구 음식물자원화시설 입지선정정책은 울산시가 주민과의 합의하에 특별중재기관으로서 주민배심원제도를 도입하여 심한 갈등(딜레마)을 해결한 사례이다(김도희, 2005). 2001년부터 시작된 입지선정의 갈등은 2004년 12월 주민배심원단의 결정으로 최종 마무리되었다. 먼저 객관적이고 공정하게 43명의 주민배심원단을 구성함으로써 정통성을 부여하였고, 또한 운영상의 객관성과 민주성을 확보함으로써 결정의 신뢰성을 높였다. 즉 배심원제도가 제시한 상식적 시민의 생활세계를 대변하는 사회적 영향평가가 주민을 설득하는 데 중요한 역할을 하였다(김도희, 2005: 281). 또한 토론회에서는 불필요한 공방으로 인하여 갈등이 극단화될 수 있는 가능성을 방지하면서도 자유로운 토론이 보장되도록 하였다(김도희, 2005: 276). 즉 투명하고 신뢰할 만한 공론과정의 필요한 조건을 충족함으로써 입지선정에 성공하였다.

둘째, 방사성폐기물 처리장의 건설을 둘러싼 부안군의 대응과 경주시의 대응은 극적인 대조를 보인 사례에 해당한다. 후자는 성공하였고 전자는 실패한 사례에 해당한다. 부안군의 실패가 있은 후 2년만인 2005년 정부는 경주시를 입지로 지정하는 데 성공하였다. 물론 그 과정에 조건의 변화가 없었던 것은 아니다. 즉 고준위 폐기물을 배제한 것과 같은 사안도 중요한 결정 요인이었다. 보다 중요한 것은 결정과정의 변화라고 할 수 있다. 부안군 사례의 경우는 결정과정의 투명성이 낮았고, 반대집단들이 그 부작용을 극적으로 표현하였을 뿐만 아니라 쟁점을 지나치게 가치화, 상징화, 정치화함으로써 문제의 해결을 어렵게 하였다. 극렬한 집단행동까지 가미됨으로써 정상적인 결정을 할 수 없는 상황이 되었다. 결과적으로 실패하였다고 할 수 있다. 그러나 경주시 사례의 경우는 결정과정이 투명하여졌고, 정치화하기보다는 현실적 판단을 근거로 하여 합의를 도출함으로써 성공한 사례로 꼽힌다. 즉 공론과정의 원칙에 부합하는 결정과정을 거쳐서 국가와 지역사회가 동시에 승자가 되는 결과를 가지고 왔다.

셋째, 가장 영향력의 범위가 크고 복잡한 딜레마의 예로서 2003~2004년에 걸쳐 현안이었던 노무현 대통령 탄핵소추사건을 보자. 이 사건의 특징은 가치와 이해관계가 혼재된 상태에서 찬반양론이 팽팽하게 맞서 있고, 누구도 양보하려고 하지 않았으며, 한편에 서있는 사람은 전혀 갈등을 느끼지 않지만 그러나 대한민국 전체로서는 심각한 갈등상황에 있었다. 이러다 보니 많은 정책결정 기제들이 동원될 수밖에 없었다. 언론을 통한 정책토론, 당사자 간 흥정과 타협이 있었고, 이 과정에 다른 기제들이 개입하여 완충을 하거나 의견을 보태고, 또한 결정에 도움을 주려고 노력하였다. 예를 들면, 시민사회단체, 행정부의 관련부서(법무부, 인권위원회), 정당, 선거관리위원회, 법원도 개입하였으며, 국회와 헌법재판소까지도 결정과정에 참여하였다. 물론 사안에 따라서 국민투표까지 갈 수도 있었으나 헌법재판소의 판결로 종결되었다.

세 가지 사례의 개괄적 분석에서 보는 것과 같이 문제의 사안이 복잡할수록, 그리고 난이도가 높을수록 대응기제가 더 정교해져야 하고 결정과정의 정통성이 높아져야 한다는 것을 알 수 있다. 즉 그것이 반대자가 결정을 수용하지 않으면 안 된다는 사회적 압력으로 작용할 수 있어야 하고, 동시에 하나의 방법이 아닌 다양한 제도를 병렬적으로 활용하여 절차적 합리성을 확보하여야 한다. 즉 상황에 맞는 제도적 대응을 할 때 딜레마가 성공적으로 해결될 가능성이 높아진다.[14)]

## 5. 결 론: 요약과 앞으로의 과제

복잡한 정책문제는 사전적으로 기대효용을 극대화하기 어렵고, 사후적으로 그 결과에 대한 효과성이나 능률성 또는 정통성을 평가할 수 있을 뿐이다. 따라서 결정의 최적화가 아닌 만족할만한 수준이나 타당한 기준을 수용하는 절차적 합리성의 시각에서 접근할 수밖에 없다. 또한 선택의 어려운 정도는 같을지라도 그 원인이 다르면 대응 양상도 달라질 수밖에 없다. 모호성의 경우는 주로 의미해석, 의미부여, 합의와 관련된 제도의 개발에 더 많은 관심을 기울인다. 불확실성으로 인하여 선택이 어려운 정책문제는 부족한 정보를 탐색하고 그것을 지원하는 제도를 만들거나 그러한 방향으로 기존의 제도를 개선하려고 한다. 이러한 노력에도 불구하고 불확실성과 모호성이 줄어들지 않거나 줄었다고 하여도 당사자 간 불신이 심하여 타협이 안 되고 결정의 압력이 높다면, 이 문제는 더 이상 불확실성이나 모호성의 문제가 아니고 딜레마 문제로 전환된 것이다. 딜레마 문제는 서로 상반된 가치입장이 밝혀지도록 유도하고, 공적 결정을 할 수 있도록 하는 합의절차를 설계하는 데 제도개발의 초점이 주어져야 한다. 물론 필요한 경우는 단기적 대응으로 시간을 버는 것도 중요하다.

딜레마 상황에서 결정자는 결정의 지연, 책임전가, 순환적 선택, 형식주의, 무마용 자원 확대와 같은 소극적 대응을 할 수도 있고, 공론과정과 다양한 결정기제들을 활용하는 적극적 대응을 개별적으로 활용할 수도 있다. 그러나 현실에서 체제는 한 방법만을 배타적으로 사용하기보다 여러 방법을 종합적으로 활용한다. 예를 들면, 딜레마 상황에서 체제는 결정을 지연하면서 상호조정이나 중재도 모색하여 보고, 상징적 활동도 하고, 때에 따라서는 특별위원회를 구성하여 적극적으로 문제를 처리하기도 한다. 극단적인 경우는 국민투표를 통하여 문제를 해결할 수도 있다. 따라서 하나의 대응방법을 가지고 그것만으로 절차적 합리성을 충족시키는 정도를 논하는 것은 무의미하고, 종합적으로 대응한 결과가치로서 합리성 여부를 따져야 할 것이다. 그런가 하면 정책문제 중에는 결과가치보다 민주주의와 같이 정당한 절차 그 자체가 목적인 경우도 있고, 이 경우 절차의 정통성이 중요한 판단기준이 된다.

제도는 고정적인 것이 아니라 지속적으로 진화하고 구성되어 나간다. 그것이 사전적으로 약속을 통하여 도입될 수도 있고 사후적으로 약속으로 간주되는 경우도 있다(Gomez and Jones, 2000). 현존하는 제도에서 문제가 발견되면 그것을 수정하여 절차적 합리성이 더 보장되는 방향으로 수정되곤 한다(Siggelkow, 2002; Rindova, 2001). 개인이나 사회의 선호는 상호작용을 통해서 구성되기 때문에 고정적이지 않다. 최소한 사회의 지배적 선호는 시기마다 달라질 수 있고, 이것을 반영하는 제도적 장치는 필수적이다. 즉 기술적, 경제적 합리성도 중요하지만 더 중요한 것은 변화하는 다양한 선호를 반영할 수 있도록 함으로써 실질적 합리성을 확보하는 것이다. 앞에서 지적한 회의체 구성의 합리화와 운영기제를 정교화하면 할수록 가치나 선호를 반영하는 절차적 합리성은 높아질 것이다.

참여정부 시기에 지속되었던 보수와 혁신의 대립에도 딜레마 요소가 많이 개입되어 있다. 대북정책, 국가보안법폐지, 노사문제, 성장과 배분, 인권문제, 대미관계, 교육정책, 환경문제, 행정수도 이전, 지방분권, 행정개혁 등 그 강도는 다르지만 모두 딜레마 요소를 갖고 있다. 과거에는 그것이 잠재되어 있었으나 문민정부, 국민의 정부, 참여정부로 오면서 문제가 수면 위로 떠오른 것이라 할 수 있다. 우리가 이 문제에 어떻게 대응하는가는 매우 중요하다. 국민적 합의가 결여된 상태에서 밀어붙일 때, 그 사회적 비용은 매우 커지기 때문이다. 그런 의미에서 앞에서 제시하였던 여러 기제와 공론과정을 정교하게 설계하여 운영할 때 우리는 당면한 딜레마를 사회적 긴장이 낮은 상태로 잘 해결하여 나갈 수 있을 것으로 기대한다.

[주]

1) 이 논문은《행정논총》제 43권 제 4호(2005)에 게재된 것을 수정, 보완한 것이다.

2) Simon(1976)의 실질적 합리성(*substantive rationality*)은 주어진 조건하에서 최적의 대안을 선택하여 집행함을 의미하기 때문에 우리가 사용하는 실질적 합리성과 다르다. 이 논문의 실질적 합리성은 선호의 결정이나 정당한 이유에 근거한 좀 더 포괄적인 의미의 합리성을 의미한다. 한 가지 더 언급할 것은 가치합리성과 목적합리성에 관한 것이다. 후자는 목적을 달성하기 위한 최선의 수단의 선택에 관심이 있는 도구적 합리성을 의미하고, 전자는 주어진 목표의 달성보다 선택된 행동이 자신의 가치에 적합한가에 초점을 두며, 결과가치의 달성에는 이차적 중요성을 부여한다. 때에 따라서 가치합리적 행위가 도구적으로 비합리적 결과를 초래할 수도 있다(Biggart and Baldrige, 2004; 이 논문 3절 참조). 이성(*reason*)의 관점에서 보면, 합리성은 자연적 질서나 순리에 해당한다. 이렇게 되면 인간 보다는 신의 영역에 근접한 정의가 되고, 인간의 행동도 상극의 논리보다 상생의 논리에 따른 행동을 하게 된다(우명, 2003, 2005). 그러나 이 논문에서는 합리성을 이성의 관점 중에서 가치의 우선순위 결정과 수단 선택과 관련된 합리성으로 한정하여 다루려고 한다.

3) 합리성이 목적론적이고 목적달성과 관련된다는 것은 부정할 수 없다. 그렇다고 도구적인 것만이 합리적인 것은 아니다. 정책문제는 목적이나 선호가 고정적이라기보다 변하는 것이고(March, 1978), 따라서 이를 반영하는 광의의 합리성을 논할 수 있어야 한다(최종원, 1995; 이미홍, 2005). Diesing(1962)의 정치적, 사회적 합리성이 이 범주에 속한다. 도구적 합리성만으로는 목적이나 선호의 변화에 대한 것을 논할 수 없으나 공리적 합리성(Boudon, 2003)의 경우는 이것을 논할 수 있다. 예를 들면 개인의 선호가 변화할 때 이것의 집합적 결과가 집단의 선호이고, 이 과정과 관련된 합리성을 논의할 수 있다(Diesing, 1962; 김항규, 1995).

4) 형식 합리성(*formal rationality*)이나 관료적 합리성도 절차적 합리성의 다른 표현이다. 이것은 조직의 기능적 합리성 중 관료제적 양식이나 법적, 공식적 합리성을 강조한 것이다. 결정과 관련하여 다양한 개략적 탐색법(*heuristic*)에 의한 인지상의 고안도 이 범주에 속한다. 예를 들면 인공지능에 의한 다양한 설계도 이 범주에 속한다.

5) 이때 평가는 상황에 따라서 정당성(*justification*), 적절성(*appropriateness*), 공정성(*fairness*), 정의, 정통성(*legitimacy*), 사회적 합의 등 다양한 기준에 의거할 수 있다.

6) 딜레마를 주어진 맥락에서 선택을 전제로 하며 대안들 간 비교가 불가능하지만 그 중요성이 비슷하기 때문에 선택이 "불가능한 상황"으로 정의할 때 협의의 엄격한 정의가 된다. 그러나 비슷하기 때문에 선택이 "어려운 상황"으로 정의하면 느슨한 정의가 된다(윤견수 외, 2000: 9~11). 이 논문은 느슨한 정의에 입각하여 논의를 전개하려고 한다. 4절의 단기적 대응은 주로 엄격한 정의에 입각한 것이고, 장기적이고 제도적 대응은 느슨한 정의에 입각한 것이다.

7) 만족모형의 다양한 절차적 기법들은 복잡한 문제를 부분화하고 단순화하여 복잡성을 감소시킴으로써 불확실성을 감소시키기도 하지만, 동시에 집단 간, 장기-단기 간, 수단-목표 간, 가치 간, 이해관계 간의 상충성을 국지화함으로써 딜레마 가능성을 낮추고 있다(이종범·윤견수, 2000). 그러나 이 방법은 정책상황을 그대로 반영하지 못하고 대응하기 때문에 정책오류를 범할 수도 있다.

8) 한편, 인과지식 자체가 부정확하거나 예상하지 못한 부작용 등으로 인한 모호성도 있다. 이 문제는 차라리 불확실성의 범주에 가깝다. 그러나 사고틀이 다르기 때문에 동일한 인과관계를 선택적으로 다르게 인식하는 것은 이 범주에 속한다(Schon, 1979; 김서용, 2004).

9) 법정의 은유는 처음에는 원래의 뜻대로 변호사는 피고의 이익을, 검사는 국가의 이익을, 그리고 판사는 중립적 이익을 대변하는 법조인 모임(꼭두각시이론)의 성격이 강하였을 것이다. 그러나 그 원리가 점차 퇴색되면서 법정이 3자간의 사교적 모임으로 바뀌었을 것이라고 생각된다. 법정에 대한 은유뿐만 아니라 다른 대상의 은유도 시대와 문화에 따라서 고정적이기 보다 가변적이다.

10) 딜레마 전가(*dilemma toss*)는 책임전가의 형태이기는 하지만 경쟁자간에 딜레마를 전략적으로 활용하는 예이다. 경쟁당사자들이 서로 전략적으로 상대방을 딜레마 상황으로 몰아넣음으로써 곤경에 빠지도록 하고 자신은 유리한 입지를 점하려고 하는 것이다(안문석, 2000). 때에 따라서는 그것으로부터 새로운 이득을 추구하는 경우도 있다. 정당 간 책임공방이나 국가 간 국방과 외교 분쟁 시 이것이 많이 활용된다.

11) 안면도 방사능폐기물 처리장 건설정책은 정부가 개략적 결정을 하고 추진단계에서 주민의 반대로 집행을 포기한 결정 번복의 사례이다. 그러나 새만금간척사업은 환경보존론자들의 심한 반대에도 불구하고 매몰비용 때문에 오히려 사업을 쉽게 포기하지 못하고 갈등이 지속되었고 여전히 논쟁의 여지가 있는 반대의 사례이다. 식품안전이나 산업안전과 같은 분야는 오히려 법적으로 제도는 만들었으나 그것을 시행하지 않는 형식주의의 사례이다. 사회적 여건 자체가 이것을 시행할 정도로 여유가 없기 때문에 정부도 알면서 인력과 자원을 배치하지 못하고 있는 것이다.

12) 이 방법으로도 해결되지 않는 심각한 딜레마는 내부 분열이나 전쟁으로 나타나기도 한다. 정당이나 사회집단이 내부 분쟁으로 갈라지는 것이나, 국가나 민족의 분단이나 미국의 남북전쟁과 같은 내전도 이러한 예이다. 이것은 물리적 힘에 의하여 딜레마를 해결하는 장치이다. 이 논문에서는 전쟁과 같은 극단적 방법은 합리적이라는 용어를 적용하기 어렵기 때문에 제도와 절차에 의한 해결 범위 내에서 논의를 전개한다.

13) 위원회는 실질적으로 문제를 해결하기 위하여 만들어지는 것이 정상이지만 상징적으로 활용되는 경우도 많다. 어느 것이 되었든 공통적인 것은 사람의 마음속에 위원회의 특성에 해당하는 "합의에 의한 결정은 타당하다"라는 사회적 통념이 자리하고 있다는 점이다. 결국, 그 기능은 위원회를 활용하는 목적에 달려 있다.

14) 딜레마 연구로서 중요한 것은 개별사례를 분석하되 동시에 비교가능성을 모색하여 보는 것이다. 예를 들면 앞에서 예시한 것과 같은 "복잡성의 정도나 난이도의 유형과 대응유형이 조화를 이룰 때 딜레마의 해소 가능성은 증가한다"는 가설이 가능하다. 즉 상황적합이론의 가능성을 예시하는 것이고 이에 대한 이론 모색을 시도하여야 할 것으로 생각한다. 현재 비교연구의 대상으로 제시할 수 있는 것은 정책의 유형이나 성격에 따른 차이 분석, 딜레마의 수준(지역, 국가, 국가 간)에 따른 대응유형 분석, 딜레마 대응행동에 대한 국가 간(한국, 일본, 미국, 중국) 비교연구도 중요한 과제가 될 것이다. 특히 비교연구에서 중요한 것은 동일한 기능을 해결하기 위하여 만들어진 상이한 제도적 규칙을 탐색해 보는 것이다.

# 2 만족모형과 코즈정리의 딜레마 이론적 재해석

## 탈딜레마 전략으로서 만족모형적 접근

안 문 석 · 김 태 은

이 연구는 기존 정책이론 가정에 근본적 의구심을 제기하며, 딜레마 관점에서 만족모형을 새롭게 해석하고 있다. 즉, 이 논문은 기존 논리와 달리 정책결정에 충분한 시간과 자원이 주어지면, 오히려 딜레마적 상황이 나타날 가능성이 높아질 수 있으며, 이러한 딜레마 상황에서는 합리모형에 근거한 정책결정의 가능성이 줄어들게 된다는 점을 지적한다. 이러한 상황에서 벗어나기 위해서는 딜레마의 동태적 특성을 파악하여 적절한 시간과 예산을 설정하고, 이를 통해 참여자들이 만족할만한 수준에서의 정책결정을 유도하는 만족모형적 접근을 강조하고 있다. 이론적 해석의 근거를 코즈정리에서 찾고 있는 이 연구에서는 완벽한 정책결정에 대한 욕심보다는 만족모형적 접근이 딜레마로부터 벗어날 수 있는 대안이 될 수 있음을 제시한다. 더 나아가 만족모형적 접근은 '기획시간'과 '예산'이 부족해서가 아니라 딜레마적 상황에 빠져들지 않기 위한 지혜에서 나타난 정책결정 행태라는 점을 강조하고 있다.

## 1. 서론

민주주의 국가에서는 정책결정에 다양한 참여가 제도적으로 가능한 사회라 할 수 있다. 이는 단순히 작은 마을의 도로를 건설하는 데부터, 세금정책, 심지어 통일정책과 같은 매우 정치적인 영역에 이르기까지 보편적으로 나타난다. 따라서 과거와 달리 정책결정은 특정 정치가, 혹은 행정가에 의해서 독단적으로 결정하는 것이 매우 제한적이게 되고, 다양한 계층, 이해관계자를 고려한 정책결정이 이루어진다. 특히, 정보화가 진행되면서 정책결정 참여 수준의 정도는 더욱 확대되고 있다.

정치체제가 민주화되고 사회의 정보화 수준이 높아지면서, 정책결정과정의 투명성이 증가되고 다양한 개인이나 집단이 자신의 주장을 정책결정과정에서 적극적으로 투입하게 되었다. 이런 상황에서 정책결정권자는 이전의 개발시기 정책결정권자에 비하여 고려해야 할 사항이 많아지고, 이런 상황은 정책결정의 딜레마(*dilemma*) 상황을 보다 많이 만들어 낸다.

정책 딜레마 상황은 정책결정과정에서 발생하는 상황의 하나로서 대안이 두 개이고 어느 하나의 대안을 선택하면 선택되지 않은 대안이 주는 잠재적 이익이 너무 커서 선택이 망설여지는 상황이라 할 수 있는데, 이러한 정책의 딜레마 상황은 어떠한 차원에서는 순기능을 가져올 수도 있지만, 어떤 측면에서는 정책결정과정에서의 불확실성(*uncertainty*)을 증대시키고 이것은 사회전체의 비용증가로 이어지게 만드는 역기능을 유발한다. 따라서 민주주의 국가에서 딜레마의 역기능은 사회적 비용의 발생으로 나타나게 되는데, 문제는 이러한 비용을 국민 일반이 체감하지 못함에 따라, 즉 내면화가 이루어지지 않아 사회 전체적으로 막대한 비용을 유발한다는 것이다.

그렇다면 딜레마 상황에서는 어떠한 정책결정이 이루어져야 하는가?

또는 딜레마상황을 벗어나기 위한 정책결정 방법은 무엇이고, 이에 대한 이론적 근거는 어디에서 찾아야 하는가? 이 연구는 이러한 문제인식하에 연구를 수행하고자 한다.

## 2. 이론적 논의

### 1) 합리모형의 가정과 성격: 합리모형의 재해석

합리성(*rationality*)에 대한 정의의 어려움에도 불구하고, 합리성은 행동의 결과가 평가되는 어떤 가치 시스템 면에서 선호된 행동 대안의 선택과 관련된 것으로(Simon, 1997: 93), 감정이 배제된 지적 통찰에 의하여 사건 또는 사건 간의 관계 또는 결과의 의미를 분석하고 판단하는 것이라 할 수 있다(이종범, 2005: 2).

한편, Simon은 객관적 합리성을 (a) 의사결정에 앞서 파노라마 형식으로 행동 대안들을 개관하고, (b) 각각의 선택에 따라 유발될 수 있는 모든 결과의 복잡성을 고려하며, (c) 일련의 모든 대안들 중에서 선택한 준거기준으로서 가치시스템을 갖는다는 점을 핵심적으로 지적하고 있다(Simon, 1997: 84~85). Simon의 이러한 객관적 합리성은 완전한 합리성과 유사하고 또한 합리모형의 기본적 조건을 공유한다. 즉, 합리모형(*rational comprehensive model*)은 문제를 어떻게 합리적으로 해결해야하는가(*How should we solve problems rationally?*)에 초점을 두고 있으며, 의사결정자들이 가져야 할 조건으로, 잘 정의된 문제, 고려될 수 있는 모든 대안, 완전한 기초정보, 각각의 대안의 결과에 대한 완전한 정보, 시민들의 가치나 선호에 관한 완벽한 정보, 충분하고 적당한 시간과 기술, 자원을 들고 있다(Foster, 1984: 23~24).

그러나 완벽한 합리성은 충족될 수 없는 것으로 지적되고 있다. 실제, Simon과 March(1958)는 의사결정자들은 모호하거나 빈약하게 정의된 문제, 대안들에 관한 불완전한 정보, 문제의 배경, 기초에 관한 불완전한 정보, 제안된 대안의 결과에 대한 불안전한 정보, 가치, 선호, 이해의 맥락과 범위에 관한 불완전한 정보, 제한된 시간, 기술, 자원에 놓여 있음을 강조하면서, 제한된 합리성(*bounded rationality*)[1]을 주장한다(Forester, 1984: 23~24).

현실 적용가능성이 높은 제한된 합리성을 고려한 만족모형, 점증모형 등과 같은 정책모형들은 지속적인 발전이 진행되었다. 특히, 만족모형의 경우, 위험과 불확실성(*risk and uncertainty*), 대안에 관한 부족한 정보(*incomplete information about alternatives*), 복잡성(*complexity*) 문제에 의해 합리성이 제약받기 때문에(Simon, 1972: 163~164), 최적에 가까운 결정보다는 만족할 만한 수준에서의 결정을 강조하는 만족스러운 접근(*satisficing*[2] *approach*)을 주장한다(Simon, 1972: 170). 이에 따라, 만족스러운 접근은 그럴듯한(*plausible*) 대안을 찾는 데 사용되는 휴리스틱(*heuristic*) 또는 시행착오방법(*trial-and-error methods*)과 같은 모델을 사용한다(Simon, 1972: 163~170).

그러나 정보, 자원, 시간 등이 충분하면 합리모형적 정책결정이 가능한가? 또는 합리성이 제한되기 때문에 만족모형적인 정책결정이 이루어지는가? 이러한 질문에 대답하기 위해, 우선 합리모형과 기존 정책이론이 갖는 주요 가정에 대해 살펴보자.

첫째, 시간의 개념과 관련하여 살펴보면, 종래의 합리모형적 사고에서는 시간(기획기간)이 충분할수록, 모든 대안을 검토하여 최적의 대안을 선택하는 합리모형적 정책결정모형이 더 잘 적용될 것이라고 주장한다. 이들은 점증모형(*incremental model*) 또는 만족모형은 충분한 시간을 확보하지 못하기 때문에 정책결정자들이 흔히 채택하는 정책결정행태라고 주장한다.

둘째, 충분한 예산과 보다 많은 정보량이 확보되면, 역시 합리모형적 정책결정모형이 정책결정과정에서 더 많이 채택된다는 주장이 기존 이론의 큰 틀을 형성하고 있었다. 앞의 시간적 제약조건에 대한 관점과 같이 전통적 정책이론의 해석에서는 부족한 예산, 부족한 정보하에서 정책결정을 해야 하는 정책결정자는 역시 만족모형적 접근을 할 수 밖에 없다는 주장을 편다. 이들의 주장을 따르면, 충분한 시간, 충분한 예산, 그리고 충분한 정보가 정책결정자에게 주어지면, 모든 가능한 대안을 검토해서 최적의 대안을 선택할 수 있는 합리모형이 선택된다.

셋째, 기존의 정책결정이론에서는 모든 투입요소가 '동시적'으로 이루어지고 산출이 '동시적'으로 이루어지는 정태적 성격을 묵시적으로 가정하고 있다.

이 연구는 합리모형을 중심으로 하여, 기존의 정책결정이론이 갖는 가정들을 비판하면서, 탈딜레마 전략으로서 만족모형적 접근의 가능성을 제시하고자 한다. 참고로, 만족모형은 일반적으로 제한된 합리성하에서 만족할만한 수준에서의 정책결정을 의미한다. 이 연구에서 사용하는 '만족모형적 접근'은 제한된 합리성하에서의 만족모형을 의미하는 것이 아니라 제한된 합리성과 관련 없이 딜레마 상황에서 정책결정의 하나의 유형으로서 만족할만한 수준에서의 결정을 의미한다.

## 3. 탈딜레마 전략으로서 만족모형적 접근

### 1) 만족모형적 접근의 딜레마 이론적 재해석

#### (1) 시간과 예산, 그리고 딜레마

학자들은 만족모형이 현실의 정책결정과정에서 합리모형보다 더 많이 채택되고 해석되는 것은 정책결정에 소요되는 시간과 예산이 부족하기 때문이라고 주장한다. 그러나 우리는 '너무 많은' 시간과 예산은 정책결정자에게 딜레마적 상황을 초래할 가능성을 크게 할 수 있음을 지적하고자 한다.

민주주의 체제하에서, 정책결정에 필요한 한정된 시간과 예산을 정해 준 경우와 충분한 시간과 예산을 준 경우를 상정해 보자. 극단적인 사례로, 정책결정에 한정된 예산과 1일이 주어진 경우와 충분한 예산과 1년이 주어진 경우를 생각해 보자. 1일이 주어진 경우에, 정책결정자는 가장 심각하고 중요한 변수만을 고려한다. 또 가장 중요하다고 생각되는 사람에 한정하여 의견을 듣고 정책결정을 하게 된다. 정책결정에 1일이 허용된 경우에는 정책결정에 참여하는 참여자가 정책결정에 거는 기대수준이 그리 크지 않게 된다.

반면, 충분한 예산과 동일한 정책문제에 대하여 1년을 준 경우, 사소한 고려사항까지 모두 고려해야 하고, 정책결정에 참여하는 사람의 수도 크게 증가한다. 정책결정에 참여하는 사람의 기대수준도 크게 향상되고 이것은 이 사람들이 갖는 정책의 질에 대한 '기대 수준' 또는 '눈높이'를 높여 줄 것이라고 추론할 수 있다. 즉, 참여가 보장되고, 제도화되어 있는 민주주의 정치체제하에서는 시간과 예산은 아래와 같은 경로로 영향을 미칠 가능성이 높다.

가. 정책결정자가 충분한 시간과 예산을 가질수록 고려해야 할 투입 집합의 요소 수가 많아진다. 투입요소가 많아지면 정책결정 시, 고려해야 할 요소가 많아짐을 의미한다.

나. 투입요소의 집합의 크기가 커지면 게임에 참여하는 참여자 수가 많아진다.

다. 참여자 수가 많아지고, 고려요소가 많아지면, 딜레마적 상황이 전개될 가능성이 높아진다.

기존 이론에서 주장하고 있는 것과는 달리, 충분한 시간과 충분한 예산은 정책결정과정에서 오히려 합리모형적 접근의 채택가능성을 줄여준다. 즉, 합리모형에서는 충분한 시간과 자원이 존재한다면 합리모형적 정책결정의 채택가능성을 높인다고 주장한다. 이는 곧 대안의 발견과 대안의 결과가치 분석이 이루어질 수 있기 때문인데, 이는 한정된 대안과 한정된 참여자, 한정된 요소 수, 그리고 안정된 시스템이라는 가정이 확립될 때 가능하다 할 것이다. 예를 들어, 참여자가 한정(고정)되어 있고, 국가 및 정치시스템에 영향을 미치는 요인이 없어 시스템이 변화하지 않고 고정적이라는 가정하에 고려해야 할 대안의 수가 100개만 존재하고 이 100개를 모두 관찰하고 분석하는 데 충분한 시간과 자원이 있다면, 이 중에서 가장 최적의 결과를 가져올 대안을 선택할 수 있을 것이다. 그러나 현실 민주체제에서는 지속적으로 참여자의 수와 종류가 변화하고, 또한 시스템에 다양한 외부변수가 존재하며, 이에 따라 고려해야할 대안의 수는 고정되지 않고 지속적으로 변화한다. 결국, 시간과 예산이 충분하게 주어진다면, 상호 충돌하는 대안이 지속적으로 발생하는 딜레마 상황에 처할 가능성이 높다 할 것이다.

딜레마 상황은 정책결정자가 갖는 심리적 상태이다. 딜레마 상황의 특징은 주어진 맥락에서의 선택을 전제로 하며, 상충되는 가치가 선택 상황 속에 동시에 나타나고, 그것이 대안으로 표상될 수 있으며, 대안들 간의 비교가 불가능하지만 그 중요성이 비슷하기 때문에 대안의 선택이 곤란하다는 특징을 지니고 있다(이종범·안문석·염재호·박통희 외, 1994). 이를 다르게 표현하면, 이익집단 간에 중요한 가치의 충돌이 있거나 이익의 충돌이 심하기 때문에 어떤 대안을 선택하더라도 당사자 중의 일방은 그 결과를 수용하려고 하지 않는다는 것이다(이종범, 2005: 11). 즉, 이러지도 못하고 저러지도 못하는 망설임의 상태이다. 이러한 딜레마적 상황은 정책결정자에게는 블랙홀과 같은 존재이다. 이 상황에 빠지면 정책결정은 대안 없이 표류하고 정책결정의 소용돌이 현상이 나타난다.

(2) 딜레마의 동태적 특징

딜레마 상황은 선택 상황이다. 딜레마적 상황은 햄릿적 상황, 'to be or not to be'의 상황이다. 두 개의 대안 가운데서 하나를 선택해야 하는 상황이다. 이런 관점에서 보면 딜레마 상황은 이진적 선택상황(*binary decision making*)이다.

아무리 복잡한 선택적 상황도 시간의 개념을 도입하면, 일련의 이진적 상황으로 변환시킬 수 있다. 이것이 딜레마적 상황이 갖는 동태적 특징이다. 변환을 위해서는 정책결정자의 결정시간을 이진적 선택적 상황으로 만들 수 있는 시간단위로 환원해 주어야 한다.

이것을 그림으로 표현하면, 정치체제에 대한 모든 투입이 순차적으로 이루어지는 것을 상정할 수 있다. 어느 두 개의 투입도 동시에 이루어지지 않는 상황을 만들 수 있게 된다. 이렇게 되면 특정 정책결정시간 단위에서 정책결정은 특정투입을 할 것인지 아니면 하지 말 것인지를 정하는 이진적 상황으로 전개된다.

이 상황은 상호 딜레마적인 특징을 갖는 두 개 이상의 투입이 동시에 정치체제에 투입되는 상황으로부터 논의를 자유롭게 해준다.

여기에서 기존 정책결정이론이 갖는 중대한 (묵시적)가정을 잠시 노출시켜 보기로 한다. 우선, 전통적 이론이 갖는 정태적 성격을 들 수 있다. 다시 말해, 모든 투입요소가 시차를 갖지 않고 즉시 정치체제에 투입된다는 가정이다. 모든 투입요소가 병렬적으로 정체체제에 투입되는 것을 가정한 것이다(이런 접근은 계량적 연구방법에서 주로 사용되고 있는 다중회귀분석적 접근도 크게 작용했을 가능성이 크다. 다중회귀분석방법에서는 상호독립적인 다수의 독립변수가 동시적으로 종속변수에 영향을 미칠 것이라는 것을 가정하기 때문이다). 그러나 모든 투입이 동시적으로 시차를 두지 않고 정체체제에 투입된다는 가정은 현실성이 떨어진다. 현실의 투입은 시차를 두고 이루어지거나 집단을 형성하여 이루어지기 때문이다.

투입이 시차적으로 이루어진다는 것을 받아들이면, 정태적 상황에서는 딜레마적으로 보이는 투입요소 사이의 관계가 더 이상 딜레마적이 아닐 수 있게 된다. 이 부분을 좀 더 자세히 살펴보기로 한다.

기존 이론이 갖는 정태성이 주는 중대한 잠재적 가정의 하나가 정책결정시스템의 무학습성(無學習性)이다. 특정 정책결정시스템은 그 시스템에 들어가는 것에 상관없이 일관성을 유지하고 변함이 없다는 것을 묵시적으로 가정하고 있다. 이것은 중대한 가정이다. 왜냐하면, 이 가정은 정책결정시스템이 학습능력이 없다는 것을 가정하는 것이기 때문이다. 그러나 현실에서 보면, 이 가정도 현실성이 떨어진다. 현실에서는 특정 투입이 정책결정시스템에 이루어지면 정책결정시스템은 즉시 반응을 하고 그 반응은 같은 투입이 이루어질 경우에 다른 산출을 만들어 내는 것으로 나타나기도 하기 때문이다. 같은 투입에 대하여 상이한 산출을 만들어 내는 것은 정책시스템이 학습능력을 갖고 있고, 투입의 순서에 따라서 정책시스템의 상태가 변한다는 것을 의미한다.

학습능력을 갖는 동태적 정책결정시스템에서는 동일한 투입의 집합도 투입 순서가 상이하면 상이한 정책을 산출한다.[3] 이것은 단위시간에서 시스템에 투입하는 투입의 종류에 따라서 시스템의 상태가 달라지고, 상이한 시스템 하에서는 동일한 투입에 대하여 상이한 산출이 만들어지기 때문이다. 이러한 동태적 관계를 잘 나타내고 있는 모형이, 시스템 상태전환도이다. 예를 들어서, 〈그림 2-1〉과 같은 상태전환도를 갖는 시스템을 상정해 보자.

이 시스템에서는 a b c의 투입순서와 b a c의 투입순서에 따라 상이한 산출을 만들어 냄을 알 수 있다. 즉, a b c의 순차 투입 시 시스템은 $q_3$ 도달하고 7이라는 산출을 하게 되지만, b a c의 순차 투입 시는 $q_4$상태에 도달하여 5라는 산출을 하게 된다. 〈그림 2-1〉은 [a b c]라는 동일

〈그림 2-1〉 시스템 상태 전환도

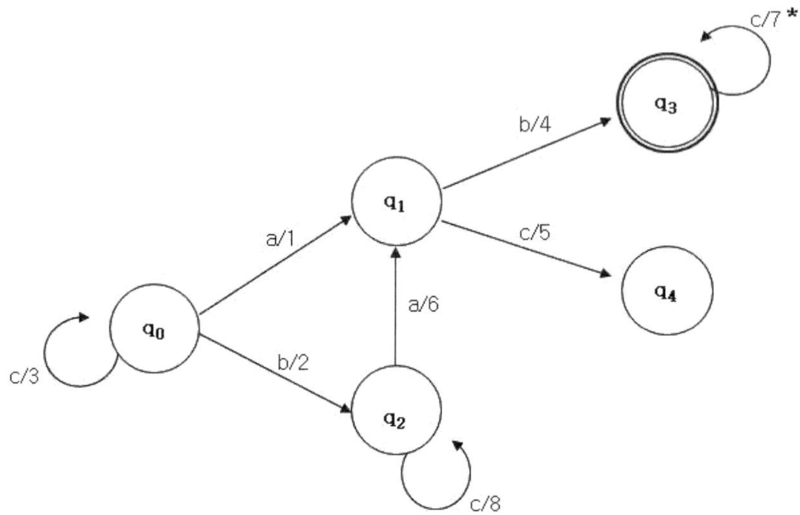


투입이 투입 순서에 따라서 상이한 산출을 가져옴을 보여준다.

이 연구에서는 정책결정시스템은 학습능력을 갖고 고유한 상태전환도를 갖는 동태적 시스템으로 본다.

(3) 탈딜레마 전략으로서 만족모형적 접근

딜레마 상황을 빠져 나가는 길은 '적당한' 시간과 '적당한' 예산을 통한 조정이다. 적당한 기획기간과 적당한 예산은 정책결정을 만족모형적으로 유도하기 때문이다. 만족모형적 상황은 다른 말로 표현하면 탈딜레마적 또는 반딜레마적 상황이라고 말할 수 있다.

시간과 예산을 조정할 필요성에 대한 설명은 두 가지 측면에서 접근이 가능하다.

우선, 두 가지 대안이 상호충돌을 하지 못하는 순간까지 시간을 세분하는 것이다. 이 접근은 대안 사이의 충돌은 기본적으로 정책결정자가 정책목표나 환경변수에 대하여 갖는 인식에서 출발한다고 보는 가정에 근거하고 있다.

개인적 인식은 다시 기본적으로는 그 개인의 과거의 기억에 근거를 둔다. 회상하고 참고할 수 있는 개인의 기억은 기억에 허용된 시간이 충분할수록, 그리고 탐색에 허용된 예산이 충분할수록, 많은 기억이 인식에 참고 된다. 그렇다면, 정책결정 기본시간단위가 짧아질수록 딜레마적 상황을 유발하는 요소가 동시에 투입될 가능성을 크게 낮춘다. 어느 두 가지 요소가 딜레마적으로 작용할 기회가 크게 낮아진다는 가정을 받아들이면, 이 접근은 가능해 진다.

이 가정의 뒤에는 의식이 하나만 존재한다는 또 다른 가정이 숨어 있다. 의식이 하나라는 것은 CPU가 하나인 컴퓨터를 생각하면 된다. 이 경우에는 상호모순적인 두 개의 투입이 동시에 컴퓨터에 입력될 가능성은 없다.

특정 순간에 시스템에 들어오는 투입을 처리할 것인가 아닌가를 결정하는 것, 햄릿적 결정만이 남게 된다. 햄릿적 결정에서는 선택할 것인가 아닌가를 정하는 것이기 때문에 고려해야 할 사항이 특정 사안에 국한될 가능성이 커진다. 물론, 이 경우에도 기획시간이 충분하고 예산이 충분하면 특정 사안의 선택에서, 딜레마적 상황에 빠져들 수도 있다. 그러나 결정시간의 순간에 접근한다는 것이 기획시간의 단축까지를 포함하는 것이라면 기획시간의 충분한 단축은 딜레마적 상황으로부터의 상당한 탈출을 가능하게 할 수 있을 것이다.

순간적 정책결정과정에서도 두 개의 딜레마적 요소가 투입에 등장할 경우에 대한 대안적 해석이 다음으로 등장한다. 이 해석은 투입요소와 관련된 정책결정관련자의 기대수준이라는 개념을 도입하면 가능해 진다. 정책결정에 허용된 시간이 짧다는 것이 알려지고 공감대가 형성되면, 관련자의 정책결정에 대한 기대수준은 낮아진다. 참여자 사이에 정책에 대한 기대수준이 낮아지면, '도저히 타협 불가능한' 대안의 기회비용이 타협 가능한 수준으로 낮아진다. 타협가능한 상태의 의미는 정책

〈그림 2-2〉 딜레마 해소 방안

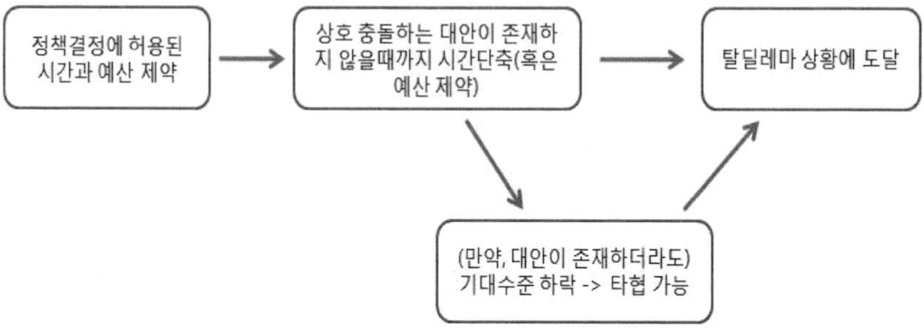


문제가 이미 딜레마적 상황에서 벗어났다는 것을 의미한다. 중도적인 제 3의 대안이나, 두 대안 중 하나의 선택도 가능해 진다.

이러한 가정은 다음의 측면에서 기존 정책결정이론에 대하여 새로운 해석을 가능하게 해 준다. 기존 이론에서 주장하고 있는 것과는 달리, 충분한 시간과 충분한 예산은 정책결정과정에서 오히려 합리모형적 접근의 채택가능성을 줄여준다. 이것은 정책결정에서 충분한 시간과 충분한 예산이 주어지면, 정책결정에서 딜레마적 상황이 나타날 가능성이 증대하고, 딜레마적 상황에서는 합리모형적 접근이 불가능해지기 때문이다. 이런 상황에서 탈출할 수 있는 대안의 하나가 '적당한 시간'과 '적당한 예산'의 범위 내에서 정책결정을 하도록 유도하는 것이다.

이상의 논의를 종합하여 보면, 〈그림 2-2〉와 같이, 첫째, 정책결정에 허용된 시간을 단축하고, 이러한 시간의 단축을 상호 충돌하는 대안이 존재하지 않을 때까지 단축하게 되면 탈딜레마 상황에 도달한다는 것이다. 둘째, 정책결정에 허용된 시간을 단축하게 되면, 정책참여자의 기대수준이 감소하게 되는데, 참여자의 기대수준 감소가 타협 가능한 수준까지 이루어지게 되면 탈딜레마 상황, 즉 정책의 해에 도달할 수 있다는 것이다.

이상의 논의가 갖는 정책결정이론상의 함의를 정리하면 다음과 같다.

첫째, 시간과 예산을 충분히 제공하면, 모든 정책문제는 딜레마적 상황을 포함한다. 즉 '모든 정책문제는 딜레마적이다'는 명제가 성립한다.

둘째, 이 말은 시간과 예산 특히 시간을 조정하면 모든 딜레마적 정책 문제는 탈딜레마적인 정책 문제화할 수 있다. 다시 말하면, '모든 정책문제는 딜레마적이 아니다'는 명제도 성립한다.

모든 정책대안을 검토하고 이 가운데서 가장 좋은 정책을 선택하는 소위 합리모형은 (이 논문에 근거한) 우리의 추론에 의하면 딜레마적 상황을 유발할 수 있는 가능성을 갖는다. 합리모형적 접근을 하다보면, 모든 정책문제를 딜레마적 상황으로 빠지게 할 수 있다. 한편, 정책참여자가 모두 만족하면 그 수준에서 정책결정이 이루어진다는 만족모형적 접근은 우리의 추론에 의하면 탈딜레마적이라 할 수 있다.

딜레마 이론적 접근을 하면, 모든 정책문제는 딜레마적 정책문제와 탈딜레마적 정책문제로 양분될 수 있다. 모든 정책문제는 딜레마적 성격과 함께 탈딜레마적인 성격을 갖는 양면성을 갖는다. 정책결정자는 정치적 이해관계를 계산하여 어느 면을 택할 것인지를 선택할 수 있다. 정책결정자가 사용할 수 있는 정책수단은 정책결정에 허용된 시간과 예산이다. 정책결정에 지나치게 많은 시간을 부여하면 딜레마적 상황으로 정책문제가 이행된다. 반면, 정책결정시간을 조정하면, 참여자의 기대수준에 변화를 가져오게 하여 딜레마적 상황에서 탈피할 가능성을 높여준다.

결론적으로 만족모형적 접근은 '시간'과 '예산'이 부족해서가 아니라, 다시 말해, 합리성에 제한받기 때문이 아니라 딜레마적 상황에 빠져들지 않기 위한 지혜에서 나타난 정책결정행태일 가능성을 제시하였다. 따라서 정책결정자의 입장에서 특정 정책문제를 딜레마적 상황에 빠지지 않고 해결하려면 정책결정허용기간을 조정하여 만족모형적 접근만이 가능토록 하는 조건을 만들어 주어야 한다. 물론, '궁극적으로 딜레마적 성격을 갖는' 정책문제가 만족모형적 해결책으로 정책결정을 했을 경우에, 그 정책이 지속가능할 것인가와 같은 문제가 제기될 수 있다. 즉, 특정 정책문제가 딜레마적 성격을 갖고 있다는 특징 때문에, 일정 시점에서 결정된 정책은 집행과정에서 딜레마적 성격을 갖는 대안이 등장하여 계속하여 정책집행자를 괴롭힐 가능성을 크게 한다. 이러한 상황에서는 정책집행자는 일단 결정된 정책이 딜레마적 상황에 빠지지 않도록 하는 조건을 생각해야 한다. 가장 중요한 조건은 결정된 대안이 조기에 정착하여 정책을 다시 바꿀 경우에 엄청난 기회비용이 발생토록 하는 것이다. 실제로 많은 경우에, 일단 결정된 정책은 정책의 기득권 계층을 만들어 내고 이들이 그 정책의 수문장 역할을 수행한다. 이 조건이 맞도록 하기 위해서는 강력한 행정력을 공공부문이 가져야 한다. 강력한 행정력이 없으면, 모든 정책은 집행과정에서 딜레마적인 대안의 등장으로 행정혼란 상태에 빠지게 된다. 다시 말해, 일단 결정된 정책은 흔들림 없이 집행하는 것이 정책이 딜레마적 상황에 다시 빠지지 않도록 하는 조건이 된다.

## 4. 만족모형적 접근의 이론적 토대로서 Coase Theorem

정책결정에 있어 충분한(무한한) 시간과 예산은 합리적 정책결정보다는 딜레마에 빠질 가능성이 높기 때문에, 시간과 예산을 제약하여 만족할 만한 수준에서의 정책결정이 발생하도록 하는 것이 사회 전체적으로 바람직하다는 논조를 제시하여 왔다.

이와 관련하여 코즈정리(*Coase Theorem*)[4]는 유용한 아이디어를 제시한다. 즉, 외부효과(*externality*)의 발생상황에서 상호 이익추구적 협상의 결과를 설명하기 위한 이론적 명제인(Harrison and Mckee, 1985: 653)인 코즈정리는 외부효과를 바라보는 기존의 전통적 시각을 비판하면서, 외부효과의 상호적인 특성(*reciprocal nature*)을 강조한다. 상술하면, a가 b에게 손해를 입힐 경우, 단순히 a의 행동을 어떻게 구속할 것인가가 아니라, 문제의 상호적 특성을 고려해야 한다는 것으로 선택의 본질은 획득한 가치뿐만 아니라 그러한 획득을 위해 희생한 가치를 상호 고려해야 함을 강조한다(Coase, 1960: 2). 이에, 시장거래를 위해서는 권리의 확정이 이루어져야 하고, 권리가 부여되면, 가격시스템이 비용에 관계없이 작동된다는 조건하에 생산가치의 극대화는 법적 위치(*legal position*)에 독립적이라고 주장한다.

> 권리의 최초 경제획정의 구축 없이 권리 간의 결합, 이전과 같은 시상거래는 존재할 수 없으므로, 가해자가 원인을 제공한 위해활동에 책임이 있는지, 없는지 알 필요가 있다. 그러나 만약, 가격시스템이 비용없이 작동한다면, 생산가치의 극대화라는 궁극적 가치는 법적 지위에 독립적이다(Coase, 1960: 8). 〈코즈정리〉[5]

이를 부연하면, 권리가 확정되어 있고, 거래비용(*transaction costs*)이 없다면(0), 권리가 누구에게(a 또는 b) 부여되든지 간에, (행위자간 협상, 교환에 의해) 생산가치를 극대화하는 방향으로 자원배분이 이루진다는 것을 의미한다.[6]

이러한 주장에 따르면, 정책결정과정에서 나타나는 지연은 정책결정의 불확실성비용을 증가시키고 이것이 시장에 대해서 나쁜 영향을 미치는 것이다. 코즈정리에서는 선택상황에 직면한 정책결정자의 신속한 결정은 그 결정의 도덕적, 윤리적, 논리적 속성과는 관계없이 정책결정의 불확실성을 제거해 주어서 시장에 긍정적으로 작용한다고 본다. 정책결정권자가 어떤 결정을 하든지, 시장은 가장 능률적인 방향으로 자원을 배분하게 되어 사회 전체적으로 보면 가장 바람직한 방향으로 자원이 배분된다고 본다.[7] 쉽게 말해, 딜레마적 정책결정에서 어느 한 쪽의 손을 들어주면, 나머지는 시장기구가 가장 능률적인 방향으로 자원배분을 해 준다는 것이 코즈정리의 함의이다.

코즈정리가 성립하는 조건은 재판관이 갖는 기획시간이 너무 길지 않아야 한다. 이 말은 재판관이 '좋은 재판' '공정한 재판'에 대한 지나친 욕심을 버려야 한다는 것을 의미한다. 정책결정자가 욕심을 버리는 것이 만족모형적 접근을 가능하게 하고, 이것이 정책의 딜레마적 상황에서 벗어나도록 하는 첩경이 된다. 어차피, 모든 정책문제는 궁극적으로 해결책을 찾는다. 관건은 엄청난 딜레마 비용을 부담한 후 해결책에 도달하느냐, 아니면 만족모형적으로 접근하여 합당한 비용하에 문제를 해결하느냐의 선택의 문제이다.

이 글의 정책적 함의는 정책결정자의 정책에 대한 지나친 욕심은 정책을 딜레마적 상황에 빠지게 하고, 이것은 엄청난 딜레마 비용을 사회에 전가할 수 있다는 점이다.[8] 100점 수준의 정책해결은 결과적으로 80점 수준의 정책해결에 비하여 더 많은 사회적 비용을 발생시킬 수 있다는 것이 이 글의 주장이다.

〈그림 2-3〉은 하나의 예시로 이를 보여주고 있다. 우선 딜레마 비용곡선은 딜레마 상황의 지속시간과 사회적 비용과 관련되어 있다. 딜레마 상황의 지속은 사회 전체의 관점에서 비용의 증가를 수반하게 되며, 곡선 DC와 같이 기울기 값이 1이 아니라 시간이 늘어남에 따라 기울기 값이 커지는 곡선 형태를 띠게 된다. 만약, t시점에서 딜레마 상황이 이루어졌다면, t+1시점에서의 딜레마 비용은 C2가 되며, t+2의 시점에서의 딜레마 비용은 C3값을 갖게 된다. 여기서 만약, t+1의 시점에서 딜레마 상황을 해소하기 위해 정책결정이 이루어진다면(이를 80점짜리 정책결정이라 하자), 이 때 C2-C1의 딜레마 비용을 지불하면 된다. 그러나 만약, t+2시점에서 정책결정을 하게 되면(이를 100점짜리 정책결정이라 하자) 딜레마 비용은 C3-C1이 되고, t+1시점에 비해 C3-C2만큼 더 큰 비용을 지불하게 된다.

여기서 문제는 전체 사회적 비용관점에서 t+2시점에서의 정책결정이

〈그림 2-3〉 딜레마 상황에서의 딜레마 비용과 정책결정

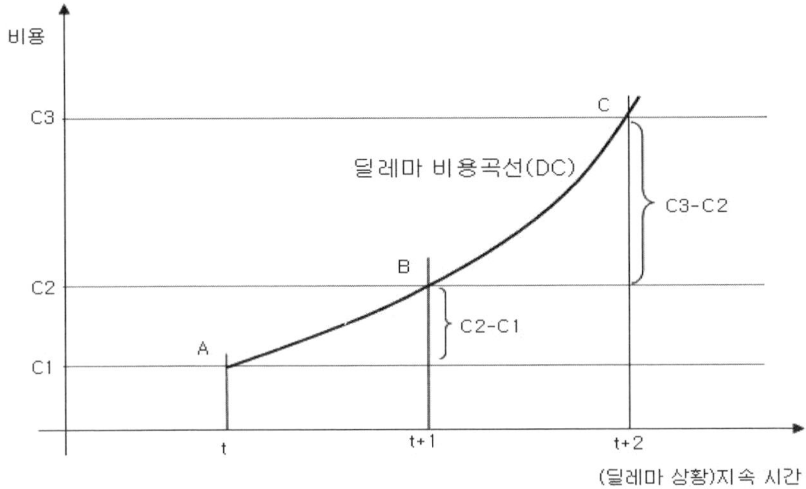


t+1시점에서보다 좋기 위해서는, t+2시점에서 정책결정에 의해 유발되는 효과가(만약 이를 비용으로 환산할 수 있다면 더 좋을 것이다.) C3-C2만큼의 비용보다 더 커야한다는 것이다. 그러나 딜레마 상황에서는 딜레마의 정의에서 유발되는 특성상 그 효과가 C3-C2비용보다 클 확률은 매우 낮다. 다시 말해, 딜레마 상황이 유발하는 사회적 비용을 고려한다면, t+2시점에서의 정책결정보다는 t+1시점에서의 정책결정이 이루어지는 것이 사회 전체적으로는 바람직하다 할 것이다.

결국, 이 연구의 이론적 함의는 현실적인 정책결정모형으로 인정받고 있는 만족모형은 정책결정자에게 주어진 시간 및 예산이 부족하여 합리모형을 따를 수 없는 어쩔 수 없는 상황에서 받아들여지는 접근이 아니고, 딜레마적 상황에 빠지지 않기 위한 계산된 전략일 수 있다는 것이다.

## 5. 결론

이 연구는 기존의 정책결정모형, 특히 합리모형의 가정을 새롭게 조망하고 이를 통해 새로운 가설을 설정하여 논의를 진행하여 왔다. 시간과 예산이 충분하면 합리모형적 정책결정이 이루어질 것이라는 기존의 가정과 달리, 이 연구에서는 충분한 시간과 예산은 정책결정자를 딜레마에 빠져들게 만든다는 점을 주장한다. 이를 벗어나기 위해서는 딜레마의 동태적 특성을 파악하여 적절한 시간과 예산을 설정하고, 이를 통해 참여자들이 만족할만한 수준에서의 정책결정을 유도하는 만족모형적 접근을 강조하였다. 또한 딜레마 상황에서의 만족모형적 접근의 타당성을 코즈정리를 통해 설명하였다.

부연하면, 모든 정책문제는 '딜레마적이면서 동시에 탈딜레마적'이다. 이것을 정해주는 것이 정책결정에 허용된 시간과 예산이다. 정책결정에 있어 충분한(무한한) 시간과 예산은 합리적 정책결정보다는 딜레마에 빠질 가능성이 높기 때문에, 시간과 예산을 제약하여 만족할만한 수준에서 정책결정이 발생하도록 하는 것이 사회 전체적으로 바람직하며, 이는 코즈정리를 통해 뒷받침된다. 모든 딜레마적 정책문제는 코즈정리의 입장에서 보면, 빠르고 일관된 정책결정을 통하여 사회전체의 비용을 최소화할 수 있다.

물론 이 연구는 시론적 연구로서 많은 한계를 지닌다. 특히, 행정영역에서는 포기할 수 없는 가치(보호된 가치)가 존재하고 이러한 가치 간의 충돌이 발생할 경우, 인위적으로 시간과 예산 특히 시간을 제한하여 정책결정을 하게 하는 만족모형적 접근은 현실적으로 실현가능성이 낮을 수 있다. 그러나 예외적인 상황을 제외하고 현실상황에서는 다양한 이해집단들의 충돌이 빈번히 발생하고 있으며, 이로 인해 정책결정자는 심각한 딜레마 상황에 처한다. 이로 인해 정책은 지연 및 왜곡되는 일이 발생되며 궁극적으로 사회 전체적으로 부정적 효용이 증가된다. 따라서 이러한 상황을 고려할 때 탈딜레마 전략으로서 만족모형적 접근은 제도적 설계의 차원에서 고려되어야 할 필요가 있다.

**[주]**

1) 제한된 합리성의 아이디어는 모든 정보, 모든 대안을 고려하거나 혹은 예측하기 어렵기 때문에, 개인과 집단에서 결정의 문제를 단순화할 것을 강조한다(March and Simon, 1958; Lindblom, 1959, 1965; Radner, 1975a, 1975b; March, 1978: 591).

2) March는 Simon(1955, 1956) 논문이 선택이론의 발전에 기여했다면서, "인간은 주어진 제약하에서 분별력있는 결정 절차(*decision procedures*)를 개발해야 한다. 그러한 절차를 단순히 표현하여 Simon은 'Satisficing'라는 개념을 만들었다"라고 주장한다(March, 1978: 590).

3) 이와 관련하여 정정길은 행정과 정책영역에서의 '시차'(*time lag*)의 개념을 도입적용하고 있다. 원인변수의 작동 순서에 따라 결과변수가 달라지는 화학적 인과관계를 나트륨, 염소, 물의 사례를 통해 제시하고(정정길, 2002a) 또한 결과변수의 어느 시점에서 원인변수가 작동하는지 따라서, 인과관계가 완전히 달라질 수 있으며, 동일한 원인변수도 원인변수가 오랫동안 작동하고 있는 경우와 최근에 작동을 시작하고 있는 경우, 즉, 원인변수들의 변화과정과 성숙단계에 따라 결과에 미치는 영향은 서로 상이함을 주장하였다(정정길, 2002b).

4) 코즈정리(*Coase Theorem*)는 스티글러(Stigler)에 의해 만들어지고 정식화된 명제이며(Coase, 1988: 157), 코즈의 1959년 "The Federal Communications Commission" 연구에서 제시된 개념이 Stigler 및 코즈학파에 의해 발전되고 정교화되었다고 할 수 있다. Coase(1959)는 새로 발견된 동굴은 누구의 소유인가라는 질문을 제시하고, 이 동굴의 소유는 누가 가장 많은 돈을 동굴의 사용을 위해 지불할 용의가 있는가에 달려 있다고 주장한다. 또 다른 사례로, 제과점과 제과점의 기계에 의해 발생하는 소음·진동으로 방해받고 있는 의사(Sturges v. Bridgman) 사례를 들어, 제과점이 소음과 진동을 발생시킬 권리가 있든 없든 간에, 그 권리는 그 자원을 가장 가치 있다고 평가하는 주체에 의해 획득되어진다고 주장한다(Coase, 1959; Coase, 1988: 157~178).

5) Coase의 기념비적인 업적은 "기업의 본질"(*The Nature of the Firm*) (1937)과 "사회적 비용의 문제"(*The Problem of Social Cost*) (1960)라는 논문을 통해 이루어졌다. 특히, 그는 사회적 비용의 문제 논문에서 경제시스템을 움직이는데 있어서 법의 영향을 고찰하면서, 거래비용이 0인 상황과 거래비용이 0이 아닌 상황 두 가지를 가정하여 논의를 펼치고 있다. 일명, 코즈정리라 불리는 것은 거래비용이 0이라 가정한 상황에서의 코즈의 주장을 말하고 있다. 참고로, 코즈의 개인적 주장의 핵심은 이후 그의 주장(1988)과 같이 거래비용이 0이 아닌 현실사회에서의 거래비용을 낮추기 위해 어떻게 해야하는 가에 초점이 맞추어져 있다 할 것이다.

6) 물론, 코즈이론은 현실세계와는 다른 가상세계를 설정하고 있으며, 이에 따라 일련의 가정들이 제시되고 있다. Hoffman and Spitzer(1982: 73)의 연구에서 정리된 가정은 (1) 각각 외부효과를 갖는 두 행위자를 설정, (2) 상호간 생산, 편익 또는 효용함수를 서로 완벽하게 알고 있음, (3) 경쟁시장조건, (4) 거래비용은 제로(0), (5) 비용이 들지 않는 사법시스템, (6) 편익극대화 생산자와 효용극대화 소비자, (7) 부효과(*wealth effects*)가 없음, (8) 행위자는 거래비용이 없는 상황에서 상호간 유리한 협상을 추구한다는 것으로 정리된다.

7) 물론, 이는 코즈정리에서 가장 중요한 거래비용(*transaction costs*)이 영(0)이라는 가정을 충족하였을 경우에 한정한다. 즉, Coase의 주장처럼 시장거래에 있어 거래비용이 없다는 것은 매우 비현실적 가정(*unrealistic assumption*)이다. 시장거래를 수행하기 위해서는 누가 거래를 하고 싶어하는지, 또 무엇을 거래하고 싶은지, 교섭에서 협상으로의 이끄는 것, 계약을 체결하는 것, 계약대로 진행되는지의 감시 등에 있어 비용이 발생하며, 이 모든 것이 거래비용이라 할 수 있다(Coase, 1960: 15). 따라서 거래비용이 영(0)이 될 수 없는 현실사회에서는 시장에서의 거래보다 정부규제를 통하는 것이 오히려 좋은 결과를 가져올 수도 있다. 다시 말해, 거리비용이 영(0)인 상황에서는 시장에서의 자발적 거래가 가장 효율적인 자원배분이 이루어진다 할 것이나, 거래비용이 영이 아닌(*positive transaction costs*) 상황에서는 가장 효율적 자원배분을 시장, 기업, 정부 어디에서 담당해야 할지는 지속적인 연구가 필요하다(Coase, 1960: 18) 여기서의 문제는 '정부의 비결정'이 거래비용을 증대시킨다는 점이며, 문제의 핵심은 시장과 정부가 경쟁관계가 아니고 상호보완관계라는데 있다. 신속하고 일관된 정부결정이 내려지면 거래비용을 크게 낮추어서 코즈정리가 시장에서 적용된다.

8) 행정영역에서의 딜레마는 정치의 민주화와 밀접한 관련이 되어 있다. 민주주의 수준이 발전하고 그에 따라 다양한 이익집단이 형성되어 자유롭게 자신들의 이익활동이 보장된 환경에서는 그렇지 못한 환경에 비해 딜레마상황이 촉발될 가능성이 높아진다. 이는 앞서 제시된 가정처럼 정치체제에 투입되는 투입집합의 요소수가 많아짐을 의미하며, 이는 게임에 참여하는 참여자 수의 증가를 의미하기 때문이다. 문제는 민주정치구조에서는 딜레마 상황이 유발하는 딜레마 비용에 대한 문제제기가 잘 이루어지지 않는

다는 점이다. 이는 크게 2가지 원인에 기인하는데, 첫째는 국민 개개인 차원에서, 딜레마 비용은 결과론적으로 사회구성원 전체가 부담하게 됨에 따라 각 개인의 입장에서는 그 비용의 크기와 비용의 지출에 따른 실질적 피해를 인식하지 못하고, 또한 딜레마 해결의 편익이 개개인에게는 매우 미미한데, 이는 딜레마 해결의 편익이 대부분 딜레마상황을 유발하는 실질적 주체들에게 돌아가기 때문이다. 둘째는 정치적 입장에서, 민주주의의 핵심은 선거인데, 현대 민주주의 선거제도는 선거구에 기반 한 1인 1표를 특징으로 한다. 따라서 정치가의 입장에서는 사회적인 딜레마 비용이 발생하더라도, 해당 선거구의 '소중한 한 표'를 얻을 수 있다면, 딜레마 상황을 회피해야 할 필요가 없기 때문이다.

# 3 보호된 가치와 정책 딜레마[1)]

김동환

이 연구는 정책 딜레마에 대한 기존의 공리주의적 접근을 비판하며, '보호된 가치'(*protected value*)의 개념을 도입하여 절대주의적 접근을 시도한다. 정책 대안들에 대하여 보호된 가치로 인식할수록, 정책 딜레마가 형성될 가능성이 높다는 것이 이 연구의 핵심적인 가설이다. 이를 확인하기 위하여 설문을 통한 실험을 수행하였으며, 보호된 가치 지표(PVI)와 정책 딜레마 지표(PDI)를 구성하였다. 하나의 정책 대안에 대하여 보호된 가치로 인식하지만 다른 정책 대안에 대하여는 보호된 가치로 인식하지 않을 때, 정책 딜레마의 수준이 낮아진다는 점을 확인할 수 있었다. 전반적으로 실험 결과는 보호된 가치와 정책 딜레마 간에 긴밀한 관련성이 있다는 점 그리고 정책 딜레마하에서 선택의 지연과 회피를 선택하려는 성향이 높다는 점을 지지하여 준다. 끝으로 이 연구의 실험 결과가 정책 딜레마의 연구에 주는 시사점을 논의하였다.

십여 년 이상 정책 딜레마에 관한 연구가 지속되어 왔다. 그러나 정책 딜레마 모형은 일관된 이론적 전제 위에 정립되어 왔다기보다는 다양한 이론적 전제들로 구성되어 왔다고 판단된다. 특히 정책 딜레마가 왜 발생하는지에 관하여 일관된 설명을 제시하지 못하고 있다. 이 연구에서는 정책 딜레마의 발생 조건과 영향에 관하여 공리주의적 접근이 아닌 절대주의적 접근을 제시하고자 한다. 이를 위하여 최근에 발전된 '보호된 가치'라는 개념을 도입하여 정책 딜레마의 발생 조건을 규정하고, 이의 타당성을 검토하기 위하여 설문지를 통한 실험을 수행하고자 한다.

## 1. 정책 딜레마와 가치 : 공리주의적 가치 대 보호된 가치

정책 딜레마는 두 가지 방식으로 규정될 수 있다. 첫째, 정책이 가져오는 결과의 관점에서 정의될 수 있다. "두 개의 가치(혹은 대안)들이 선택상황에 나타났을 때 어느 한 가치(대안)의 선택이 가져오는 기회손실이 크기 때문에 선택이 곤란한 상황"이라고 정책 딜레마를 정의하곤 한다(이종범 외, 1994; 소영진, 1994; 윤견수, 1997). 여기에서 기회손실이란 정책의 결과를 의미한다. 따라서 정책 결과의 관점에서 딜레마를 정의한 것이라고 할 수 있다. 두 정책 대안(가치)이 가져오는 기회손실이 유사하기 때문에 대안의 선택이 어려워지며, 그 결과 정책 딜레마가 발생한다는 관점이다. 이러한 관점은 정책 딜레마를 정책의 결과에 의거하여 이해한다는 점에서 다분히 공리주의적 관점을 내포한다(박통희 · 김동환, 1992). 나아가 정책결정자들이 두 대안의 기회손실을 상호 비교한다는 점에서 정책결정자에 대한 합리적인 관점을 내포한다고 해석된다.

둘째, 정책의 결과와는 관계없이 정책 딜레마를 규정할 수도 있다. "두 개의 가치들이 상호 비교될 수 없기 때문에 선택이 곤란한 상황"으로 정책 딜레마를 규정하는 경우, 이는 정책의 결과가 아니라 정책 상황의 특성에 초점을 둔 정의라고 할 수 있다. 이때에 상호 비교하기 어렵다는 말이 구체적으로 무슨 의미인지를 분명히 할 필요가 있다. 첫째, 기술적인 측면에서 상호 비교하기 어려울 수 있다. 한 사람의 생명이 얼마의 화폐로 환산될 수 있는가를 알 수 없는 경우가 이에 해당된다. 안문석(2000)은 정책 대안에 내재화된 판단기준 사이의 비교가 불가능할 때 딜레마가 발생하며 따라서 적절한 판단기준을 도입하면 모든 선택상황을 탈딜레마 상황으로 만들 수 있다고 지적한다. 이때의 비교불가능성이란 기술적인 측면에 해당된다고 하겠다. 둘째, 규범적인 측면에서 상이한 가치 간의 비교를 허용하지 않을 수도 있다. 생명을 화폐로 환산하는 것 자체를 허용하지 않을 때가 이에 해당된다. 전자의 경우에는 두 가치를 상호 비교할 수 있는 공통의 척도나 논리를 고안해 내거나 사회적 합의를 모색하여야 할 것이다. 그러나 후자의 경우에는 두 가치를 상호 비교하는 것 자체가 사회적으로 허용되지 않는다. 정책 딜레마는 전자보다는 후자에 관련되는 것으로 보인다. 정책 딜레마는 기술적인 문제라기보다는 규범적인 문제라고 판단되기 때문이다.

최근 도덕적 판단 또는 윤리적 판단에 관하여 두 가지 상이한 접근 방식이 제기되어 왔다. Collins와 Jones는 공리주의적 관점을 제시하여 대안의 결과를 중시하는 반면(Collins, 1989; Jones, 1991), Baron 등은 '보호된 가치'(*protected value*)라는 개념을 제기하면서 결과와 무관한 절대적 가치의 중요성을 강조한다(Baron and Spranca, 1997). 정책의 결과에 초점을 두는 기회손실이라는 개념으로 딜레마를 규정하는 경우가 공리주의적 관점과 부합된다면, 정책 대안(가치)들 간의 비교불가능성에 초점을 두어 딜레마를 규정하는 경우는 보호된 가치의 관점과 부합된다고 하겠다.

첫째, 도덕적 판단에 관한 공리주의적 가치(*utilitarian value*)의 관점으로써, 정책이 어떠한 종류의 손실을 얼마만큼 크게 가져오는가에 따라서 그 정책은 도덕적 또는 윤리적 판단으로 전환될 가능성이 높다는 주장이다. 기존의 도덕적, 윤리적 판단에서는 의사결정자의 개인적 특성이나 조직적 특성을 강조한 것과는 달리 이들은 정책의 특성에 따라 정책결정 상황이 도덕적 판단의 속성을 띠게 된다는 점을 주장하고 있다. 그리고 도덕적 판단의 경향을 가중시키는 정책의 특성으로써 그 정책이 가져오는 결과의 종류와 크기가 중요하다는 것이다. 예를 들어 심리적 손실보다는 경제적 손실에 대해서, 경제적 손실에 대해서보다는 육체적 손실에 대해서 더 큰 도덕적 책임 및 도덕적 판단을 한다는 것이다(Weber, 1996; Collins, 1989). 그리고 정책의 결과로 발생하는 손실이 사소한 경우보다는 심각한 경우에 그 정책은 도덕적 윤리적 판단으로 전환된다(Jones, 1991). 공리주의적 가치에 있어서도 정책 대안이 가져오는 양적인 결과보다는 질적인 결과에 초점을 두는 경향이 있다. 예를 들어 경제적 손실보다는 생명의 손실이 더 크고 심각한 결과로 받아들여진다(Weber, 1996).

둘째, 도덕적 판단에 관한 최근의 이론 중에서 '보호된 가치'(*protected values*)라는 개념이 Baron에 의해 지속적으로 제기되어 왔다(Baron, 1999). 규범화된 가치를 내포한 정책 또는 금기시되는 정책들은 어떠한 결과를 얼마만큼 가져오는가에 관계없이 도덕적으로 옹호되거나 배척된다는 점을 Baron과 그의 동료들은 여러 차례에 걸친 실험을 통하여 증명하였다(Baron and Spranca, 1997; Ritov and Baron, 1999). 예를 들어 낙태수술에 대한 반대자들은 낙태 수술의 허용에 따른 이익과 손실을 고려하기 보다는 낙태수술의 비도덕성 때문에 반대한다는 것이다. 낙태수술로 인하여 상실되는 생명의 가치는 그 어떤 결과와도 비교되거나 교환될 수 없다. 결과에 대한 비교를 허용하지 않는다는 점에서 보호된 가치는 상대적인 공리주의적 관점이 아니라 절대적 관점을 취한다.

도덕적 판단에 관한 공리주의적 가치와 보호된 가치의 관점은 상호 모순된 것처럼 보인다. 공리주의적 가치의 관점은 정책 대안이 가져오는 결과에 초점을 두어 그 결과가 심각할수록 그 결과의 도덕적 속성이 강화된다고 주장한다. 반면 보호된 가치의 관점은 정책 대안으로 인하여 손상될 가치의 심각성으로 인하여 그 정책 대안에 대한 반대를 불러일으키며, 그 정책 대안의 결과를 고려하는 것조차 혐오스럽게 인식된다는 것이다.

공리주의적 관점은 정책 딜레마의 기회손실이라는 개념과 연결된다. 공리주의적 관점을 따를 때, 커다란 기회손실의 발생은 정책 상황을 도덕적인 판단으로 전환시킨다. 두 대안에 따르는 기회손실이 모두 큰 경우, 두 대안에 대하여 도덕적인 또는 가치적인 판단을 하게 된다. 두 대안에 대한 도덕적/가치적 판단의 미결정성은 정책 딜레마로 연결된다. 소영진은 정책 대안의 결과 가치가 균등하여야 한다는 점을 딜레마의 조건으로 규정하고 있으며, 나아가 그러한 결과 가치가 크고 부정적일수록 큰 딜레마를 가져온다고 지적한다(소영진, 1999: 187).

다른 한편 보호된 가치의 관점은 정책 딜레마의 비교불가능성이라는 개념과 연결된다. 두 개의 보호된 가치들 중에 어느 하나의 손실을 감수해야 하는 정책 상황을 상정해 볼 수 있다. 두 개의 가치(대안) 모두 다른 가치(대안)와의 비교나 교환을 허용하지 않는다. 따라서 어떤 가치를 선택하고 어떤 가치를 버릴 것인지를 결정하기 어려운 정책 딜레마가 발생된다. 이 논문에서는 딜레마의 보호된 가치 및 이에 근거한 비교불가능성에 초점을 두어 정책 딜레마를 이해하고자 한다.

공리주의적 가치의 관점과 보호된 가치의 관점 중 어느 하나는 옳고 어느 하나는 틀렸다고 생각되지는 않는다. 공리주의적 가치의 관점과 보호된 가치의 관점은 상이한 현상을 설명하고자 한다. 공리주의적 가치는 일상적인 판단이 도덕적 판단으로 전환되는 데에 초점을 두는 반면, 보호된 가치의 관점은 이미 규범이나 금기 사항으로 확립된 정책에 초점을 둔다. 이러한 점에서 공리주의적 가치의 관점은 비교적 경미한 정책 이슈나 국지적인 이슈에 관하여 적용될 여지가 높다고 생각된다. Flannery와 May는 개별 기업인들이 환경적 문제를 얼마나 도덕적인 이슈로 받아들이는가에 관하여 공리주의적 가치의 관점을 적용하고 있다(Flannery and May, 2000). 반면, 보호된 가치의 관점은 사회적인 이슈가 되는 정책에 대해서 적용될 여지가 높다고 하겠다.

결국 정책 딜레마와 관련하여 공리주의적 가치를 채택할 것인가 아니면 보호된 가치를 채택할 것인가는 어떠한 정책 딜레마를 다루는가에 달려있다고 생각된다. 정책의 결과에 초점을 두는 정책 딜레마를 이해하기 위해서는 공리주의적 가치의 관점이 적합한 것으로 판단된다. 반면, 상이한 정책 가치의 충돌로 인하여 정책 딜레마가 형성되는 경우에는 보호된 가치의 관점이 적합한 것으로 생각된다. 특히 정책의 결과가 모호하거나 불확실한 경우 정책에 관한 논쟁은 정책의 결과보다는 정책의 가치에 의존할 가능성이 높다. 이러한 경우에 정책에 관한 도덕적 판단은 공리주의적 가치보다는 보호된 가치의 관점에서 이루어질 가능성이 높다.

정책 딜레마에 대한 기존의 정의에는 두 가지 관점이 혼재되어 왔다. 즉, 정책 딜레마를 비교불가능성의 개념으로 정의하는 동시에 기회손실의 개념으로 정의하곤 하였다. 비교불가능성이라는 개념이 상충되는 정책 가치들에 관련된 것이라면, 기회손실의 개념은 각각의 정책이 가져오는 결과에 관련된 개념이라고 하겠다. 비교불가능성이라는 개념이 보호된 가치와 관련되는 개념이라면, 기회손실의 개념은 공리주의적 관점에 기초한 것이라고 해석할 수 있다.

딜레마 연구의 초기에는 딜레마를 "주어진 맥락에서의 선택을 전제로 하며 대안들의 비교가 불가능하지만 그 중요성이 비슷하기 때문에 선택이 불가능한 상황"이라고 정의함으로써, 비교불가능성과 기회손실의 개념을 혼합하여 딜레마를 정의하였다. 그러나 딜레마 연구가 진행되면서 "주어진 선택상황에서 대안들이 초래할 결과가치가 엇비슷하기 때문에 선택이 곤란한 상황"으로 개념규정의 폭을 확대하고 있다(윤견수 외, 2000: 9~10; 이종범 외, 1992: 4). 즉, 딜레마에 대한 최근의 연구에서는 비교불가능성의 개념을 버리고, 기회손실의 개념을 채택하는 경향이 있었다. 이에 따라 딜레마에 대한 개념은 초기에 비해 훨씬 합리적인 개념으로 변화되었다고 판단된다. 이 논문에서는 오히려 비교불가능성의 개념을 살리고 기회손실의 개념을 버리고자 한다. 즉, 초기의 엄격한 딜레마 개념을 완화시키는 방안으로써 기회손실에 초점을 두었던 접근 대신에 비교불가능성에 초점을 두는 접근을 제안하고자 한다. 이를 위하여 이 논문에서는 보호된 가치의 관점에서 정책 딜레마의 개념을 재정의하고, 그 이론적 시사점들을 논의하고자 한다. 그리고 실험을 통하여 보호된 가치의 존재를 확인하고, 보호된 가치와 정책 딜레마의 관련성을 검토하고자 한다.

## 2. 보호된 가치와 정책 딜레마

보호된 가치의 개념은 가치에 대한 합리적 의사결정 이론과 정면으로 배치된다. 합리적 의사결정 이론에서는 가치들 간의 교환(*trade-off*)을 요구한다. 그러나 보호된 가치는 "다른 가치와의 교환으로부터 보호된"(*protected against being traded off for other values*) 가치이다(Baron and Spranca, 1997: 1). Baron은 교환의 거부를 보호된 가치의 가장 중요한 특성으로 규정하면서 이를 보호된 가치의 절대성(*absoluteness*)이라고 지적한다. 보호된 가치는 특히 정부 기관에 있어서 중대한 문제를 야기시킨다. 다른 가치와의 비교나 교환을 거부한다는 것은 결국 정책 가치(대안)를 측정할 수 없다는 점을 의미하며, 이는 정책의 우선순위에 관한 공리주의적 판단을 수행할 수 없다는 점을 의미하기 때문이다.

두 가치들 간 비교할 수 없는 상황에 대하여 Fiske와 Tetlock은 비교 자체가 금기(*taboo*)로 여겨진다는 점을 지적한다. Fiske와 Tetlock은 "하나의 가치를 다른 가치와 교환하려는 계산(*trade-off calculus*) 자체가 그 가치를 파괴한다고 믿을 때, 두 가치는 '구성적인 비교불가능성'(*constitutive incommensurability*)을 지닌다. 간단히 말해서, 비교하는 것은 파괴하는 것이다. 교환의 가능성을 명백하게 하는 것만으로도 행위자의 도덕적 입장은 약화되고 부패되며 열악해진다"고 지적하고 있다(Fiske and Tetlock, 1997: 256).

Baron과 Spranca는 보호된 가치의 속성으로서 교환에의 거부감 이외에 양적 둔감성, 행위자 의존성, 도덕적 의무, 분노 등의 특성을 들고 있다. 첫째, 양적 둔감성(*quantity insensitivity*)이란 정책 결과의 크기와 보호된 가치는 무관하다는 점을 의미한다. 백만 명이 낙태되거나 오십만 명이 낙태되거나에 관계없이 낙태라는 행위 자체에 반대하는 경우가 이에 해당된다. 보호된 가치는 정책의 결과에 적용되는 개념이 아니라, 정책 행위 자체에 적용되는 개념이다.

둘째, 행위자 의존성(*agent relativity*)이란 보호된 가치는 행위자를 떠나서는 존재할 수 없다는 의미이다. 보호된 가치는 결과가 아니라 행위에 적용되는 개념이기 때문에, 행위자를 전제로 한다는 의미이다. 만약 행위와 행위자가 존재하지 않는다면 보호된 가치라는 개념은 적용되지 않는다. 예를 들어 정부가 아무런 행동도 하지 않아서 아프리카에서 수백만 명이 굶어 죽는다면, 보호된 가치의 개념이 적용될 여지가 없다는 것이다(Ritov and Baron, 1999).

셋째, 도덕적 의무(*moral obligation*)란 보호된 가치가 관습이나 선호와는 다르다는 점을 의미한다. 보호된 가치는 절대적인 도덕적 판단에 기초하고 있다. 비록 낙태 행위가 많은 사람들에 의해 시행되고 있는 관습이고, 법률적으로 허용되어 있으며, 많은 사람들이 선호하고, 사회적으로 바람직한 결과를 가져온다고 하더라도, 낙태 행위는 도덕적으로 잘못된 행위라고 판단할 수 있다. 이처럼 보호된 가치는 관습, 선호, 법률, 필요성과는 달리 도덕적 의무의 관점에서 내리는 판단이다.

넷째, 분노(*anger*)는 보호된 가치를 위반하는 생각만 하더라도 화가 난다는 점을 의미한다. 이는 보호된 가치가 도덕적 의무이기 때문에 발생하는 현상이다. 예를 들어 인간의 장기를 화폐로 환산하여 매매한다는 상상만으로도 화가 나는 경우가 이에 해당된다. 보호된 가치는 감정적인 차원으로 까지 확대된다.

결국 보호된 가치라는 개념은 다른 가치와의 교환에 대한 거부감, 수량에의 둔감성, 행위자 의존성, 도덕적 의무, 분노 등의 다섯 가지 핵심적인 특성을 지닌다고 할 수 있다. 그런데 행위자 의존성을 제외한 나머지 속성들은 정책 대안 또는 가치에 대한 의사결정자의 태도라고 할 수 있다. 이 논문에서는 의사결정자의 태도를 측정함으로써 보호된 가치의 존재를 판별하고자 하며, 따라서 행위자 의존성이라는 속성을 제외한 네 가지 태도들을 중심으로 하여 보호된 가치를 측정하였다.

이 연구에서 확인하고자 하는 첫 번째 가설은 보호된 가치가 존재한다는 점이다. 이미 Baron과 그의 동료들은 여러 차례에 걸친 실험을 통하여 보호된 가치의 존재를 확인하였으며, 이상에서 지적한 속성들이 보호된 가치와 긴밀하게 연결된다는 점을 검증하였다(Baron and Spranca, 1997; Ritov and Baron, 1999). 그런데 보호된 가치가 존재한다는 점은 모든 의사결정자들이 특정 정책 대안이나 가치에 대한 보호된 가치로 인식한다는 점을 의미하지는 않는다. 앞서 논의한 바와 같이 보호된 가치는 행위자에 의존적이며, 행위자에 상대적이다. 어떤 의사결정자는 특정 정책 대안에 대하여 보호된 가치로 인식하지만, 다른 의사결정자는 보호된 가치로 인식하지 않을 수 있다. 보호된 가치의 개념이 존재한다는 점은 보호된 가치의 속성으로써 논의된 네 가지 태도들(교환에의 거부감, 수량에의 둔감성, 도덕적 의무, 분노)이 정의 상관관계를 지닌다는 점을 의미한다. 즉, 특정한 정책 가치를 교환하는 것에 대한 거부감을 느끼는 의사결정자는 수량에의 둔감성을 보일 것이며, 해당 가치에 대하여 높은 도덕적 의무를 보일 것이며, 해당 가치에 대한 반대 의견에 높은 분노를 보일 것이다. 이렇게 보호된 가치에 대한 태도들이 정의 상관관계를 지닐 때, 보호된 가치의 개념이 존재한다고 할 수 있으며, 비로소 보호된 가치의 개념을 적용하여 정책 딜레마를 이해할 수 있다.

> 가설 1: 보호된 가치의 존재
> 정책 이슈에 있어서 교환에 대한 거부감, 수량에의 둔감성, 도덕적 의무, 분노의 네 가지 태도는 서로 정의 상관관계를 지닐 것이다.

보호된 가치라는 개념의 기본적인 속성인 '교환의 거부'는 가치들 간의 '비교불가능성'을 가져온다. 따라서 보호된 가치는 정책 딜레마의 상황으로 연결될 수 있다. Baron과 Spranca 역시 이 점을 지적하고 있다. 그러나 그들은 보호된 가치들이 상호 갈등을 일으킬 때 아무런 해결책도 없다는 점을 지적하는 데서 그친다(Baron and Spranca, 1997: 3). 보호된 가치라는 개념은 정책 딜레마를 보다 체계적으로 이해할 수 있는 개념적 도구를 제공해 준다. 보호된 가치라는 개념을 통하여 가치들 간의 비교불가능성이 왜 발생하는지를 이해할 수 있을 뿐만 아니라 정책 딜레마를 구성하는 정책 가치(대안)의 속성을 이해할 수도 있다. 보호된 가치의 개념은 공리주의적 관점에서 벗어나서 정책 딜레마를 이해할 수 있는 관점을 제공한다.

보호된 가치의 개념을 사용하여 정책 딜레마의 발생 가능성을 가늠해 볼 수 있다. 두 개 이상의 보호된 가치들 중에서 어느 하나를 포기해야 상황에서 정책 딜레마가 발생할 가능성이 높다고 할 수 있다. 정책 결정자는 어느 하나의 보호된 가치를 버려야 한다. 그러나 이러한 선택을 하기가 어렵다. 선택 상황에 포함된 보호된 가치들은 상호 비교를 거부하기 때문이다. 이와 동시에 어느 하나의 보호된 가치를 버린다는 것은 도덕적 의무를 져버리는 것이며, 이는 자기 자신에 대한 분노로 귀결된다.

보호된 가치의 관점에서 정책 딜레마가 아닌 상황을 생각해 볼 수 있다. 두 개의 정책 가치들이 모두 보호된 가치가 아닌 경우이다. 이때에는 두 가치들의 상호 비교가 거부되지는 않을 것이며, 기술적으로 비교가 가능하다면 어떠한 가치를 선택할 지를 쉽게 결정할 수 있을 것이다. 두 개의 정책 가치(대안) 중에서 하나만 보호된 가치이고 다른 하나는 보호된 가치가 아닌 경우를 생각해 볼 수도 있다. 이때에는 보다 용이하게 선택을 내릴 수 있을 것이다. 즉, 보호된 가치를 선택하고 보호되지 않은 가치를 버리는 것이다. 이때에는 두 가치 간의 비교가 어렵다고 하더라도, 선택은 쉽게 이루어질 수 있다. 보호된 가치를 버릴 수 없기 때문이다. 이상의 논의는 다음과 같은 가설로 요약된다.

가설 2. 보호된 가치와 정책 딜레마의 발생 가능성

2-1. 보호된 가치들이 상충하는 경우 정책 딜레마가 발생할 가능성이 가장 높을 것이다.

2-2. 보호된 가치와 보호되지 않은 가치가 상충하는 경우 정책 딜레마가 발생할 가능성은 가장 낮을 것이다.

2-3. 보호되지 않은 가치들이 상충하는 경우 정책 딜레마가 발생할 가능성이 중간 정도일 것이다.

보호된 가치들 간 충돌로 정책 딜레마를 규정하는 방식이 전혀 새로운 것은 아니다. 윤견수(1997)는 정당성의 논리들 간 충돌로 정책 딜레마를 규정할 수 있다는 점을 제안한 바 있다. 정당성의 논리와 능률성의 논리간의 충돌, 능률성의 논리들 간 충돌, 정당성의 논리들 간 충돌의 세 가지 경우를 상정할 수 있다. 이들 가운데 정당성의 논리들이 충돌할 때 의미 있는 딜레마가 발생한다고 그는 보았다. 이는 보호된 가치들 간 충돌을 정책 딜레마로 규정하는 위의 가설 2-2와 유사하다. 또한 두 접근방식은 제도화된 가치의 중요성을 지적한다는 점에서 유사하다고 할 수 있다. 그러나 두 접근방식이 동일한 것은 아니다. 정당성의 논리와 능률성의 논리가 충돌할 때에도 딜레마가 발생할 수 있지만, 보호된 가치와 보호되지 않은 가치가 충돌할 때에는 딜레마가 발생되지 않을 것이라고 추론할 수 있기 때문이다. 반면 능률성의 논리와 능률성의 논리가 충돌하는 경우에는 딜레마가 발생하지 않을 것이라고 추론할 수 있지만, 보호되지 않은 가치들이 상호 충돌할 때에 딜레마가 발생되지 않으리라고 판단하기는 어렵다. 요컨대 보호된 가치는 강하게 제도화된 가치라고 할 수 있으며, 이러한 점에서 이 논문의 접근은 제도적 접근방식이라고도 할 수 있다.

그런데 가설 2를 검증하기 위해서는 정책 딜레마라는 개념을 조작화하여야 한다. 정책 딜레마의 가장 일반적인 속성으로 대안(가치) 선택의 곤란성을 들 수 있을 것이다. 어느 하나의 대안을 선택하여야 하는 상황에서 선택을 하지 못할수록 정책 딜레마가 강하다고 판단할 수 있다. 선택의 곤란성은 개념적으로 어느 한 대안을 선택하려는 강도와 다른 대안을 선택하려는 강도의 차이로 표현할 수 있다. 그 차이가 작을수록, 선택의 곤란성이 크다고 할 수 있을 것이다. 아래에서 ABS란 절대값을 의미한다.

| 정책 딜레마의 지표 =<br>선택의 곤란성 = 1 / ABS(한 대안의 선택 강도 - 다른 대안의 선택 강도) |
|---|

정책 딜레마 상황에서 정책결정자들은 어느 하나의 대안을 선택하기가 어려우며, 따라서 선택을 지연시키려는 경향이 있다는 점이 기존의 연구에서 반복되어 지적되었다(염재호 · 박국흠, 1992; 최흥석 · 윤견수, 2000). 선택을 지연시킨다고 해서 문제가 해결되는 것은 아니지만, 최소한 딜레마 상황에서의 선택이라는 부담을 감소시켜 준다. 딜레마 상황에서 선택의 회피 또는 선택의 위임이 일어날 것이라는 점도 종종 지적되어 왔다. 자신의 결정 권한을 다른 사람이나 기관에 위임함으로써 딜레마 상황에서 벗어나려고 한다는 것이다. 그러나 의사결정자들이 선택의 지연이나 선택의 위임/회피를 선호한다고 가정하는 데에는 무리가 있다. 중요한 정책의 선택을 지연시키는 행위나 자신이 결정해야 할 선택을 다른 사람에게 위임함으로써 회피하는 행위는 무책임한 행동으로 인식될 가능성이 높으며, 그러한 행동 자체가 또 다른 보호된 가치의 상실을 의미할 수도 있기 때문이다. 다만 정책 딜레마 상황에서는 선택의 지연이나 회피가 정책 딜레마가 아닌 상황에서 보다 많은 빈도로 발생할 것이라는 점은 예견할 수 있을 것이다. 결국 정책 딜레마하에서 의사결정자의 대표적인 행태인 선택의 지연과 회피는 다음과 같은 가설로 요약된다.

가설 3. 정책 딜레마하에서 선택의 지연과 회피
3-1. 정책 딜레마가 높을수록, 선택의 지연이 높을 것이다.
3-2. 정책 딜레마가 높을수록, 선택의 회피/위임이 높을 것이다.

정책 딜레마 상황에서 정책결정자는 어느 하나의 대안을 선택할 수도 있고, 선택을 지연하거나 회피할 수도 있다. 그러나 이러한 행동들을 동시에 수행할 수는 없다. 정책결정자는 어느 하나의 행동만을 수행할 수 있다. 즉, 정책 대안의 선택, 선택의 지연, 회피/위임 중에서 어느 하나만을 수행할 수 있을 뿐이다. 선택을 회피하는 경우 선택을 지연시킬 수 없다. 이러한 점에서 각각의 대안들은 배타적이다. 그러나 가설 3은 이러한 논리와는 상반되는 내용을 담고 있다. 정책 딜레마가 높을수록 선택의 지연도 높아지고 선택의 회피도 높아질 것이라는 점이다. 즉, 두 개의 배타적인 행동이 모두 증가할 것이라는 점이다.

의사결정자들은 상호배타적이고 모순적인 행동들 중에서 어느 하나만을 선택하여 수행한다기보다는 여러 행동들을 동시에 추구하는 모순의 관리자로써 이해될 수 있다(Quinn, 1986; 김영평, 1991). 의사결정자들은 상호배타적인 행동들 중에서 하나의 행동만을 고려하는 것이 아니라 복수의 행동들을 고려한다. 특히 정책 딜레마 상황하에서는 다양한 행동들을 동시에 고려한다. 정책 딜레마 상황하에서 어느 하나의 행동을 고려 대상에서 배제하기 어렵다. 정책 딜레마 상황이기 때문에 선택의 지연을 배제하기 어려우며, 선택의 회피를 배제할 수도 없고, 그렇다고 해서 어떤 정책 대안의 선택을 배제하기도 어렵다. 가설 3은 정책 딜레마 상황하에서 의사결정자들이 상이한 행동 대안들을 동시에 고려할 것이라는 점을 내포하고 있다.

이상에서 보호된 가치에서 정책 딜레마의 발생, 그리고 정책 딜레마하에서의 행태에 이르는 일련의 가설들을 제안하였다. 이러한 가설들을 검증하기 위하여 이 논문에서는 설문을 통한 실험을 수행하였다.

## 3. 보호된 가치와 정책 딜레마의 실험

### 1) 보호된 가치에 대한 설문

앞서 제안한 세 가지 가설들을 검증하기 위하여 설문을 이용한 실험을 수행하였다. 피설문자들은 중앙대학교와 충주대학교의 대학생과 대학원생들이었다. 설문은 사회적 이슈로 등장한 바 있는 정책 대안들로 구성되었다. 먼저 기여입학제, 인기 없는 학과의 폐지, 도박 단지의 허용, 공기 오염의 허용 등에 관하여 피설문자들의 의견을 설문함으로써, 피설문자들이 이들 정책 대안들을 어느 정도 보호된 가치로 받아들이는지 그리고 보호된 가치로 받아들이는 피설문자들이 어느 정도 정책 딜레마를 느끼는지를 조사하였다. 이 실험의 핵심은 피설문자들이 어떠한 정책 이슈에 대하여 얼마만한 딜레마를 인식하는가에 있지 않다. 이 실험은 피설문자들이 인식하는 보호된 가치와 딜레마 수준 간에 어떠한 관련성이 있는가에 초점을 둔다. 이러한 점에서 이 실험에서는 학생들을 대상으로 하여 설문을 하였다. 설문의 예를 들면 〈표 3-1〉과 같다.

먼저 간략하게 기여입학제에 관하여 설명을 한다. 그리고 "기여입학제의 이익이 크다면 허용할 수 있다"는 말에 대해서 찬성하는지 혹은 반대하는지를 물어 보았다. 이는 "교환의 거부"라는 보호된 가치의 속성을 측정하기 위한 질문이다. 이 설문은 동시에 정책의 결과를 어느 정도 고려하는가와도 관련된다. 두 번째로 "기여입학제를 제한적으로 시행하는 경우 허용할 수 있다"는 주장에 대한 의견을 물어 보았다. 이는 양적 둔감성을 측정하기 위한 질문이다. 기여입학제를 보호된 가치를 위반하는 것으로 받아들이는 사람은 기여입학제를 전면적으로 실시하든 부분적으로 실시하든 상관없이 반대할 것이기 때문이다. 세 번째의 질문은 도덕적 의무로써 받아들이는가를 측정하는 질문이다. 네 번째 질문은 기여입학제를 찬성하는 사람을 비정상적인 사람이라고 생각하는가라는

〈표 3-1〉 보호된 가치에 대한 설문

| | 최근 기여입학제에 관하여 논의가 활발합니다. 부모님이 특정 대학교에 금전적인 기여를 하고 그 대가로 자녀가 그 대학교에 입학할 수 있도록 허용하는 정책입니다. | |
|---|---|---|
| 교환의 거부 / 결과에 둔감 → | 1) 그 이익이 크다면 허용할 수 있다. | 그렇다 아니다 ①…②…③…④…⑤ |
| 양적 둔감성 → | 2) 제한적으로(일정 비율 이하) 시행한다면 허용할 수 있다. | 그렇다 아니다 ①…②…③…④…⑤ |
| 도덕적 의무 → | 3) 이 정책은 도덕적으로 잘못된 정책이다. | 그렇다 아니다 ①…②…③…④…⑤ |
| 분노 → | 4) 이 정책을 찬성하는 사람은 비정상적인 사람이다. | 그렇다 아니다 ①…②…③…④…⑤ |

질문이다. 이 질문에 대해서 그렇다고 대답하는 사람들은 기여입학제에 대한 분노를 하는 사람으로 해석할 수 있다. 보호된 가치를 위반하는 사람들에 대하여 화를 내고, 그 결과 그러한 사람들을 비정상적이라고 판단할 것이기 때문이다.

### 2) 정책 딜레마에 관한 설문

정책 딜레마에 관한 설문은 가상적인 상황을 제시함으로써 이루어진다. 가상적인 상황은 앞서 설문하였던 정책 대안들로 구성된다. 즉, 기여입학제와 학과 폐지의 허용이라는 두 대안을 하나로 묶어서 정책 선택 상황을 구성하였으며, 도박 산업의 유치와 공기오염 공장의 유치라는 두 대안을 묶어서 하나의 선택 상황으로 구성하였다. 이러한 가상적인 상황은 피설문자에 따라서 정책 딜레마를 구성할 수도 있고 그렇지 않을 수도 있을 것이라고 기대되었다. 만약 기여입학제와 학과 폐지에 대해서 모두 반대할 뿐만 아니라 이들에 대하여 보호된 가치의 관점에서 인식한 피설문자라면, 기여입학제와 학과 폐지의 어느 하나의 대안을 선택해야 하는 상황하에서 딜레마를 느낄 것이라고 기대되었다. 이러한 기대는 가설 2의 내용이기도 하다. 그러나 기여입학제나 학과폐지에 대하여 보호된 가치로 인식하지 않은 피설문자들은 두 대안 중의 선택이라는 정책 상황에 대하여 딜레마로 인식하지 않을 것이다. 이러한 설문에서는 단순히 피설문자의 의견을 물어보는 것이 아니라, 피설문자가 행위자의 역할을 부여 받아 어떻게 행동할 것인가를 물어보는 것이라고 할 수 있다. 그러한 점에서 이 연구에서 수행된 설문은 실험의 성격을 함께 지니고 있다.

정책 딜레마에 관한 설문은 선택 상황에 대한 설명문을 먼저 제시하고 있다. 그리고 이러한 선택 상황에서 피설문자가 정책결정자라면 어떠한 행동을 수행할 것인가를 물어 보았다. 하나의 정책 상황에 대하여 다섯 가지 질문을 수행하였다. 다섯 가지 질문은 모두 정책 선택 상황하에서 발생될 수 있는 대표적인 행동에 관련된 것이다. 첫 번째 질문은 선택의 곤란성에 대한 주관적 평가를 의미한다. 두 번째 질문은 선택의 지연을 의미하며, 세 번째 질문은 선택의 회피나 위임을 의미한다. 네 번째와 다섯 번째 질문은 어느 한 대안에 대한 선택의 강도를 의미한다. 기여입학제라는 대안을 선택하고자 하는 사람은 "나의 책임하에 기여입학제를 도입하겠다"라는 말에 대하여 그렇다고 대답할 것이다.

앞서 논의하였듯이 정책 선택 상황하에서 의사결정자는 여러 가지 행동들을 동시에 추구할 수 있다. 이에 관하여 살펴보기 위하여 이 실험에서는 정책 선택 상황하에서 가능한 행동(지연, 회피/위임, 기여입학제 선택, 학과폐지 선택)들에 관하여 각각 설문하였다. 이는 피설문자에게 어떤 행동을 수행할 것인가를 물어본 것이 아니라, 각 행동에 대한 피설문자의 태도를 관찰하기 위함이다. 상호배타적인 행동들 각각에 대해서 어느 정도 찬성(반대)하는가를 물어봄으로써, 딜레마 상황에 놓인 의사결정자의 심리 상태에 관한 보다 포괄적이고 심층적인 정보를 수집할 수 있을 것으로 기대된다.

이 연구에서는 여러 행동들 각각에 대한 태도를 질문하는 방식을 사용하였지만, 여러 행동들 중에서 어느 행동을 취할 것인지를 질문하는

〈표 3-2〉 정책 딜레마에 관한 설문

| 측정 항목 | 설문 | 응답 |
|---|---|---|
| | 우리나라의 대학교 발전을 위해서는 무엇보다도 대학 재정의 건전화가 요구됩니다. 이를 위하여 첫째, 기여 입학제를 도입하는 방법을 고려할 수 있으며, 둘째, 인기 없는 학과를 폐지함으로써 대학의 재정을 효율화시키는 방안을 고려할 수 있습니다. 당신은 이 두 가지 방법 중에서 한 가지를 선택하셔야 합니다. | |
| 선택곤란성 주관적 평가 → | 1) 선택을 내리기가 상당히 어렵다. | 그렇다 아니다<br>①…②…③…④…⑤ |
| 선택지연 → | 2) 상황을 보아가면서 천천히 선택하겠다. | 그렇다 아니다<br>①…②…③…④…⑤ |
| 선택 회피/위임 → | 3) 국회에서 결정하도록 위임하겠다. | 그렇다 아니다<br>①…②…③…④…⑤ |
| 선택 곤란성 – 선택 강도 → | 4) 나의 책임하에 기여입학제를 도입하겠다. | 그렇다 아니다<br>①…②…③…④…⑤ |
| 선택 곤란성 – 선택 강도 → | 5) 나의 책임하에 학과 폐지를 도입하겠다. | 그렇다 아니다<br>①…②…③…④…⑤ |

방식도 있다(최흥석 · 윤견수, 2000). 전자를 "행동-태도 질문 방식"이라고 한다면, 후자는 "최종 행동 질문 방식"이라고 할 수 있을 것이다. 최종 행동 질문 방식은 피설문자의 심리 상태가 아니라 최종적인 행위가 무엇인가를 질문하는 방식이다. 정책 딜레마 상황은 어느 하나의 행동을 선택하기 어렵다는 특성을 지닌다. 정책 딜레마 상황에서는 최종적으로 어떤 행동을 선택하였는가라는 점보다는 각 행동들에 대해서 어떠한 태도를 지니는가에 관한 정보가 더 중요하다. 망설임 끝에 기여입학제를 선택한 경우에는 정책 딜레마라고 할 수 있지만, 아무런 망설임 없이 기여입학제를 선택한 경우에는 정책 딜레마가 아니라고 할 수 있기 때문이다. 최종적으로 선택한 행동이 동일하다고 하더라도, 정책 상황에 대한 인식이 상이할 수 있다. 결국 정책 딜레마 상황하에서 의사결정자의 행태를 살펴보기 위해서는 "최종 행동 질문 방식"보다는 "행동-태도 질문 방식"이 적합하다고 생각된다.

각 행동들에 대한 태도를 질문함으로써 선택의 곤란성에 관한 지표를 추출할 수 있다. 앞서 논의하였듯이 선택의 곤란성은 한 대안의 선택 강도와 다른 대안의 선택 강도 간의 차이로 규정지을 수 있다. 〈표 3-2〉에서 선택의 곤란성은 4번 문항에 대한 답변과 5번 문항에 대한 답변의 차이의 역수로 계산할 수 있다. 즉, 기여입학제를 거부하겠다고 답하는 동시에 학과폐지제도를 거부하겠다고 응답하는 경우 선택의 곤란성이 높다고 할 수 있다. 이렇게 복수 행동에 대한 태도를 질문함으로써 선택의 곤란성을 지표화할 수 있다. 즉, 정책 딜레마 지표(*Policy Dilemma Index*, PDI)로써 선택의 곤란성은 다음과 같이 계산된다.

| PDI (정책 딜레마 지표)<br>= 선택의 곤란성 = 5 - ABS(4번 문항에 대한 답변 - 5번 문항에 대한 답변) |
|---|

4번 문항에 대한 답변과 5번 문항에 답변의 차이는 0에서 4의 범위를 지닌다. 따라서 선택의 곤란성은 1에서 5까지의 값의 범위를 지닌다. 두 대안에 대한 선택 강도의 차이가 동일한 경우 그 차이는 0이 되고, 선택의 곤란성은 5가 된다. 즉, 값이 높을수록 선택의 곤란성이 크다고 할 수 있으며, 이는 곧 강한 딜레마라고 할 수 있다.

## 4. 실험 결과

### 1) 보호된 가치의 존재

총 180명의 학생들이 설문에 참가하였다. 설문에서 제시된 기여입학제, 인기 없는 학과 폐지, 도박 산업, 공장 유치 등에 관하여 아무런 설명도 제공하지 않았다. 피설문자들은 자신의 기억과 의견에 따라 응답하였다. 따라서 피설문자에 따라서 어떤 정책은 보호된 가치로 인식할 수도 있으며 보호된 가치로 인식하지 않을 수도 있다. 여기에서 중요한 점은 "보호된 가치"라는 개념이 적용될 수 있는가에 관한 질문이다. 보호된 가치라는 개념은 최근에야 제기된 개념일 뿐만 아니라 (Baron and Spranca, 1997), 정책 이슈에 따라서 그리고 응답자의 특성에 따라서 보호된 가치라는 개념이 적용될 수도 있고 그렇지 못할 수도 있기 때문이다.

보호된 가치의 존재를 확인하기 위하여 가설 1을 검증하였다. 〈표 3-3〉은 피설문자의 인식에 있어서 보호된 가치의 네 가지 속성들이 상호 어떠한 상관관계를 지니는지를 보여준다. 설문의 특성상 교환의 거부와 수량에의 둔감성에 관한 응답은 높은 값이 높은 특성을 의미하고, 도덕적 의무와 분노는 낮은 값의 응답이 높은 특성을 의미한다(〈표 3-1〉의 설문 참조). 분석 결과를 이해하기 쉽게 하기 위하여 도덕적 의무와 분노의 변수 역시 높은 값이 높은 특성을 갖도록 값을 변환하였다. 가설 1이 타당하다면, 네 가지 변수들 간에 정의 상관관계가 존재할 것이다.

〈표 3-3〉은 앞서 제시한 가설 1이 네 가지 정책 이슈에 있어서 상당히 높은 정도로 타당하다는 점을 보여준다. 전반적으로 네 개의 정책 이슈에 있어서 보호된 가치라는 개념은 타당하게 적용될 수 있다고 판단된다.

보호된 가치의 네 가지 속성들이 높은 상관관계를 보여주고 있다는 점에 근거하여 네 가지 속성들의 평균값을 보호된 가치의 지표로 간주하였다. 보호된 가치의 지표(*Protected Value Index*, PVI)란 특정 정책 이슈에 대하여 피설문자들이 어느 정도 보호된 가치로 인식하는가를 측정하는 척도이다(Ritov and Baron, 1999). 이 연구에서 PVI는 다음과 같이 정의하였다.

| PVI(보호된 가치 지표) = {교환거부 + 수량둔감 + (6 - 도덕의무) + (6 - 분노)} /4 |
|---|

〈표 3-3〉 보호된 가치의 속성들간의 상관관계

a. 기여입학제

| | 수량에의 둔감성 | 분노 | 도덕적 의무감 |
|---|---|---|---|
| 분노 | .5523*** | | |
| 도덕적 의무감 | .5818*** | .5722*** | |
| 교환에의 거부감 | .6357*** | .5578*** | .6347*** |

b. 인기 없는 학과의 폐지

| | 수량에의 둔감성 | 분노 | 도덕적 의무감 |
|---|---|---|---|
| 분노 | .4610*** | | |
| 도덕적 의무감 | .4295*** | .5380*** | |
| 교환에의 거부감 | .4859*** | .4252*** | .4933*** |

c. 도박 산업 유치

| | 수량에의 둔감성 | 분노 | 도덕적 의무감 |
|---|---|---|---|
| 분노 | .5099*** | | |
| 도덕적 의무감 | .5624*** | .7062*** | |
| 교환에의 거부감 | .5830*** | .6475*** | .6402*** |

d. 공기오염 공장 유치

| | 수량에의 둔감성 | 분노 | 도덕적 의무감 |
|---|---|---|---|
| 분노 | .5765*** | | |
| 도덕적 의무감 | .5551*** | .7475*** | |
| 교환에의 거부감 | .5675*** | .4545*** | .4462*** |

* $P \leq 0.05$, ** $P \leq 0.01$, *** $P = 0.000$

〈표 3-4〉 각 정책 대안에 대한 보호된 가치 지표(PVI)

| | 평균 | 표준편차 |
|---|---|---|
| 기여입학제 | 3.09 | 1.22 |
| 인기 없는 학과의 폐지 | 3.56 | 1.03 |
| 도박 산업 유치 | 2.29 | 1.01 |
| 공기오염 공장 유치 | 2.78 | 1.03 |

PVI 값은 1에서 5까지의 값을 지닐 수 있다. PVI 값이 높다는 점은 피설문자가 해당 이슈에 대하여 보호된 가치의 관점에서 판단하였다는 점을 의미한다. 이렇게 정의되는 PVI는 보호된 가치에 대한 인식이 정책 딜레마의 형성에 어떠한 영향을 미치는가에 관한 논의에서 활용될 수 있다. 각각의 정책 대안에 대한 보호된 가치 지표는 〈표 3-4〉에서와 같이 나타났다. 인기 없는 학과의 폐지에 대하여 가장 높은 보호된 가치의 성향을 보여주고 있는데, 이는 설문 대상자들이 이에 민감한 학생들이었기 때문인 것으로 판단된다.

### 2) 보호된 가치와 정책 딜레마의 관계

가설 2는 보호된 가치와 정책 딜레마와의 관계에 관하여 말하고 있다. 즉, 보호된 가치로 인식되는 정책 대안들로 구성된 상황은 정책 딜레마를 형성할 가능성이 높다는 것이다. 그리고 하나의 정책 대안은 보호된 가치로 인식되는 반면 다른 하나의 정책 대안은 보호된 가치로 인식되지 못하는 경우, 정책 딜레마를 형성할 가능성이 낮다는 것이다. 이러한 가설을 검증하기 위하여 여기에서는 앞서 논의된 두 가지 지표를 활용한다. 첫째는 보호된 가치의 지표(PVI)이며, 둘째는 정책 딜레마 지표(PDI)이다. 이들은 모두 앞의 논의에서 정의되었다.

그리고 가설 2를 검증하기 위하여 두 가지 정책 대안에 대하여 보호된 가치로 인식하는 정도에 따라서 다음과 같은 세 가지 집단으로 분류하였다.

첫째, 두 정책 대안에 대한 보호된 가치의 지표들 간 차이가 2.5 이상인 집단.
둘째, 두 정책 대안에 대한 보호된 가치의 지표가 모두 2 이하인 집단.
셋째, 두 정책 대안에 대한 보호된 가치의 지표가 모두 3 이상인 집단.

이 세 가지 집단 중에서 세 번째 집단의 정책 딜레마 지표(선택 곤란성 지표)가 가장 높고, 첫 번째 집단의 정책 딜레마 지표가 가장 낮을 것이라는 것이 가설 2의 내용이다. 그런데 위에서 제시한 집단 분류는 모든 피설문자들을 포함하지는 않는다. 예를 들어 두 정책 대안에 대한 보호된 가치의 지표가 각각 3과 2인 피설문자는 위의 어느 집단에도 포함되지 않으며 분석대상에서 제외된다. 이렇게 피설문자의 일부만을 분석한 이유는 보호된 가치와 정책 딜레마와의 관계가 복합적으로 이루어지기 때문이다. 첫째는 두 대안에 대한 보호된 가치의 격차가 주는 영향이다. 두 대안에 대한 보호된 가치의 격차가 클수록 딜레마는 약화될 것이다. 둘째는 두 대안 모두에 대한 보호된 가치의 인식이 높을수록 딜레마가 강화될 것이라는 추론이다. 이 두 가지 효과들이 혼합되어 가설 2를 구성한다. 그런데 두 대안에 관한 보호된 가치의 격차가 크지 않으면서, 두 대안에 대한 보호된 가치가 중간인 경우에는 어떠한 효과가 더 큰지를 판단하기 곤란하다. 따라서 이 연구에서는 보호된 가치의 두 효과를 명확하게 구분할 수 있는 경우에 관하여 교차분석을 먼저 수행함으로써 어떠한 효과가 더 큰지를 판단하고자 한다.

〈표 3-5〉는 기여입학제와 학과폐지의 선택상황에 대하여 세 가지 집단에 있어서 선택 곤란성 지표의 분포에 관한 교차분석표이다. 선택 곤란성 지표는 1에서 5까지의 값을 지니지만, 여기에서는 분석의 편의를

위해 1~2의 값과 4~5의 값을 하나로 묶었다.

〈표 3-5〉 (a)의 기여입학제와 학과폐지에 관한 교차분석 결과는 위의 가설이 타당할 것이라는 점을 시사한다. 즉, 두 대안에 대한 PVI가 모두 높은 집단에서 정책 딜레마가 형성되는 빈도가 높았으며, 두 대안에 대한 PVI 간의 차이가 큰 집단에서 정책 딜레마는 잘 형성되지 않았다. 그리고 두 대안에 대한 PVI가 모두 낮은 집단에서 중간 정도로 정책 딜레마가 형성되었다. 이러한 결과는 가설 2와 일치한다. 그러나 〈표 3-5〉 (a)의 결과를 성급하게 일반화시키기는 어렵다. 두 대안에 대한 PVI가 모두 낮은 집단의 인원이 지나치게 적기 때문이다.

〈표 3-5〉 (b)는 도박 산업과 공장 유치에 관한 교차분석 결과를 보여주고 있다. 여기에서도 대안 간 PVI의 격차가 클 때 정책 딜레마가 작을 것이라는 가설 2-2는 명확하게 확인된다. 그러나 가설 2-1과 2-3은 그다지 명확한 차이를 보여주지 못하고 있다. 두 정책 대안에 대한 PVI가 큰 집단과 작은 집단에 있어서 정책 딜레마는 거의 동일한 비율로 형성되고 있기 때문이다. 이러한 결과는 보호된 가치의 두 가지 효과 중에서 격차의 효과가 강하게 작용한 결과라고 판단된다. 두 대안에 대한 PVI가 모두 낮은 집단에는 두 가지 효과가 동시에 작용한다. 첫째는 보호된 가치가 낮기 때문에 그다지 심각하게 생각하지 않을 것이며, 따라서 딜레마로 인식하지 않을 것이라는 점이다. 둘째는 보호된 가치에 대한 인식의 격차가 작기 때문에, 어느 하나의 대안(가치)을 선택하여야 할지가 분명하지 않고, 따라서 선택의 곤란성이 증가할 것이라는 점이다. 〈표 3-5〉는 전반적으로 보호된 가치의 격차로 인한 효과가 더 강하게 나타나고 있다는 점을 암시하여 준다.

이상의 분석을 종합하면, 가설 2-2는 비교적 명확하게 지지된다고 결론지을 수 있다. 즉, 두 대안에 대한 보호된 가치의 인식의 격차가 클수록, 정책 딜레마의 발생 빈도가 작을 것이라는 것이다. 반면 두 대안에 대한 보호된 가치의 인식이 모두 큰 경우와 모두 작은 경우는 정책 딜레마 지표에 있어서 큰 차이를 발견하기 어려웠다.

이상의 분석 결과는 정책 딜레마의 형성에 관하여 중요한 단서를 제공한다. 보호된 가치와 정책 딜레마의 관련성에 관한 가설 2-1, 가설 2-2, 가설 2-3은 두 가지 논리를 함축하고 있다. 첫째는 보호된 가치의 격차가 정책 딜레마 형성에 영향을 줄 것이라는 논리이다. 즉, 두 대안에 대한 보호된 가치의 인식에 차이가 클수록 딜레마 인식은 작을 것이

〈표 3-5〉 두 대안에 대한 보호된 가치의 인식과 정책 딜레마 지표간의 교차분석 결과

(a) 기여입학제와 학과 폐지의 선택 상황

| 정책 딜레마 지표 (PDI) | | | | | |
|---|---|---|---|---|---|
| | | 낮음 (1~2) | 중간 (3) | 높음 (4~5) | 합 |
| 보호된 가치의 조합에 따른 집단 | 두 대안에 대한 PVI의 차이가 2.5 이상인 집단 | 11<br>48.0% | 6<br>26.0% | 6<br>26.0% | 23명 |
| | 두 대안에 대한 PVI가 모두 2 이하인 집단 | 3<br>33.4% | 1<br>11.1% | 5<br>55.5% | 9명 |
| | 두 대안에 대한 PVI가 모두 3 이상인 집단 | 15<br>19.0% | 15<br>19.0% | 48<br>62% | 79명 |

Chi-Square의 유의수준은 0.01. 총 180명 중 111명만 분석 대상에 해당됨.

(b) 도박산업과 공장 유치의 선택 상황

| 정책 딜레마 지표 (PDI) | | | | | |
|---|---|---|---|---|---|
| | | 낮음 (1~2) | 중간 (3) | 높음 (4~5) | 합 |
| 보호된 가치의 조합에 따른 집단 | 두 대안에 대한 PVI의 차이가 2.5 이상인 집단 | 11<br>58.0% | 2<br>10.5% | 6<br>31.5% | 23명 |
| | 두 대안에 대한 PVI가 모두 2 이하인 집단 | 7<br>18.0% | 6<br>15.3% | 26<br>66.7% | 39명 |
| | 두 대안에 대한 PVI가 모두 3 이상인 집단 | 3<br>16.7% | 3<br>16.7% | 12<br>66.6% | 18명 |

Chi-Square의 유의수준은 0.02. 총 180명 중 80명만 분석 대상에 해당됨

〈표 3-6〉 보호된 가치 간 격차와 정책 딜레마 지표 간 상관관계

| | 기여입학제 대 학과폐지의 선택 상황 | 도박산업 대 공장 유치의 선택 상황 |
|---|---|---|
| PVI 간 격차와 PDI 간 상관관계 | -0.2409** | -0.3079*** |

* P ≤ 0.05, ** P ≤ 0.01, *** P = 0.000

며, 거꾸로 두 대안에 대한 보호된 가치의 인식에 차이가 작을수록 딜레마 인식이 클 것이라는 점이다. 이 논리는 가설 2-2에 해당되는 것으로써 교차분석 결과 타당한 것으로 나타났다. 두 번째 논리는 두 대안에 대한 보호된 가치의 정도가 높을수록 정책 딜레마가 형성될 가능성이 높다는 것이다. 즉, 두 대안에 대해서 모두 도덕적으로 인식할수록, 어느 하나의 정책 대안을 선택하기가 어려워지며, 그 결과 정책 딜레마에 빠질 가능성이 높아진다는 것이다. 그러나 이러한 논리는 교차분석 결과 유의미하게 지지되지는 못하였다. 결국 정책 딜레마의 형성을 설명하고 예측하는 데 있어서 두 대안에 대하여 얼마나 보호된 가치로 인식하는지 그리고 그 격차가 어떤지가 중요한 것으로 판단된다. 이러한 추론을 검토하기 위하여 두 대안에 대한 "보호된 가치 지표(PVI)의 격차"와 "정책 딜레마 지표(PDI)" 간의 상관관계를 검토해 보았다. 이때 "PVI간의 격차"는 다음과 같이 규정된다.

| PVI간의 격차 = ABS(한 대안에 대한 PVI - 다른 대안에 대한 PVI) |
|---|

〈표 3-6〉은 PVI 간 격차와 정책 딜레마 지표 간의 상관관계를 보여준다. 두 선택 상황에서 보호된 가치 간의 격차와 정책 딜레마 지표 간에는 유의미한 상관관계가 존재한다. 이들 간에 부의 상관관계가 존재한다는 점은 보호된 가치 간의 격차가 클수록 정책 딜레마는 작아진다

는 점을 의미한다. 결국 어떠한 상황하에서 정책 딜레마의 인식이 높아지고 낮아지는가에 관하여 보호된 가치에 대한 인식의 격차가 상당한 정도의 설명력과 예측력을 제공할 수 있음을 의미한다.

### 3) 정책 딜레마하에서의 행태

정책 딜레마 하에서 의사결정자들은 어떠한 행태를 보일 것인가 하는 질문은 정책 딜레마 연구에 있어서 일관되게 제기되어 왔던 질문이다. 정책 딜레마하에서는 선택의 지연이나 회피가 발생할 것이라는 점이 기존의 연구에서 전제되고 또 제기되어 왔다. 〈표 3-7〉은 이에 관한 가설 3-1과 3-2를 검토하기 위한 상관관계 표이다. 〈표 3-7〉에서 "정책 딜레마 지표"란 앞서 논의하였듯이 "선택의 곤란성"을 의미하는 것으로써 두 대안에 대한 선택 강도의 격차에 근거하여 정책 딜레마의 강도를 측정하는 지표이다.

〈표 3-7〉의 결과에서 정책 딜레마 지표는 선택의 회피 및 선택의 지연과 긴밀한 상관관계를 지닌다는 점을 발견할 수 있다. 앞서와 마찬가지로 분석 결과의 이해를 쉽게 하기 위하여 선택의 지연과 회피에 대한 응답 값의 역수를 취하여 분석하였다. 따라서 정책 딜레마 지표와 이들 간에 정의 상관관계가 있다는 점은 정책 딜레마가 증가함에 따라서 선택의 지연과 회피가 증가한다는 점을 의미한다. 즉, 정책 딜레마가 클수록 선택의 지연이 증가할 것이라는 가설 2-1과 정책 딜레마가 클수록 선택의 회피가 증가할 것이라는 가설 2-2가 모두 유의미하게 성립된다는 점을 보여준다.

아울러 〈표 3-7〉에서는 정책 딜레마 지표와 주관적 어려움 간의 상관관계를 보여준다. 주관적 어려움이란 피설문자 스스로 선택 상황이 얼마나 어려운지를 평가한 결과이다. 그 값이 작을수록 주관적 어려움이 크다는 점을 의미한다. 따라서 정책 딜레마 지표와 주관적 어려움 사이

〈표 3-7〉 정책 딜레마 지표, 선택의 회피, 선택의 지연 간의 상관관계

(a) 기여입학제 대 학과폐지

| | 선택의 회피/위임 | 선택의 지연 | 주관적 어려움 |
|---|---|---|---|
| 선택의 지연 | .2087** | | |
| 주관적 어려움 | .0882 | .5679*** | |
| 정책 딜레마 지표 | .2543** | .2521** | .2506** |

(b) 도박산업 대 공장 유치

| | 선택의 회피/위임 | 선택의 지연 | 주관적 어려움 |
|---|---|---|---|
| 선택의 지연 | .0233 | | |
| 주관적 어려움 | .0650 | .4034*** | |
| 정책 딜레마 지표 | .3289*** | .1659* | .2690*** |

* $P \leq 0.05$, ** $P \leq 0.01$, *** $P = 0.000$

에 부의 상관관계가 존재한다는 점은 정책 딜레마 지표가 클수록 주관적 어려움도 크게 평가한다는 점을 의미한다. 그러나 이들 간에 존재하는 상관관계는 그다지 크지 않다는 점을 발견할 수 있다. 피설문자들 중의 일부는 선택 상황이 어렵지 않다고 평가하면서도 어떠한 대안을 선택해야 할지 망설이는 행태를 보여주기 때문이다.

〈표 3-7〉에 있어서 또 한 가지 발견할 수 있는 점은 주관적 어려움과 선택의 지연 간에는 높은 상관관계가 존재하지만, 주관적 어려움과 선택의 회피 간에는 유의미한 상관관계가 존재하지 않는다는 점이다. 그러나 정책 딜레마 지표는 선택의 지연과 회피와 모두 유의미한 상관관계를 보여주고 있다. 이처럼 정책 딜레마하에서 선택의 지연이 증가하는 동시에 선택의 회피가 함께 증가한다는 점은 의사결정자들이 복수의 행동 대안들을 동시에 고려한다는 점을 보여준다. 정책 딜레마하에서 의사결정자는 선택의 지연을 고려하는 동시에 선택의 회피를 함께 생각한다는 것이다. 즉, 선택의 지연을 고려한다고 해서 선택의 회피를 고려하지 않는 단선적인 행위가 이루어지기보다는 정책 딜레마하에서는

복수의 행동에 대한 고려가 이루어진다고 해석된다.

이상에서 보호된 가치의 존재, 보호된 가치와 정책 딜레마와의 관련성, 그리고 정책 딜레마하에서 의사결정자들의 선택 지연과 회피에 관하여 살펴보았다. 이에 관한 대부분의 가설들이 타당한 것으로 확인되었다. 특히 정책 딜레마의 형성에 있어서 두 대안에 대한 보호된 가치의 격차가 중요한 변수가 된다는 점을 확인할 수 있었다.

## 5. 연구의 시사점 및 결론

이 연구는 전반적으로 정책 딜레마에 대한 절대적 가치의 접근과 보호된 가치와의 관련성이 지지될 수 있다는 점을 보여준다. 그렇다고 해서 정책 딜레마에 대한 공리주의적인 접근이 거부되는 것은 아니다. 정책 대안들의 특성에 따라서 절대적 가치의 접근이 타당할 수도 있으며, 공리주의적 가치의 접근이 타당할 수도 있을 것이다. 언제 절대적 가치의 접근이 타당하며 언제 공리주의적 가치의 접근이 타당한지에 관하여 향후 체계적인 연구가 이루어질 수 있을 것이다.

이 연구를 통하여 제기된 보다 중요한 점은 정책 딜레마의 연구에 있어서 일관된 이론적 접근이 요구된다는 점이다. 정책 딜레마에 관한 연구는 정책 결정에 관한 합리적 모형과는 대립되는 접근으로 받아들여져 왔다. 합리적 모형에서는 딜레마라는 개념이 성립하기 어렵다. 합리적인 의사결정자를 전제로 하였을 때, 딜레마의 발생을 추론하기는 어렵다. 동일한 정도로 큰 기회손실이 발생한다고 하더라도 합리적인 의사결정자에게 있어서 딜레마는 발생되지 않는다. 아무런 대안이나 선택하면 되기 때문이다. 이러한 점에서 딜레마 모형은 합리 모형과는 상이한 이론 체계로 받아들여져 왔다. 그러나 정책 딜레마에 관한 연구에 있어서 합리적 모형의 관점이 완전히 배제되었던 것은 아니다. 합리적 모형을 비판하고 보완하고자 하였던 딜레마 모형은 부분적으로 합리적 모형의 관점을 채택하여 왔다. 딜레마의 개념을 정의하는 데 있어서 기회손실이라는 공리주의적 개념을 사용한 것이 그 예이다.

딜레마 모형을 발전시키는 데 있어서 이와 같은 이론적 전제의 불일치와 혼돈은 장애 요인으로 작용할 것으로 판단된다. 딜레마 모형이 어떠한 점에서 합리 모형과 다른지를 명확하게 제시함으로써 딜레마 모형의 정체성을 확보할 수 있을 뿐만 아니라 그 논리적 일관성을 확보할 수 있을 것이다. 이 연구에서 제시한 '보호된 가치'의 개념과 상이한 행동 대안들을 동시에 고려하는 의사결정자로서의 이미지는 딜레마 모형과 합리 모형의 차이점을 부각시키는 데 중요한 단서를 제공할 수 있으리라 기대된다.

이 연구에서 제기한 바와 같이 정책 딜레마가 보호된 가치에 의해서 유발된다면, 정책 딜레마를 해소하기 위한 제반 조치들이 기대하는 성과를 가져오지 못할 가능성이 높다. 상이한 가치의 갈등이 있을수록 의사소통적 합리성이 요구된다(Kesting, 1998). 그러나 갈등되는 가치가 보호된 가치일 경우 토론에 의한 해결을 기대하기란 어렵다(Boulding, 1962). 보호된 가치는 수량에의 둔감성을 그 특징으로 하는 반면, 토론과 조정의 절차는 두 집단 간의 부분적인 양보를 요구한다. 그러나 보호된 가치에 있어서 부분적인 양보는 중요하지 않다. 전부 아니면 전무가 보호된 가치의 특성이기 때문이다. 또한 보호된 가치는 분노로 특징지어진다. 분노는 합리적인 토론을 방해한다. 오히려 토론이 진행될수록 상대방에 대한 분노가 더 커질 수 있다. 결국 보호된 가치 간의 충돌로 특징지어지는 정책 딜레마는 상호 토론이나 조정을 통하여 해소되기에는 거의 불가능한 것으로 보인다. Bazerman과 Moore, Gillespie (1999)는 신성화된 정책 가치로 인하여 협상의 교착이 발생될 수 있다는 점을 지적하고 있다. 이 연구에서의 실험 결과는 보호된 가치가 관여된 정책 사안일수록 도덕적 판단의 대상이 되며, 도덕적 판단의 대상이 될수록 오히려 하버마스가 제안하는 담론을 수행하기 어려울 수 있다는 점을 시사한다(French and Allbright, 1998). 정책 딜레마를 해소하기 위해서는 상호 토론이나 조정과 같은 직접적인 방법뿐만 아니라 상이한 대안을 교대로 선택하는 방식도 고려할 수 있을 것이다(Quinn, 1988). 결국 보호된 가치의 충돌과 이로 인한 정책 딜레마는 해소의 대상이 아니라 관리의 대상이라고 할 것이다.

이 논문에서는 보호된 가치의 충돌에 관하여 개개인에 대한 설문을 수행함으로써 보호된 가치와 정책 딜레마가 어떠한 관련성을 지니는가를 분석해 보았다. 그 결과 두 가지 점에서 이 연구는 한계를 지니고 있다. 첫째, 이 연구에서는 정책 이슈와 정책 이슈 간의 구도만이 포함되었을 뿐이며, 정책 행위자들 간의 갈등은 심도 있게 고려되지 못하였다. 현실의 정책 상황에 있어서는 정책 이슈, 정책 가치 간의 갈등에 못지않게 이해관계자들과 정책결정자들 간의 갈등 구도 역시 중요한 영향을 미칠 것이다. 향후 정책 관련 행위자들과 보호된 가치가 어떻게 관련되는지 그리고 그러한 관련성이 정책 딜레마에 어떠한 영향을 줄 것인지를 연구할 수 있을 것이다. 둘째, 이 연구에서는 개인의 심리적인 측면에 초점을 두어 보호된 가치와 정책 딜레마의 관련성을 연구하였다. 보호된 가치와 정책 딜레마의 관련성은 개인의 심리적인 측면을 넘어서서 제도적인 측면에서도 찾아볼 수 있을 것으로 생각된다. 보호된 가치들은 그렇지 못한 가치들에 비해 강하게 제도화되어 있을 것이라고 생각할 수 있기 때문이다. 이러한 경우 보호된 가치들 간의 충돌은 제도 간의 충돌로 나타날 가능성이 높다. 향후 이에 관한 연구가 요구된다.

마지막으로 이 연구에서는 보호된 가치가 정책 딜레마에 어떠한 영향을 주는지에 관하여 초점을 두었다. 보호된 가치가 정책 딜레마를 구성하는 데 영향을 준다면, 정책 딜레마 역시 보호된 가치와 유사한 특성을 보일 것이라고 생각된다. 즉, 정책 딜레마 역시 수량적 둔감성을 보일 것이며, 정책 딜레마하에서 의사결정자들은 화를 내거나 감정적인 판단을 내리기 쉬울 것이라고 생각된다. 이를 검토하기 위하여 새로운 실험이 추가로 요망된다고 하겠다. 특히 이 실험에서는 실제의 정책결정자들이 아니라 학생들을 대상으로 하여 설문하였다는 점에서 한계점을 지닌다. 실제의 정책결정자들에게 설문을 함으로써, 정책딜레마에 관하여 보다 객관적이고 풍부한 사실들을 발견할 수 있으리라고 생각된다.

이 논문은 보호된 가치의 개념을 도입함으로써 정책 딜레마에 관하여 규범적이면서 동시에 심리적(인지적)인 연구를 수행할 수 있다는 점을 보여주었다. 또한 이 논문에서는 배타적인 행동 대안들에 대한 태도를 설문함으로써 선택의 곤란성을 측정할 수 있으며, 이를 정책 딜레마의 지표로 활용할 수 있음을 확인할 수 있었다. 이 논문의 이러한 시도가 보다 체계화되고 현실 정책에서 활용될 수 있는 딜레마 모형을 개발하는데 기여하기를 기대한다.

## ▪부록 실험에 사용된 설문지

다음은 정책의 가치에 관한 귀하의 판단을 여쭈어 보는 설문입니다. 각 문항에는 최근에 이슈가 되고 있는 정책 사례가 간략하게 소개되어 있습니다. 하나의 정책에 관하여 네 개의 문항이 있습니다. 각각에 대하여 답변해 주시면 고맙겠습니다. 참고로 아래의 설문에는 정답이 없습니다. 귀하의 느낌을 그대로 답변해 주시면 고맙겠습니다.

| 1. 최근 기여입학제에 관하여 논의가 활발합니다. 부모님이 특정 대학교에 금전적인 기여를 하고 그 대가로 자녀가 그 대학교에 입학할 수 있도록 허용하는 정책입니다. | |
|---|---|
| 1) 그 이익이 크다면 허용할 수 있다. | 그렇다 아니다<br>①…②…③…④…⑤ |
| 2) 제한적으로(일정 비율 이하) 시행한다면 허용할 수 있다. | 그렇다 아니다<br>①…②…③…④…⑤ |
| 3) 이 정책은 도덕적으로 잘못된 정책이다. | 그렇다 아니다<br>①…②…③…④…⑤ |
| 4) 이 정책을 찬성하는 사람은 비정상적인 사람이다. | 그렇다 아니다<br>①…②…③…④…⑤ |

| 2. 정부에서는 지역의 개발을 촉진하기 위하여 내국인이 도박을 할 수 있는 카지노 단지를 허용한 적이 있습니다. | |
|---|---|
| 1) 그 이익이 크다면 허용할 수 있다. | 그렇다 아니다<br>①…②…③…④…⑤ |
| 2) 제한적인 지역에서 시행한다면 허용할 수 있다. | 그렇다 아니다<br>①…②…③…④…⑤ |
| 3) 이 정책은 도덕적으로 잘못된 정책이다. | 그렇다 아니다<br>①…②…③…④…⑤ |
| 4) 이 정책을 찬성하는 사람은 비정상적인 사람이다. | 그렇다 아니다<br>①…②…③…④…⑤ |

| 3. 최근 인기가 없는 학과를 폐지하여 사회적 물의를 일으킨 적이 있습니다. 인기가 없는 인문학을 폐지시키는 정책에 관하여 생각해 주시기 바랍니다. | |
|---|---|
| 1) 그 이익이 크다면 허용할 수 있다. | 그렇다 아니다<br>①…②…③…④…⑤ |
| 2) 제한적인 범위 내에서 시행한다면 허용할 수 있다. | 그렇다 아니다<br>①…②…③…④…⑤ |
| 3) 이 정책은 도덕적으로 잘못된 정책이다. | 그렇다 아니다<br>①…②…③…④…⑤ |
| 4) 이 정책을 찬성하는 사람은 비정상적인 사람이다. | 그렇다 아니다<br>①…②…③…④…⑤ |

| 4. 최근 우리나라의 공기 오염이 악화되어 가고 있습니다. 공기 오염을 증가시키는 공장을 당신이 살고 있는 지역에 허용하는 정책에 관하여 생각해 주시기 바랍니다. | |
|---|---|
| 1) 그 이익이 크다면 허용할 수 있다. | 그렇다 아니다<br>①…②…③…④…⑤ |
| 2) 지나치게 큰 오염이 아니라면 허용할 수 있다. | 그렇다 아니다<br>①…②…③…④…⑤ |
| 3) 이 정책은 도덕적으로 잘못된 정책이다. | 그렇다 아니다<br>①…②…③…④…⑤ |
| 4) 이 정책을 찬성하는 사람은 비정상적인 사람이다. | 그렇다 아니다<br>①…②…③…④…⑤ |

다음은 가상적인 정책결정 상황을 묘사한 것입니다. 귀하께서 다음의 정책결정 상황에 처해 있다고 생각하시고, 답변해 주시면 감사하겠습니다.

| 5. 당신은 지역의 발전을 책임지고 있는 공무원입니다. 지역의 공기 오염을 증가시키는 공장을 유치하시겠습니까? 아니면 지역의 환경을 보존할 수 있는 도박 산업을 유치하시겠습니까? 당신은 이 두 가지 방법 중에서 한 가지를 선택하셔야 합니다. | |
|---|---|
| 1) 선택을 내리기가 상당히 어렵다. | 그렇다 아니다<br>①…②…③…④…⑤ |
| 2) 상황을 보아가면서 천천히 선택하겠다. | 그렇다 아니다<br>①…②…③…④…⑤ |
| 3) 지역 의회에서 결정하도록 위임하겠다. | 그렇다 아니다<br>①…②…③…④…⑤ |
| 4) 나의 책임하에 공장을 유치하겠다. | 그렇다 아니다<br>①…②…③…④…⑤ |
| 5) 나의 책임하에 도박 산업을 유치하겠다. | 그렇다 아니다<br>①…②…③…④…⑤ |

6. 우리나라의 대학교 발전을 위해서는 무엇보다도 대학 재정의 건전화가 요구됩니다. 이를 위하여 첫째, 기여 입학제를 도입하는 방법을 고려할 수 있으며, 둘째, 인기 없는 학과를 폐지함으로써 대학의 재정을 효율화시키는 방안을 고려할 수 있습니다. 당신은 이 두 가지 방법 중에서 한 가지를 선택하셔야 합니다.

| | |
|---|---|
| 1) 선택을 내리기가 상당히 어렵다. | 그렇다 아니다<br>①…②…③…④…⑤ |
| 2) 상황을 보아가면서 천천히 선택하겠다. | 그렇다 아니다<br>①…②…③…④…⑤ |
| 3) 국회에서 결정하도록 위임하겠다. | 그렇다 아니다<br>①…②…③…④…⑤ |
| 4) 나의 책임하에 기여입학제를 도입하겠다. | 그렇다 아니다<br>①…②…③…④…⑤ |
| 5) 나의 책임하에 학과 폐지를 도입하겠다. | 그렇다 아니다<br>①…②…③…④…⑤ |

7. 다음 중 귀하께서 가장 반대하시는 정책은 무엇입니까? ( )
   1) 기여입학제
   2) 인기없는 학과 폐지
   3) 공기오염을 가져오는 공장 허용
   4) 도박 산업의 허용

**[ 주 ]**

1) 이 논문은 《한국정책학회보》 제 11권 제 1호(2002) 에 게재된 것을 수정, 보완한 것이다.

# 4 정부의 결정을 딜레마 상황으로 가게 하는 요인과 그에 대한 대응책에 관한 연구[1)]

윤견수

이 논문은 기존의 딜레마 이론이 가지고 있는 약점을 보완하는 글이다. 특히 딜레마의 원인과 그 대책 간의 논리적 연결고리에 초점을 두었다. 딜레마는 특정 문제 상황 속에서 두 개의 서로 다른 대안, 가치, 행위자들이 서로 충돌하는 상황이다. 문제 상황이 존재론적 변화와 깊은 관련이 있고, 대안의 상징성이 높으며, 결과가치가 부정적으로 묘사되거나 보호된 가치의 성격을 가지며, 행위자들이 갈등 상황에 처해 있으면 그 상황은 딜레마에 빠지기 쉽다. 이러한 딜레마를 예방하기 위해 문제 상황, 대안, 가치, 행위자들 간의 연결 관계를 분리(*decoupling*)하거나 상황을 재규정(*reframing*)하는 방법을 동원한다. 그리고 분리와 재규정이 효과적으로 발생하려면 토론장치가 제대로 설계되어 있어야 한다.

## 1. 들어가는 글

행정은 어떤 일이 완성되어 가게끔 하는 기술이며 그것은 항상 의사결정 과정과 동시에 전개된다(Simon, 1996: 1~19). 행정의 영역과 영향력이 확대될수록 정부의 결정이 중요한 의미를 띠지만 결정은 그만큼 힘들어진다. 학자들은 주어진 선택 상황에서 결정자들이 겪는 어려움을 다양한 이론으로 설명해 왔다. 그 이론 가운데 하나가 '이도저도 못하는 양자택일 상황에서 의사결정자에게 부닥친 선택의 어려움'을 표현하는 딜레마 상황에 대한 이론이다. 딜레마(*dilemma*)는 원래 논리적 추론의 한 방법이며 양도논법(두 개의 칼날 중 어떤 칼날을 피할 것인가, 혹은 두 개의 소뿔 가운데 어떠한 뿔을 피할 것인가)으로 번역된다. 딜레마 상황이 되기 위해서는 논리적으로 두 개의 조건(*if-then*) 문장과 한 개의 선언(*either-or*) 문장이 존재해야 한다. 예컨대 어떤 대기업의 인사담당자가 다음과 같이 어려움에 처해 있다고 가정하자.

조건1) 만약 구조조정을 하지 않는다면 이사회에서 비난을 할 것이다.
조건2) 만약 구조조정을 한다면 노동조합에서 비난을 할 것이다.
상 황) 현재의 상황은 구조조정을 하거나 하지 않거나 둘 중 하나다.
결 론) 그러므로 언제나 비난을 받을 수밖에 없다.

과연 이러한 상황에서 인사담당자는 어떤 행동을 취해야 하는가? 여기서 중요한 점은 인사담당자는 두 개의 조건을 동시에 충족시킬 수 없고, 한 조건만을 수용하기도 힘들지만, 주어진 시간 내에 어떤 행동을 취해야 한다는 사실이다. 그리고 인사담당자의 행동은 비록 그것이 이사회와 노동조합의 이해관계를 절충한 것이라고 해도 여전히 비난을 받기 쉽다. 예컨대 이사회는 적어도 100명의 인원삭감을 요구하고 노조는 10명 이상은 절대 안 된다고 하는 상황에서 만약 인사담당자가 55명의 인원을 삭감하기로 한다면, 이사회에서는 형식적인 구조조정이라고 비난할 것이고 노조 측에서는 자신들의 이해관계가 전혀 반영되지 않았다고 비난할 것이다. 다시 말해 경제적인 비용편익 분석을 통한 절충점이 최선의 타협점이 될 수 없다. 여전히 양측의 사회심리적 불만족이 존재하기 때문이다. 그리고 결정자는 그러한 불만족 상태를 인지하기 때문에 선택의 어려움에서 쉽게 빠져나오지 못한다.

논리학과 수사학에서 논의되었던 딜레마의 개념을 행정과 정책의 영역에 도입하여 '선택상황에 처한 의사결정자의 어려움'을 설명해 보려는 움직임이 행정학자들 간에 있었다(이종범 외, 1992, 1994; 김동환, 1994; 소영진, 1994; 윤견수 외, 2000; 이종범, 2005). 일반적으로 행정부의 의지는 정책과정을 통해 표현되고, 정책은 다수의 이해관계가 복잡하게 얽혀있는 어려운 선택상황이기 때문에, 공공의 영역에서 내려지는 결정은 딜레마와 관련된 결정이 많을 것이라는 것이 이들의 가정이다.[2] 하지만 기존의 딜레마 이론은 크게 3가지 측면에서 보완이 필요하다. 첫째는 역설이나 갈등 등과 같은 유사 개념들을 놔두고 왜 딜레마라는 개념을 사용하는지에 대한 정당화 작업이 더 필요하다. 둘째는 딜레마라는 개념을 사용하더라도 그것이 현실적으로 딜레마인지 아닌지에 대한 판단 기준에 대한 논의가 보강되어야 한다. 셋째는 딜레마가 발생하는 원인과 그에 대한 대응책, 그리고 딜레마의 예방 사이의 논리적 연결고리에 관심을 기울여야 한다.

이 논문은 문헌연구를 통해 딜레마 개념이 가지고 있는 한계를 보완하고, 그것을 바탕으로 앞으로의 사례연구를 심화시키는 이론틀을 마련하는데 그 목적이 있다. 지금까지의 연구들을 중심으로 딜레마 개념이 어떤 의미를 갖는가(2절), 딜레마 개념이 갈등이나 역설 등과 어떤 차이가 있는가(3절), 의사결정 상황이 딜레마로 되기 위한 현실적 조건들은 무엇인가(4절), 그와 같은 딜레마 상황에서 정책결정자가 취하는 반응은 무엇인가(5절), 만약 딜레마가 피해야 할 선택상황이라면 그것을 예방하기 위해 어떠한 방법들을 동원할 수 있는가(6절) 하는 점들을 살펴보기로 한다.

## 2. 딜레마의 개념 및 이론체계

딜레마는 "두 개의 대안이 존재할 때, 두 개의 대안을 동시에 선택할 수 없으며, 그 중 한 개의 대안을 선택하기도 곤란하지만, 제한된 시간 내에 선택을 하지 않을 수도 없는 상황"을 의미한다.

어떤 상황이 딜레마가 되기 위해서는 여러 가지 조건들이 필요하다. 이종범 외(1992, 1994)는 딜레마에 대한 최초의 연구에서 시간의 제약, 두 개의 대안, 표상화된 대안,[3] 대안들 간의 단절성, 대안들 간의 비교불가능성,[4] 어느 정도의 기회손실,[5] 선택의 곤란성[6] 등을 제시하였다. 소영진(1993, 1994, 1999)은 그러한 조건들이 가지고 있는 개념의 모호성을 수정하여 대안들의 단절성, 대안들 간의 상충성, 대안이 가져올 결과가치의 균등성, 선택의 불가피성 등을 딜레마가 되기 위한 형식적 조건 혹은 본질적 구성요소로 다시 정리하였다.

첫째, 대안들이 단절적(*discrete*)이라는 것은 딜레마 상황을 구성하는 대안은 두 개여야 하고 그것들은 서로 절충이 불가능하다는 의미다. 척도를 빌어 설명하자면 두 개의 대안은 명목척도로서의 성격을 가진다. 그러기 때문에 두 대안 간의 우선순위를 비교하는 함수를 만들 수 없다.[7] 둘째, 단절적인 두 개의 대안은 서로 상충적(*trade-offs*)인 상태로 존재한다. 한 대안을 선택하는 행위와 다른 대안을 포기하는 행위가 동시에 발생한다. 논리적으로는 서로 역의 관계이기 때문이다. 셋째, 두 개의 대안이 가져올 결과가치의 크기는 균등(*equal*) 해야 한다. 결과가치가 불확실하거나 애매하더라도 결정자가 어느 하나를 선택할 근거를 찾지 못하는 상태가 균등한 상태다. 결과가치는 대안의 선택이 의사결정자에게 가져다 줄 미래의 편익을 뜻하며, 여기에는 인식과 감정 등의 심리적 상태가 포함된다. 정책으로 인한 이득과 손실의 규모가 산술적으로 같은 크기여야만 딜레마 상황이 되는 것은 아니다(김동환, 1994: 150). 넷째, 딜레마 상황은 시간의 제약(*time limit*)이 존재하기 때문에 어떤 식의 결정이든 해야 하는 상황이다. 즉, 선택이 불가피한 상황이다.

그런데 이와 같은 조건들을 토대로 현실의 사례를 분석하는 과정에서 주의해야 할 점이 하나 있다. 그것은 정부의 결정이 다양한 이해관계자들 간의 상호작용을 토대로 이루어진다는 점이다. 따라서 딜레마 상황이 되기 위한 조건에 '행위자'들의 문제가 포함될 필요가 있다. 정책분석을 위한 최초의 딜레마 모형에서도 딜레마가 되기 위한 조건으로 두 개 대안의 충돌, 각 대안의 정당성을 주장하는 상충적인 가치의 존재, 각 대안을 지지하는 행위자들 간의 갈등 상황을 제시하고 있다(이종범 외, 1992).

예컨대 새만금간척사업을 둘러싼 상황이 딜레마 상황이라고 해 보자. 여기서의 대안은 새만금간척사업을 계속 진행하는 것과 중단하는 것, 이렇게 서로 다른 두 가지 단절적인 범주가 된다. 결과가치는 간척사업을 진행해야 하는 근거들, 예컨대 식량의 무기화에 대응하기 위한 대체 농지의 확보나 조수간만의 차이로 인해 발생하는 곡창 지대의 하천범람 예방 등이다. 간척사업을 중단해야 하는 근거가 되는 반대 가치는 제방 건설이 가져올 환경오염 및 사라지는 갯벌이 가져올 생태계 파괴 등이 될 것이다. 그리고 간척사업과 관련된 상충적인 대안과 가치를 둘러싸고 다양한 이해관계자들이 서로 양분되어 갈등을 겪고 있다는 사실이 중요하다. 개발론자와 환경론자, 농지를 이용하는 농민과 갯벌을 이용하는 어민 등이 한 치의 양보도 없이 서로의 주장을 굽히지 않고 있다.

그러므로 어떤 상황이 딜레마라는 것은 ① 두 개의 단절적인 대안이 존재하고, ② 각 대안이 가져올 결과가치가 서로 상충적이며, ③ 각 대안을 지지하는 행위자들이 서로 대립하고 있지만, ④ 주어진 시간 내에 결정을 내려야 하는 문제상황이라는 것을 의미한다.

### 3. 왜 갈등이나 역설이 아니라 딜레마인가?

왜 갈등이나 역설이 아니고 딜레마인가? 이 질문은 딜레마 이론의 유용성과 직결된다. 우선 딜레마 개념 체계와 관련하여 혼란이 생길 수 있는 갈등(*conflict*)과의 관계를 살펴보자.[8] 딜레마와 갈등이 어떻게 다른가 하는 문제는 쉽게 대답할 성질의 것이 아니다. 학문분야별로 갈등에 대한 개념과 접근법이 다르기 때문에 만약 딜레마와 갈등을 구분한다면 딜레마 역시 그만큼 다양한 시각을 가지게 된다.

일반적으로 갈등은 두 가지 측면에서 접근할 수 있다(최흥석 · 윤견수, 2000: 35~36). 옥스퍼드 사전에 따르면 갈등은 행위자들이 겪고 있는 심각한 이견이나 논쟁 상황(*a situation in which people, groups, or countries are involved in a serious disagreement or argument*)이며, 또한 상반된 이념이나 견해, 감정, 소망 등이 존재하기 때문에 선택이 어려운 상황(*a situation in which there are two opposing ideas, opinions, feelings or wishes; a situation in which it is difficult to choose*)이다.

앞의 개념은 갈등을 거시적으로 바라본 것으로서 사회학자나 정치학자들이 주로 사용하는 개념이다. 학술적으로 정의하면 "둘 이상의 사람이나 집단이 동일한 대상을 소유하려 하거나 동일한 지위 혹은 공간을 점유하려고 할 때 언제나 발생하는 현상"이다(North, 1968: 226). 적어도 둘 이상의 당사자들이 제한된 자원을 둘러싸고 서로 경쟁하는 상황이다(Nadar, 1968: 236). 그래서 경쟁자를 인식하고, 그들과의 싸움에서 승리하며, 그 결과 원하는 가치나 목표를 추구하는 것이 주된 내용이다(Coser, 1968: 232; Dahrendorf, 1959: 135).

뒤의 개념은 갈등을 미시적인 관점에서 바라본 것으로서 주로 심리학자들이나 조직행동론자들이 선호하는 개념이다. 양립 불가능한 두 개 이상의 욕구나 가치가 인간의 내부에 자리 잡고 있는 상황이다. 하지만 이러한 욕구가 존재한다고 그것이 곧바로 갈등과 연결되는 것은 아니다. 내부의 심리상태가 밖으로 표현될 때, 즉 행동으로 가시화되는 과정에서 의사결정자가 결정의 어려움을 경험해야 한다. 이렇게 본다면 "두 개 이상의 서로 배타적인 활동에 개입하고 싶은 상황"(Muray, 1968: 220)이 미시적 갈등의 정의에 더 가깝다.

사회학이나 정치학에서 주로 다루는 거시적 갈등은 당사자들 간의 경쟁이나 충돌 상황에 주로 관심이 있다. 지역감정, 할거주의, 계급갈등, 전쟁 등은 충돌 현상의 예가 된다. 하지만 딜레마는 그러한 충돌을 조정해야 하는 조정자나 의사결정자의 관점을 강조한다. 즉 갈등을 겪고 있는 당사자들 간의 충돌이 시스템내부에서 두 개의 서로 배타적인 선택상황으로 범주화되었을 때 결정자가 겪는 어려움을 묘사하는 개념이다. 논의를 선택상황에 처한 결정자로 제한시킨다면 딜레마는 심리적 갈등과 유사해 보인다. 심리적 갈등을 "개인의 내부에 서로 배타적인 두 개의 입장, 즉 두 입장을 동시에 선택할 수도 없고 그렇다고 한 입장만을 선택하기도 힘들기 때문에 결정이 힘든 상황"이라고 정의한다면 딜레마에 대한 정의와 크게 차이가 나지 않는다.[9] 하지만 다양한 심리적 갈등 가운데 두 개의 대안이나 입장이 팽팽히 맞서는 상황, 제한된 시간 내에 결정을 해야 하는 상황, 선택의 결과가 개인에게 큰 영향을 미치는 상황 등의 제약조건이 반영되면 갈등이라는 개념보다는 딜레마라는 개념을 사용하는 것이 이론개발을 하거나 현실을 진단하는 데 더 도움이 될 것이다(Choi and Yoon, 1997; 윤견수 외, 2000).

딜레마 연구는 일정 부분 거시적 갈등이나 미시적 갈등에 대한 연구와 영역을 같이 하는 것이 사실이다. 하지만 이와 같은 영역의 중복 때문에 딜레마와 갈등이 같다고 볼 수는 없다. 딜레마 연구는 거시적 갈등에서는 잘 인급하지 않는 선택상황 내에서의 결정자나 조정자를 다룬

수 있는 장점이 있다. 그리고 미시적 갈등에서 다루지 않는 상황들, 예컨대 절차나 제도 등과 같은 선택상황의 맥락적 요인들을 다룰 수 있다. 선택상황과 의사결정자가 결합된 개념이기 때문에 딜레마는 갈등상황보다 의사결정자의 행동을 구체적으로 설명해 준다. 딜레마는 "결정자의 입장에서 선택을 하여야 하나 뚜렷한 해결책이 없고, 있다고 하여도 그것을 수용할 수 없고, 결정을 하였으나 집행하기 어렵고, 집행하여도 번복될 가능성이 높은 피하고 싶은 갈등"(이종범, 2005)이다.

갈등과 마찬가지로 역설(*paradox*)이라는 개념 역시 딜레마와 어느 정도 중첩되어 있다. 역설은 말 그대로 어떤 방향에서 옆으로 비껴난(*para*) 글이며, 논의의 출발점이 되는 가정과 모순되는 결론이 나온다.[10] 즉, 참과 거짓을 동시에 가지고 있는 상황이다.[11] 주로 경영학자들이 역설 개념을 선호하며, 서로 모순적이거나 배타적인 요소들이 동시에 존재하는 상황, 혹은 어떤 가정이나 결론이 서로 모순적인데 똑같이 타당한 것으로 인식되는 상황(Quinn and Cameron, 1988: 2; Van de Ven and Poole, 1988: 20)이라고 정의하였다. 이들은 역설적인 경영이 필요한 이유로 혼돈과 모순을 관리하고 높은 성과를 얻기 위해서라는 점을 들고 있다.[12]

논리적인 엄격성 여부를 떠나 응용학문을 하는 학자들은 역설을 모순이나 딜레마와 유사한 것으로 보고 있다. Stone(1988, 2002)은 대부분의 정책이 역설들로 가득 차 있는데 우리가 그것을 제대로 인식하지 못하고 있을 뿐이라고 하였다. 다만 선택을 해야 한다는 제약조건이 있다는 점에서 딜레마 상황의 특징이 드러난다. 소영진(1994: 60~61)은 두 개의 정책요구나 정책논리가 존재하며, 각각의 요구나 논리는 정당한데, 두 개의 요구가 상충성을 보이는 상황을 역설이라고 하였다. 그리고 본질적으로 상충되는 성격의 문제 또는 상충되는 요구의 존재에도 불구하고 그 상충성이 선택의 문제로 표면화하기 이전은 패러독스 상황으로, 선택의 문제로 표면화했을 때에는 딜레마 상황으로 각각 구분하였다. 다시 말해 역설은 상황적 조건에 따라 언제든지 딜레마로 바뀔 수 있는 상황, 즉 잠재적 딜레마라고 할 수 있다(소영진, 1994: 62).

이렇게 볼 때, 개념의 외연을 확대하면 갈등이나 역설과 딜레마가 큰 차이가 없다. 서로 상충되는 이해나 요구가 존재하는 상황이다. 하지만 딜레마는 선택상황 또는 의사결정 상황에 초점을 맞춘다. 즉 딜레마는 제한된 시간 내에 결정을 내려야 하는 시스템의 조정자(혹은 결정자)의 입장을 다룬다.

## 4. 딜레마 상황을 구성하는 현실적 조건들

주어진 선택상황을 어떤 사람은 딜레마로 볼 수도 있고 다른 사람은 딜레마 아닌 것으로 볼 수 있다. 그 상황이 딜레마인가를 판단하는 기준이 자의적일 수 있다. 선택 상황이 딜레마가 되기 위해서는 그것이 일정 수준의 임계치를 벗어나야 한다. 문제의 성격이나 상황에 따라 임계치가 달라지겠지만, 딜레마 상황을 구성하는 요소로 제시했던 대안의 상충성, 가치의 충돌, 행위자들 간의 갈등, 문제 상황의 긴급성 등이 커지는 것과 밀접한 관련이 있을 것이다. 이런 특성들의 가시성이 높아지면 상황이 딜레마로 구성될 가능성이 높아진다. 즉 딜레마의 강도(*strength*)가 커지거나 딜레마의 발생 확률이 높아진다.

### 1) 대안의 성격: 상징성

딜레마 상황에서 단절적인 두 대안의 충돌이 크게 인식되는 원인은 그 대안들이 가지고 있는 상징적 성격 때문이다. 상징은 가시화된 매개수단을 이용해 상상이나 관념을 표현하는 것이며, 상징을 받아들이는 사람에 따라 그 의미를 다양하게 해석하는 경향이 있다. 따라서 어떤

명제가 상징으로 표현된다면 그것은 모두에게 진실이 될 수 있기 때문에 그 명제의 진실이 토론대상이 되는 것이 아니라 그 명제를 주장한 사람의 권위가 무의식적으로 수용되는 경향이 있다(윤견수, 1992: 41).

장지호(2004)는 대기업출자총액제도의 변화 과정을 연구하면서 대안의 상징성 때문에 제도 변경 과정의 상충성이 부각된다는 점을 사례를 통해 밝혔다. 예컨대 대기업출자총액을 제한해야 한다는 입장과 그래서는 안 된다는 입장이 강하게 부딪힌 것은 과학적인 논거와 객관적인 분석이 토대가 된 것이 아니라, 공정거래위원회를 비롯한 경제민주화운동연합과 재정경제부 및 재벌을 비롯한 자유시장옹호연합 간의 상충적인 정책신념 때문이었다. 제도 개정 과정에서 가장 중요한 변수로 작용했던 것은 제도가 가지고 있는 상징성, 즉 '우리가 여기서 무너지면 모든 것을 다 뺏긴다'라는 상징성이었다(장지호, 2004). 이상과 같은 예는 위천공단을 설치하는 과정에서 대구시민과 부산시민이 지지하는 대안의 상징성에서도 찾을 수 있다. 대구 시민이 주장하는 대안(공단설치)은 대구경제의 회생과 대구 시민의 자존심 회복이라는 상징과 결부되었고, 부산 시민이 외치는 대안(공단불가)에는 생존권의 확보와 부산 시민의 자존심 고수라는 상징과 연결되어 있다(소영진, 1999). 즉 상징은 물리적 자극과는 달리 인간이 신뢰를 부여한 자극(Langer, 1957)이기 때문에 대안들 간의 충돌이 단순한 마찰로 끝나지 않고 가치관이나 신념의 차이로 확대되어 나타난다. 행정수도 이전 과정에서 벌어졌던 각종 논쟁도 이런 것과 관련된다. '행정수도 이전'과 '수도 이전'을 두고 벌어졌던 개념 논쟁(김태영, 2004: 187), 관습헌법의 법리를 끌어들이면서까지 수도 이전 불가를 결정했던 헌법재판소의 결정은 "(행정) 수도 이전"이라는 대안이 높은 상징성을 가지고 있기 때문이다. 행정수도 이전은 보수세력과 혁신세력 간의 갈등, 정권지지파와 반대파 간의 투쟁, 전통주의자와 개발론자 간의 논쟁, 균형발전과 특성화 발전 간의 이념 혼선 등과 같은 것이 동시에 반영되어 있는 상징이다. 대안에 대한 서로 다른 해석과 입장 차이가 분명하게 나타나는 사례는 부안의 방사성폐기물처리장(방폐장) 건립 과정과 관련된 사례다. 방폐장 건설을 통해 이번 기회에 잘 살아보자는 주장과 방폐장 건설은 찬반의 문제가 아니라 죽고 사는 문제라는 주장이 팽팽히 대립하고 있었고, 그 과정에서 정부는 17년간의 숙원사업이기 때문에 이번 기회에 매듭을 짓자고 하였다(김길수, 2004; 이민창, 2005). 즉, 방폐장이라는 것은 중앙정부와 지방정부의 관계, 지방정부와 주민의 관계, 기초단체장과 기초의회의 관계, 사업자와 환경단체와의 관계, 찬성지역 주민과 반대지역 주민의 이해와 해석이 복잡하게 얽혀있는 상징의 덩어리다.

대안의 상징성이 높으면 대안이 가지고 있는 여러 가지 특성들 가운데 한두 개의 특성만 은유적으로 부각된다(Mumby, 1988: 9). 다양한 평가기준이 무시되고 각자가 생각하는 기준들만 가장 중요한 기준으로 등장한다(Smircich, 1983: 231~234). 따라서 대안을 이해하고 평가하는 정보처리의 과정이 순식간에 발생하고, 그에 비례하여 감정의 개입 수준이 높아진다. 집단이 어떤 상징을 공유하고 있으면 집단 구성원들은 그 상징을 통해 세상을 이해하고, 그 상징과 관련된 행동에 헌신적이다(Elder and Cobb, 1983). 상징은 인지와 정서 그리고 행동을 어느 한 곳으로 몰고 나가는 힘이 있다. 따라서 어떠한 상징에 대한 찬성과 반대의 입장이 갈리면 그 입장은 양극화되는 경향이 있다. 그리고 대안이 가지고 있는 단절적인 성격을 강화시키며 범주간의 타협과 조정을 힘들게 한다.

### 2) 결과가치의 성격 : 부정적 가치와 보호된 가치

결과가치는 대안이 가져올 미래 상태, 즉 대안의 채택으로 인해 시스템이 얻게 될 편익을 의미한다. 준거틀 이론(*frame theory*)에 따르면 상황을 유리하게 보는가 아니면 불리하게 보는가 하는 관점의 차이에 따라 행동 양식이 달라진다. 만약 현재의 상황이 이익이라고 생각되면 모험을 회피하는 결정을 하고, 손실이라고 생각하면 모험을 감수하는 결정을 한다(Kahneman and Tversky, 1979, 1984; Tversky et al., 1990). 이것은 동일한 문제 상황이라고 해도 그것을 이익으로 규정하는가 아니면 손해로 규정하는가의 여부에 의해 정 반대의 결론을 내린다는 것을 의미한다. 윤견수(2001)는 문제 상황이라는 것은 객관적으로 존재하는 것이 아니라 주관적인 설정을 통해 만들어지며, 사회적으로 구성된다는 입장(Berger and Luckman, 1967; Weick, 1979)을 받아들여 준거틀 이론을 딜레마 상황과 연결시켜 간단한 실험을 하였다.

예컨대 두 개의 아파트 A와 B가 있는데 A를 선택하면 교통이 편하고 B를 선택하면 환경이 쾌적하다는 상황은 긍정적으로 상황을 구성한 것이다. 반대로 A 아파트는 주변 환경이 시끄럽고 B 아파트는 교통이 불편하다고 하면 상황을 부정적으로 묘사한 것이다. 이때 많은 사람들은 뒤의 상황에서 더 큰 딜레마를 경험하였다. 이것은 준거틀 이론을 통해 예측할 수 있는 결과다. 현 상황이 똑같이 좋은 상황과 안 좋은 상황으로 변한다고 할 때, 그로 인한 주관적 효용의 절대값은 안 좋은 상황으로 변할 때가 훨씬 더 크기 때문이다. 예컨대 현재 상태에서 1억을 벌 때의 효용과 1억을 잃어버릴 때의 효용의 절대값은 후자가 훨씬 크다.

그러므로 동일한 딜레마 상황이라고 해도 문제 상황이 부정적인 것으로 묘사되었을 때의 강도가 더 크다고 할 수 있다. 예를 들어 행정수도를 건설하지 않으면 수도권 인구과밀로 인한 주택, 교통, 교육 문제를 해결할 수 없고, 행정수도를 건설하면 천문학적인 이전비용과 건설비용 때문에 나라경제가 휘청거릴 것이라는 딜레마 상황에 정책결정자가 처해 있다고 하자. 이 상황은 행정수도를 건설하면 국토 균형 발전을 꾀할 수 있고, 건설하지 않는다면 천문학적인 이전비용을 아껴 더 시급한 문제를 해결할 수 있다는 식으로 상황이 구성되는 것보다 더 큰 고민 상황이 된다.

결과가치의 부정성 못지않게 딜레마의 강도에 영향을 미치는 것은 결과가치의 크기다. 가치 중에는 다른 가치와 맞교환할 수 없는 보호된 가치(*protected value*)가 존재한다(Baron, 1997). 보호된 가치는 특히 경제적 가치와 교환이 안 된다. 이러한 가치는 팔거나 사지 않으려고 하기 때문에 아무리 많은 돈을 주어도 양보하려고 하지 않는다. 시스템의 결정자 입장에서는 다른 어떠한 가치들보다 그 강도가 크게 인식되는 가치이다. Christine과 Baron(2005)에 의하면 보호된 가치는 이외에도 양이 많고 적음과 무관하며, 가치의 결과보다는 그 가치를 주장하는 행위자에 상대적이다. 그리고 보호된 가치를 가지고 있는 사람들은 다른 사람들이 그 가치에 복종해야 한다고 믿으며, 만약 그렇지 않을 경우 그들이 가지고 있는 이해관계 때문이라고 해석한다. 만약 다른 사람들이 그 가치를 위반하면 정서적으로 민감하게 반응하며 분노하기까지 한다. 이렇게 볼 때 보호된 가치는 다른 가치들을 파생시키거나 그것들의 토대를 이루는 가치들이다. 예컨대 인간의 생명을 보호하는 가치, 사유재산을 보호하는 가치, 공동체의 선을 추구하는 가치, 행복을 추구할 권리, 헌법을 수호하는 가치 등은 다른 어떤 가치들보다 근원적이다. 딜레마로 구성된 상황을 대변하는 대안들이 이와 같이 보호된 가치들 간의 충돌을 토대로 할 때, 다른 어떤 딜레마보다 강도가 크다고 할 수 있다(김동환, 2002). 예를 들어 약자의 권익을 보호하는 행위와 자유를 제한하는 행위, 공동체의 행복을 보장하는 행위와 사유재산의 행사를 제한하는 행위 등은 보호된 가치들 간의 충돌이며, 이때의 딜레마는 그렇지 않은 가치들 간의 충돌로 인해 구성되는 딜레마보다 그 강도가 더 크다.

### 3) 행위자의 성격: 상호작용과 응집력

딜레마의 강도를 크다고 느끼는 것은 대안이 가져올 결과가치의 크기가 결정자의 인지 범위 안에 들어왔기 때문이다. 대안이 가지고 있는 상징성과 결과가치의 부정성이나 보호된 가치로서의 성격 못지않게 영향을 미치는 것은 행위자들 간의 대립이다. 특히 대립집단이 가지고 있는 응집력은 현실의 정책상황을 딜레마로 빠지게 하고 또 딜레마의 강도를 크게 하는 중요한 변수다. 소영진(1999)은 위천공단 설치를 둘러싼 지역갈등의 사례를 분석하면서 대립집단의 응집력이 강할수록 요구의 내용이 구체적이며 정책결정자에게는 운신의 폭을 좁게 하기 때문에 결정의 어려움이 커진다고 하였다. 더구나 딜레마 상황에서 내려진 결정이 특정의 고객집단에 큰 영향을 줄 때, 그 고객집단이 조직화되어 있을 때, 그리고 결정자(그것이 개인이건 기관이건 혹은 시스템의 조정자이건)가 고객집단과 밀접한 관련이 있을 때 딜레마의 강도가 커지는 경향이 있다(박통희·김동환, 1994).

행위자들 간의 갈등은 감정이 개입되기 때문에 맹목적인 반대에 바탕을 둔 대립이 많다. 따라서 대안이나 가치의 충돌보다 행위자의 충돌이 딜레마의 강도에 더 큰 영향을 미칠 수 있다. 사실 행위자들 간의 대립이 주는 효과는 앞서 설명한 준거틀 효과(*framing effect*)보다 큰 경우가 많다. 예컨대 결과가치가 부정적인 형태로 주어진다면 긍정적인 형태로 주어질 때보다 선택이 어려워야 하지만 반드시 그런 것은 아니었다. 문제 상황이 '가치'가 아니라 '행위자'들 간의 대립으로 구성되었을 때에는 일관성 있는 결과를 발견하기 힘들었다(윤견수, 2001). 이것은 의사결정자들이 대안이 가져올 결과가치만 갖고 판단하는 것이 아니라 이해당사자들의 입장을 반영하는 결정을 한다는 것을 의미한다(김정수, 2004; 고혜원·이철순, 2004). 행위자들은 자신의 이해관계를 주장하는 과정에서 가치를 동원하고 만들어 내며 그것을 적극적으로 활용한다(김길수,

2004; 이민창, 2005; 이경희 · 권순만, 2004). 이런 식으로 행위자들 간의 대립과 거기에 영향을 미치는 응집력이 강해질수록 딜레마 상황의 강도는 더 커지게 된다.

### 4) 문제 상황의 특성: 존재론적 딜레마

만약 상황이 딜레마라면 그것은 어느 경우가 되었건 아래와 같은 그림으로 표현할 수 있다. 하나는 현재의 상태 S와 새로운 상태 N 간의 충돌이나, S와 N1 혹은 N2 간의 충돌로 인해 생기는 딜레마다. 다른 하나는 두 개의 새로운 상태 N1과 N2 사이의 충돌에서 생기는 딜레마다.[13] 그런데 앞의 딜레마와 뒤의 딜레마는 차이가 있다. 앞의 경우는 현재의 시스템에 변화를 가져올 수도 있는 상황과 관련된 딜레마이기 때문에 변화에 대한 인식이 아주 중요한 반면, 뒤의 경우는 이미 현재 상태의 변화를 전제로 하기 때문에 변화의 대상인 대안들 간의 우선순위에 대한 인식이 더 중요하다. 앞의 경우는 "그것을 선택할 것인가 말 것인가"의 질문과 관련된 존재론적 딜레마이며, 뒤의 경우는 "둘 가운데 어떤 것을 선택할 것인가"의 질문과 관계된 인식론적 딜레마라고 할 수 있다(윤견수, 2003).[14]

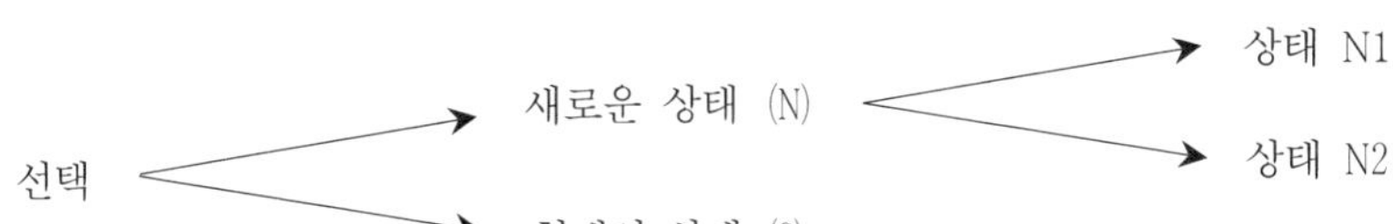


두 가지 상황 가운데 의사결정자에게 더 큰 부담이 되는 딜레마는 존재론적 딜레마 상황이다(윤견수, 2003). 변화된 상태와 현재 상태를 비교하는 것보다는 변화된 상태들을 비교하는 것이 더 쉽다. 이미 변화를 마음속으로 받아들이고 있기 때문이다. 존재론적 딜레마 상황이 더 고

민스러운 이유는 다음과 같은 이유에서이다.

첫째는 매몰비용 효과(*sunk cost effect*) 때문이다. 인식론적 딜레마의 경우에는 이미 현재 상태의 변화를 전제로 하기 때문에 현재 상황을 만들기까지 투자된 비용을 매몰비용으로 생각하지 않는다. 매몰비용으로 생각하더라도 그것이 결정에 미치는 영향은 극히 미미하다. 하지만 존재론적 딜레마의 경우에는 현재 상태를 포기하고 새로운 상태를 선택했을 때의 기회비용(혹은 기회손실)을 생각하기 때문에 언제나 매몰비용이라는 것이 중요한 고려사항이 되며 이로 인해 결정의 어려움이 가중된다.

둘째는 전경과 배경 효과(*figure and ground effect*) 때문이다. 존재론적 딜레마는 대부분 새로운 대안을 채택할 것인가 아닌가의 문제 상황으로 구성되는데, 이 경우 새로운 대안은 전경(*figure*)처럼 두드러지고 채택되지 않은 상황은 배경(*ground*)이 되어 가라앉는다. 채택하지 않은 상황을 유지한다는 것은 현재 상태(*status quo*)를 유지하는 것인데, 현재 상태라는 것은 엄격한 의미에서 대안이라기보다는 새로운 상황을 반대하는 모든 이유나 근거들을 종합해 놓은 상태다. 현재 상태를 뒷받침하는 근거나 논리 혹은 현재 상태를 지지하는 행위자들이 광범위하게 퍼져 있는 상태다. 따라서 존재론적 상황에서는 두 가지 고민이 함께 존재한다. 하나는 현재상황과 새로운 상황의 비교이며, 다른 하나는 새로운 상황들 간의 비교다. 예컨대 방사성폐기물처리장(방폐장)을 부안에 설치할 것인가 말 것인가 하는 딜레마 상황은 왜 방폐장을 건설해야 하는가의 질문과, 왜 다른 지역이 아니라 부안 지역인가라는 두 가지 질문이 결합되어 있다.

셋째는 애매성 효과(*ambiguity effect*) 때문이다. 위에서 설명한대로 존재론적 딜레마는 채택되지 않은 상황이 배경으로 존재하며 반대의 모든 이유나 근거들을 종합해 놓은 상태다. 따라서 주어진 현상에 대한 해석과 이해가 애매하다는 특징을 갖는다. 즉, 한두 가지 해석만 존재하는 것이 아니라 여러 가지의 이해가 공존한다. 그러기 때문에 특정 대안에 반대한다고 할 때 그 반대의 범주가 훨씬 넓다. 그만큼 인식론적 딜레마의 경우보다 고민의 강도가 커진다.

## 5. 딜레마에 대한 대응

조직이나 시스템이 딜레마 상황에 처해 있을 때, 혹은 조직이나 시스템의 방향을 정하는 책임이 있는 결정자나 조정자가 딜레마 상황에 빠졌을 때, 어떤 식의 대응이 가능한가? 앞서 딜레마 개념의 4가지 속성을 통해 딜레마는 두 개의 대안을 동시에 선택할 수도 없고, 그 중 한 개의 대안을 선택하기도 힘들지만, 어떤 결정인가를 내려야 하는 상황이라고 정의하였다. 그렇기 때문에 딜레마 상황에서 내려지는 결정은 언제나 불안하다. 주어진 시간 내에 어떤 선택인가를 해야 하기 때문에 딜레마 상황에서는 어떤 행동이든 정당화된다. 논리적으로 크게 두 가지 범주를 생각해 볼 수 있다.

### 1) 비선택(*non-selection*)과 관련된 대응

존재론적 딜레마의 경우에는 비결정이 곧 현재 상태의 선택을 의미할 수 있기 때문에, 여기서의 비결정이라는 것은 주어진 시간 내에 결정자가 의사표시를 하지 않는 상황이라고 이해해야 한다. 비결정의 범주에는 크게 결정시점의 지연(*delay*)과 결정책임의 포기(*escape*)를 들 수 있다.

지연(시간벌기 혹은 시간끌기)은 딜레마 상황의 가장 큰 제약조건인 '주어진 시간'을 늘리는 방안으로서 딜레마에 대한 잠정적 해결 방안이 될 수 있다(이종범, 1992; 윤견수, 1992, 1993; 소영진, 1994; Choi and Yoon, 1997). 최근 대한민국에서 논란거리가 되었던 많은 국책사업들은 지연 과정을 겪었다. 신행정수도이전 결정, 기업도시 결정, 공공기관

이전 결정 등은 모두 약속한 결정 시점을 넘겼던 정책들이다. 2005년에 결정된 공공기관 이전계획에 따라 광역자치단체에서 결정하는 이전지역에 대한 선정 시기도 계속 지연되고 있다. 지연이 장기화된다면 상황의 변화를 통해 딜레마가 자연스럽게 해소될 수도 있다. 하지만 그것은 결정의 책임과 결정자에 대한 신뢰를 약화시킬 수 있기 때문에 소극적이고 잠정적인 수단일 수밖에 없다.

포기는 결정상황에 대한 압력을 버티지 못하고 결정자가 스스로 그 상황을 벗어난 것이다. 캐스팅보트를 쥐고 있는 의장이 갑자기 사라졌다든지, 사표를 쓰고 물러났다는 것은 결정책임의 포기를 뜻한다. 결정의 권한을 다른 행위자에게 넘겨주는 상황, 즉 결정책임의 전가 역시 결정자의 입장에서는 포기가 된다. 집단 결정 체제를 도입하면서 결정의 책임을 위원회가 공유하게 하거나(윤견수, 1997), 자신이 가지고 있던 재량권을 상급자에게 넘기는 행위 등을 예로 들 수 있다.

지연과 포기는 딜레마 상황에서 오는 어려움을 줄일 수는 있지만 그것이 되풀이 되거나 장기화될 경우 시스템의 결정 체제에 대한 불신을 초래할 수 있다. 따라서 잠정적이며 제한적인 반응에 불과하다. 불확실성 상황이나 갈등 상황과는 달리 딜레마 상황에서는 결정자들이 상황을 지연하거나 결정의 책임과 권한을 포기하는 것보다는 선택을 하는 경우가 많다(Choi and Yoon, 1997).

### 2) 선택(*selection*)과 관련된 대응

딜레마 상황에서 결정을 했다고 해서 어려움이 사라지는 것은 아니다. 선택되지 않은 다른 대안에 대한 미련이 있고 그 대안을 지지하는 사람의 저항 때문에 결정자는 여전히 곤란한 상황에 처하게 된다. 대안을 선택하는 과정에서 예상할 수 있는 행동의 범주로 크게 3가지를 제시할 수 있다.

첫째는 내려진 결정에 대한 재검토와 철회다. 기회손실이 관련 행위자의 용인 수준을 벗어났을 때, 다시 말해 특정 대안의 선택이 가져올 기회손실 때문에 반발하는 행위자의 저항 수준이 아주 높아질 때, 결정을 재검토하며 심한 경우 철회까지 하게 된다. 결정의 철회나 재검토는 인식론적 딜레마보다는 존재론적 딜레마 상황에 더 많다. 최근 한국사회에서 큰 문제가 되었던 대규모 국책사업들은 상당부분 딜레마 상황이 주는 압력을 견디지 못하고 재검토되고 철회되었었다. 국토개발과 환경보존 간의 딜레마 상황에서 추진되었던 새만금방조제사업은 공사 마무리를 얼마 안 남겨둔 시점에서 공사가 중단되고 원점에서 재검토되고 있으며, 수도 이전 계획은 헌법소원까지 가는 혼란 끝에 애초의 계획이 철회되고 대신 행정수도복합도시를 건설하는 수준으로 정리되고 있다.[15] 이와 같은 정책들은 선택되지 않은 다른 정책을 지지하는 행위자들의 반발수준이 높고, 그들이 주장하는 가치가 보호된 가치로서의 성격을 갖고 있었다. 재검토와 철회가 주기적으로 되풀이 되면 정책은 가다 서다를 되풀이하는 비일관적 정책(염재호・박국흠, 1992)이 된다.

둘째는 선택된 대안의 정당성을 높이기 위한 상징적 행동이다. Weick(1979)은 인간이 미래에 대한 계획을 먼저 세우고 나중에 행동을 하는 존재가 아니라 우선 행동을 하고 나중에 그 행동의 원인을 구성하는 존재, 즉 전망적(*prospective*) 합리성을 추구하는 것이 아니라 사후적(*retrospective*) 합리성을 추구하는 존재라고 하였다. 그러므로 딜레마 상황에서 어떤 결정을 내리는 것은 정보처리나 지식의 습득이라기보다는 사회심리적인 만족감을 만들어 내는 행위와 밀접한 관련이 있다. 이와 같은 만족감과 밀접한 관련이 있는 것이 상징적 행동이다. 상징은 그것을 수용하는 사람들로 하여금 사물이나 사건의 어느 한 부분에 관심을 기울이게 하며, 구체적인 경험을 되풀이하게 함으로써 에너지를 결집하는 효과가 있고, 장기적으로는 조직이나 시스템의 안정과 질서를 가능하게 한다(Dandridge, 1983). 딜레마 상황에서 상징은 이해관계자들의 저항을 감소하고 대안 선택을 할 때 나타나는 기회손실을 최소화할 수 있다.[16] 이것은 당혹스러운 상황에 놓일 때 결정자가 취하는 인상관리 전략과 흡사하다(Goffman, 1959; Jones and Pittman, 1982; Gardner and Martinko, 1988; Leary and Kowalski, 1990). 깎아내리기나 명분 쌓기 등의 인상관리와 상징을 통해 특정 대안을 반대하는 행위자들의 관심구조를 바꿀 수 있고, 대안 선택의 명분이 되는 가치체계를 변화시켜 나갈 수 있다.

셋째는 결정된 대안을 현실 세계에서 적용할 때, 즉 정책결정의 결과를 집행할 때 형식적으로 집행하는 것이다. 여기서 말하는 형식주의는 "한 제도가 규율하고자 하는 목적이나 기준이 그것이 요구하는 수단 또는 절차의 기준과 실제 관행 간의 격차 정도"(이종범, 1986: 53)로 정의된다. 딜레마 상황에서는 제도를 집행하면 기회손실이 발생한다. 반대로 제도를 집행하지 않아도 배제된 가치 때문에 기회손실이 발생한다. 박통희와 김동환의 연구(1992)에 의하면 제도의 집행으로 인한 기회손실의 인지가능성이 높아질수록, 그 기회손실이 고객집단에게 중요할수록, 기회손실을 부담할 고객집단이 조직화되어 있을수록, 또한 그 집단이 집행기관과 밀접한 관련이 있을수록 손실경보를 울릴 가능성이 높아지고 제도는 형식적으로 되기 쉽다고 하였다. 그들 연구에 따르면 형식주의는 비교문화론자들이 말하는 것처럼 특정 국가의 제도와 선진국 제도가 만들어진 문화의 차이에서 나타나는 것이 아니다. 오히려 제도를 만들어낸 문제 상황의 독특한 특징에서 형식주의가 발생한다. 즉, 문제들 자체에 상호 배타적인 요구가 존재하는 경우 제도는 상호 모순될 수밖에 없는데, 그 모순을 관리하는 대응방식 중의 하나가 바로 형식주의다.

## 6. 딜레마의 예방과 관리

딜레마 상황이 장기화하면 사회적 갈등이 높아지고 불필요한 비용이 추가된다. 따라서 딜레마를 예방하거나 비록 발생하더라도 그 피해를 최소화할 수 있는 관리방안이 필요하다. 하지만 그 전에 공공의사결정 상황이 실제로 딜레마인지 아닌지를 확인할 필요가 있다. 지금까지 이 논문에서 가장 인용이 많이 되었던 사례인 "부안 방폐장 부지선정 과정"과 "행정수도 이전 결정 과정"을 중심으로 딜레마를 예방할 수 있는 방안을 생각해 보기로 하자.

〔부안 방폐장 사례〕 2003년 7월 전북 부안군수가 위도에 방사성폐기물 관리시설을 유치한다고 발표하였다. 그는 방폐장을 위도에 설치함으로써 지역경제의 활성화와 국가균형발전을 동시에 이룰 수 있다고 하였다. 부안군수의 유치선언에 대해 부안군민들은 찬성과 반대로 나뉘어져 서로 반목하고 갈등하는 양상을 보였다. 반대 주민들은 2004년 2월까지 시위 등 다양한 방법을 통해 방폐장 유치의 백지화를 요구하였다… 2004년 2월 14일에 실시된 주민투표에 72%의 주민이 참여하여 5.7%만이 찬성하였고, 91.8%가 반대하여 부안 주민의 의사를 확실히 표현하였다. 한편 정부는 12월 10일 원전수거물 관리사업 추진 보완방침에서 주민투표를 필수적 절차로 규정하여 부지공모를 실시하였는데 한 지역도 예비신청을 하지 않았다. 이에 따라 2004년 9월 16일 이 사업의 추진을 더 이상 진행하지 않겠다고 하여 사실상 부안방폐장의 백지화를 선언하였다… 부안지역 방폐장 유치를 찬성하는 사람이나 반대하는 사람 모두 '부안을 위하는 일'이라고 주장하였다(김길수, 2004: 159).

〔행정수도이전 결정 사례〕 그동안 수도권 과밀화의 억제를 위한 다양한 정책들이 제시되어 왔다. 그 대책의 일환으로 박정희 정부 시절부터 논의되어온 수도이전 정책이 최근 다시 쟁점으로 부상하였다. 행정수도이

전에 대한 논의는 참여정부의 선거공약이었고 2004년 8월에 행정수도이전 후보지가 최종 결정되었다… 그럼에도 불구하고 국민의 여론은 여전히 양분되어 수도이전을 둘러싸고 갈등의 골이 더욱 깊어가고 있다 … 각종 정치세력들은 나름대로의 정치적 이해관계 등을 고려하여 신중한 입장을 보이고 있으며, 일반 국민들은 개인적 신념이나 정치적 이해관계에 따라 입장이 양분되어 있다. 행정수도 이전을 추진하는 주체는 수도권 인구과밀, 교통혼잡, 환경오염 등 각종 사회적 비용을 줄이고 다극 중심의 국토 구조를 만들겠다고 한다… 2004년 10월 21일 헌법재판소는 신행정수도건설특별법에 대한 위헌 결정을 내렸다… '행정중심복합도시 건설특별법' 공포에 따라 향후 행정중심복합도시 건설추진을 담당할 대통령 소속 '행정중심복합도시 건설추진위원회'가 2005년 4월 7일 공식 출범한다(김태영, 2004: 185~186의 내용에 후반부 내용 추가).

### 1) 분해(*decoupling*)와 재규정(*reframing*)

딜레마를 예방하고 관리하는 첫째 방법은 분해(*decoupling*)와 해체(*deconstruction*)다.[17] Weick은 학교조직을 연구한 결과 확정된 목표라는 것이 존재하지 않고, 점검이나 평가도 간헐적으로만 이루어지며, 교사의 활동이나 피드백의 기준도 애매한 상태로 존재한다고 하였다. 즉, 투입과 산출, 계획과 집행, 실행과 평가 등의 연결고리가 합리모형에서 말하는 것처럼 긴밀하게 결합되어(*tightly coupled*) 있지 않다는 점이다. 그리고 그러한 상태가 오히려 교육조직의 생존에 효과적이라고 하였다. 왜냐하면 환경의 변화에 그만큼 신축적으로 대응할 수 있기 때문이다(Weick, 1976). 분해는 어떤 시스템이나 상황을 구성하고 있는 요소들을 서로 분리시키는 방안이다. 요소들 간의 결합의 강도를 완화하거나 분리함으로써 시스템은 환경의 변화에 탄력적으로 대응할 수 있고, 잘못된 부분의 영향력이 시스템 전체로 파급되는 것을 예방할 수 있다(Weick, 1976; 2001).

분해의 방법은 딜레마를 관리하는 데 유용하게 사용할 수 있다. 딜레마 상황이 되기 위해서는 'A라는 행위자가 P라는 결과가치를 주장하면서 Q라는 대안을 지지하고' 동시에 'B라는 행위자가 X라는 결과가치를 주장하면서 Y라는 대안을 지지'하고 있어야 한다. 그리고 행위자 A와 B는 갈등을 겪고 있으며, 결과가치 P와 X는 서로 타협이 불가능하며, 대안 Q와 Y는 서로 충돌하고 있는 상황이다. 그런데 이 상황에서 A-P-Q나 B-X-Y는 서로 긴밀하게 연결되어(*tightly coupled*) 있다. A는 Q라는 대안이 P라는 결과가치를 가져올 것이라고 믿고 있으며, B는 Y라는 대안이 X라는 결과가치를 가져올 것이라고 믿고 있는 것이다. 분해는 그렇게 연결된 긴밀한 고리를 끊는 것이다.

딜레마를 관리하는 두 번째 방법은 재규정(*reframing*)이나 재구성(*reconstruction*)이다. 재규정은 상황이나 문제의 스키마(*schema*), 은유(*metaphor*), 지도(*map*), 이미지(*image*)를 바꾸는 것이며, 행위의 수단을 바꾸어 보는 것이다(Bolman and Deal, 1991: 3~19). 인간은 인지적인 단순성을 선호하기 때문에 다양한 국면에 관심을 기울인다기보다는 어느 한 측면에 주의를 집중한다. 재규정은 인지적이고 상징적인 방법을 통해 문제 상황에 대한 인식을 수정하는 것이다. 재규정을 통해 딜레마 상황에서 행위자, 대안, 가치의 충돌을 완화할 수 있다. 예컨대 갈등을 겪고 있는 행위자 A와 B가 사실은 다른 측면에서 보면 중요한 협동행위자라거나, 서로 충돌하는 대안 Q와 Y가 제3의 범주로 묶일 수 있다는 점을 새롭게 인식하게 된다. 즉, 대안 선택의 준거틀을 바꾸어버리면 그만큼 딜레마 상황의 어려움은 줄어든다(이종범, 1992; 윤견수, 1992, 1993; 소영진, 1994).

분해가 재규정보다 논리적으로 먼저 나타나지만 현실적으로 두 전략은 동시에 사용된다. 방폐장 사례에서 방폐장을 건설한다는 '대안'이 지역경제의 활성화라는 '결과가치'를 가져올 것이라는 인과 고리를 끊는 과정이 분해다. 그런데 분해의 과정에서 방폐장 건설이 그렇다면 어떤 결과가치를 가져올 것인가, 또한 지역경제를 활성화하기 위해 방폐장보다 더 좋은 대안은 무엇인가라는 질문을 던지게 되고, 그 질문에 대한 해답을 구하려고 한다. 이러한 노력이 성공하면 문제 상황을 재규정한 것이다. 수도이전 사례에서도 수도를 이전한다는 '대안'이 수도권 인구과밀, 교통혼잡, 환경오염의 감소라는 '결과가치'와 인과적으로 연결되지 않는 것을 밝히는 것이 분해라면, 그러한 결과가치를 가져올 수 있는 다른 대안은 무엇인가를 밝히는 데 성공하는 것은 재규정이다. 이와 같이 기존의 상황을 해체(*deconstruction*)하는 작업과 새로운 것을 재구성(*reconstruction*)하는 작업은 논리적으로는 앞뒤가 있지만 실제의 상황에서는 동시에 발생한다.

분해와 재규정의 관리전략이 대안과 결과가치의 인과관계에만 적용되는 것은 아니다. 행위자와 대안(혹은 결과가치) 사이의 연결 관계에서도 활용할 수 있다. 이것과 관련된 두 가지 예를 들 수 있다. 첫째는 정책결정자 개인의 이익이나 가치가 시스템 전체의 가치나 이익과 분리되도록 하는 것이다. 방폐장 사례에서 부안 군수는 방폐장을 유치한다고 선언하기 전날까지 유치에 반대한다고 하였으나 갑자기 다음 날 지역발전을 도모하기 위한 이유를 대면서 민주적 절차를 무시하고 유치 신청을 하였다. 합리적 토론이나 민주적 의견수렴 절차 없이 일방적으로 방폐장 유치를 선언했다는 점이다. 행정수도 사례도 이와 유사한 경우라고 할 수 있다. 과거부터 논의되어 왔다고는 하지만 충분한 의견수렴이나 여론 조정을 거치지도 않고 선거공약이었기 때문에 행정수도 이전을 공식적으로 선포했다는 사실이 그렇다. 이 두 가지 사례는 정책결정자가 양극으로 갈라질 수 있는 이견을 예상하거나 조정하지 못하고 자신의 이해관계를 바탕으로 어느 한 쪽의 입장을 지지하고 공론화함으로써 시스템을 딜레마에 빠뜨리게 한 예가 된다. 따라서 정책결정자의 역할이 시스템 전체의 입장에서 합리적이고 중립적인 존재로 재규정된다면 딜레마를 예방할 수 있고, 딜레마 상황이 되더라도 그 강도를 줄일 수 있다.

행위자와 대안(혹은 결과가치) 간의 연결관계를 분해하는 두 번째 예는 행위자가 주장하는 결과가치가 사실은 진실한 가치나 대의명분이 아님을 밝히는 것이다. 많은 경우 행위자들은 자신들의 결과가치의 경제적 측면(이익)을 다른 가치로 전환하여 자신들 행위의 정당성을 주장한다. 처음부터 분명하게 이익이라고 주장하면 그것은 교환함수를 통해 절충이 가능하지만 경제적 가치를 비가시적이거나 추상적 가치로 변질시키기 때문에 딜레마의 강도가 커진다. 방폐장 사례에서 방폐장이 들어설 위도 지역 주민들은 가구당 3억 정도의 현금 보상을 기대했기 때문에 방폐장 유치에 적극적이었지만, 영광 지역을 방문했던 부안 주민들은 오히려 부동산 가격의 하락 등으로 경제적 효과가 미미했었고 부안 역시 동일할 것이라고 하면서 반대하였다(김길수, 2004: 175~176). 다시 말해 경제적 이해관계가 달랐던 것이며, 그것을 단지 '부안을 더 사랑한다'는 결과가치로 상징화시켜 서로 간의 갈등이 심해졌던 것이다. 여기서 문제가 되는 점은 이익이나 손해는 교환함수가 존재하고 서로 절충이 가능하지만 가치갈등으로 표현되기 때문에 마치 타협할 수 없는 것처럼 간주된다는 사실이다. 즉, 실제로는 딜레마가 아닌데 마치 딜레마인 것처럼 상황이 구성된 것이다. 더구나 감정적인 행동들이 되풀이 되면서 그러한 상황을 더욱 악화시켰다(김상돈, 2004). 이것을 예방하기 위해서는 사적 이익은 분명히 타협과 절충이 가능하다는 것으로 문제 상황을 재규정해 나가면서 행위자들의 사적 이익이 가치로 변질되는 것을 예방할 수 있어야 한다. 이해관계자가 정책결정자에게 직접적인 영향력을 행사하지 못하게 하는 여과장치(예: 행정계층)를 제대로 설계하는 것이 딜레마의 관점에서는 좋은 대안이 될 수 있는(김동환, 1994) 이유를 여기에서 찾아볼 수 있다.

### 2) 분해와 재규정의 전제조건: 토론장치의 설계

지금까지 말한 것과 같이 분해와 재규정은 대안과 결과가치의 충돌상황을 바꾸는 것이며, 특정 행위자와 대안(혹은 결과가치) 간의 인지적 결합관계, 혹은 감정적인 결속을 벗어나게 하는 것이다. 그렇게 되면 충돌상황을 만들었던 기존의 구성요소들이 바뀌기 때문에 심각한 딜레마 상황에 빠지는 것을 예방할 수 있다. 분해와 재규정을 통해 두 대안이 단절적이지 않고 절충이 가능한 것이라고 판명될 수도 있고, 결과가치를 비교할 수 있는 교환함수를 만들어낼 수도 있다. 또는 대립하는 행위자들 간의 갈등을 누그러뜨릴 수도 있다.

그런데 분해와 재규정이 가능하기 위해서는 딜레마 상황에 대한 자유롭고 적극적인 토론장치가 필요하다. 관련되는 행위자(혹은 이해관계자)는 말할 것도 없고, 시스템의 결정을 책임지는 결정자까지 토론 과정에 참여하고 자신의 견해들을 합리적으로 밝힐 수 있어야 한다(유민봉, 1994; 이종범, 1999). 공정하고 개방된 토론은 특히 서로의 가치가 충돌하기 때문에 결정의 어려움을 어느 정도 예방하고 관리할 수 있다(이종범, 1999, 2005). 심각하게 딜레마에 빠지기 전에 토론을 통해 딜레마 상황을 구성하고 있는 요소들 간의 결합을 분해하고 새로운 상황을 구성할 수 있기 때문이다.

위에서 제시한 두 개의 사례는 모두 현재 상태와 새로운 상태의 충돌상황, 즉 존재론적 딜레마 상황이며, 정책의 재검토와 철회가 이루어졌던 심각한 상황이었다.[18] 만약 방폐장 건설 후보지 선정 과정에서 정부가 처음부터 지역주민들의 주민투표를 거치게 하고 절차적 합리성을 확보해야 한다는 조건을 제시했더라면, 방폐장을 경주지역에 건설하겠다는 2005년의 최종 결정 이전에 이미 방폐장을 건설했을 것이다. 주민투표를 하기 위한 토론장치를 통해 딜레마 상황을 분해하고 재규정하는 노력들을 하기 때문이다. 행정수도 이전 결정 과정에서도 만약 수도이전에 대한 찬반 논쟁이 사회적으로 활성화되었더라면 재검토나 철회까지 가지 않고 분해와 재규정을 통해 딜레마 상황을 벗어날 수도 있었을 것이다. 사실 수도권으로의 집중이 반드시 나쁜 것인가에 대한 토론, 혹은 수도권과 비수도권 사이의 불균형발전이 과연 치유되어야 할 문제인가 등에 대한 토론이 없으면 어떠한 정책안이 나오든 그 중요성이 반감된다(김태영, 2004: 219).

이와 같이 대립집단 간의 갈등을 힘의 충돌이 아니라 서로 다른 가치나 입장들이 토론을 거치며 경쟁할 수 있는 상황으로 구성하기 위해서는 합리적인 제도의 설계가 필요하다(김동환, 1999). 공공 의사결정과 집행 상황에서는 참여자들이 자신의 견해를 밝히고, 상호작용을 통해 이견이 조정되며, 그것들이 공개적인 검증을 거쳐 합의안 형태로 정리되고, 일단 합의안을 수용한 후에는 승복하는 과정이 제도화되어야 한다(김영평, 1991; 주선미 · 한인숙, 2002; 주선미, 2003; 이종범, 2005). 절차적 합리성이 지켜지면 다원성을 인정하게 되고 다양한 형태의 사고실험을 통해 문제 상황이 극단적인 두 개의 범주로 나누어지는 것을 예방할 수 있다.

## 7. 결론 및 앞으로의 연구주제[19)]

공공 의사결정 상황에서 정책결정자는 다양한 형태의 선택의 어려움에 빠진다. 정보와 지식의 부족으로 인한 선택의 어려움(불확실성 상황), 해석체계의 애매성으로 인한 선택의 어려움(애매성 상황) 못지않게 딜레마 이론에서는 문제상황의 특성으로 인한 선택의 어려움이 강조된다. 두 개의 대안과 가치 그리고 행위자들이 서로 상충적인 범주의 형태로 존재하며, 그와 같은 상충성을 제한된 시간 내에 해결해야 하기 때문에 선택이 어렵다.

이 논문에서 지금까지 강조한 것은 3가지였다. 첫째, 딜레마 상황을 구성하는 4가지 요소 가운데 대안이 상징적일수록, 결과가치가 부정적이며 보호된 가치로서의 성격을 가질수록, 행위자들 간의 갈등이 심할수록, 존재론적 문제 상황에 가까울수록 딜레마의 강도가 커진다. 둘째, 딜레마 상황이 되었을 때 결정자는 아무런 결정도 하지 않고 그 상황을 지연시키거나 결정 책임을 포기한다. 만약 결정을 했을 경우라면, 그것을 재검토하여 철회하거나 결정한 것을 형식적으로 집행하거나 결정된 것의 정당성을 높이기 위해 인상관리나 상징 등의 전략을 구사한다. 셋째, 딜레마 상황에서의 반응이 긍정적이지 않기 때문에 딜레마를 예방하는 지혜가 필요하다. 그 방법은 대안-가치-행위자의 결합관계를 분해(*decoupling*)하고, 문제 상황을 새롭게 재규정(*reframing*)하는 것이다. 그리고 분해와 재규정이 활성화되기 위해서는 합리적인 토론장치를 설계해야 한다.

기존의 딜레마 이론을 보완하는 목적에서 출발했지만 이 연구의 성과가 나타나기 위해서는 경험연구를 통해 이 연구가 주장하는 내용들이 보완되어야 한다. 몇 가지 사례를 병렬적으로 비교하거나 한 사례를 집중적으로 분석하는 방법을 통해 이 연구의 주된 개념들, 예컨대 대안의 상징성, 결과가치의 부정성, 문제 상황의 존재론적 특성, 분해(*decoupling*), 재규정(*reframing*) 등의 개념이 갖는 정밀성을 높이고 외연을 확대할 필요가 있다. 이와 동시에 이 연구의 근본 질문인 딜레마 개념이 과연 현실을 진단하고 처방책을 만드는 데 어느 정도나 공헌할 수 있는가, 현실의 문제 상황이 딜레마 상황인지 아닌지를 판단하는 기준은 무엇인가, 딜레마는 왜 만들어지고 그것을 해소하는 전략은 어떠한 것들이 있는가에 대한 이론화 작업을 꾸준히 해나가야 한다.

지금까지의 딜레마에 대한 경험연구는 주로 정책이나 공공조직을 분석단위로 한 연구가 대부분이었다. 하지만 딜레마가 행정이나 정책 고유의 영역에서만 나타나는 것은 아니다. 딜레마 개념이 사회적으로 가장 많이 사용되는 분야는 개인의 윤리적 판단과 행동에 대한 연구다. 두 개의 서로 다른 가치체계가 존재할 때, 그것들 중 한 개를 선택할 것인가, 두 개를 모두 다 수용할 것인가, 둘 다 부정할 것인가 하는 것은 윤리적 의사결정의 핵심주제이다(김호섭, 1991). 따라서 개인을 분석단위로 하고 딜레마 이론을 통해 공무원의 윤리문제를 언급하는 것이 앞으로의 이론화 작업에 도움이 될 것이다. 공직 윤리는 그것이 직업윤리가 되었건 사회윤리가 되었건 결정자 개인에게는 일종의 보호된 가치로서의 성격을 가진다. 그런데 공공 의사결정은 다양한 이해관계의 충돌상황이 고려되기 때문에 판단의 근거로 작용되는 윤리 역시 단일의 모습이 아니다. 특히 서로 다른 윤리적 믿음이 존재하고, 그 믿음 각각에 대해 이해관계자들이 충돌하고 있으며, 현실의 정책 대안이 둘 가운데 하나를 대변하는 식으로 구성되어 있다면 그것은 바로 딜레마 상황이 된다.

하지만 딜레마는 궁극적으로 제도의 변화 및 제도설계와 밀접한 관계가 있다. 딜레마를 의사결정 과정에서 피해야 할 상황으로 이해하지만 현실적으로 피하기가 힘든 경우, 제도를 통해 그 충격을 완화할 수밖에 없다. 딜레마에 대한 기존의 연구에서도 가장 많은 빈도를 차지하는 것이 바로 제도의 변경과 설계 및 진화에 대한 연구다. 의사결정 메커니즘에 작동하는 딜레마 상황의 연구(김동환, 1994, 1999, 2000, 2002), 투표율 등과 같은 의사결정 규칙의 변화와 딜레마 상황의 관계에 대한 연구(이종범, 1996), 딜레마 상황에서의 갈등 해소 및 분쟁조정제도에 대한 연구(안성민, 2000; 이종범 · 윤견수, 2000; 하민철 · 윤견수, 2004) 등은 모두 딜레마 상황이 주는 압력 때문에 제도가 나타나고 수정된 것을 밝힌 연구들이다. 사회가 복잡해지고 행정의 영역과 관심이 계속 변하면서 제도의 중요성은 더 커지고, 그에 비례하여 딜레마 관점을 가지고 제도를 분석할 때의 유용성도 커질 것이다.

**[주]**

1) 이 논문은《한국행정연구》제15권 제1호(2006)에 게재된 것을 수정, 보완한 것이다.

2) 공공 의사결정 상황은 특히 딜레마와 밀접한 관련이 있다. 다만 우리가 그것을 제대로 인식하지 못하고 있을 뿐이다. 예컨대 한국정책학회에서 2004년에 공모하고 선정한 우수 정책사례 13편 가운데 8편이 정책결정자의 딜레마와 밀접한 관련이 있을 정도로 딜레마는 공공 의사결정 상황의 중요한 특징을 구성한다. 이동전화번호이동성 제도(유병국, 2004), 외국인고용허가제를 둘러싼 노동부와 산업자원부 간의 충돌(고혜원 · 이철순, 2004), 생명윤리 보호와 생명공학 육성 간의 대립(김훈기, 2004), 정부산하기관관리기본법(정산법)을 둘러싼 정부입법안과 의원입법안의 대결(송희준, 2004), 한국영화의무상영제 시행 과정에서 존재하는 상충적인 맥락과 행위자들(김정수, 2004), 부안의 방사성폐기물처리장 건립 결정 과정에서 나타난 행위자들 간의 집단 갈등(김길수, 2004; 이민창, 2005), 행정수도이전에 대한 찬반 논의(김태영, 2004), 의약분업 정책의 결정과 집행 과정에서 나타는 이해관계자들의 충돌(이경희 · 권순만, 2004) 등은 모두 상충적인 대안들 간의 조정이 곤란하여 딜레마에 빠진 공공의사결정 상황이다.

3) 대안으로 표상화된다는 것은 가치나 이념 혹은 이해관계 등의 추상적 개념들이 법이나 프로그램의 형태로 구체화되어 가는 상태를 의미한다. 만약 표상화하지 않는다면 굳이 딜레마라는 개념을 사용하지 않고 기존의 이론들을 갖고도 충돌현상을 설명할 수 있다.

4) 대안으로 표현된 가치나 이념 혹은 이해관계의 우선순위를 결정할 수 없다는 의미다. 가치들 간의 교환함수가 존재하지 않기 때문에 그것이 표상된 대안들을 서로 비교할 수 없다. 하지만 의사결정자 개인을 강조한다면 이러한 상황은 심리적으로 비교할 수는 있지만 그 결과를 똑같은 것으로 인식하는 상황이라고 할 수 있다. 딜레마의 3번째 필요조건인 결과가치의 균등성은 이러한 측면을 강조하기 위한 개념이다.

5) 이것은 선택상황에 나타난 대안들의 중요성이 비슷하다는 것을 설명하기 만들어낸 개념이다. 경제학의 기회비용과 비슷한 개념이지만 경제적으로 계산할 수만은 없는 심리적 비용이 수반된다는 점을 고려하여 사용된 개념이다. 하나의 대안을 선택함으로써 예상되는 다른 가치의 포기로 인해 결정자가 겪게 될 심리적 불편함과 어려움을 표현하는 개념이다. 기회손실이 심리적으로 용인할 수 있는 임계영역을 벗어나게 되면 결정자는 대안들 간의 중요성을 비슷하게 생각한다. 예컨대 기회손실이 임계치를 벗어나면 결정자는 한 대안이나 가치의 선택이 가져올 이익이 선택되지 않은 다른 대안이나 가치에 대한 손실과 같다고 여긴다. 따라서 쉽게 선택을 하지 못하는데 이러한 상황이 바로 딜레마 상황인 것이다.

6) 딜레마 상황을 아주 엄격하게 정의하면 선택이 불가능한 상황이 된다. 하지만 이러한

정의는 주어진 선택상황 혹은 결정상황이라는 딜레마의 상황 조건에 위배된다. 즉, 어떠한 결정이든 내려야 한다. 한편 선택상황을 전제로 했기 때문에 아무런 결정을 하지 않는 상태는 역설적으로 현재 상태의 선택이라고 할 수 있다. 그리고 논리적으로는 선택이 불가능하지만 실제로는 선택을 내리는 것이 현실의 결정상황이다. 이러한 이유에서 선택이 곤란한 상황이라고 하였다.

7) 물론 합리주의자들은 여러 개의 가치들을 하나의 가치로 환원할 수 있다고 주장한다. 하지만 범주간의 단절성이 지켜지는 상황에서는 비록 대안들 간의 근거가 되는 가치를 비교할 수 있는 함수가 존재한다고 해도 그것이 주관적으로 활용될 수밖에 없다. 예컨대 새만금방조제 건설 과정에서 그것을 찬성하는 측과 반대하는 측 모두 경제적 타당성 분석과 환경영향평가를 실시했었는데 결과는 항상 자신들에게 유리하게 나왔다. 객관적 분석으로는 각 범주를 대변하는 단절적 대안들 간의 우선순위를 비교하기가 불가능하다는 말이다.

8) 이것과 관련된 자세한 논의는 이종범 외(1992: 4; 1994: 23), 최흥석·윤견수(2000: 35~36), 윤견수 외(2001) 등을 참고할 것.

9) 이러한 상황은 Miller와 Dollard가 제시한 심리적 갈등 개념 중 회피-회피 갈등과 유사하다. 서로 싫어하는 두 개의 욕구가 심리적으로 공존하는 상태다. 하지만 회피-회피 갈등은 목표를 달성하는 과정에서 갈등이 해소될 수 있는 가능성에 초점을 두었고, 두 개의 반응이 서로 경쟁적이라는 현실적 여건을 고려하지 못했다(Hall and Lindzey, 1978: 595~596).

10) 예컨대 "지금 읽고 있는 이 논문은 모두 거짓말이다"라고 해 보자. 만약 이 문장이 참이라면 이 문장을 포함하는 논문은 당연히 거짓말이어야 한다. 그러나 이 논문이 실제로 거짓말이라면 이 문장 역시 거짓이라는 결론이 나온다. 반대로 이 문장이 거짓이라면 이 문장을 포함하고 있는 논문은 참이어야 한다. 그런데 이 논문이 참이라면 이 문장 역시 참이라는 결론이 나온다.

11) 역설은 논리와 추상의 영역에만 존재하는 것이 아니다. 그리스인 수학자 제논은 유명한 거북이의 역설을 제기했다. 아킬레스는 1km 앞에 있는 거북이를 잡으려고 한다. 그런데 아킬레스가 거북이 있는 곳으로 가는 동안 거북이는 10m 앞으로 간다. 다시 거북이가 있는 지점으로 가는 동안 이미 거북이는 그 자리에 없다. 또 얼마만큼 나아갔기 때문이다. 이런 식으로 아킬레스는 영원히 거북이를 잡을 수 없다. 하지만 현실의 세계에서는 이미 아킬레스가 거북이를 뒤로 한 채 멀리 달려가고 있다(Gardner, 1990: 215~218).

12) 예컨대 적극적인 변화를 위해서는 의미심장한 안정이 필요하다, 기업조직을 설립하기 위해서는 개인에 초점을 맞추어야 한다, 권한을 위임하기 위해서는 강력한 리더십이 필요하다, 등은 모두 역설적인 경영의 예들이다(The Price Waterhouse Change Integration Team, 1996).

13) 논리적으로는 S와 N1, N2 등 세 대안 간의 선택도 생각할 수 있다. 새로운 두 대안 가운데 하나를 택할 것인가 아니면 차라리 기존의 상태를 유지할 것인가의 상황이다. 예컨대 구조조정 과정에서 N1공장을 매각할 것인가, N2공장을 매각할 것인가, 아니면 현재 상태를 유지할 것인가의 상황이다. 그런데 현재의 상황을 유지한다는 것은 구조조정을 해야 하는 입장과 모순이 된다. 따라서 현실적으로 이러한 상황은 잘 발생하지 않는다. 만약 발생한다면 모순을 쉽게 받아들인 것이 되기 때문에 구조조정을 해야 하는 필연성이 그리 크지 않다는 해석이 가능하다. 즉, 3개 대안의 충돌은 의미가 없는 상황이 되며, 결국 N1과 N2 간의 충돌만 부각된다.

14) 예컨대 존재론적 딜레마는 행정수도를 건설할 것인가 말 것인가, 고속철도를 건설할 것인가 말 것인가의 문제로 상황이 구성되는 것이고, 인식론적 딜레마는 행정수도를 A지역에 건설할 것인가 B지역에 건설할 것인가, 고속철도를 A지역을 통과하게 할 것인가 B지역을 통과하게 할 것인가의 딜레마 상황이다.

15) 정책재검토나 철회가 대규모 국책사업에서만 생기는 것은 아니다. 첨단산업이나 정보화산업처럼 변화의 흐름이 빠르고 제도화된 이해관계자들이 없는 분야에서도 재검토나 철회가 발생한다. 예를 들어 최근 정부는 이동전화 번호이동성 제도를 유예하기로 했다가 갑자기 용인하는 정책변경을 시도했었는데 이것은 정책집행의 탄력성과 예측가능성이라는 두 가지 가치의 충돌을 반영하며, 효율적인 경쟁체제 구축과 소비자 편익이라는 두 마리 토끼를 다 쫓겠다는 의지의 표현이다(유병국, 2004).

16) 상징적 행동이 딜레마 상황에서만 나타나는 것은 아니다. 합리성 상황과 애매성 상황 그리고 딜레마 상황 모두에서 상징이 활용된다. 애매성과 딜레마 상황에서는 사후적 합리성을 보장하거나 결정 지연과 관련된 분야에서 상징이 주로 쓰인다. 단 상징적 행동의 강도는 딜레마 상황이 크고, 상징적 행동의 범위는 애매성 상황이 넓다(이종범, 1992).

17) 결합된 적도 없는데 분해를 한다는 것이 비논리적으로 비춰질 수도 있다. 하지만 '4. 딜레마 상황을 구성하는 현실적 조건들'에서 논의된 것처럼 딜레마는 형식적인 형태로 존재하다가 일정한 조건이 갖춰지면 사회적으로 나타나는 현상이다. 결합(*coupling*)은 형식적으로 딜레마가 존재하는 상황을 표현하는 것이고, 분리(*decoupling*)는 사회적 구성 과정을 통해 그러한 상황을 벗어나는 것을 지칭한다.

18) 그런데 두 사례의 성격이 약간 다르다. 방폐장 사례의 경우, 방폐장 건설을 하지 않으면 장기적으로 원자력 운행이 중단될 위험이 있고, 방폐장 건설을 할 경우 해당 지역의 주민들이 반발을 하기 때문에 정권 유지에 부담이 된다. 이와 같은 딜레마 상황에서 정부는 1988년 경북 영덕·울진·영일군 주민들의 반발, 1990년 안면도 사태를 거쳐 2003~2004년 부안 주민들의 반발에 이르기까지 무려 17년 동안 결정을 내리지 못하고 정책의 백지화나 철회를 되풀이 했었다. 행정수도 이전 사례 역시 존재론적 딜레마 상황과 관련된다. 서울을 수도로 존치시키는 현재의 상황과 공주·연기

지역을 신행정수도로 한다는 새로운 상황이 한 치의 타협도 없이 팽팽히 맞서고 있었다. 그리고 정책결정자라고 할 수 있는 국가기관(정부와 국회)이 처음에는 수도를 옮기기로 했다가 나중에 다른 국가기관(헌재)에서 그것이 잘못 되었다고 무효 판정을 내리고, 정부는 다시 행정중심복합도시로 정책의 이름을 바꾸어 애초의 결정을 밀고 나갔다. 즉, 아주 짧은 시간 내에 정책이 재검토되고 수정되었었다.

19) 딜레마 시리즈 첫째 권인 《딜레마 이론》(이종범 외, 1994: 259~280)에서는 앞으로의 가능한 연구주제들로 딜레마의 원인, 딜레마의 여과장치, 딜레마에 대한 반응, 정책결정이론에서의 위상, 딜레마의 전략적 활용, 중간조직, 변화와 개혁 등을 제시하였다. 둘째 권인 《딜레마와 행정》(윤견수 외, 2000: 307~318)에서는 딜레마의 진단, 척도개발, 해석체계, 제도의 설계, 중간집단, 정책결정이론, 비교연구 등을 제시하였다. 이러한 주제들은 상당부분 딜레마의 이론체계를 정밀하게 하는 노력들과 관련된다.

# 제 2 부 딜레마 대응으로서의 제도설계

제 5 장 정부의 딜레마에 대한 제도적 해결장치의 연구: 노동위원회의 분쟁조정제도 변천을 중심으로 / **이종범 · 윤견수**

제 6 장 전자정부 구축사업 추진체계의 딜레마와 극복방안: 전자정부특별위원회의 사례를 중심으로 / **소영진**

제 7 장 행위자들의 양면적 상황설정과 딜레마, 그리고 제도화: 노사정위원회의 제도화 과정을 중심으로 / **하민철 · 윤견수**

# 5 정부의 딜레마에 대한 제도적 해결장치의 연구[1)]

## 노동위원회의 분쟁조정제도 변천을 중심으로

이종범·윤견수

정부는 사회의 딜레마를 예방하기 위해 다양한 제도를 활용한다. 이 논문은 노동문제의 딜레마를 정부가 수용할 때와 그렇지 않을 때의 제도운영에 차이가 있을 것이라는 가설을 노동위원회의 사례를 통해 분석한 것이다. 분석의 결과 1980년대까지는 노동문제의 딜레마를 정부가 의도적으로 무시하고 제도를 운영해 왔다는 것을 알 수 있었다. 노동위원회의 전문성과 독자성을 살리기보다는 분쟁해결의 신속성을 위해 행정기관을 선호했었다. 하지만 1990년대부터는 딜레마를 바라보는 정부의 시각에 기본적인 변화가 생긴다. 노동문제의 딜레마를 더 이상 무시하지 않고 이해당사자들의 요구를 수용하면서 절차적 정당성을 높이는 쪽으로 정책의 틀을 바꾸기 시작한다. 그리고 집단분쟁의 성격이 짙은 사안들을 개별적 분쟁으로 전환시킴으로써 딜레마의 강도를 낮출 수 있게끔 제도가 정비된다. 이와 같은 노동위원회의 제도변화가 딜레마를 예방하고 해소할 수준으로까지 정착된 것은 아니다. 과거의 통제지향적인 정책틀이 아직까지는 제도의 운영과정에 많은 영향을 미치고 있다. 이 논문의 가설을 얼마나 일반화할 수 있을 것인가 하는 문제는 앞으로의 연구를 통해 보완할 성질의 것이다.

## 1. 연구의 방향과 목적

대한민국 노동위원회는 근로조건을 둘러싸고 노동조합과 사용자 또는 사용자단체 간에 발생하는 쟁의를 조정하고, 근로3권을 침해하여 노조나 근로자에게 불이익을 주는 사용자의 부당노동행위를 판정하며, 정당한 이유 없이 근로자에게 가하는 사용자의 부당해고행위를 판정하는 대체적 분쟁해결장치다. 일반적으로 현장에서 분쟁을 해결하지 못하면 노사 당사자의 요구나 노동위원회의 직권을 통해 분쟁을 조정한다. 그리고 노동위원회가 분쟁을 조정하는 데 실패하면 사법부의 판결을 거친다. 분쟁당사자는 지방노동위원회(지노위), 중앙노동위원회(중노위), 행정법원, 고등법원, 대법원 등의 5층 구조를 밟아가며 자신의 권익을 주장할 수 있다. 즉, 행정적인 절차와 사법적인 절차를 통해 자신의 이해관계를 조율한다. 한편 공식절차와는 별도로 분쟁당사자는 세력화를 통해 거시적이고 정치적인 차원의 해결책을 모색하기도 한다. 이런 점에서 노동위원회는 노사분쟁이 대규모 파업과 같은 사회문제로 확대되는 것을 예방하기 위한 제도적 장치라고도 볼 수 있다.

노동위원회의 운영과 관련된 법령들은 노동관련 법령과 마찬가지로 지금까지 10여 차례나(1953, 1963a, 1963b, 1973, 1980, 1984, 1986, 1987, 1989, 1997, 1999) 개편되었다. 하지만 노동위원회 제도가 제대로 정비되기 시작한 것은 1980년대 후반부터이며, '노동조합법'과 '노동쟁의 조정법'을 '노동조합 및 노동관계조정법'으로 통합한 1997년에 노동위원회 제도는 획기적으로 변한다.

이 연구의 목적은 노동문제의 딜레마를 정부가 수용할 때와 그렇지 않을 때의 제도운영에 차이가 있을 것이라는 가설을 노동위원회 사례를 통해 경험적으로 분석한 것이다. 하지만 이와 같은 분석을 하기에 앞서 두 가지 질문이 선행되어야 한다. 첫째는 노사문제의 시대적 성격이 과연 딜레마 현상과 어떤 관계가 있는가 하는 점이며, 둘째는 노사분쟁 조정장치로서 노동위원회가 차지하는 위상의 문제다. 2절에서는 이러한 점들을 다룬다. 노동위원회의 제도변화는 크게 2시기로 구분하여 설명할 수 있다. 노동자보다는 사용자와 정부의 주장이 크게 반영되었던 1980년대까지의 시기와, 1987년 민주화 운동을 고비로 노동자의 입장이 반영되기 시작했던 그 이후의 시기(1990년대)다. 3절과 4절에서는 각 시기별로 다르게 나타난 노동위원회 제도의 특성을 분석하고, 5절에서는 이상과 같은 분석결과에서 제기될 수 있는 몇 가지 토론점들을 딜레마와 제도의 관점에서 논의할 것이다. 구체적인 분석은 문헌조사를 통해 이루어졌고, 노동부의 근로감독관과 중앙노동위원회의 심사관을 대상으로 한 비표준화 면접자료로 보충하였다.

## 2. 노동문제 딜레마의 시대적 성격변화와 노동위원회의 위상

### 1) 노동문제의 딜레마

노사분쟁이 가져올 사회적 혼란을 방지하기 위해 정부는 예방적인 차원에서부터 사후 해결에 이르기까지 공적인 권위를 내세워 개입한다. 정부의 개입은 법이나 정책으로 표현될 수 있고 결정이나 명령의 형태를 띠기도 한다. 그런데 정부의 선택은 노동자 측의 주장과 사용자 측의 주장이 팽팽히 맞서는 상황에서 이루어지기 때문에 딜레마의 성격을 가진다. 공공분야의 결정은 공익이 애매한데 다수의 이익은 서로 충돌하는 상황(Rosenbloom, 1986) 속에서 이루어지기 때문에 결정의 파급효과가 크며 공공의사결정자는 종종 딜레마를 경험한다(Lichtenstein et al., 1990). 딜레마는 선택상황과 직접 관련되는 개념이라는 점에서 역설이나 모순 등의 개념과 구분된다(Quinn and Cameron, 1988; Van de

Ven and Poole, 1988; Poole and Van de Ven, 1989).

딜레마 상황은 ① 두 개의 대안이나 가치가 존재하고, ② 제한된 시간 내에 둘 중 한 개를 선택해야 하나 타협이 힘들고, ③ 두 개의 대안이 가져올 결과가치가 비슷하고 한 대안을 선택했을 때의 기회손실이 크기 때문에, ④ 선택이 곤란한 상황이다(이종범 외, 1992; 소영진, 1993; Choi and Yoon, 1997). 마찬가지로 노동문제가 딜레마 상황하에서의 선택문제가 되려면 ① 노동자와 사용자의 서로 다른 주장이 존재하고, ② 제한된 기간 내에는 두 주장을 타협하기 힘들고, ③ 노동자의 주장(예, 해고 없는 생존권 보장)과, 사용자의 주장(예, 구조조정을 통한 기업도산 방지)이 가져올 결과가치가 비슷하며, ④ 어느 한 쪽의 입장을 지지하기 곤란한 상황이어야 한다.

위와 같은 조건들은 딜레마가 되기 위한 논리적이고 형식적인 조건들이다. 그런데 현실의 상황에서 노동문제의 딜레마를 설명하기 위해서는 이러한 내용들만 갖고는 부족하다. 현실의 딜레마는 객관적으로 주어진 것이 아니라 사회적인 구성(*social construction*)과정을 통해 형성된다. 어떤 상황이 딜레마가 되기 위해서는 사회적 조건들이 구비되어야 한다. 예를 들어 딜레마가 되기 위해서는 대립집단 간의 힘의 균형이 존재하고, 집단의 응집력이 강해야 하며, 자율조정기능을 수행할 수 없어 제3자가 개입하지만 당사자들은 그러한 개입에 불신을 표시하는 등의 조건이 충족되어야 한다(소영진, 1999).

이러한 조건들을 염두에 둘 때 대한민국 노동문제가 딜레마의 성격을 띠게 된 것은 1970년대 중반부터라고 볼 수 있다. 그 전까지는 노동자의 이해관계라는 것이 빈곤을 탈피하고 산업화와 국가발전을 위해 희생될 수 있는 가치라고 간주되었었다. 그런데 1970년대 초부터 지식인들과 종교계가 노동운동에 뛰어들면서 소위 민주노동운동이 시작되고, 법적인 강제에도 불구하고 분쟁과 쟁의가 점차 증가한다(김치선, 1996: 20~22). 그리고 1979년의 YH사건과 1981년 사북지역의 동원탄좌노동운동을 시작으로 노동운동의 조직화와 민주화가 비록 제도권 밖이기는 하지만 점차 확대되어 1987년의 민주화운동과 1989년 노동법 개폐를 위한 대집회로까지 이어진다. 1990년대부터는 대한민국이 ILO에 가입하고 OECD 회원국이 되면서부터 글로벌 스탠더드, 즉 노사관계의 국제기준마저 충족시켜야 하는 상황이 되었다.

시대적 변화를 통해 볼 때 1970년대 중반 이후 80년대를 거쳐 90년대로 접어들수록 노동문제와 관련된 딜레마의 강도는 점차 커지고 있다. 강도가 커진다는 것은 노동문제를 과거의 방식대로 접근하면 많은 한계에 직면하게 된다는 것을 뜻한다. 과거에 비해 단위노조나 연합노조의 조직력과 전문성은 훨씬 커졌고 사용자나 정부가 이제는 노동계의 목소리를 일방적으로 무시할 수만은 없는 상황이 된 것이다.

### 2) 노동의 딜레마에 대한 정부의 입장

일반적으로 상황이 변동했을 때 그것이 즉각 법이나 제도에 반영되지는 않는다. 인간이 어떤 자극에 대해 직접 반응하지 않고 인지과정을 거치는 것처럼 노동 상황에 대한 정부의 해석과정이 필요하다. 그러한 해석과정을 거쳐 법이나 제도 혹은 정책이라는 결과물들이 나온다 (Weick, 1979; Daft and Weick, 1984; Covaleski and Dirsmith, 1988; Meyer, 1992). 그렇다면 이와 같은 노동의 딜레마에 대해 정부는 어떠한 해석을 시도했는가? 논리적으로 크게 두 가지 범주를 생각할 수 있다. 첫째는 노동문제의 딜레마적 성격을 무시하는 것이고, 둘째는 현실의 딜레마를 있는 그대로 받아들이는 것이다. 딜레마를 무시하면 노동자와 사용자 중 어느 한 쪽의 입장을 반영하지 못하는 쪽으로 제도가 운영된다. 하지만 딜레마로 설정(*enactment*)하면 노동자와 사용자의 입장을 동시에 고려하면서 정책과 제도를 운영할 것이다.

노동문제를 연구하는 많은 학자들이 지적하는 것처럼 대한민국의 노사관계를 바라보는 정부의 시각은 적어도 1990년대 초까지는 그 틀이 그대로 유지되었던 것으로 볼 수 있다(최장집, 1993; 임현진·김병국 1993; 이강로, 1999). 비록 1987년 6월의 민주화투쟁기를 기점으로 많은 부분이 바뀌기는 했지만 산업화와 국가발전이라는 슬로건하에 노동을 통제하고 통치권을 유지하려는 전략에는 변화가 없었다. 노동자의 반발을 통제하기 위한 정부의 노력은 노동법 개편의 역사를 통해 확인할 수 있다. 4·19 혁명과 5·16 군부쿠데타를 거친 직후 1963년의 1·2차 개편, 3선 개헌 반대운동과 유신 실시 직후 1973년의 3차 개편, 부마항쟁과 사북사태 그리고 박정희 대통령 시해 등의 일련의 사건을 거치고 신군부가 등장한 직후인 1980년의 4차 개편, 4·13 호헌조치에 이은 시민들의 저항과 노동자들의 반발 그리고 노태우 대통령의 등장 직후 1987년의 7차 개편 등에서 보듯, 노동법 개편의 주된 목적은 노동자의 저항을 관리하기 위한 시도에서 비롯되었다. 즉, 이미 70년대 중반부터 노동문제가 이미 사회적으로 딜레마적 성격을 띠기 시작하였는데도 불구하고, 정부는 그것을 무시하고 여전히 통제지향적인 정책틀을 사용했었다.

1990년대 중반까지도 국가조합주의적인 틀이 유지되고 정부의 입장이 근본적으로 변하지는 않았다는 비판(최장집, 1996)이 있지만, 1990년대 초부터는 정부의 정책틀이 서서히 변하고 있는 조짐이 나타난다. 1989년의 최저임금심의위원회, 1991~1992년의 노사정대토론회와 사회적 합의 선언, 1993년의 노사정 경제회복공동선언 등에서 보듯 정부가 노동자를 협상의 파트너로 인식하려는 노력들이 시작된다. 1997년의 노동법 개정을 위해 1996년부터 활동을 시작한 노사관계개혁위원회, IMF경제위기 극복과 구조조정을 논의하기 위해 1997년 말부터 만들어진 노사정위원회 등은 노동자의 이해관계를 반영하기 위한 거시적인 장치들이다. 정부가 사회적 합의 장치들의 운영에 대해 많은 노력을 기울였다는 사실은 노동문제를 정부의 딜레마로 설정했다는 것을 의미한다.

### 3) 정부의 대응과 노동위원회의 제도적 특성

정부가 노동문제의 딜레마를 무시하면 어느 한 쪽의 입장을 고려하지 않는 정책틀을 유지하면서 제도를 운영할 것이다. 반대로 노동문제를 정부의 딜레마로 설정하면 상충적인 행위자들의 이해관계를 수용할 수 있도록 제도를 설계하고 정책틀을 형성해 나갈 것이다. 〈그림 5-1〉에서 알 수 있는 것처럼 1970년 중반부터는 노동문제가 이미 사회적으로 딜레마의 성격을 띠기 시작했으나 정부는 그것을 의도적으로 무시하고 1980년대 말까지 통제지향적 제도와 정책틀을 유지하였다. 하지만 1990년대에는 노동문제가 야기하는 사회적 딜레마의 강도가 더 커졌고, 정부가 그 딜레마를 제도에 수용하기 시작하는 상황이다.

정부는 딜레마를 예방하고 조정하기 위해 다양한 제도적 장치들을 만들어 왔다. 앞에서 설명한 것처럼 노동자 대표와 사용자 대표 그리고 정부가 모여 사회적 합의를 도출하기 위한 노력들은 거시적 차원의 장치들이다. 이와는 반대로 노동부의 근로감독관처럼 현장에서 노사분쟁을 예방하고 조정하는 미시적인 장치도 있다. 노동위원회는 양자의 중간적 성격을 가진 분쟁조정 장치다. 노사갈등이 현장에서 해결되지 못하고 직접적인 분쟁상황으로까지 간 사건들을 처리하는 기관이기 때문에 다른 장치들에 비해 더 많은 딜레마를 경험한다. 중앙노동위원회에서 몇 년간 공익위원으로 일했던 J변호사는 노동위원회의 활동에 참여하면서 느꼈던 딜레마를 다음과 같이 표현한다.

> 필자는 정부산하 여러 위원회에서 위원으로 활동하고 있지만 노동위원회서처럼 딜레마를 느끼는 경우는 별로 없다. … 기본적으로 노동법은 다른 분야와는 달리 대립되는 이해관계를 가진 양당사자를 동시에 규율하는 구조를 갖고 있기 때문이라고 생각한다. … 노동법 분야는 그 입법이나 해석과정에서 어떤 결정이 내려지면 항상 일방당사자는 불만을 제기한다. … (매일노동뉴스, 1998. 12. 5).

〈그림 5-1〉 노동문제에 대한 정부의 해석과 제도의 특성

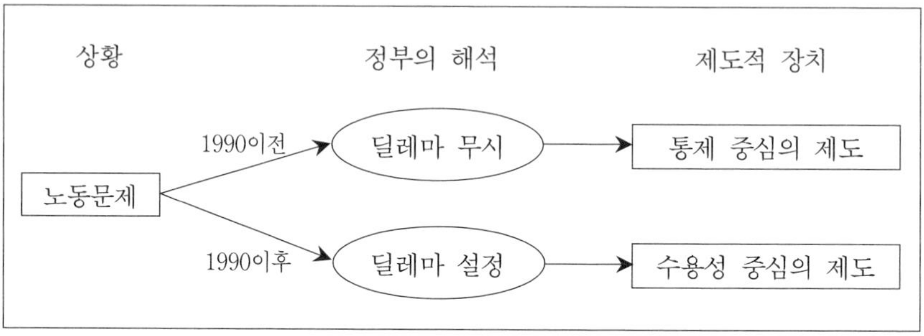


일상적인 업무가 노동법의 해석과 적용과 관련되기 때문에 노동위원회는 거시적이거나 미시적 기구보다 훨씬 더 많은 딜레마에 노출되어 있다. 지금까지의 논의대로라면 1980년대까지의 노동위원회의 제도변화의 특징과, 1997년 법개정으로 귀결되는 1990년대의 노동위원회의 제도변화의 특징에는 차이가 있을 것이라는 추론이 가능하다. 그리고 그러한 차이는 사회적으로 구성된 딜레마를 정부가 수용했다는 사실, 혹은 노동문제를 정부의 딜레마로 설정한 사실과 밀접한 관련이 있을 것이다. 그렇다면 이와 같은 해석의 차이가 노동위원회의 제도변화에 어떻게 반영되었는가? 3절은 1980년대까지의 노동위원회 제도변화의 특징이고, 4절은 1997년의 법개정으로 요약되는 1990년대의 노동위원회 제도의 특징들이다.

## 3. 무시된 딜레마 상황과 노동위원회의 제도적 특징 : 관할권의 변동과 제도의 형식주의

1980년대 말까지는 정부가 노동의 딜레마를 무시하고 통제 위주의 제도를 운영해 왔었다. 〈표 5-1〉은 노동위원회의 변천과정을 기능, 구성, 절차 등의 세 가지 범주로 나누어 요약 정리한 것이다.

소비자분쟁조정위원회나 건설업분쟁조정위원회 등의 기구가 관계전문가나 공무원들의 참여를 원칙으로 하는 것과는 달리, 노동위원회는 직접적인 이해당사자들인 노동자와 사용자 참여를 허용하는 합의제 행정기관이다. 더구나 이해관계가 중립적인 공익위원의 권한이 노동자위원이나 사용자위원의 권한보다 크다.[2] 이것은 노동위원회의 출범 초기부터 나타난 제도적 특징들이다.

그런데 〈표 5-1〉에서 보면 아주 흥미로운 점을 발견할 수 있다. 그것은 노동부와 시·도 행정기관 그리고 노동위원회 간에 분쟁관리 업무를 둘러싸고 관할권이 자주 바뀌었다는 점이다. 크게 3가지 측면에서 그것을 지적할 수 있다. 첫째는 알선기능과 관련된 관할권의 변동이다. 법 제정 당시인 1953년에는 행정관청에서 담당했던 알선기능이 1963년 2차 개정 당시에는 노동위원회로 이관되었다가, 1973년의 3차 개정 때 다시 행정관청으로 넘어가고, 1987년의 6차 개정 때 노동위원회로 되돌아온다. 그리고 1997년 개편 때는 '모든 쟁의는 반드시 조정을 거쳐야 한다'는 조정전치주의를 도입하면서 형식적이라고 비판 받고 있었던 알선기능을 폐지하였다. 둘째는 노동쟁의의 적법성 여부를 심사권을 둘러싼 관할권의 변동이다. 본래 이 권한은 노동위원회가 그 권한을 가지고 있었지만, 3선 개헌 직후 1973년에 이루어진 법 개정 때 알선기능과 함께 행정관청으로 넘어간다. 그리고 1980년 노동법 개정에 이어 1981년 노동부가 신설되면서 노동위원회에서도 수행하다가 1987년에는 법적으로 폐지된다.[3] 셋째는 지노위와 중노위의 주관부처를 둘러싼 관할권의 변동이다. 법제정 당시에는 지노위와 중노위를 복지부가 관할했었지만, 1963년에는 지노위는 시·도지사가 관리하고 중노위는 노동청장이 관리하는 방식으로 바뀌었다가, 1980년부터는 다시 노동청(1981년부터 노동부)에서 지노위와 중노위를 관장하기 시작하였다.

관할권의 변동과정을 보면 행정권이 아주 강했던 시점인 1973년 당시에는 노동위원회가 가지고 있었던 중요한 권한들을 일선행정기관이 가져갔다는 사실을 발견할 수 있다. 예컨대 알선은 직접적인 조정이나 중재 작업에 들어가기 전에 공신력 있는 제3자가 화해를 유도하는 과정이다. 그런데 알선을 노동위원회가 아니라 행정기관에서 관장했다는 것은 분쟁해결의 과정에 행정권이 신속하게 개입하려는 의사표시로 보아야 한다. 같은 논리로 쟁의의 적법성을 심사하는 권한을 행정기관이 갖게 되면 행정기관이 임의로 쟁의의 불법성을 판단할 수 있게 되어 그만큼 노동세력에 대한 장악이 쉬워진다. 이러한 것이 가능했던 이유는 노동문제를 처리하는 과정에서 행정의 효율성과 통치권의 편의라는 원칙만 중요하게 취급했기 때문이다. 이런 상황에서는 노동위원회의 전문성이 무시되고 그 제도가 형식적으로 운영될 수밖에 없다.

하지만 1980년대 초 노동관련법규들이 개편되고 노동부가 신설되면서 다시 노동위원회가 과거의 권한을 되찾고 관할권을 되찾기 시작한다. 노사분쟁이 사회의 딜레마가 되면서 그것을 관리하는 기관의 위상정립에 대한 필요성이 제기되고, 그 과정에서 노동위원회의 업무가 다시 정비되어 간다. 그런데 관할권이 정립되어간다고 해서 정부가 노동의 딜레마를 정책과 제도에 반영했다고 말할 수는 없다. 제도가 존재한다는 사실과 그것이 실제의 목적을 달성한다는 것은 별개의 문제이기 때문이다. 비록 제도가 만들어지기는 했지만 그것은 아직까지 정부의 노동통제를 쉽게 하기 위해 형식적으로만 운영되는 경향이 있었다. 예컨대 과거보다 조정기간(혹은 냉각기간)을 늘려 정부개입의 가능성을 늘

〈표 5-1〉 노동위원회 제도의 변천과정

| 개정년도 | 기 능 | 구 성 | 절 차 |
|---|---|---|---|
| 1953 | 심판: 없음<br>조정: 조정, 중재<br>* 부당노동행위는 처벌주의 | ① 노·사·공익위원 각 3인<br>② 위원장·부위원장은 공익위원중에서 선거 | 알선-행정관청(알선기간: 일반1주, 공익2주)<br>조정-노동위<br>중재-노동위(냉각기간: 일반3주, 공익6주) |
| 1963<br>3월<br>12월 | 심판: 부당노동행위 판정 및 구제, 명령권 신설<br>조정: 알선, 조정중재, 긴급조정 (알선은 일반 사업으로 한정)<br>* 부당노동행위는 원상회복주의<br>* 노동쟁의적법성 심사권 신설 | ① 조정위원회 신설(노·사·공익위원 각 1인)<br>② 중재위원회 신설(공익위원 중 3인: 당사자 합의에서 위원장지명으로 바뀜)<br>③ 상임위원제 신설(공익위원 중 2인 선발)<br>④ 위원장은 공익위원 중 선발, 부위원장은 상임위원 중 선발<br>⑤ 노동쟁의 적법성 심사는 공익위원만 행사하도록 함 | 알선-노동위(알선기간: 일반1주, 공익2주)<br>조정-노동위(냉각기간: 일반20일, 공익30일)<br>중재-노동위(냉각기간 20일)<br><br>지노위-시도지사<br>중노위-노동청장<br>특별노동위원회-주무장관 |
| 1973 | 노동쟁의적법성심사 기능과 알선기능을 행정관청으로 이관 | ① 중노위위원장은 중노위상임위원 중 노동청장의 추천과 보사부장관의 제청으로 대통령이 임명<br>② 지노위위원장은 지노위 상임위원 중 시도지사의 제청으로 보사부 장관이 임명<br>③ 부위원장은 위원 중에서 선출 | 알선-행정관청(알선기간:일반10일, 공익15일)<br>조정-노동위 (냉각기간:일반10일, 공익15일)<br>중재-노동위 (냉각기간 20일) |
| 1980 | * 노동쟁의 적법성심사기능을 다시 노동위에서 실시 | ① 3자위원회 신설(노·사·공익위원 각 1인)<br>② 공익위원회 신설(위원장이 지명하는 3인)<br>③ 전원회의 신설 | 알선-행정관청(알선기간: 일반15일, 공익20일)<br>조정-노동위(냉각기간: 일반30일, 공익40일)<br>중재-노동위(냉각기간 20일) |

〈표 5-1〉 계 속

| 개정년도 | 기 능 | 구 성 | 절 차 |
|---|---|---|---|
| 1980 | * 행정관청의 요구와 노동위의 직권에 의한 중재는 일반사업도 가능하도록 함 | ④ 조정위원회구성방식 변경(노사교차추천제 도입)<br>⑤ 9~11인으로 구성되어 있는 위원 정원을 30인으로 확대 | 지노위와 중노위의 관리를 노동청(82년부터 노동부)으로 일원화 함 |
| 1986 | * 직권중재의 범위를 공익사업으로 한정<br>* 부당노동행위에 대한 처벌주의 재도입 | 上同 | 알선-행정관청(알선기간: 일반10일, 공익15일)<br>조정-노동위(냉각기간: 일반20일, 공익30일)<br>중재-노동위(냉각기간 20일) |
| 1987 | * 알선기능을 다시 노동위에서 담당<br>* 노동쟁의 적법성 심사권한 폐지<br>* 감시단속적 근로승인업무 추가 | 중재위원회구성방식 변경(당사자 합의조항 부활하고, 합의불성립시 위원장이 지명) | 알선-노동위(알선기간: 일반10일, 공익15일)<br>조정-노동위(냉각기간: 일반10일, 공익15일)<br>중재-노동위 (냉각기간 15일)<br>* 임의조정제도의 도입 |
| 1989 | 심판기능 중 부당해고의 판정 및 구제 권한을 신설 | 上同 | 上同 |
| 1997 | 심판: 부당노동행위 및 부당해고의 판정과 해석 및 구제<br>조정: 조정, 중재, 긴급조정(알선기능 폐지하고, 단독조정제도를 도입) | ① 단독조정인 신설 (당사자합의)<br>② 3자위원회와 공익위원회를 통합하여 심판위원회제도 신설(심판담당 공익위원 3인)<br>③ 일반사업은 기존의 조정위원회에서 담당하고 공익사업의 분쟁은 특별조정위원회에서 조정(공익위원 중 교차삭제법을 통해 위원장이 지명하는 3인) | 알선-폐지(조정전치주의 도입)<br>조정-노동위(조정기간: 일반10일, 공익15일)<br>중재-노동위(중재기간: 15일)<br><br>* 모든 쟁의행위는 반드시 조정을 거치게 하는 조정전치주의 도입 |

〈표 5-1〉 계 속

| 개정년도 | 기 능 | 구 성 | 절 차 |
|---|---|---|---|
| 1997 | * 감시단속적 근로승인업무를 지방노동관서로 이관<br><br>(참고) 노동조합법과 노동쟁의 조정법을 "노동조합 및 노동관계 조정법"으로 통합 | ④ 중노위위원장의 지위 격상(장관급/노동위의 모든 행정사무 총괄권/지노위위원장 및 상임위원의 추천권과 위촉권)<br><br>* 공익위원을 심판담당과 조정 담당으로 구분하여 위촉<br>* 공익위원 선정시 근로자위원과 사용자위원의 추천과 투표를 거치도록 하는 제도 도입<br>* 심판담당공익위원회에 위원장이나 상임위원을 포함하도록 함 | * 임의조정을 사적 조정·중재제도로 확대하여 당사자 합의 중시<br>* 심판과 조정위원 선발시 관계 당사자의 기피신청권 부여<br>* 당해사건과 이해관계가 있는 위원의 참여를 배제하는 제척제도 도입<br>* 사건참여위원의 실명제 도입<br>* 직권중재의 개시요건을 필수공익사업의 경우 특별조정위원회의 권고가 있는 경우로 한정<br>* 부당노동행위 판정의 긴급이행명령을 법원에 요구하는 제도신설<br>* 위원장의 보고요구권 및 당사자의견청취권 신설 |
| 1999 | 上同 | ① 노동위원회의 정원을 노사공익위원 각 7-20인에서 각 10-30인으로 상향 조정<br>② 교원노동관계조정위원회 신설(조정담당 공익위원 중 위원장이 3인을 위촉)<br>③ 위원장에게 부문별위원회의회의소집권을 부여 | 上同 |

자료: 〈노동위원회 변천사〉(1998), 〈노동위원회연보〉(1998), 김태기(1999), 이영면(1998), 김영미(1996), 서경석 편저(1999), 민주사회를 위한 변호사모임, 노동위원회 편저(1999)의 재구성.

리거나, 신설된 공익위원회 위원들을 위원장이 지명하게 하는 제도, 혹은 노동위원회 본연의 업무와는 거리가 있었던 근로단속승인업무를 노동위원회가 담당하도록 하는 제도들은 노동위원회를 여전히 독립된 전문기관으로 보지 않고 있다는 증거들이다. 정부가 노동문제를 딜레마로 수용하지 않았고 따라서 딜레마를 해결하는 주체에 대해 무관심했기 때문이다.

## 4. 정부의 딜레마 설정과 노동위원회의 제도변화

노동위원회가 갖고 있었던 기능이 1970년대 초에 행정기관으로 넘겨졌다가 다시 1980년대 초에 노동위원회로 이관되고 그 이후에는 큰 변화가 없다는 사실을 통해 적어도 1980년대 후반부터는 노동위원회가 분쟁과 관련된 딜레마를 관리하는 기관으로서의 위상을 찾아가고 있다는 것을 짐작할 수 있다.

### 1) 개별화 방안을 통한 딜레마의 예방가능성 확대

노동분쟁의 유형은 크게 권리의 형성을 둘러싼 이익분쟁과 권리의 해석과 적용을 둘러싼 권리분쟁으로 나눌 수 있다. 앞의 것은 계약의 체결과 관련된 분쟁이고, 뒤의 것은 체결된 계약의 이행 및 해석과 관련된 분쟁이다. 그리고 분쟁이 개별적인 수준에서 발생하는 것인가 아니면 집단적으로 나타나는 것인가에 따라 개별분쟁과 집단분쟁으로 나눌 수 있다.

1953년 노동위원회 관련법령이 제정되었을 당시에는 조정기능 '1'만 있었고, 1963년 개정 때 비로소 심판기능 중 부당노동행위의 판정 및 구제기능 '2'가 추가되었다. 그리고 25년이 지난 1989년에 또 다른 심판

〈표 5-2〉 분쟁의 유형과 노동위의 기능

| | 이익분쟁 | 권리분쟁 |
|---|---|---|
| 집단분쟁 | 1 조정기능(집단노사분쟁 조정) | 2 심판기능(부당노동행위 판정) |
| 개별분쟁 | 3 조정기능(개별적 노사분쟁조정)[a] | 4 심판기능(부당해고 판정) |

a. 이것과 관련된 기능은 현실적으로 거의 나타나지 않는다.

기능인 부당해고의 판정 및 구제권한 '4'가 도입되었다.

〈표 5-3〉을 보면 부당해고판정 및 구제권한이 주어진 1989년을 고비로 심판사건의 비중이 훨씬 높아졌고, 90년대에 중반 이후에는 심판사건이 조정사건의 거의 5배 이상이나 되는 것을 알 수 있다. 그리고 〈표 5-4〉는 심판기능 중에서 부당해고 판정기능이 훨씬 더 큰 폭으로 증가하고 있는 추세를 보여준다. 즉, 노동위원회의 기능은 집단적 이익분쟁조정에서 집단적 권리분쟁 심판으로 그리고 개별적 권리분쟁 심판으로 그 축이 변하고 있다.

그렇다면 초기의 설립취지와는 달리 개별분쟁을 심판하는 쪽으로 비중이 바뀔 때 과연 노동위원회가 노동분쟁과 관련된 딜레마를 제대로 예방한다고 말할 수 있을 것인가? 이에 대해 두 가지 해석이 가능하다. 첫째는 노동위원회는 본래 집단분쟁을 해결하는 기관인데 그 기능을 제대로 수행하고 있지 않기 때문에 사회적 딜레마를 예방하지 못하고 있다는 해석이다. 노동위원회 이외의 거시적인 장치들이 집단분쟁의 해결을 시도하지만 대부분 힘이 없는 한시적 장치들이기 때문에 여전히 딜레마는 존재한다. 더구나 부당해고 판정 등과 같은 개별분쟁 사안은 사실을 확인하는 예비판결의 성격이 강하기 때문에 법원에서도 충분히 해결할 수 있으며, 굳이 노동위원회에서 그 기능을 담당할 필요가 없다. 결론적으로 현재의 노동위원회는 사소한 문제들만을 취급하기 때문에 사회적 딜레마를 예방하는 데 큰 도움이 안 된다는 해석이다.

둘째로 딜레마를 예방하고 관리하는 방식이 바뀌었기 때문에 오히려 기능이 정상화되고 있다는 해석도 가능하다. 심판과 조정의 구분이 애매해 지고 개별분쟁과 집단분쟁의 영역이 서로 혼재되기 시작하는 시대적 상황을 반영하여 기능이 바뀌었을 뿐이라는 해석이다. 예컨대 구조조정이 교섭의 새로운 주제로 등장하면 심판과 조정의 구분은 점차 애매해지고(이종훈, 1998), 집단분쟁과 개별분쟁을 구분하는 실익이 크지 않다. 또 다른 예로 정리해고 대상자를 선정하는 기준은 교섭사항인 동시에 중재대상이 될 수 있고, 사용자가 그런 기준을 결정하는 것이 과연 노동법에 위배되는가를 심판하는 사건이 될 수도 있다. 단체협약이나 취업규칙이 모호할수록 개별분쟁과 집단분쟁의 구분, 심판과 조정의 구분은 더욱 애매해 진다(고시로 가쓰도시, 1998). 노동위원회는 이러한 시대적 상황을 반영하여 집단적인 이익분쟁의 영역에 속하는 사안들을 개별적인 권리분쟁으로 전환하여 해결하는 것뿐이지 제 기능을 수행하고 있지 못한 것은 아니라는 점이다.

두 번째 해석은 딜레마의 예방과 관련하여 중요한 시사점을 던져준다. 집단분쟁과 관련된 사안을 개별분쟁 사건으로 바꾸어 처리한다면 이해관계자들의 대립에서 비롯되는 정부의 부담을 상당부분 줄일 수 있다. 노동문제를 집단분쟁의 영역에서 해결한다면 노·사의 주장이 가치간의 충돌 문제로 확대되기 쉽고 이 과정에서 양 당사자들의 적대적 감정이 증폭된다. 하지만 가치와 감정은 제 3자가 통제할 수 있는 변수들이 아니기 때문에 사회적 딜레마는 여전히 남아있게 된다. 반대로 양당사자들의 주장이 개별분쟁의 영역에서 조정된다면 가치문제가 사실문제로 전환되기 쉽다. 노동문제를 사실문제로 보면 지식과 정보를 기초로 분석이 이루어질 가능성이 높기 때문에 감정과 같은 추상적인 변수가 개입되어 문제가 악화되는 가능성을 줄일 수 있다.

〈표 5-3〉 노동위원회의 연도별 사건처리건수

단위: 건, %

| 연도 | 총계 | 노동쟁의 조정(1) | | | | | | 심판사건(2, 4) | | | | | |
|---|---|---|---|---|---|---|---|---|---|---|---|---|---|
| | | 계[a] | 합의 | 알선 | 조정 | 중재[b] | 이월 | 계 | 취하 | 인정 | 기각 | 각하 | 이월 |
| 1988 | 4,325 | 2,256 (52.2) | 1,335 | 135 | 686 | 100 (34.8) | 0 | 2,069 | 960 | 253 | 347 | 235 | 274 |
| 1989 | 8,213 | 3,190 (38.8) | 1,830 | 388 | 482 | 490 (31.5) | 0 | 5,023 | 1,683 | 1,664 | 809 | 292 | 575 |
| 1990 | 6,727 | 1,777 (26.4) | 988 | 322 | 346 | 120 (26.2) | 1 | 4,950 | 1,481 | 1,816 | 993 | 282 | 378 |
| 1991 | 5,978 | 1,734 (29.0) | 1,090 | 145 | 360 | 122 (27.8) | 17 | 4,244 | 1,304 | 1,368 | 982 | 357 | 233 |
| 1992 | 5,107 | 1,246 (24.4) | 606 | 155 | 418 | 55 (40.0) | 12 | 3,861 | 1,295 | 1,090 | 881 | 244 | 351 |
| 1993 | 5,049 | 1,164 (23.1) | 472 | 262 | 306 | 112 (35.9) | 12 | 3,885 | 1,579 | 1,048 | 831 | 154 | 273 |
| 1994 | 4,473 | 904 (20.2) | 464 | 89 | 206 | 122 (36.3) | 23 | 3,569 | 1,423 | 955 | 817 | 143 | 231 |
| 1995 | 4,268 | 714 (15.4) | 350 | 109 | 212 | 17 (30.1) | 26 | 3,554 | 1,411 | 873 | 910 | 158 | 202 |
| 1996 | 4,114 | 782 (19.0) | 335 | 143 | 269 | 24 (37.5) | 11 | 3,332 | 1,473 | 843 | 608 | 147 | 261 |
| 1997 | 3,911 | 630 (16.1) | 155 | 37 | 422 | 16 (69.5) | 0 | 3,281 | 1,638 | 591 | 567 | 119 | 366 |
| 1998 | 6,779 | 979 (14.4) | 0 | 0 | 840 | 124 (98.5) | 15 | 5,800 | 2,707 | 916 | 1,100 | 314 | 763 |

a. 괄호 안의 수치는 전체 사건 중 조정사건의 비율을 의미함.
b. 괄호 안의 수치는 전체 조정사건 중 조정과 중재의 비율을 의미함.
자료 : 〈노동위원회연보〉(1998), 〈중앙노동위원회자료집〉(1999) 을 재구성.

〈표 5-4〉 부당해고와 부당노동행위 중 부당해고가 차지하는 비율

단위: 건, %

| 연도 | | 1989 | 1990 | 1991 | 1992 | 1993 | 1994 | 1995 | 1996 | 1997 | 1998 |
|---|---|---|---|---|---|---|---|---|---|---|---|
| 초심 | 부당해고 | 706 | 1134 | 1138 | 1395 | 1608 | 1566 | 1578 | 1632 | 1928 | 3670 |
| | 전체 | 2427 | 2294 | 2022 | 2139 | 2227 | 2114 | 2144 | 2171 | 2423 | 4457 |
| | (백분율) | (29.1) | (49.4) | (59.2) | (65.2) | (72.2) | (74.1) | (73.6) | (75.2) | (83.0) | (83.4) |
| 재심 | 부당해고 | 106 | 313 | 338 | 383 | 404 | 396 | 406 | 329 | 378 | 795 |
| | 전체 | 526 | 707 | 630 | 616 | 626 | 560 | 594 | 454 | 497 | 996 |
| | (백분율) | (20.2) | (44.3) | (53.7) | (56.7) | (64.5) | (70.7) | (68.6) | (72.5) | (76.1) | (79.8) |

자료: 〈중앙노동위원회 자료집〉(1999) 을 재구성.

### 2) 조정의 주체와 영역에 대한 새로운 해석체계의 도입

노동위원회의 가장 본질적인 기능은 분쟁의 조정이다. 따라서 정부가 노동문제를 정부의 딜레마로 설정했다면 조정제도를 통해 딜레마를 예방할 것이라는 논리가 가능하다. 1980년대 후반 이후 나타난 조정제도의 변화는 크게 두 가지로 설명할 수 있다. 첫째는 1987년에 임의조정제도로 도입되었다가 1997년에 이름이 바뀐 사적 조정 및 중재제도다. 이 제도는 당사자가 공적으로 분쟁을 해결하는 과정에서 서로의 합의만 있으면 제3자를 지정하게 하여 그 사람의 조정 결과에 대한 효력을 인정해 주는 제도다. 딜레마 상황에서 내려지는 결정은 반드시 이해당사자 중 어느 한 쪽의 반발을 가져오기 쉽다. 이러한 상황에서 만약 딜레마를 정부 혼자 해결하지 않고 제3자와 나누어 가진다면 정부의 결정부담은 그만큼 줄어든다. 사적 조정 및 중재제도는 이런 점에서 중요한 의미를 갖는다. 물론 현재의 노동조합법 및 노동관계조정법은 당사자의 합의나 단체협약에 의해 행해지는 사적 조정·중재 절차를 예외로 하고 노동위를 통한 노동쟁의 조정을 강제하고 있기 때문에 실질적으로 사적인 조정을 통해 분쟁을 해결한 경우는 극히 드물다. 당사자들이 신뢰할 만큼의 전문성과 공정성을 가진 조정자가 선진국처럼 많지 않고, 관련기관(주로 노동위원회나 지방노동사무소)에서 그동안 이러한 역할을 수행할 수 있는 전문가들을 제대로 배출하지도 못했다. 이러한 역할을 담당하는 공인노무사는 1993년이 되서야 비로소 배출되었다. 하지만 이 제도는 노동문제로 인해 발생하는 사회의 전반적인 딜레마를 관리하는 주체를 다양화할 수 있기 때문에 제대로 정착만 되면 정부의 부담을 줄이는 효과를 가져 올 것이다.

둘째는 알선기능의 폐지와 동시에 1997년에 도입된 조정전치주의다. 이 제도는 분쟁당사자가 쟁의행위에 돌입하기 전에 반드시 노동위원회의 조정을 거쳐야 하는 제도다. 따라서 조정을 거치지 않은 모든 쟁의 행위는 불법이 된다. 1997년 전까지만 해도 조정 전에는 알선과정을 거쳐야 했다. 그런데 알선과정이 너무 형식적으로 운영되었었다. 알선은 조정관들이 담당하고 있었는데 이들은 대개 노동부 직제 속에서 순환보직을 하는 공무원들이어서 전문성이 부족했고 과중한 업무에 시달리고 있었다. 그리고 알선위원들이 비상임이기 때문에 분쟁사업장을 제대로 이해하지 못했다. 알선이 안 되면 곧바로 조정위원회에 사건이 송부되지만 조정위원들은 알선위원과 별도로 구성되기 때문에 역시 알선과정의 형식적인 한계를 그대로 답습하였다. 이러한 알선기능의 형식주의를 극복하기 위해 도입한 제도가 조정전치주의다.

그렇다면 분쟁을 조정하고 예방하는 알선기능이 없어지면 사회의 딜레마는 더욱 커지는 것이 아닌가? 이러한 문제를 해결하기 위해 조정의 대상이 되는 쟁의의 범위를 새롭게 정의한다. 과거에는 쟁의의 범위가 뚜렷이 정해지지 않았기 때문에 이익분쟁이거나 권리분쟁이거나 모두 쟁의행위의 범주에 속해 있었다. 따라서 알선의뢰 건수가 많았고 노동위원회가 그것을 다 수용할 수 없었기 때문에 알선과정이 형식적으로 운영될 수밖에 없었다. 하지만 1997년 조정전치주의를 법제화하면서 쟁의의 범위를 이익분쟁으로 한정시켰다. 이렇게 되면 90년대 중반 이후 분쟁건수가 늘고 있는 고용조정, 체불임금청산, 근로조건 조정 등과 같은 것은 조정의 대상에서 제외된다(매일노동뉴스, 1998. 3. 6). 해고근로자의 복직문제나 노조전임자의 인정 등과 같이 현실적으로 중요한 사안들 역시 조정의 영역에서 빠진다. 따라서 조정의 범위는 환경분쟁조정위원회의 조정처럼 손익을 계산하는 경제적인 영역으로 좁혀진다. 조정전치주의 제도의 핵심이 조정공간을 축소시키는 데 있다는 주장은(김태기, 1999) 이런 점에서 설득력을 가진다.

그렇다면 조정의 대상에서 제외된 분쟁사건들은 어떻게 해결하는가? 노동문제를 정부가 딜레마로 설정하면 딜레마를 예방하기 위한 방안들을 제도에 반영할 것이라는 이 논문의 가설이 맞는다면 분쟁사건들이 어떤 식으로든 해소되어 딜레마의 발생가능성을 낮추어야 한다. 조정의 대상에서 제외된 사건들의 당사자들은 사법적인 절차를 이용해 이러한 사건을 처리할 수 있다. 하지만 소송비용과 시간이 많이 걸리기 때문에 한계가 있다. 그러한 문제를 노동위원회를 통해 해소하기 위해서는 개별분쟁의 사건 혹은 심판사건으로 전환하여 해결하면 된다. 집단사건이 개별사건으로 전환되면 위에서 지적했던 것처럼 가치문제를 사실문제에 대한 토론으로 한정시키는 효과를 갖기 때문에 딜레마의 강도와 크기가 그만큼 줄어들 수 있는 것이다.

### 3) 분쟁당사자의 요구를 수용하는 절차의 개선

1980년대 후반 이후의 제도변화 과정에서 나타난 두드러진 특징은 분쟁당사자의 견해를 반영하고 그것을 처리하는 절차의 정당성이 개선된 점이다.

첫째, 위원회 구성방식의 공정성이 확대되었다. 노동위원회는 합의제를 제도화하기 위해 담당영역별로 소위원회를 운영하고 있다. 노・사・공익위원들로 구성되는 조정위원회와 공익위원들로 구성된 중재위원회는 대표적인 예다. 합의제가 효과를 보기 위해서는 위원장과 위원들의 선발과정이 공정해야 하고 그들이 전문성을 가져야 한다. 1980년대 전까지는 위원장의 선발을 지노위는 시도지사, 중노위는 관할부서인 노동청이 좌우했었고, 사건을 담당하는 소위원회는 위원장이 지명했기 때문에 공정성을 확보하지 못했다. 그런데 1980년대를 고비로 이러한 위원회의 단점들이 개선된다. 예컨대 1980년에는 조정위원회를 구성할 때 '노・사가 교차로 추천'하는 위원 중에서 선발할 수 있게 법을 개정하였고, 1987년에는 중재위원회를 구성할 때 '신청인과 피신청인의 합의'가 있어야 한다는 조항을 신설한다. 이와 같은 위원회 구성방식의 공정성은 1997년의 법 개정 때 두드러진다. 판정과 조정업무를 실제 주체인 공익위원을 선발할 때 근로자위원과 사용자위원의 '추천과 투표'를 거치도록 하였다. 당해 사건에 대한 심판위원과 조정위원을 선발할 때 당사자들의 싫어하면 해당위원의 지명을 거부하는 '기피신청권'도 주어진다. 신설된 특별조정위원회의 경우 당사자들이 싫어하는 공익위원들을 순차적으로 삭제하고 최종적으로 남은 3~5인의 공익위원 중에서 위원장이 지명하도록 하는 '교차삭제법'이 도입된다. 그리고 당해사건과 이해관계가 있는 위원의 참여를 원천적으로 배제하는 '제척제도'가 시행된다. 또한 사건에 참여하는 공익위원들의 전문성을 높이기 위해 위원을 위촉할 때부터 '심판담당과 조정담당으로 구분하여 위촉'하였다. 동시에 이들 위원들이 판정을 내리거나 조정을 실시할 때 참여위원들의 이름을 명기하게 하는 '참여위원실명제'를 정착시켰다.

둘째, 이해관계자들의 요구를 반영하고 그들에게 토론의 기회를 제공하는 장치를 도입한다. 〈그림 5-2〉는 조정사건의 처리과정을 흐름도로 정리한 것이다. 우선 조정이 개시된 후 조사과정에서 당사자들은 서로의 주장을 토론할 수 있는 기회를 갖는다. 이때 증인과 참고인을 불러 당사자들의 이해관계를 대변하게 할 수도 있다. 조정위원회를 개최하면 교차추천제에 의해 지명된 노동자위원과 사용자위원의 견해를 경청하는 기회도 갖는데, 이 과정에서 노사 당사자들은 서로의 합의에 의해 제3자를 조정인으로 의뢰할 수도 있다.

그리고 공익사업을 다루는 특별조정위원회는 당사자들의 이해관계를 배제하기 위해 공익위원 3인으로만 구성된다. 특별조정위원회의 구성이나 제3자를 통한 사적조정제도는 '참여위원 실명제'(과거에는 참여위원의 직명만 알 수 있었다)와 더불어 1997년에 도입된 것이다. 위원장이 필요하다면 공무원이나 관계위원에게 보고를 받을 수 있는 권한과 당사자들에게 출석을 요구할 수 있는 제도 역시 이때 시행된다.[4]

분쟁당사자들의 요구를 수용하는 절차들을 개선하는 것은 딜레마 상황에서 중요한 의미를 갖는다. 특히 노사관계에서는 당사자들의 이해관

〈그림 5-2〉 조정사건의 처리절차

(1) 사건접수 (지노위 혹은 중노위)[a]

↓

(2) 사건담당자 지정 (윤심제 원칙으로 조정관 지명)

① 신청서류의 형식적 요건 검토

② 사건처리 계획서 작성

↓

(3) 조사 (담당조정관)

① 조사 i. 당사자조사 (증거제출요구 및 주장 경청)

ii. 증인과 참고인의 진술조사

iii. 현장 방문조사

② 조정부의안 작성 및 관련위원들에게 송부

↓

(4) 조정위원회 (사용자위원, 노동자위원, 공익위원 각 1인)[b]

① 근로자위원과 사용자위원의 의견 청취

② 당사자 참석 하에 조정안 작성

↓

(5) 사건의 종료 (조정서 서명날인)

① 조정위원회의 조정서 작성

② 작성된 조정서에 서명날인[c, d]

a. 2개 이상 관할지역과 관련된 사건이거나 지노위의 재심사건을 중노위에서 다룬다.

b. 당사자 합의에 의해 단독 조정인으로 가름할 수 있고 특별조정위원회는 공익위원 3인으로 구성되어 있다.

c. 조정서를 작성하고 당사자와 노동위에서 서명날인하면 단체협약과 같은 효력을 갖는다.

d. 조정안에 대해 당사자 간에 그 해석 및 이행방법에 대해 이견이 있을 경우 명확한 견해제시를 조정위원회에 요청하면 7일 이내 응답을 해야 한다. 그 기간 내에는 쟁의행위를 할 수 없다. 그리고 조정과정에 이의가 있으면 중재에 들어갈 수 있고, 중재결과에 대해 이의가 있으면 중재재심을 신청할 수 있으며, 이것에 대해서도 이의가 있으면 행정소송을 계속 제기하면서 사법적인 구제절차를 밟는다.

출처: 중노위 C심사관, 지방노동사무소 J근로감독관과의 면담 및 〈노동위위원회 연보〉(1998), 〈중앙노동위원회사건처리절차〉(1999)를 토대로 구성.

계를 반영할 수 있는 절차의 설계가 중요하다(Chauhan 1994; Gerhart 1994). 공개적인 의사소통은 당사자 간의 신뢰를 결정짓는 중요한 변수가 되기 때문이다(Whitener et al., 1998). 앞에서도 설명한 바와 같이 딜레마는 두 행위자가 서로 다른 가치를 주장하면서 팽팽히 맞서는 상황이다. 절차를 공정하게 하면 대립되는 두 개의 가치가 서로 토론될 가능성이 높아진다. 토론과정을 거쳐 두 개의 가치를 조정할 수 있는 제3의 가치를 발견할 수도 있고, 가치들 간의 대립이 사실에 대한 입증판단으로 전환될 수도 있다.

## 5. 분석결과에 대한 토론

정부가 1990년대 이후에 노동문제의 딜레마를 적극적으로 수용하고 그러한 노력이 노동위원회의 제도변화에 반영되었다는 것이 지금까지의 분석결과였다. 하지만 지금까지의 분석만 갖고는 노동위원회가 딜레마를 예방하고 관리하는 기능을 제대로 수행하고 있다고 단정하기 힘들다. 노동위원회의 성과와 직접적으로 관련된 지표만 보면 아직까지는 그 효과가 뚜렷하다고 말하기 힘들다. 〈표 5-5〉를 보면 알 수 있지만 중노위위원장의 지위를 장관급으로 격상시키면서 법과 제도를 대폭적으로 바꾼 1997년 이후에도 지노위의 심판결과에 대한 재심청구율에는 큰 변화가 없었다. 중노위 결정에 불복하여 당사자가 행정소송을 제기한 비율 역시 법 개정 전이나 후에 큰 변화가 없었다. 전반적인 조정성립률도 비록 1997년을 고비로 하여 약간 줄기는 하지만 이것은 중노위의 조정성립률이 대폭 증가하여 나타난 결과이지 지노위의 경우에는 여전히 큰 변화가 없다. 그런데 여기서 흥미로운 것은 중노위의 조정성립률 변화다. 중노위 조정성립률은 1997년에는 42.6%, 1998년에는 60.5%까지 급상승한다.[5)]

〈표 5-5〉 심판사건에 대한 연도별 재심비율과 조정성립률

| | | 1993 | 1994 | 1995 | 1996 | 1997 | 1998 |
|---|---|---|---|---|---|---|---|
| ① 지노위심판 중 중노위 재심청구율(%) | | 62.1 | 62.9 | 62.6 | 59.9 | 61.5 | 63.9 |
| ② 중노위 심판결정 중 행정소송제기(%) | | 18.8 | 39.3 | 32.8 | 28.6 | 34.5 | 31.4 |
| ③ 조정성립률 (건, %) | 전체 | 85[a]/<br>330[b]/<br>1152[c]<br>(25.7)[d] | 53/<br>216/<br>881<br>(24.5) | 36/<br>240/<br>688<br>(15.0) | 41/<br>291/<br>760<br>(14.1) | 98/<br>404/<br>629<br>(24.5) | 105/<br>477/<br>943<br>(22.0) |
| | 중노위 | 3/18/125<br>(16.7) | 2/30/95<br>(10.0) | 0/56/105<br>(0.0) | 0/66/114<br>(0.0) | 26/61/83<br>(42.6) | 26/43/80<br>(60.5) |

a. 조정성립사건 b. 조정사건전체 c. 조정, 중재, 행정지도, 취하사건 전체.
d. 조정성립률 = a/b
자료: 〈노동위원회연보〉(1998: 176), 〈중앙노동위원회자료집〉(1999)을 재구성.

이에 대해 전문가들은 조정전치주의의 도입으로 인해 조정의 영역이 축소되고 따라서 그 효율성이 높아졌기 때문이라고 설명한다(김상호, 1998; 배무기, 1998; 이영면, 1998; 이종훈, 1998; 김태기, 1999). 하지만 이와 같은 논의로 지노위의 조정성립률은 변화가 없고 중노위의 조정성립률만 높아졌다는 사실을 설명하기는 부족하다. 오히려 노동자들은 조정전치주의가 법에도 없는 쟁의대상 합법성 여부를 노동위원회가 판단하는 구실을 제공하고, 노동자들의 정당한 쟁의행위를 불법으로 모는 요인이 되기 때문에(노동자신문, 1999.10.25; 문화일보, 1999.10.25),[6] 조정전치주의에 대한 개정 입법청원을 제기할 정도다. 즉, 조정전치주의만으로 중노위의 조정성립률이 높아졌다는 것을 설명하기는 힘들다는 점이다. 그렇다면 이러한 현상을 어떻게 설명할 것인가? 크게 두 가지 측면으로 나누어 접근할 수 있다. 하나는 노동위원회의 내부 제도에 초점을 맞추어 설명하는 것이고, 다른 하나는 노동위원회와 다른 노동기

구들 간의 관계에 초점을 맞추어 설명하는 것이다.

### 1) 노동위원회 내부의 절차적 공정성 확대

딜레마 상황에서는 위원회 형태의 조직들이 많이 만들어지고 이해당사자들에게 토론기회를 제공하는 절차들이 정교화된다(윤견수, 1997; 이종범, 1996a, 1999). 〈표 5-5〉의 통계는 이러한 추론과 밀접한 관련이 있다. 이해관계자들에게 토론의 기회를 제공하는 과정은 일종의 논변과정이다(유민봉, 1992a, 1992b, 1994; 김항규, 1996). 논변과정은 과학적 분석이나 경제적 타당성만으로는 결코 문제를 해결할 수 없을 때 합리적 이유를 제공할 수 있는 장점이 있다(유민봉, 1994: 1189). 논변과정은 일종의 담론에 해당하며 공공행정이나 정책의 합리성은 이와 같은 담론이나 대화에 의해 좌우되는 경향이 있다(Alvesson and Deetz, 1996; Farmer, 1995, 2000; Sementelli and Herzog, 2000; Stivers, 2000).

1997년의 노동위원회 제도변화에는 논변과정의 공정성을 확보하기 위한 노력들이 많이 반영되어 있다. 첫째, 주장의(여기서는 판결이나 조정) 근거가 되는 관련정보(사실관계)를 탐색하는 노력들이 상당히 구체화되고 있다. 1997년에는 심사관과 조정관들의 직급을 한 단계씩 올리면서 전문성과 공정성을 확보하려고 했고, 위원회를 심판위원회와 조정위원회로 구분하고 위원들을 심판담당위원과 조정담당위원으로 나누어 위촉하면서 사실관계의 정확성을 높일 수 있는 제도를 도입했다. 둘째, 본증과 반증 그리고 보증 절차가 상당히 정교하게 발달하고 있다. 본증이란 주장하는 내용의 정당성을 밝히는 논증이고 반증이란 반대주장의 정당성을 밝히는 논증이다. 그리고 보증이란 본증과 반증을 뒷받침하는 부수적인 논증이다. 〈그림 5-2〉에서 보듯 조정위원회나 심판위원회를 거치기까지 당사자의 주장을 경청할 기회가 주어지고, 그들의 이해관계를 대변할 수 있는 노동자위원과 사용자위원의 발언기회가 주어진다.

특히 모든 회의는 공개를 원칙으로 한다는 규정(노동위원회법 19조)이 만들어 지면서 당사자의 정당성을 밝히는 과정이 객관화되고 있다. 셋째, 논변참여자들의 공식적 권위에 차이가 있고, 전문성과 정보의 불균형이 존재하며, 참여자의 조직력이 다르면 논변과정에 왜곡이 생기는데(유민봉, 1992b: 114~118), 1997년의 제도개선 때 이러한 왜곡을 줄이기 위한 많은 방안들이 도입되었다. 앞에서 설명했던 공익위원투표제, 교차삭제법, 기피신청권, 제척제도, 위원장의 보고요구 및 의견청취권 등은 모두 왜곡을 줄이는 방안들이다.

이러한 논변절차는 설사 그것이 형식적으로 운용된다고 할지라도 동일한 절차를 되풀이하면 이해당사자들의 상반된 주장을 조절할 가능성이 높아진다. 지노위의 조정성립률에는 큰 변화가 없지만 중노위의 조정성립률이 높아진 것은 형식적으로 운영되던 알선기능을 없애고 조정전치주의를 도입한 사실과 더불어 공정성과 객관성이 높아진 논변절차를 이중으로(지노위와 중노위) 거쳤기 때문이다. 즉, 딜레마로 인한 선택의 어려움을 극복하기 위해 절차적 정당성을 확보하려 했고, 이것이 분쟁당사자들의 중노위에 대한 신뢰를 높여 결국 중노위의 조정성립률을 높이는 힘으로 작용했을 것이다.

### 2) 딜레마를 해결하는 주체의 분산과 다원화

중앙노동위원회의 효과성은 노동위원회뿐 아니라 노동의 딜레마를 해결하는 다른 장치들 간의 함수관계를 통해 살펴 볼 필요가 있다. 1980년대까지만 해도 노사분쟁을 예방하고 해결하는 주된 기구는 주무부서인 노동부 아니면 관계기관 대책회의가 대부분이었다. 그런데 1990년대 이후에는 노동정책이나 노동문제를 정부가 주도하고 기업이 보조하는 과거의 스타일을 벗어나 노·사·공익대표가 동등한 자격으로 결정에 참여하는 사회적 합의기구들이 나타난다(최영기 외, 1999). 사회적 합의장치들이 만들어지면 노사분쟁의 영역을 분할하고, 해결주체를 다원화할 수 있는 효과가 생긴다. 거시적인 원칙을 둘러싼 딜레마는 사회적 합의기구를 통해 해결해 나가고, 구체적인 분쟁사안을 둘러싼 딜레마는 노동위원회를 통해 해결해 나가면 되기 때문이다. 노동위원회는 문제의 범위를 축소하고 분쟁의 강도를 줄일 수 있기 때문에 딜레마를 관리하는 것이 그만큼 쉬워진다. 한 기관이 사회의 딜레마를 모두 해소해야 한다는 부담을 줄일 수 있다는 논리다.

노동위원회의 운영성과를 분석한 기존의 연구에서는 노동위원회와 다른 기관들이 갖고 있는 기능의 중복을 없애야 한다는 주장이 일반적이다. 크게 두 가지 예를 들 수 있다. 첫째는 노동부의 지방노동사무소 기능 중 일부를 노동위원회의 기능과 통합해야 한다는 것이다. 지방노동사무소에 근무하는 근로감독관들의 본래 기능은 현장을 확인하면서 근로기준의 위반 여부를 심사하고 처벌하는 것이다. 이들은 현장의 사정을 잘 알고 노사당사자들과 친분이 있기 때문에, 현실적으로는 조정기능을 잘 수행할 수 있다. 그런데 실제 분쟁이 발생하면 현장사정에 정통하지만 공식적인 조정권한은 없는 근로감독관들은 제외되고 현장의 사정을 잘 모르는 노동위원회 공무원들이 개입하여 일을 하게 된다. 따라서 노동위원회의 기능이 정상화되고 분쟁의 예방적 역할을 제대로 수행하기 위해서는 근로감독관들을 노동위에 재배치하여 관할권을 하나로 묶어주어야 한다는(배무기, 1998; 이종훈, 1998) 논리다.

두 번째는 노동위원회와 법원과의 관계를 예로 들 수 있다. 심판이나 조정결과에 불복할 때 당사자는 다시 법원의 재판절차를 거치는 경우가 있다. 그런데 법원이 노동위원회의 자료를 불신하기 때문에 당사자 조사를 다시 하게 되고, 소송당사자는 이로 인해 노동위원회의 존립이유와 업무처리절차에 대해 불신을 하게 된다. 노동위원회가 분쟁해결의 하급심, 그것도 부실한 하급심 정도로만 취급된다는 점은 대체적 분쟁장치로서의 본래 기능을 하지 못하고 있다는 의미가 되기 때문에, 별도의 노동법원을 설치하고 노동위원회에서 담당하는 판정이나 심판기능을 독립시켜야 한다는 논리다.

그런데 딜레마의 관점에 의하면 기능을 어느 한 곳으로 모두 통합시키는 것이 위험할 수도 있다. 왜냐하면 한 기관이 사회의 딜레마를 모두 해소해야 한다는 부담을 떠안게 되기 때문이다. 지금까지의 분석에서 밝혀졌지만 분쟁의 강도를 줄이고 딜레마를 완화하기 위해서는 비록 느슨하기는 하지만 여러 기관으로 기능을 분산하는 것이 오히려 도움이 될 수도 있다. 노동위원회와 노동사무소, 노동위원회와 법원과의 기능중첩은 이러한 측면에서 어느 정도 정당화된다. 다만 노동위원회가 제 기능을 찾기 위해서는 법원과의 분업적 협력문제를 우선적으로 해결할 필요가 있듯이(손창희, 1998), 기능이 중첩되는 기관들 간의 수평적인 위상정립이 필요하다. 실제로 1997년의 법 개정을 전후해 노동위원회의 위상이 높아지면서 타기관들과의 종속적 관계가 많이 개선되었다. 심사관과 조정관들의 자질이 향상되었을 뿐 아니라 현장사정에 정통한 지방노동사무소 공무원들과의 업무협조도 과거보다 잘 되고 있으며, 노동위원회에서 작성한 사실조사결과를 법원이 일차자료로 사용해야 한다는 의견도 공감대를 얻어가고 있다. 이 과정에서 분쟁당사자들은 중앙노동위원회의 업무처리과정에 큰 신뢰를 보이게 되고 이것이 결국은 중앙노동위원회의 조정성립률을 높이는 데 영향을 미쳤을 것이라고 판단된다.

## 6. 결론 및 앞으로의 연구과제

이 논문은 사회적으로 구성된 딜레마를 정부가 수용할 때와 그렇지 않을 때의 제도운영에 차이가 있을 것이라는 가설을 노동위원회의 사례를 통해 분석한 것이다. 분석의 결과 1990년대 이전까지는 노동문제의 딜레마를 정부가 의도적으로 무시하고 제도를 운영해 왔다는 것을 알 수 있었다. 1953년에 만들어졌던 제도가 우여곡절을 겪다가 1980년대에 들어와서야 오늘날의 모습으로 관할권이 정비되었다. 분쟁해결의 신속성을 위해 회의체보다는 행정기관을 활용했고, 노동위원회의 전문성과 독자성을 살리기보다는 노동부나 지방노동사무소의 직접적이고 강제적인 개입 방식을 선호했었다. 하지만 1990년대 이후에는 딜레마를 바라보는 정부의 시각에 기본적인 변화가 생긴다. 노동문제의 딜레마를 더 이상 무시하지 않고 이해당사자들의 요구를 수용하는 쪽으로 정책의 틀을 바꾸기 시작한다. 즉, 절차적 정당성을 높이는 방향으로 제도를 정비시켜 나간다. 하지만 노동위원회의 제도 변화가 딜레마를 예방하고 해소할 수준으로까지 정착된 것은 아니다. 제도의 정착은 단기간에 이루어진다고 보기보다는 시간의 함수일 것이다. 과거의 통제지향적인 정책들이 아직까지는 제도의 운영과정에 많은 영향을 미치고 있다.

예컨대 조정전치주의 도입과 더불어 조정의 영역이 줄어들고 조정성립률의 가능성은 높아졌지만 조정신청이 6월 말에서 7월 초라는 시기에 집중되고, 조정기간이 일반사업은 10일 공익사업은 15일로 제한되어 있어 아직까지는 내실있는 조정장치로서의 기능을 하지 못하고 있다. 조정위원회는 단 한번으로 종결되고 위원들 역시 거의 비상임이어서 그 결과에 대한 당사자들의 신뢰도 높지 않다. 더구나 판정과 조정업무는 상당부분 법률과 경제적 지식을 바탕으로 이루어지는데 그런 분야의 전문지식을 가진 공익위원들이 많지 않다. 변호사를 계약직으로 고용하여 심판위원회의 상임위원이나 주심위원으로 활용할 수도 있지만, 이들 변호사들은 하는 일에 비해 보수가 너무 적기 때문에 참석하지 않으려고 한다(김상호, 1988). 상임위원들 역시 대부분 노동부의 이해관계에 좌우되는 사람들이어서 공정한 판결을 기대하기 어렵다.[7] 또한 조정관이나 심사관들은 과중한 업무 때문에 논점을 정리하는 과정에서 당사자들의 주장을 경청하여 의견을 조율하거나 현장조사를 할 시간이 부족하다.

이상과 같은 운영상의 문제점들이 있지만 분석의 결과 정부가 사회의 딜레마를 수용하기 시작한 1990년대 초반을 고비로 노동위원회와 관련된 제도는 상당부분 개선되었다는 것을 알 수 있다. 하지만 이 연구가 갖는 논의를 풍성하게 하기 위해서는 몇 가지 추가적인 연구가 필요하다. 첫째는 노사분쟁이 가져오는 딜레마를 해소하기 위한 여러 가지 제도적 장치들, 예컨대 노사정위원회 등의 사회적 합의장치와 노동부 및 노동위원회와의 관계와 역할에 대한 논의가 필요하다. 둘째는 앞으로의 연구가 되겠지만 노동위원회 관련법과 제도가 획기적으로 바뀌었던 1997년 이후의 노동위원회의 성과를 설명해 줄 수 있는 자료를 보완하여 가설의 경험적 근거와 타당성을 높일 필요가 있다. 마지막으로 환경분쟁조정위원회나 소비자분쟁조정위원회 등의 대체적 분쟁해결장치에 대한 비교분석을 통해 이 논문이 제시하는 가설의 일반화 가능성을 검증해 보아야 한다. 이 논문이 갖고 있는 한계점들은 그러한 연구들을 통해 수정하고 보완할 수 있을 것이다.

## [주]

1) 이 논문은 《한국정치학회보》 제34권 제3호(2000)에 게재된 것을 수정, 보완한 것이다.

2) 예를 들어 1999년 현재 노동위원회는 사안별로 조정위원회, 중재위원회, 특별조정위원회, 심판위원회, 교원노동관계조정위원회 등으로 구성되어 운영되고 있다. 그런데 노·사·공익위원이 각각 1명씩 참여하는 조정위원회를 제외하고는 모든 위원회가 공익위원 3인으로 구성되어 있다.

3) 물론 각종 심사성 행정지도를 통해 실질적으로는 현재까지도 노동위원회에 쟁의적법성 심사권한이 있다고 보아야 한다(노동일보, 1996. 10. 11). 예컨대 조정전치주의의 도입으로 인해 노동위원회가 교섭미진이나 쟁의대상 부적격등의 사유로 조정신청을 접수받지 않을 경우 쟁의행위가 사실 불법으로 규정된다. 이것은 법률적 근거도 없고 모법상 위임조항도 없는 시행령만을 근거로 노동위원회가 여전히 쟁의적법성을 판단하고 있다는 것을 의미한다(노동일보 1999. 4. 27; 1997. 7. 22).

4) 심판사건의 처리절차는 조정이나 중재절차보다 훨씬 구체적이다. 심판위원회를 개최하기 전에 심문회의를 거치는데 이때 당사자들의 진술 기회를 갖는다. 그리고 심판결정을 하기 전에 최후변론 기회도 한 번 더 갖는다. 이런 제도는 회의공개원칙, 위원들의 서명날인 명문화 등과 함께 이해당사자들의 요구를 공정하게 반영하는 절차들이다.

5) 그런데 1995년과 1996년에는 중노위의 조정성립건수가 하나도 없다. 면담에 의하면 당시 대부분의 인력이 법령개편작업에만 매달려 조정에 거의 관심을 거의 갖지 못했고, 노동자와 사용자측에서도 노동법개편의 방향을 알 수 없었기 때문에 진지하지 못했기 때문이다.

6) 민주노총에서 일하는 P씨도 조정전치주의는 오히려 임의조정이나 사적조정의 문화가 정착되지 않은 상황에서는 행정권을 강화한 독소조항이 된다고 비판하였다.

7) 1998년 당시 상임위원인 위원장과 부위원장 17명 중 16명이 노동부 출신이고, 사무국장과 심판과장 및 조정과장 25명 중 노동부와 그 산하기관 출신이 21명에 이르기 때문에 노동위원회는 여전히 노동부의 정년대기소에 불과하다는 비판이 존재한다(노동일보, 1998. 11. 17).

# 6 전자정부 구축사업 추진체계의 딜레마와 극복방안[1)]

## 전자정부특별위원회의 사례를 중심으로

소 영 진

정보화 사업은 빠른 기술변화와 성장성, 업무영역의 모호성 등으로 인하여, 그리고 업무의 수평적 통합성과 조직의 수직적 할거성으로 인하여 정책패러독스가 상존한다. 정책패러독스는 일정한 사회적 조건이 주어지면 딜레마로 발전하여 정책실패를 야기한다. 따라서 이러한 사회적 조건이 주어지지 않도록 추진체계의 설계가 이루어져야 한다. 우리나라의 전자정부 구축사업은 그동안 여러 형태의 조정기구의 변화가 있었지만 할거주의로 인한 딜레마를 극복하기 어려웠다. 최근 활동을 완료한 전자정부 특위는 비상설기구임에도 불구하고 이러한 할거주의를 비교적 잘 극복하고 사업을 성공적으로 이끌었다고 평가된다. 이 논문은 특위의 어떠한 구조적 특징이 정책딜레마를 완화시킬 수 있었는지를 살펴봄으로써 향후 정보화 추진체계 설계에 시사를 얻고자 하는 것이다. 연구 결과 업무영역의 11대 과제로의 한정, 한시적이고 낮은 위상, 기획예산처의 예산 지원, 청와대의 정치적 뒷받침, 민간 주도적 구조 등이 상충성, 분절성, 가치균등성 등의 딜레마를 야기하는 조건들을 완화시킬 수 있었던 것으로 밝혀졌다.

향후 이러한 장점을 살려서 다부처 관련 정보화 조정기구를 만든다면 대통령 직속으로 국가 CIO 기능을 맡는 상설적인 제 2의 전자정부 특위를 설치하되, 다부처 관련 전략적 업무만을 선별적으로 관장, 문제해결 기구로서의 역할을 맡도록 하는 것이 필요하다.

## 1. 서 론

현대 세계가 산업사회로부터 정보사회로 이행함에 따라 정보화의 국가 전략적 중요성은 점차 커지고 있다. 특히 1990년대 들어 미국의 클린턴 행정부가 NII(*National Information Infrastructure*) 구축계획과 NPR(*National Performance Review*)을 발표하면서 정보화를 국가경쟁력 강화와 행정개혁의 최우선적 과제로 삼은 이후 세계 각국은 저마다 정보화의 흐름에 선두를 차지하기 위하여 각축을 벌이고 있다.

우리나라도 1970~80년대의 행정정보화와 국가기간전산망 구축사업에 이어 1990년대 들어서 초고속정보통신기반구축계획(1994), 정보화촉진기본계획 및 정보화촉진기본법(1996), Cyber Korea 21(1999), 전자정부법(2001) 등 제도적 환경을 정비하면서 범국가적인 정보화 노력을 경주하여 왔다.

이와 같은 여러 가지 정보화 사업 중에서도 정보화를 통한 행정의 경쟁력 향상은 국가정보화의 최대과제로 인식되어왔다. 우리나라는 아직도 사회전반을 행정이 주도하는 경향이 강하게 남아있고, 그럼에도 불구하고 국가경쟁력의 국제 비교에서 행정의 경쟁력이 여타 부문에 비해 상대적으로 취약한 것으로 드러난 데서 알 수 있듯이 기존의 행정관행은 새로운 환경변화에 걸맞지 않는 것이기 때문이다.

행정정보화 사업은 그동안 다양한 주체에 의해 다양한 방법으로 추진되어왔지만 최근에는 범정부적인 통합 시스템의 필요성이 점차 커짐에 따라 '전자정부 구축'이라는 개념으로 모아지게 되었다. 이에 정부는 2001년 1월 30일 전자정부특별위원회(이하 전자정부 특위)를 2년 기한의 한시적 기구로 설치하여 전자정부 구축사업의 책임을 맡겼다. 전자정부 특위는 2002년 11월 전자정부 구축 11대 과제의 완성을 통한 전자정부의 출범을 선언하고 2003년 1월 29일부로 2년간의 활동을 종료하였다.

이 기간 중 전자정부 특위는 11대 과제를 선정하여 추진한 결과, 민원행정개선 및 행정효율성 향상에 있어서 괄목할만한 성과를 거둠으로써, 김대중 정부의 여러 정책들이 비판의 도마 위에 오르는 가운데에서도 비교적 성공작으로 평가받았다.[2] 특히 그동안 정부의 여러 정책 분야 중에서도 정보화 사업은 부처 간 알력이 특히 심하게 노출되어온 분야로서 다양한 형태의 조정기구가 설치되어 왔어도 이를 효과적으로 조정하기 어려웠던 것이 저간의 사정임에 비추어 볼 때, 전자정부 특위가 이러한 부처 간 알력의 와중에서 이만한 성과를 일구어낸 것은 값진 성과로 볼 수 있다.

그러나 11대 과제의 완수와 전자정부 특위의 활동 종료로 전자정부가 완성된 것은 아니며, 오히려 이제부터 그 서막이 오른 것으로 보아야 한다. 그렇다면 앞으로도 이제까지와 같이 전자정부의 앞길에는 결코 순탄치 않은 장애들이 무수히 가로막고 있다고 볼 수 있다.

이에 이 논문은 정보화 사업에 내재한 딜레마 구조를 밝혀내고, 전자정부 특위가 이러한 딜레마를 효과적으로 극복해낼 수 있었던 성공요인이 무엇이었는지를 검토해봄으로써, 향후 지속적으로 이어질 전자정부 구축사업에 참조할 만한 정책제언을 도출하고자 한다.[3]

## 2. 이론적 검토: 딜레마 이론

### 1) 정책패러독스

정책 패러독스(*policy paradox*)는 조직이나 정책에 있어서 "상충되는 요구가 동시·동공 간에 존재하는 현상"(Stone, 1988), 또는 "상호 모순되거나 배타적인 요소들이 동시에 존재하거나 활동하는 현상"(Quinn and Cameron, 1988)을 말한다.

패러독스는 현장(*field*)의 논리적인 구조이다. 논리적으로는 모순이 공존할 수 없다. 그러나 현실적으로는 모순되는 요구가 전혀 인식되거나 표면화되지 않은 채 공존할 수 있다. 이러한 패러독스의 상충성이 집단의 이해관계나 가치 등을 통해 표면화되는 경우 갈등이 발생한다. 이때의 갈등은 완전히 모순되는 요구의 충돌 양상으로 나타나므로 타협이나 절충이 어렵다. 따라서 이를 조절하기 위한 정책결정은 '이러지도 저러지도 못하는' 어려움에 봉착하게 된다. 정책딜레마는 통상적인 갈등상황과 구분되는 이러한 어려움을 나타내기 위한 개념으로 개발되었다(이종범, 1990; 이종범 외, 1992; 염재호 외, 1992).

상황의 패러독스적 구조에 일정한 조건이 주어지면 갈등이 표면화되어 정책결정이 원천적으로 어려워지는 정책딜레마가 발생한다. 따라서 정책패러독스는 '잠재적 딜레마' 상황이라고 볼 수 있으며, 딜레마로 전화되지 않게 하기 위해서는 적극적으로 관리되어야 한다. 즉 정책결정자가 패러독스를 인식해야 하며, 상충되는 요구 각각에 대해 적절한 자원(*resources*)과 주의(*intentions*)가 주어져야 한다. 패러독스를 인식하는 조직이 그렇지 못한 조직보다 우월하다는 점은 이미 많은 학자들에 의해 지적되고 있다(Peters and Waterman, 1982; Quinn and Cameron, 1988; Quinn, 1988; 김영평, 1991). 그 이유는 딜레마의 발생은 그 자체로 정책실패를 의미하는 것이며, 패러독스를 인식하지 못하면 제대로 관리를 하지 못함으로써 딜레마에 빠질 확률이 높아지기 때문이라 할 수 있다.

### 2) 정책딜레마의 구성조건

논리적으로 딜레마를 구성하는 조건들은 아래와 같다(이종범 외, 1992: 7~10; 소영진, 1994: 46~55).

① 분절성(*discreteness*): 두 대안이 분절되어야 한다. 즉 대안 간 절충이 불가능하다는 것이다. 이 조건은 '두 개의 대안'이라는 조건과 내용적으로 같은 것이다. 만일 분절성이 없다면 두 개의 대안은 절충에 의해 하나로 통합될 수도 있으며, 이 경우 딜레마가 발생하지 않기 때문이다.
② 상충성(*trade-off*): 두 대안이 상충되므로 둘 다 선택할 수 없으며, 하나만 선택해야 한다.
③ 균등성(*equality*): 대안들이 가져올 결과가치가 균등하여야 한다. 만일 결과가치가 상이하다면 보다 큰 가치를 가져오는 대안을 쉽게 선택할 수 있을 것이다.
④ 선택의 불가피성(*unavoidability*): 선택을 하지 않고 넘어갈 수 없으며, 최소한 하나의 대안을 반드시 선택해야 한다.

즉 이러한 네 가지 조건이 충족될 경우 딜레마가 발생한다. 그러나 이러한 논리적 조건들은 추상적 수준에서 주어지는 것일 뿐이다. 구체적 사회현실 속에서 이러한 논리적 조건들이 충족되기 위해서는 일정한 사회상태가 조성되어야 한다. 이러한 사회적 상태를 딜레마의 사회적 조건이라 부른다(소영진, 1999: 188~189). 현실에서 딜레마를 야기하는 사회적 조건들로 어떠한 것들이 있는가에 대해서는 기존에 많은 연구가 없지만 대략 〈표 6-1〉과 같은 것들이 언급되고 있다.

논리적 상황인 패러독스에 딜레마의 논리적 조건을 충족시키는 사회적 조건이 부가되면 현실적으로 딜레마가 발생한다. 이러한 사회적 조건이 부가되지 않는 한, 상황은 패러독스의 상태로 남아 있게 되고, 딜레마는 표면화되지 않는다. 이와 같은 관계는 〈그림 6-1〉과 같이 도식

〈표 6-1〉 딜레마의 사회적 조건

| 논리적 조건 | 사회적 조건 |
|---|---|
| 분절성 | 조정기능 미흡, 이익과 비용의 분리, 결정자에 대한 불신, 대안의 구체성 |
| 상충성 | 자원의 빈곤(둘 다 만족하기 어려움), 영역의 중복 |
| 가치균등성 | 세력균형, 요구의 강도(이해관계의 크기), 조직화의 정도, 전략적 행동 |
| 선택불가피성 | 결정지연에 대한 반발 가능성 |

자료: 소영진, 1999.

〈그림 6-1〉 패러독스와 딜레마의 관계

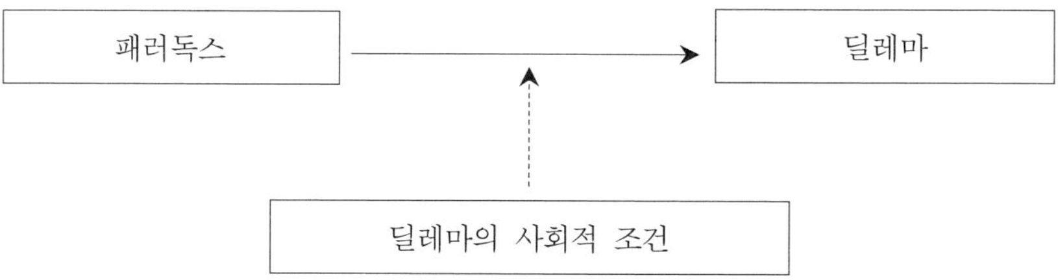


화할 수 있다. Stone(1988)이 언급했듯이 모든 정책이 크든 작든 패러독스적 성격을 갖는다면 이는 곧 모든 정책이 딜레마 발생의 가능성을 갖는다는 것이고, 결국 정책관리의 초점은 딜레마의 사회적 조건이 주어지지 않도록 하는 데 있다고 말할 수 있다.

## 3. 전자정부의 개념

전자정부(*electronic government*)라는 개념은 1993년 미국의 클린턴 행정부에서 사용되기 시작하였다. 전자정부란 NPR이 밝히고 있듯이 금융부문에서 이루어지고 있는 전자은행(*electronic banking*)의 개념을 행정영역에 차용한 것이지만, 그 내용은 보다 광범위하고 근본적인 것으로서 정보기술을 활용하여 정부의 조직과 기능을 혁신하는 것이라 할 수 있다.

기존의 연구에 의하면 전자정부는 "정보기술(네트워크와 디지털 정보)을 전략적으로 활용하여 효율적이면서도 주민위주로 업무를 수행하는 정부"(김동욱, 1996: 271)이거나 "공통의 정보통신기반 위에 하나로 연결된 각종 행정서비스를 언제, 어디서나, 어떤 방법으로든, 신속하게 제공할 수 있는 정부"(서삼영, 1996), 또는 "초고속정보통신 기반기술 등 정보기술을 활용하여 행정업무를 재설계하고 대국민 서비스를 증진시킴으로써 삶의 질을 향상시키고 민주주의의 이념을 실현하는 미래의 혁신적 행정모형"(정충식, 1997), "정보기술을 활용하여 행정기관의 사무를 전자화함으로써 행정기관 상호 간 또는 국민에 대한 행정업무를 효율적으로 수행하는 정부"('전자정부구현을 위한 행정업무 등의 전자화촉진에 관한 법률' 제2조) 등으로 정의된다.

한편 외국의 경우에는 전자정부를 '정부'라는 조직 그자체로 보기보다는 정부의 업무처리방식으로 파악하는 것이 일반적이다. 예컨대 Holmes (2001: 2)는 전자정부를 "정보기술, 특히 인터넷을 이용하여 보다 편리하고 고객지향적이며 효율적인 공공서비스를 완전히 새로운 방식으로 전달하는 것"으로 정의하고 있으며, 뉴질랜드의 주서비스위원회(*State Service Commission*)가 운영하는 홈페이지(http://www.e-govern ment.govt.nz/)에서는 전자정부를 "국민들이 정부 정보 및 서비스에 보다 편리하게 접근할 수 있도록 함으로써 서비스의 질을 개선하고 민주적 제도 및 절차에의 접근기회를 확대하기 위하여 각급 정부가 새로운 기술을 사용하는 방식"이라고 정의하고 있다.

조직이든 업무처리 방식이든 이들 정의를 종합해보면 정보기술과 정보통신 기반 위에서 행정업무를 수행하되, 업무의 효율화와 대국민 서비스 향상을 위하여 공통의 정보기반을 활용하는 형태를 의미한다. 즉 네트워크와 그에 연결된 정보의 공동활용이나 교환이 필수적인 수단요소이고, 업무 효율화와 서비스 개선은 목표가 되는 것이다.

우리나라의 경우 1994년부터 전자정부라는 용어가 등장하기 시작하였으며, 공식적으로 전자정부 구현이 정부의 정보화정책으로 확정된 것은 1996년부터이다. 정부는 1996년 6월 11일에 정보화촉진기본계획을 확정하고 "작지만 효율적인 전자정부의 구현"을 포함하는 정보화촉진 10대 중점과제를 선정한 것이다. 이후 기존의 행정정보화 개념은 점차 퇴색되어 전자정부라는 개념으로 대체되고 있다.

전자정부의 개념은 광의와 협의로 나누어 볼 수 있다. 광의의 개념은 '정부의 정보화' 또는 '행정정보화 전반'을 의미하는 것이고, 협의의 개념은 전자정부라는 명칭이 사용되기 시작한 이후 기존의 일반적 정보화와 구분되는 전자정부법상의 사업을 의미하는 것으로 볼 수 있다. 그러나 후자는 형식적인 개념정의로서 실용적 가치는 있을지언정 학술적으로는 크게 가치를 부여받을 수 없다. 따라서 이 논문에서는 전자정부의 개념을 광의로 해석하여 기존의 행정정보화를 포괄하는 것으로 보고자 한다. 전자정부를 이러한 의미로 본다면 공식적으로 전자정부라는 용어를 사용하기 훨씬 이전부터 전자정부 구축사업은 추진되었다고 볼 수 있다.

## 4. 정보화 사업의 패러독스와 딜레마

정보화 사업의 영역은 패러독스적 성격을 많이 가지고 있다. 그 중에서 추진체계와 관련하여 딜레마의 잠재요인으로 작용하는 구조적인 요인들을 들어보면 다음과 같다.

### 1) 수직적 분할과 수평적 협동의 패러독스

#### (1) 정보화 추진체계의 특성: 수직적 영역 분할과 할거주의

우리나라의 정부부처들은 그동안 엄격한 위계제적 조직구조를 유지해왔다. 각 부처는 대부분 각자의 독립적인 업무영역을 관장하고 있다. 한 부처가 타 부처의 영역에 개입하는 것은 금기시되어 있고, 해당 부처의 업무에 관한 한 그 부처의 반대가 있으면 업무 추진이 불가능하다. 따라서 상호 이해관계가 대립하는 업무의 경우 부처 간 조율은 수평적 협동을 통하여 이루어지기보다는 수직적 권위에 의하여 이루어지는 것이 일반적이다.

그러다 보니 부처 간, 부처 내 부서 간 할거주의가 극심하여 부처 간 조율이 필요한 업무는 대부분 원활하게 추진되지 못한다. 따라서 이러한 업무를 주관하는 부처는 대개 '강력한 힘'을 배경으로 업기 위하여 추진기구를 상향화하려 하고, 가급적 대통령 직할로 두려는 경향이 나타난다.[4)]

#### (2) 업무의 성격: 수평적 협동

정보화 사업은 다른 어느 업무보다도 부처 간 협조가 요구되는 분야이다. 특히 정보화 추진단계에 있어서 초기 업무전산화 단계에 비해 네트워크를 기반으로 한 정보화 단계에는 조직 간 협동의 필요성이 두드러지게 제기된다. 초기 단계에서는 주로 수작업의 기계화에 따른 효율 증대가 주된 효과이지만, 네트워크를 기반으로 한 고도정보화의 효과는 대부분 '정보 통합'의 효과이기 때문이다.

우리나라의 경우 80년대 후반(국가기간전산망사업 단계)부터 서서히 업무전산화에서 벗어나 네트워크 기반의 고도정보화 단계로 넘어가기 시작하였고, 이에 따라 제 2차 국가기간전산망 사업에서는 '정보공동활용'을 주목표로 설정하였다. 나아가 1990년대 들어 초고속정보통신기반

구축사업, 전자정부구축사업 등 범정부적 차원의 정보화가 가속화되어 다부처 관련 정보화 사업이 주류를 이루게 됨에 따라 부처 간 협조의 중요성은 지속적으로 커지고 있다.

(3) 정보화 사업의 특징: 끊임없는 혼돈의 장

정보화 사업 또는 정책은 아래와 같은 특징들을 가지고 있으며, 이러한 특징들로 인하여 끊임없는 경쟁과 갈등의 장이 되고 있다.

첫째, 업무영역이 잘 정의되어 있지 않다. 정보화 사업은 통신망 구축, H/W 및 S/W산업 육성, 기술개발, 조직혁신 등 그 범위가 매우 넓어서 거의 전 부처의 영역에 걸쳐있기 때문에 따라서 여타 업무와 같이 단일 부처가 정보화 업무를 독점적으로 관장하기 어렵다. 뿐만 아니라 새로운 기술이 끊임없이 출현하고 그에 따라 새로운 업무 영역들이 계속 창출되기 때문에 기존의 업무분장 기준에 따라 관할 부처를 정하기가 매우 어렵다. 업무영역의 정의가 어렵다는 것은 그 업무를 누구든지 할 수 있다는 말과 같다. 이는 곧 업무영역의 중복을 의미한다.

둘째, 정보화 업무는 급속히 성장하는 영역이다. 사회의 정보화 진전에 따라 그 중요성이나 업무영역이 대폭 확대될 가능성이 크기 때문에 이 분야의 장악은 부처의 성장 및 예산확보에 매우 긴요하다. 따라서 조직 및 예산 극대화를 추구하는 부처들은 서로 정보화 업무에서의 주도권을 쥐기 위하여 노력한다. 이러한 개별 부처들의 노력이 앞에서 지적한바 독자적 관할영역이 정해지지 않은 업무영역에서 충돌할 때 첨예한 경쟁과 갈등이 야기된다.

셋째, 정보화 업무는 타 분야에 비해 빠른 변화를 특징으로 한다. 기술 변화가 급속도로 이루어지기 때문에 이러한 변화를 반영한 업무영역들이 빠르게 나타나고 사라진다. 이 때문에 정보화 사업은 높은 불확실성을 가질 뿐 아니라 사업추진과정에서도 어떠한 추진체계가 적당한 것인지에 대해 확실한 답을 구하기 어렵다. 또한 업무 영역의 조정이 일시적으로 이루어졌다 할지라도 곧이어 새로운 분야의 출현으로 인한 갈등의 소지가 이어지게 된다.

이 세 가지 특징을 종합해볼 때 정보화 사업은 한마디로 불확실성 속에서 끊임없는 변화가 일어나는 가운데 부처 간 경쟁과 갈등이 이어지는 '지속적 혼돈의 장'이라고 할 수 있다.

결국 이상의 논의를 종합해보면 우리나라의 정보화 사업은 수평적 협동을 요구하는 업무성격과 수직적 분할을 요구하는 조직구조의 특성 사이의 패러독스 상황이 존재한다고 볼 수 있다. 여기에 빠른 변화와 높은 성장성, 광범위한 영역 등의 사업 특징은 업무의 중복성과 부처 간 경쟁을 증폭시키는 역할을 한다. 따라서 정보화 사업은 구조적으로 다른 사업 영역에 비해 부처 간 할거주의의 문제가 확대, 증폭될 가능성이 상존하고 있는 분야라 할 수 있다.

### 2) 집권화와 분권화의 패러독스

#### (1) 효율성의 논리: 집권화된 추진체계

정보화 사업을 효율적으로 집행하기 위해서는 집권화된 추진체계가 필요하다는 것이 일반론이다. 그 이유는 첫째 무원칙한 정보화 추진은 중복투자, 시스템 간 비연동, 자료의 비호환 등으로 정보통합의 효과를 저하시킬 것이기 때문이다. 이론적으로는 처음에 다양한 시스템을 구축하더라도 나중에 시스템 간 연동을 하면 될 것처럼 생각할 수 있지만 현실적으로 일단 시스템을 구축하고 나면 사후적 연동·통합은 거의 불가능하다는 것이 정설이다. 따라서 효율적인 정보화를 추진하기 위해서는 처음부터 전체적인 관점에서 기획하고 접근하는 top-down approach가 요구되는 것이다.

둘째로는 정보화가 기존의 조직이나 업무관행의 변화를 초래하고, 기술저음이라는 번거로움을 가져오기 때문에 조직 구성원의 저항과 갈등이 빈번히 발생하게 된다. 이를 극복하고 정보기술의 이용을 촉진하여 소기의 정보화 효과를 거두기 위해서는 최고의사결정자의 의지와 리더십이 중요하다고 일컬어진다.

따라서 흔히 효율적인 정보화는 하향식으로 추진되어야 하며 최고의사결정자의 강력한 의지와 강력한 조율기구 필요하다는 주장이 상식화되어 있을 정도이다. 즉 집권화된 추진체계가 필요하다는 것이다.

(2) 다양성 · 혁신성의 논리: 분권화 된 추진체계

반면에 정보기술과 같이 빠른 속도로 변화하는 환경에서 획일적인 시스템의 도입은 기술혁신을 저해할 가능성이 높고, 다양한 조직의 상황이나 요구를 제대로 반영하기 어렵기 때문에 오히려 비효율적이라는 주장도 만만치 않게 제기된다. 예컨대 국가가 어떤 기술을 표준으로 정해놓으면 그 기술이 시장을 장악하게 되고, 그 다음에 더 우수한 기술이 출시되더라도 기술의 선점효과 때문에 후자는 시장에서 퇴출되는 것이다. 따라서 다양성과 경쟁을 통하여 조직혁신과 기술혁신이 나타날 수 있다는 주장이다.

더욱이 개별 부처 및 자치단체의 입장에서는 범정부적 통합시스템이 조직의 목적달성을 방해하거나 효율을 떨어뜨리는 경우도 많이 발생한다고 보고되고 있다.[5] 이러한 측면에서 볼 때, 정보화 추진체계는 각 부처 또는 기관의 고유성을 존중하는 분권화된 추진체계가 낫다는 것이다.

3) 정보화 추진체계의 딜레마

이상에서 살펴본 바와 같이 정보화 영역에서는 업무의 협동적 성격과 조직의 할거적 성격 간에, 그리고 효율성의 논리와 다양성 · 혁신성의 논리 간에 패러독스가 존재한다. 부처 간 경쟁과 갈등이 가장 높은 사업 영역이 공교롭게도 부처 간 협조를 가장 필요로 한다는 사실에서 정보화 사업은 그 출발부터 항시적인 딜레마 발생 가능성을 가지고 있다고 할 수 있다. 또한 집권화된 추진체계와 분권화된 추진체계의 문제도 수시로 딜레마를 야기하곤 한다. 이들 패러독스는 실제로 정보화 추진과정에서 부처 간 대립으로 인한 딜레마 양상으로 빈번히 나타남으로써 효율적인 정보화 추진에 최대의 걸림돌이 되어 왔다.

90년대 초부터 체신부, 총무처, 내무부, 경제기획원, 과학기술처, 통상산업부 등이 정보기반, 정보기술, 정보산업, 정보화 사업 등 다양한 정보화 영역을 둘러싸고 정보화의 주도권을 쥐기 위해 갈등과 경쟁을 벌여왔다. 이러한 부처 간 갈등은 전산망조정위원회 시절부터 시작하여 정보화추진위원회 구성 및 전자정부 추진체계 구축과정을 거쳐 최근의 4대 사회보험 정보시스템 연계사업의 좌절이나 전자문서 암호키의 생성·관리 주체를 둘러싼 국정원-관련부처 간 갈등에 이르기까지 끝없이 이어지고 있는 실정이다.

더욱 문제를 어렵게 하는 것은 이러한 갈등을 단순히 부처이기주의로만 치부하거나 판정을 내리기 어렵다는 점이다. 즉 패러독스 상황에서 각 부처의 상반되는 논리와 주장은 어느 한 쪽이 맞고 틀리는 문제가 아니라 각각 정당성을 지니고 있기 때문이다. 예컨대 국가기간정보시스템 백업센터 구축을 두고 행정자치부는 보안성을, 정보통신부는 효율성을 강조한다. 또한 정보화 추진체계를 두고는 행정자치부는 기존의 부처별로 분화된 업무영역을 존중하면서 분권적 접근을 요구하고, 정보통신부는 효율적 추진을 위한 집권적 접근을 요구한다. 전자정부 사업에 있어서도 기획예산처가 정부개혁을 강조한다면, 행정자치부는 행정사무의 통일성을, 정보통신부는 정보기술성을 강조한다. 물론 이러한 강조가 각 부처의 이해를 반영한 것이기는 하지만 모두 나름대로 중요한 가치들이어서 누가 옳고 누가 그른지를 판단하기 어려운 것이다.[6]

전자정부특위의 보고서(〈세계일류국가 도약을 위한 전자정부구현 전략〉, 2001년 5월)에는 이러한 문제인식이 반영되어 있다. 이 보고서는 전자정부 추진과정상의 문제점을 아래 5가지로 요약 제시하고 있다.

- 각 부처의 전자정부구현을 위한 정보화 마인드 부족
- 부처·기관 간 정보공유 및 연계 부족으로 통합적 대국민·기업 서비스 미흡
- 국가 핵심 업무의 통합 정보화 미흡으로 정책결정 지원기능 미약
- 표준화 및 공통전산환경 미비로 중복투자 발생
- 인터넷 처리를 지연시키는 각종 법·제도의 존치

그런데 이들 문제점은 대부분 부처 간 협조의 미비에서 나타나는 것들이다. 따라서 이 보고서에서는 전자정부 구축사업이 '범부처적 협조와 역량을 집중하면 단기간 내 도약 가능'하다고 기술하고 있다.

또한 최근에 종결된 감사원의 전자정부 사업 감사 보고서도 부처 간 정보 공동 활용이 여전히 이루어지지 않고 있다는 사실이 감사로 지적된 바 있다(〈전자신문〉, 2003.2.11). 정보 공동 활용의 문제는 정보화 사업의 감사 때마다 등장하는 해묵은 단골메뉴이면서도 여전히 개선되지 않는 고질적 문제임을 알 수 있다.

그러나 이미 살펴본 바와 같이 정보화 사업에서는 부처 간 협조가 매우 어렵다는 현실을 감안할 때 '어떻게' 그러한 협조체제를 만들어내느냐 하는 것이 전자정부 구축사업의 최대 과제라 할 수 있다. 2장에서 살펴본 바와 같이 정보화 사업에 내재하는 패러독스를 딜레마로 전화시키지 않는 방안 중 하나가 강력한 조정기능을 갖추는 것이다. 부처 간 갈등을 조정할 수 있는 범정부적 조정기구의 필요성은 그래서 정보화 사업 초기부터 제기되어 왔다.

## 5. 딜레마 해소방안으로서의 범정부적 조정기구

### 1) 전산망조정위원회: 잠재된 딜레마

제 1차 행정전산화기본계획이 마무리된 후 정보산업의 중요성이 점차 부각되기 시작하면서 범정부적인 대응의 필요성이 제기됨에 따라 1983년에 최초로 범정부적인 정보화추진기구인 정보산업육성위원회가 발족하였고, 이 위원회는 이듬해인 1984년 국가기간전산망조정위원회로 바뀌었다.

국가기간전산망조정위원회는 행정전산망사업의 추진을 총괄하는 기구로서 대통령비서실장이 위원장을 맡았고, 전산화 사업을 정부 부처 단위로 추진하던 방식에서 종합추진방식으로 전환하였으며, 1985년부터 정부의 모든 전산화 사업을 행정전산망의 대상으로 삼았다. 따라서 80년대부터 90년대 초반까지는 전산망조정위원회가 국가정보화 추진체계의 중심을 이루고 있었다.

전산망조정위원회는 1987년부터 국가기간전산망사업을 시작하는데, 그 이름이 말해주듯이 기존의 행정전산화사업과 달리 범부처적 협동사업의 성격을 띠는 것이었다. 1987년부터 1991년까지의 제 1차 국가기간전산망사업의 시기에는 대통령이 실질적으로 주재하는 전산망조정위원회가 강력한 조정기능을 발휘하여 비교적 통합된 추진체제를 유지할 수 있었다.

그러나 제 2차 전산망사업기간에 들어오면서, 전산망조정위원회의 사무국이 청와대에서 체신부로 이관되었고, 정부정책도 “무정책시대”(안문석, 1996: 12)라 불릴 정도로 5대 전산망의 보완 및 운영에만 치중하였다. 또한 제 1차 전산망사업 때 취해졌던 개별부처에 의한 전산망도입억제라는 전산망법의 기본취지가 사라지면서 제 2차 국가기간전산망사업부터 부처별 추진으로 사업방식이 변하게 되어 추진체제의 통합성이 크게 약화되었다.

전산망조정위원회의 추진체계 하에서는 딜레마가 심각하게 표면화되지 않고 있었는데, 그 이유는 아래와 같다.

첫째, 청와대 비서실장이 위원장으로 있거나 적어도 조정위원회 사무국을 청와대가 담당하면서 강력한 조정력 때문에 부처 간 갈등은 억압되는 측면이 있었다. 이러한 양상은 제 2차 국가기간전산망사업 시기부터 체신부로 사무국이 이관되면서 거의 조정이 불가능한 체계로 전락하였다. 이러한 점에서 정보화 사업에서의 조정 권위의 중요성이 극명하게 드러난다.

둘째, 전산망조정위원회 시기는 아직 정보화의 가능성 본격 인식되기 이전인 정보화 초기단계로서 정보화 예산이나 조직도 적고, 따라서 그에 대한 부처들의 관심이 희박했으며, 자연히 경쟁의식도 약했다.

셋째, 제 1차 국가기간전산망단계까지는 주로 부처별 업무전산화 단계라 할 수 있다. 따라서 이 시기에는 범부처적인 추진체계라 할지라도 주안점이 부처 간 조정보다는 각 부처별 정보화 추진실적을 독려하고 총괄하는 데에 주어졌다. 정보화의 일차적 관심은 부처 내에 주어졌고, 부처 간 충돌의 가능성은 상대적으로 적었다.

이상의 조건들은 딜레마 발생의 사회적 조건 중에서 강력한 조정능력으로 분절성 조건을 해결할 수 있었고, 결과가치의 크기가 작아서 딜레마가 발생하더라도 그 강도가 약하였으며, 업무영역이 중복되지 않아서 상충성이 나타나지 않았다는 점에서 딜레마는 잠재된 상태로 있었다고 볼 수 있다.

### 2) 정보화추진위원회

부처 간 업무 조율 필요성이 본격적으로 제기되기 시작한 것은 제 2차 국가기간전산망사업 시기부터였다. 이때는 네트워크를 기반으로 한 다

부처 관련 정보화가 본격화되기 시작하고, 전산화의 중점도 '부처 간 정보공유' 쪽으로 전화됨으로써 부처 간 조율의 문제를 종합적으로 조정할 추진체계의 필요성이 점차 커지고 있었다. 부처별 추진체제는 분권화를 통한 이점을 기대할 수 있지만, 부처 간 중복투자, 정보화에 대한 정책 우선순위 저하, 정보 공동 활용의 제약 등 많은 문제점을 수반한다.

90년대 들어 전산망조정위원회의 무기력과 부처별 할거주의적 추진체계에 대한 개선 필요성이 크게 제기되기 시작하였다. 따라서 1994년부터 시작된 초고속 정보통신 기반구축사업을 계기로 정부는 기존의 전산망 조정위원회의 기능을 대체하고 범부처적 조정력을 강화하기 위하여 1994년 12월 정보화정책의 총괄기관으로 정보통신부를 신설하는 한

〈그림 6-2〉 정보화추진위원회의 추진체계

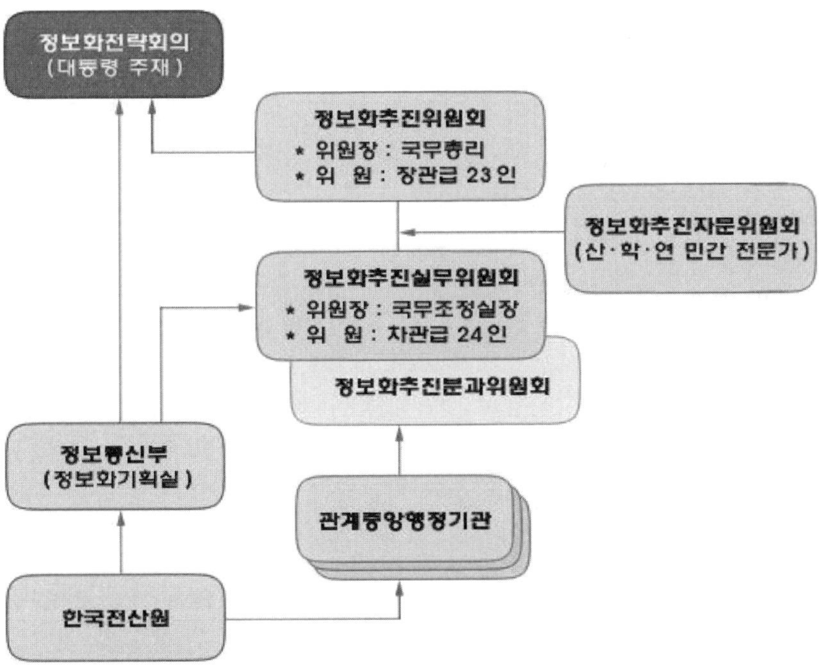


자료 : 정보화추진위원회 홈페이지

편, 1995년 8월 정보화촉진기본법을 제정하고 이에 근거하여 정보화추진위원회를 설치하였다.

국무총리가 위원장이고 각 부처 장관이 위원인 정보화추진위원회는 국가사회 정보화의 기본계획과 시행계획을 심의하고 정보화추진실적을 평가하는 등 정보화사업의 계획과 평가를 총괄조정하고 있다. 위원회 하에는 실무위원회가 선심기능을 담당하고 있으며 그 위원장은 국무조정실장이, 간사기능은 정보통신부 정보화기획실이 각각 담당하고 있다. 정보화추진위원회에는 현재 24개의 분과위원회가 있는데 분과위원회의 구성을 보면 대부분의 경우 주무부처의 차관이 위원장이고 관련 국장급 공무원과 소속 공공기관의 정보화책임관, 그리고 민간전문가들이 참여하고 있다.

그러나 범국가적 정보화 조정기구로서 정보화추진위원회는 아래와 같은 문제점들이 지적되고 있다.

첫째, 구성의 복잡성 문제이다. 추진위원회, 실무위원회, 분야별 분과위원회의 다단계로 구성되어 있을 뿐 아니라 위원회, 실무위원회, 분과위원회마다 자문위원회가 별도로 구성되어 있어서 부처별 정보화 사업 수립 및 추진 시 계속 중복되는 심의를 거쳐야 하고, 더욱이 중복 심의로 인하여 심의의 부실화마저 초래되고 있다는 비판이 제기된다(라웅길, 1998: 49~50).[7)]

둘째는 정보화추진위원회의 위상이 국무회의와 동급의 위원회로서 양자 간 역할이 중복된다는 점이다. 이러한 중복성은 옥상옥의 비효율을 야기할 뿐 아니라, 정보화 업무에 관한 계획 및 평가업무를 국무회의 심의 없이 확정함으로써 "국정의 기본계획, 행정각부의 중요한 정책의 수립과 조정, 국정처리상황의 평가·분석 등은 국무회의의 심의를 거쳐야 한다"는 헌법 제89조에 위배되는 위헌적 소지를 안고 있다는 문제까지도 제기된다.

셋째, 무엇보다 중요한 문제점은 정보화추진위원회가 그 기본적 구성에 있어서 과거의 전산망조정위원회와 유사한 구조를 가지고 있으며(위원회, 실무위원회, 분과위원회 등), 여전히 부처별로 정보화 사업영역을 분할관장하는 구조를 온존시키고 있다는 점이다. 부처별로 분과위원회를 분할관장하고, 분과위원회의 소관업무는 타 부처의 간여가 배제되어 있어서 할거주의는 여전하다. 이러한 구조는 90년대부터 강력히 제기되기 시작한 네트워크 사회, 네트워크 조직이라는 관점에서 보면 현저히 불합리한 것일 뿐 아니라[8] 부처 간 갈등으로 인한 딜레마의 발생가능성은 여전히 남게 된다.

넷째, 부처 간 갈등 상황이 발생할 때 정보화추진위원회의 조정기능이 미흡하다는 점이다. 위원회는 예산권이나 법제권, 정치적 권위 등 모든 측면에서 부처들을 움직일 수 있는 힘이 미약하다. 우선 정보화추진위원회, 정보화추진실무위원회 및 정보화추진분과위원회는 모두가 다 심의기구일 뿐이다. 비상설 심의기구가 현존하는 부처 이기주의에 대해 강력한 조정기능을 발휘하여 국가적 차원의 정보화를 추진할 수 있을지 의문시된다. 예컨대, 정보화촉진기금의 경우 실제적으로 정보통신부가 기금을 직접 운영·관리하고 정보화추진위원회는 운용방침에 관한 사항만을 심의한다. 기금에 관한 통제권이 없는 위원회가 부처 간의 이해관계를 조정하기란 어렵다. 정보통신부가 실질적인 조정자 역할을 하고 있지만 그 위상이 타 부처를 리드할 수 없는 수평적 관계에 놓임으로써 부처 간 할거주의를 극복하지 못하는 것이다(안문석, 1996). 그나마 정보통신부가 가지고 있는 주요한 조정수단은 정보화촉진기금이다. 그러나 국가정보화의 추진은 엄청난 예산을 필요로 하며 이것은 정보화촉진기금의 수준이 아니라 정부 전체 예산에서 집행되어야 하는 것이다. 따라서 결국 정보화추진위원회에서 상정한 정보화예산이 반드시 반영되는 그러한 제도적 장치가 없는 실정에서는 정보화추진위원회가 강력한 조정력을 발휘할 수 없는 것이다.

물론 정보화 사업 중 각 부처별로 추진할 수 있는 사업의 경우는 비교적 문제가 없지만 처음부터 부처 간 협조의 전제위에서 추진할 수밖에 없는 사업의 경우에는 진척이 안 되어 효율성이 떨어질 수밖에 없는 것이다.[9)]

### 3) 전자정부특별위원회

전자정부가 본격적인 관심의 대상으로 부상하면서 부처 간 할거주의를 극복하고 범정부적 전자정부 사업을 추진할 수 있는 추진체계의 필요성이 다시금 제기되었다. 그때까지 이 사업을 범정부적 차원에서 다룰 수 있는 유일한 법적 추진체는 정보화추진위원회였지만 앞에서 살펴본 이유로 인해 이 위원회는 전자정부에 관한 국가 전체 차원의 강력한 추진체로 작동하기 어려웠다(정충식, 2001). 따라서 자연스레 전자정부 추진 전담조직의 필요성이 대두되었고, 이에 부응하여 다양한 추진체계 구성방안들이 제시되었다.

#### (1) 새정치국민회의 전자정부정책기획단

제일 먼저 당시 집권여당인 새정치국민회의(현 새천년민주당)는 1998년 8월 전자정부구현정책기획단(위원장: 김근태 부총재)을 발족하고 '전자정부구현특별법(안)'을 발표하였다. 이 특별법(안)에 따르면 전자정부 구축추진 주체로서 전자정부추진위원회를 설치하도록 되어 있었다. 이 위원회의 주요 특징을 살펴보면 다음과 같다.

- 위원은 위원장·부위원장을 포함하여 30인 이내로 한다.
- 위원장은 기획예산위원장이, 부위원장은 행정자치부 차관과 정보통신부 차관이 맡는다.
- 위원은 공공기관의 CIO 중 위원장이 위촉하는 자 및 위원장이 위촉하는 5인 이내의 민간전문가로 한다.

- 위원회 간사는 기획예산위원회의 CIO가 맡는다.
- 위원회에 행정자치부 차관과 정보통신부 차관을 장으로 하는 전자정부추진전담반을 설치한다.

이 안에 대하여 정보통신부는 기존의 정보화촉진기본법과의 중복문제를 제기하면서 정보화촉진기본법을 활용하여 전자정부를 구현하자는 입장을 고수하였다. 정보통신부는 정보화추진위원회에서 중추적인 역할을 담당하는 조정기관으로서 이 같은 별도의 범정부적 정보화추진위원회가 만들어질 경우 정보화추진위원회의 기능이 약화되는 만큼 영향력이 떨어질 것을 우려하여 반대한 것이다. 반면에 행정자치부는 전자정부 사업 주관부처로서 일단 정보화추진위원회와 정보통신부의 간섭에서 벗어난다는 측면에서 크게 반대할 이유는 없었다.

원래 이 안은 기획예산위원회의 예산과 행자부의 조직관련 권한, 정통부의 기술적 전문성을 각각 결합한다는 의도에서 만들어진 것이었지만 부처 간 갈등조절에 실패하고 특히 정보통신부의 반발에 부딪쳐서 국회에 상정되지 못한 채 좌초하고 말았으며, 이와 함께 기획단도 해체되었다.[10)]

(2) 행정자치부의 전자정부 추진체계(안)

여당이 내놓은 전자정부 추진체계(안)가 무산되고 정보통신부가 1999년 초에 '전자서명법'(법률 제5792호)을, 2000년 1월말에 '지식정보자원관리법'(법률 제6232호)을 각각 제정하는 등, 공식적으로 전자정부라는 용어를 사용하지는 않았지만 실질적으로 전자정부와 긴밀히 연관된 사업들을 발 빠르게 전개해나가자 전자정부의 주관부처인 행정자치부로서는 주도권을 놓치지 않기 위하여 전자정부법의 제정을 서두를 수밖에 없었다.

행정자치부는 2000년 9월 '전자정부 구현을 위한 법률안'을 마련하여 같은 해 11월 20일 국회에 제출하였다.[11] 이 법률안에도 전자정부추진위원회 구성(안)이 포함되어 있었으며, 그 주요내용은 다음과 같다.

- 전자정부추진위원회는 행정자치부에 설치한다.
- 위원장은 정부정보화책임관, 부위원장은 기획예산처 차관과 정보통신부 차관이 맡는다.
- 간사는 행정자치부의 전자정부기획실장이 담당한다.
- 위원을 500인 이내로 광범위하게 선정하되, 100인 이상의 민간전문가와 시민 사회단체 등 비정부공익단체의 추천을 받아 위원장이 위촉하는 공익대표자를 위원으로 선임한다.
- 이러한 다수의 위원들로 위원회를 운영하기 위하여 사이버위원회로 운영할 수 있다.

행정자치부의 안은 정보화추진위원회와 독립적인 위원회를 만든다는 점에서는 여당안과 같았지만 이를 행정자치부 안에 둠으로써 정보통신부의 간섭에서 벗어나 정보화 주도권을 쥐고자 한 데서 부처의 이해관계를 앞세운 내용으로 평가된다.

민주당과 행정자치부 외에도 한국전산원, 정보통신정책연구원 등 전문기관은 각 부처의 의뢰를 받거나 독자적으로 용역보고서 등을 통하여 국가 CIO제도의 도입(권헌영, 1999), 또는 전자정부 전담조직을 청와대에 설치하는 방안(한국전산원, 1997) 등 전자정부 추진체계에 대한 의견들을 내놓았다.

#### (3) 정보통신부의 입장

정보화추진위원회의 간사 역할을 맡으면서 국가정보화 업무의 총괄조정권을 행사하고 있는 정보통신부로서는 전자정부 구축사업을 기존의 정보화추진위원회의 틀 안에서 추진하지 않으려는 시도에 대하여 불만을 토로하고 강력히 저항하였다. 정보통신부는 시종일관 전자정부추진특별위원회를 정보화추진위원회 산하 정보화추진실무위원회 밑에 있는 18개 정보화추진분과위원회 중 행정정보화 분과에 두는 방안이 바람직하다고 주장하였다.[12] 특히 정보통신부는 신경전을 벌여온 행정자치부가 독자적인 조정기구를 장악하는 데 대하여 민감하게 반응하여, 정보화추진위원회를 둔 채 별도의 범정부적 위원회를 설치하는 것은 옥상옥이며, 현재의 추진위원회 체계로도 조정이 가능하다는 입장을 견지하였다.

(4) 전자정부특별위원회 설치

이러한 우여곡절 끝에 정부는 2001년 1월 민관합동의 전자정부특위를 대통령 소속 정부혁신위원회 산하에 비상설위원회로 설치하기로 결정하였다. 특위 위원장은 민간전문가가 맡고, 청와대 정책기획수석실의 비서관이 간사를 맡으며, 각부 차관과 민간전문가들이 위원이 되는 구조였다. 정부혁신위원회는 기획예산처가 간사업무를 맡고 있으므로 전자정부 특위는 정보통신부나 행정자치부와 일정부분 거리를 두고 기획예산처와 가까운 관계를 가지게 되었다.

## 6. 딜레마 해소의 방안으로서 전자정부특위의 성격

이러한 전자정부특위의 탄생은 일종의 딜레마적 난관을 뚫고 이루어진 셈이다. 즉 기존의 정보화추진위원회 체계로는 전자정부 사업의 효율적 추진이 어려움에도 불구하고 이를 위하여 정보화추진위원회와 동급의 위원회를 또 다시 만들기 또한 어려움이 있었기 때문이다. 이러한 딜레마를 벗어나는 과정에서 전자정부 특위는 여러 가지 면에서 매우 모호한 위상을 가지고 있음에도 불구하고, 현실적으로 부처 간 갈등으로 인한 딜레마를 조율하면서 다부처관련 업무를 수행해나가기에는 많은 유리한 점들을 가지는 구조를 갖추게 되었다. 아래에서는 딜레마 해소에 있어서 특위가 지닌 이러한 장점들을 분석해보고자 한다.

1) 추진력의 강화

특위는 비록 비상설위원회였지만 기존에 정보화추진위원회가 가지지 못했던 강력한 추진력을 가질 수 있었으며, 이를 바탕으로 전자정부 사업 추진에 있어서 부처들의 저항을 극복할 수 있었던 것으로 평가된다. 특위가 가진 추진력은 예산과 정치적 권위를 들 수 있다.

(1) 사업과 예산의 결합

정부 부처를 움직일 수 있는 가장 강력한 힘은 예산이다. 항상 예산 부족에 허덕이는 부처들로서는 예산이 주어지는 사업에는 대체로 순응하지 않을 수 없는 것이다. 정부혁신위원회는 대통령 직속의 상설 위원회로서 간사는 기획예산처가 맡고 있다. 이는 예산권을 관장하는 기획예산처가 정부개혁 책임을 맡음으로써 강력한 추진력을 부여하기 위한 것이다. 따라서 현 정부에서 정부개혁의 추진주체는 기획예산처라 할 수 있다. 특위가 정부혁신위 산하에 들어감으로써 기획예산처의 전폭적인 지원을 받게 된 것이다.

통상 각 부처가 수립한 정보화 계획에 대해서는 예산이 큰 폭으로 삭감되는 경우가 일반적이다. 그러나 각 부처가 특위를 통하여 추진하는 사업의 경우에는 거의 전액이 주어졌다. 처음에는 특위의 출범에 시큰둥하던 부처들도 예산을 손쉽게 따주는 특위의 존재에 오히려 고마움을 느끼기 시작하였고, 적극적으로 특위 사업에 협조하는 분위기가 조성되었다. 이렇게 되자 정보화추진위원회를 통한 사업추진을 고집하던 정보통신부도 현실적으로 정보화추진위원회를 통하여 추진하기 어려웠던 일들이 특위를 통하여 풀리는 것을 보고 특위의 필요성을 인정하는 분위기로 돌아서게 되었다(정보통신부 S사무관).

결국 특위는 사업추진과 예산권을 결합함으로써 부처들의 할거주의를 넘어설 수 있게 된 것이다.

(2) 사업과 권위의 결합

예산과 함께 특위에 추진력을 불어넣어준 또 하나의 요인이 대통령의 관심사항이라는 정치적 권위이다. 특위의 활동상황은 청와대 정책특보를 통하여 매주 대통령에게 직보되는 체제로 되어있다. 김대중 대통령의 강력한 정보화 추진의지와 이를 구현하기 위한 청와대 정책특보의 조직적 개입이 특위 활동에 강력한 추진력을 실어주고 있다.

"현재 대통령의 정보화 의지는 역대 어느 대통령보다 강력하다. 앞으로도 이와 같은 강력한 의지를 가진 대통령을 모시기는 어려울 것 같다. 따라서 정권교체 등 정치적 환경변화로 대통령의 의지가 약해지면 전자정부 사업은 또 다시 과거의 부처할거주의에 따른 정체를 맞게 될 것이다. 그래서 특위 위원들은 현 대통령 재임 중 주요과제를 마무리하자는 생각으로 다소 무리할 정도로 강행군하고 있다"(모 특위위원)는 말에서 드러나듯 정치적 권위의 뒷받침이 있었기에 위원인 각부 차관들의 자발적인 협조를 이끌어낼 수 있었다.

2) 부처 반발 요인 최소화

특위의 성공 요인은 강력한 조정력에만 국한되는 것이 아니다. 한편으로는 강력한 추진력을 배경으로 하면서 다른 한편으로는 부처의 반발 요인을 최소화함으로써 특위는 딜레마 구조를 벗어날 수 있었다.

(1) 기구의 위상 문제

먼저 전자정부 특위는 정부혁신위 산하에 설치됨으로써 기획예산처가 주도하는 성격을 띠게 되었다. 이는 민주당의 전자정부특위의 추진위원회 안과 비슷한 것이나, 민주당 안은 상설적인 범정부적 위원회로서 기존의 정보화추진위원회와 대립, 중복되는 성격을 갖도록 설계된데 비해 특위는 격이 낮은 비상설 위원회의 위상을 부여받음으로써 정보화추진위원회의 역할을 대체하려는 게 아니냐는 의구심을 덜 수 있었고, 따라서 과거 민주당 기획단이 받았던 것과 같은 정보통신부의 강력한 반발을 회피할 수 있었다.

실제로 특위가 상설적 위원회로 설치되었더라면 정보화추진위원회와의 중복성 시비를 피할 수 없었고, 이를 빌미로 한 정보통신부의 반발을 극복하기 어려웠을 것이다. 설령 출범한다 해도 이러한 반발 속에서 사업추진이 원활히 이루어지기란 기대하기 어려운 것이다. 특위의 위상이 한 단계 낮을 뿐 아니라 비상설적 위원회로 출범함으로써 오히려 부처 반발을 회피할 수 있었다.

(2) 업무 영역의 축소로 중복 회피

특위는 전자정부 사업 전체를 관장하는 것이 아니라 사업 영역을 11대 과제로만 국한하였다. 따라서 여타의 정보화 사업 추진 역할은 정보화추진위원회에게 여전히 남겨놓음으로써 정보화추진위원회와의 업무중복 아니냐는 시비와 정보화추진위원회의 역할을 무력화한다는 의구심을 벗어날 수 있었다. 업무 영역을 스스로 제한함으로써 부처 반발을 최소화하고 딜레마에서 벗어날 수 있었던 것이다. 뿐만 아니라 업무영역의 제한은 특위활동을 부처 위상변화와 연결시키지 않음으로써 딜레마에서 벗어날 수 있었다. 즉 정보화 사업에서의 주도권 다툼이 주로 부처의 위상과 관련하여 일어난다는 점을 감안할 때, 특위 주도의 사업은 당장 부처 간 위상의 변화와 직결되어 있지 않았기 때문에 부처의 반발에서 벗어날 수 있었다는 것이다.

(3) 민간주도 위원회

새로이 출범한 전자정부 특위는 정보화추진위원회나 기존의 민주당(안), 행정자치부(안) 등과 달리 민간이 위원장을 맡았다. 일반적으로 힘 있는 부처의 책임자가 위원장을 맡는 경우에 비해 민간인이 위원장을 맡는 위원회는 힘이 약화된다는 것이 정설이다. 그러나 전자정부 사업과 같이 부처 간 이해대립이 첨예한 위원회에서 어떤 정부부처의 공무원이 위원장을 맡는다는 것은 곧 그 부처가 위원회를 주도한다는 것을 의미하므로 다른 부처의 반발을 사게 된다. 따라서 민간이 위원장을 맡는 것이 특위의 위상을 약화시키는 것이 아니라 오히려 부처 간 갈등을 완화하는 요인으로 작용할 수 있었다.

이상의 고찰에 비추어 볼 때 결국 딜레마 대응 추진체계로서의 전자정부 특위의 특징은 정보화추진위원회보다 위상은 격하되었지만 추진력

〈표 6-3〉 정보화 사업의 딜레마 발생조건과 특위의 딜레마 완화 조건

| 정보화 조정기구의문제점 | 야기되는 딜레마 조건 | | 특위의 장점 |
|---|---|---|---|
| | 사회적 조건 | 논리적 조건 | |
| 정보화 예산의 한정 | 자원의 빈곤 | 상충성 | 예산의 뒷받침으로 자원 확보 |
| 사업 영역의 정의 곤란 | 영역의 중복 | 상충성 | 영역 면에서 중복회피 |
| 빠른 성장성으로 부처 간 위상변화와 관련 | 요구의 강도 | 가치균등성 | 부처 간 위상변화와의 분리 |
| 부처 간 대등한 위상 | 세력균형 | 가치균등성 | 위상 면에서의 중복 회피 |
| 조정기구의 권위 부족 | 조정기능 미흡 | 분절성 | 예산과 권위 면에서 조정력 발휘 |
| 특정 부처가 주도 | 결정자 불신 | 분절성 | 민간주도로 조정자 불신 완화 |

은 강화된 추진체계로서 전략적·실무적 성격과 강력한 힘을 배경으로 딜레마를 극복할 수 있었다고 하겠다. 정보화사업 및 추진체계의 특성으로부터 야기되는 문제점들이 딜레마 발생조건들과 어떻게 연결되며, 전자정부 특위의 구조가 이러한 조건들을 어떻게 완화시키고 있는지를 요약 정리한 것이 〈표 6-3〉이다.

## 7. 결 론 : 전자정부 추진체계 개선방안

이상의 고찰에서 알 수 있듯이 기존의 범정부적 정보화 추진기구가 부처 간 할거주의에서 발생하는 딜레마를 극복하지 못한 데 비해 전자정부 특위는 강력한 조정력, 부처 반발의 회피를 통해 사업추진상의 딜레마를 극복할 수 있었다. 이는 딜레마의 사회적 조건 중 가장 중요한 요소인 업무영역 중복으로 인한 상충성 조건과 조정기능 미흡으로 인한 분절성 조건을 극복함으로써 딜레마를 회피할 수 있었다고 볼 수 있다.

그럼에도 불구하고 전자정부 구축사업의 추진체계로서 특위는 여전히 몇 가지 불안정한 구조를 가지고 있었음을 부인할 수 없다.[13] 특위체계의 불안요인들은 아래와 같다.

첫째는 모호한 위상이다. 조직체계상으로는 정부혁신위원회 산하이면서, 실질적으로는 독립적 위원회의 기능을 하고 있었으며, 지휘체계도 정부혁신위와 무관하게 청와대에 직보하는 체계를 가지고 있었다. 이러한 구조는 특위의 성격을 모호하게 만듦으로써 정치적 환경 변화에 따라 언제든 변할 수 있는 불안정성을 초래하였다.

둘째는 임시변통적(*adhoc*) 업무영역의 문제로서, 특위는 특정된 몇 개 과제만 맡고 나머지는 정보화추진위원회에 맡기는 식의 업무분담으로는 업무영역을 둘러싼 갈등의 소지가 남아 있었다.

셋째, 비상설기구의 문제로서 정권교체 등 환경 변화에 따른 사업추진 불안요인이 상존하고 있었다.

넷째, 특위의 존재에도 불구하고 국가정보화 전체의 추진체계상에는 여전히 중복적 추진체계가 온존되고 있었다. 정보통신부는 기존의 정보화추진위원회를, 행정자치부는 문서감축위원회를 각각 주도하고 있는데다가 기획예산처까지 전자정부특위를 주도하면서 주도권 다툼의 재연 가능성은 상존하고 있었다.

비록 특위의 활동이 성공적이었다고는 하나 이와 같은 불안정성 위에 기초한 것인 한, 이 논문이 제시한바 특위의 성공조건은 잠정적일 수밖에 없으며 다소의 상황변화만 주어져도 그 장점을 상실할 가능성이 큰 취약성을 안고 있는 것이었다.

많은 사람들이 언급하는 바와 같이 전자정부 구축사업이 특위 활동의 종료로 완성된 것이 아니라 시작된 것이라고 본다면 향후 효과적인 전자정부 구축을 위하여 보다 안정적인 추진체계를 설계하는 것은 매우 중요한 일이다. 또한 이 작업을 추진함에 있어서 고질적인 부처 간 알력을 어떻게 조정하고 협력을 이끌어내느냐가 최대의 과제이기도 하다. 따라서 이제까지 살펴본바 추진체계에 내재한 딜레마를 극복해낸 특위체계의 장점을 취사선택하고 취약성을 제거하는 방식으로 안정적이고도 효율적인 조정능력을 발휘할 수 있는 추진체계를 만들어야 할 것이다.

이를 위해서는 전자정부 특위의 임무를 계승하는 제 2의 전자정부 특위와 같은 추진기구를 설치하되 이를 상설기구화 하고, 정보화추진위원회와 같이 너무 폭 넓은 정보화 업무를 맡기보다는 다부처 관련 전략적 업무만을 선별적으로 관장토록 하며, 개별 부처 수준에서 해결하기 어려운 문제에 대한 문제해결 기구로서의 특성을 가지되, 대통령 직속의 국가 CIO기능을 맡도록 하여 전문성과 권위를 겸비한 조직으로 바꾸어야 할 것이다.

이러한 기준에서 볼 때 현 정부의 전자정부 추진체계는 아직 완성된 것이 아니어서 평가하기에 이른 시점이기는 하나, 적어도 정부혁신지방분권위원회 내의 전자정부전문위원회는 차세대 전자정부사업 추진기구로 적합한 형태라 보기 어렵다. 먼저 기존 정보화 조직과의 관계나 정부 내 위상이 여전히 모호할 뿐 아니라, 정부혁신지방분권위원회의 업무 영역이 지나치게 비대하여 전자정부 사업을 강력하게 밀고 나갈 수 있을지도 의문이다. 경우에 따라서는 오히려 기존의 전자정부 특위보다 퇴보한 추진체계가 될 가능성이 있다고 판단된다.

▪ 부록 우리나라의 전자정부 추진과정

| | |
|---|---|
| 1967년 4월 | 경제기획원과 생산성본부에 국내 최초로 컴퓨터 도입 |
| 1975년 6월 | 총무처 행정관리국에 행정전산계획관(3급) 설치 |
| 1975년 8월 | 행정전산화추진위원회 설치 |
| 1977년 7월 | 제 1차 총무처 "행정전산화기본계획"(1978~1982) 입안 |
| 1979년 5월 | 행정전산계획관(3급)이 전산계획담당관(4급)으로 격하 |
| 1982년 12월 | 제 2차 "행정전산화기본계획"1983~1987) 확정 |
| 1983년 5월 | 정보산업육성위원회 구성(위원장: 대통령비서실장) |
| 1983년 12월 | 국가기간전산망계획(안) 대통령 보고 |
| 1984년 3월 | 정보산업육성위원회를 국가기간전산망조정위원회로 개편<br>(위원장: 대통령비서실장) |
| 1986년 5월 | "전산망보급확장과이용촉진에 관한법률(전산망법)" 제정·공포 |
| 1987년 5월 | 전산망법에 근거한 전산망조정위원회 구성 |
| 1987년 7월 | 제 1차 "국가기간전산망기본계획"(1987~1991) 확정 |
| 1990년 9월 | "정보사회종합대책" 발표 |
| 1992년 2월 | 제 2차 "국가기간전산망기본계획"(1992~1996) 확정 |
| 1995년 3월 | "초고속정보통신기반구축종합계획" 확정 발표 |
| 1995년 8월 | "정보화촉진기본법" 제정 |
| 1996년 1월 | 정보화추진위원회 발족(위원장: 국무총리, 위원: 각 부처 장관) |
| 1996년 6월 | 정보화촉진기본계획 수립 |
| 1998년 2월 | 대통령인수위 100대 국정과제에 전자정부 사업 포함 |
| 1998년 5월 | 총무처 '전자정부의 비전과 전략' 발표 |
| 1998년 8월 | 새정치국민회의 전자정부구현 정책기획단 발족<br>'전자정부구현특별법(안)'과 "전자정부의 비전과 구현정책" 발표 |
| 1999년 2월 | 정보통신부 "전자서명법" 제정 |
| 1999년 3월 | 정보통신부 "Cyber Korea 21"계획 발표 |
| 2000년 1월 | 정보통신부 "지식정보자원관리법" 제정 |
| 2000년 11월 | 행정자치부 "전자정부구현을위한법률안" 제출 |
| 2001년 1월 | 전자정부특별위원회 설치 |
| 2001년 3월 | "전자정부구현을위한행정업무등의전자화촉진에관한법률(전자정부법)"제정 |
| 2001년 5월 | 전자정부 11대 핵심사업 선정(대통령 주재 보고) |
| 2002년 4월 | 정보화촉진기본계획(2002~2006), "e-Korea Vision 2006" 발표 |
| 2002년 11월 | 전자정부 구축 완성 발표 |

자료: 라웅길(1998), 정충식(2001), 전산망조정위원회(1991), 〈전자신문〉, 정보통신부 외.

## [주]

1) 이 논문은《정보화정책》제10권 제2호(2003)에 게재된 것을 수정, 보완한 것이다.
2) 전자정부 사업은 "지금까지 11 대과제에 1422억 원을 투입, 온라인민원처리사업 부문에서 1조 8000억 원, 전자조달부문에서 3조 2000억 원, 종합국세서비스 부문에서 1400억 원, 재정정보화 부문에서 5800억 원 등 4개 부문에서만 5조 7000억 원의 사회비용 절감효과를 가져왔다"(〈전자신문〉, 안문석 전자정부특위 위원장 인터뷰, 〔2002. 11. 12.〕)는 자체평가 외에도, 우리나라가 2002년 6월 UN의 전자정부벤치마킹 보고서에서 전자정부 정책이 가장 성공한 국가로 평가받으면서 세계 15위의 정보화 선도국가로 꼽혔으며, 2002년에 실시된 미국 브라운대학의 전자정부 평가에서는 세계 2위에 오르기도 하는 등 긍정적인 평가를 받고 있다. 이와 함께 정부 내에서나 학계에서도 김대중 정부의 성공적 정책 중 하나로 전자정부를 꼽는데 커다란 이견을 보이지 않고 있다(〈국민의정부 5년 정책평가보고회〉, 2003. 1. 17; 권해수, 2003).
3) 이 연구에서는 연구내용과 관련한 사실의 확인을 위하여 전자정부 구축사업을 직접 담당하고 있는 관료들과의 면담조사를 실시하였다. 면담은 2001년 10월 중에 실시하였고, 대상은 정보통신부, 행정자치부, 기획예산처, 국세청, 재경부, 포항시의 사무관과 서기관, 그리고 한국전산원, 전자정부특위의 전문가들을 대상으로 하였다.
4) 예컨대 국가기간전산망조정위원회의 경우 청와대 비서실장이 위원장으로 있던 5공화국 시절에는 실질적 추진위원회 역할을 하였으나, 6공화국 들어 체신부장관이 위원장이 된 뒤에는 부처 장관들의 회의 불참으로 위원회를 한 번도 열지 못하고 유명무실한 기구로 전락하였다. 1994년 범정부적으로 초고속정보화추진위원회를 구성할 때에도 체신부는 이를 대통령 소속으로 설치하려 노력하다가 국무총리 산하로 들어간 바 있으며, 노무현 정부 출범 후 업무보고 시 또다시 대통령 직속의 위원회 설치를 건의하였다. 이밖에도 부처 간 조율이 필요한 경우 조정기구를 대통령 소속으로 두려는 움직임은 빈번히 나타나는 현상이다.
5) "관세정보화, 지방세정보화, 국세정보화등과 관련하여 재경부에서는 언제 어디서나 세입·세출을 확인하고 싶기 때문에 어느 분야가 되었건 동일한 format으로 전산화를 시키려고 한다. 그런데 각 부처에서는 자기들이 담당하는 업무의 고유한 성격이 있기 때문에 그렇게 하지 않는 것이 더 낫다. 입력서식을 하나로 통일화하게 되면 현재의 정보화기기나 소프트웨어들을 다시 바꾸어야 될지도 모르고 이것이 문제점을 야기할 수도 있기 때문이다. 각 분야별로 정보화를 추진하면서도 재경부가 필요로 하는 정보를 줄 수 있다고 판단된다"(국세청 전산실 K과장).
"지역경제 활성화 차원에서 지역 업체에게 소프트웨어 개발을 맡기려 해도 정부가 시스템 사양을 정해버리면 중앙업체에게 줄 수밖에 없어서 지역 입장에서는 불만이다"

(포항시 정보통신과 C과장).

6) "정보화 추진 사안마다 정통부와 행자부가 독자적인 안들을 가지고 있고, 그것들이 전체의 입장에서 조율되지는 않는다. 정통부는 법을 만들 수 없기 때문에 권력을 행사하는데 한계가 있다. 행자부는 행정전산화의 연장선에서 여전히 정보화를 전산화(*computerization*)로 생각하는 경향이 있다"(기획예산처 W과장).

7) 예컨대 하나의 사업을 5개년 계획이 끝날 때까지 추진하려면 90단계 이상, 매년 평균 18단계 이상의 절차를 거치면서 paper work을 하지 않으면 안 된다(라웅길, 1998).

8) "이제까지 정보화의 추진체계에 대해서는 이처럼 부처의 관점에서 접근하는 시각이 일반적이었다. 그러나 미래 전자정부의 구현이라는 관점에서 보면, 기존의 부처별 업무영역의 관점에서 접근하는 것은 의미가 없을 것이다"(한국전산원, 1997: 202)

9) 이러한 문제에 대하여 한 정부관계자는 "강력한 추진체계를 확보하지 않고서는 신정부가 구상하는 전자정부 구현사업도 기존에 해왔던 부처별 정보화 수준을 벗어나기 힘들어 막대한 비용만 투입될 뿐 대국민서비스(원스톱 서비스) 향상과 인력절감 등과 같은 직접적인 정보화 효과나 행정개혁 등을 기대하기 어렵다"고 진단했다(〈전자신문〉, 1998. 3. 31).

10) "모두 전자정부 구현이라는 당위성에는 동의하면서도 자기 밥그릇이 줄거나 권한이 약화되는 것은 바라지 않기 때문이지요… (중략) …사실 기획예산위원장이 추진위원장을 맡고, 부위원장직을 행자부 차관과 정통부 차관이 공동으로 맡도록 한 것은 부처 간 주도권 싸움을 최소화 하려는 의도도 있었습니다. 기획예산위는 '돈 줄'을 잡고 있고 행자부는 행정조직 개편과 재배치에 대한 권한을 갖고 있으며 정통부는 기술적 지원 능력이 있습니다. 따라서 세 부처가 유기적인 협조체제를 갖춰야 하나 실제로는 서로 힘겨루기만 하는 정도에 그쳐 큰 진전을 보지 못했습니다"(김근태 위원장, 〈IT Business〉, 인터뷰, 1999. 1. 1).

11) 한편, 한나라당 이상희 의원 외 34인은 정부와 비슷한 시기에 정부안과 유사한 본문 제 7장 48조 부칙 1조로 구성된 '전자정부의 구현 및 운영에 관한 법률안'을 마련하여 2000년 11월 28일에 의원발의안으로 국회에 제출하여 행정자치위원회에서 동시에 심의하게 되었다. 국회는 정부안과 의원발의안을 각각 부의하지 아니하기로 하고, 양 법안을 절충한 본문 제 7장 52조 부칙 1조로 구성된 대안을 마련하여 2001년 2월 28일에 국회 본회의에서 위원회 대안으로 통과시켰다(법 제명을 '전자정부구현을 위한 행정업무 등의 전자화촉진에 관한 법률'로 정함). 이 법은 2001년 3월 15일에 정부로 이송되어 3월 28일 법률 제 6439호로 공포됨에 따라 2001년 7월 1일부터 발효되었다.

12) 이 같은 입장을 반영하여 정보통신부의 한 실무진은 "지금까지 정보화에 관련한 업무는 정보통신부에서 주도적으로 이끌어 왔다"면서 "전자정부 구현 역시 정보통신부가

지금까지 해 온 행정정보화 작업의 연속성을 살리면서 도맡아야 할 것"이라고 강조하였다(〈IT Business〉, 1998. 11. 15).

13) "정보화추진위원회가 있음에도 불구하고 전자정부특위가 새롭게 구성된 것은 전자정부사업을 효율적으로 전개하기 위한 것이기는 하지만 정보화 추진체계상의 문제점을 드러낸 것이며 … 전자정부 관련 후속사업을 지속적이고도 효율적으로 추진하기 위해서는 … 추진체계상의 문제점을 보완해야 한다"(안문석 전자정부특별위원회 위원장, 2002. 11. 12. 〈전자신문〉 인터뷰).

7

# 행위자들의 양면적 상황설정과 딜레마, 그리고 제도화[1)]

## 노사정위원회의 제도화 과정을 중심으로

하 민 철 · 윤 견 수

참여자들의 헌신이 부족하고 동기부여가 크지 않은데도 불구하고 조직이 정비되고 제도화되는 과정을 어떻게 설명할 것인가? 이 연구는 노사정위원회의 제도화 과정을 통해 그 질문에 대한 대답을 구하고자 하였다. 이 연구는 조직의 환경이 객관적으로 주어진 것이 아니라 조직행위자들의 설정을 통해 만들어 나가는 것이라는 이론적 관점을 취하고 있다. 설정의 관점에서 노사정위원회의 제도화 과정을 분석해 본 결과, 흥미롭게도 노동자와 사용자 그리고 정부 등의 참여자들은 양면적 설정을 하고 있었다. 환경의 상충적인 요구에 대해 어느 한 입장을 지지하는 것이 아니라 양자를 모두 받아들이고 있었다. 그래서 한편으로는 노사정위원회의 기능을 강화하고 싶어 하지만, 다른 한편으로는 그 위상이 확대되는 것을 반대하고 있었다. 이와 같은 양면적 설정의 결과 행위자들은 선택의 순간에 딜레마를 경험하게 된다. 노사정위원회의 제도화는 이와 같은 양면적 상황설정의 공통분모를 통해 이루어진다. 조직이 하나의 대상에 대해 동시에 양면적 설정을 한다는 것은 모더니즘적 조직이론에서는 설명하기 어려운 모순적인 현상이지만, 이러한 모순적 현상들이 정책 추진과정이나 일상생활 곳곳에서 발견되는 보편적 현상이라는 점에서 향후 지속적인 연구를 수행할 가치가 있는 연구주제이다.

## 1. 문제제기

노사정위원회(이하 '노사정위')는 대한민국에서 최초로 시도되었던 사회적 합의기구다. 노동자와 사용자, 정부가 동등한 자격으로 만나 노동문제뿐만 아니라 경제문제 및 사회문제에 이르기까지 거시적 정책 방향을 이끌어 내기 위해 만들어진 장치다. 대립적 노사관계와 노정관계의 역사적 경험을 고려할 때, 노사정위와 같은 협의기구가 구성되고 지속적으로 운영되는 것은 큰 변화를 의미한다. 현재 노사정위는 3기가 구성되어 운영되고 있다. 1기는 1998년 1월 15일부터 2월 9일까지 가동되어 IMF 위기상황을 극복하기 위한 최초의 사회협약을 이끌어 냈다. 2기는 1998년 6월 3일부터 1999년 초 노사단체가 탈퇴할 때까지 가동되었으며, 임의적 합의기구에서 대통령령(노사정위원회 규정)에 기초한 대통령 직속 자문기구로 그 위상이 높아졌다. 주로 1기에서 만들어진 사회적 협약의 이행을 목적으로 하였다. 3기는 1999년 9월 1일에 발족하였으며 "노사정위원회 설치 및 운영 등에 관한 법률"에 의해 그 기능과 위상이 규정되어 상설기구로 운영되고 있다.

노사정위가 불안정하고 임의적인 협상기구에서 법적 기구로 위상이 변하고 운영이 상설화되었다는 것은 성공적인 제도화 과정을 거치고 있음을 의미한다. 실제로 노사정위 운영과정을 살펴보면 조직구성이 점점 더 안정화되고, 각급 회의체(통상 3심제)가 꾸준히 운영됨으로써 정부가 설치한 위원회 조직 중에서 가장 활발한 운영성과를 보여주고 있다.[2)]

하지만 노사정위에 참여하는 각 행위주체들은 노사정위 구성과 운영성과에 대해 서로 다른 입장을 가지고 있다. 우선 노동자 세력 가운데 민주노총은 IMF 구제금융 체결 직후 노사정 3자 협의기구 구성의 필요성을 가장 먼저 주장하였으면서도, 2기 후반부터는 노사정위가 단지 구조조정과 노동통제를 쉽게 하기 위한 도구에 불과한 것이라고 비판을 하였고, 3기부터는 줄곧 불참하고 있다. 한국노총은 기본적으로 노사정위의 기능과 위상을 강화할 필요가 있다고 하면서도, 정부와 사용자의 태도에 따라 적극적으로 참여하기도 하고 때로는 필요 없다는 입장을 보이기도 하였다. 사용자 세력 가운데 전경련은 2기 이후부터 노사정위가 불필요한 규제와 간섭을 통해 시장경제 질서를 왜곡한다고 보기 때문에 반대하였다. 그리고 경총은 한국노총처럼 정부의 입장에 따라, 때로는 노사정위가 필요하다고 보기도 하고 때로는 노동 측의 요구를 일방적으로 수용하는 것으로 인식하면서 부정적인 입장을 보이고 있다. 한편 정부는 노사정위 활동을 지원하고 조정해야 하기 때문에 그 위상을 강화하고 기능을 확대하는 데 다른 어떤 행위자보다 적극적일 것이라는 추측을 할 수 있다. 그런데 실제로 조사를 해보면 정부 내에 노사정위의 기능과 역할 강화에 반대하는 목소리가 오히려 더 크다는 것을 발견할 수 있다. 청와대와 노동부 이외의 경제부처는 노사정위가 구조조정 관련 정책을 추진하는 과정에서 지연과 혼선을 가져오기 때문에 그 역할이 단순한 자문기구에 그쳐야 한다는 입장이다. 심지어 노동부에서조차 노사정위 기능이 불필요하게 커지면 안 된다는 논리가 지배적이다.

이렇게 본다면 노사정위에 참여하는 많은 행위자들은 노사정위의 기능을 확대하고 위상을 강화하자는 입장과 거리가 있다. 민주노총이나 전경련은 이유는 다르지만 공개적으로 반대 입장을 표시하는 경우가 많다. 다른 행위자들도 노사정위의 실질적인 운영 과정에서 소극적으로 임하는 경우가 많다. 그런데도 노사정위는 법적인 대통령 직속 상설 자문기구로까지 그 위상과 기능이 정비되었다. 그렇다면 이것을 어떻게 설명할 것인가? 즉, 참여자들의 헌신이 부족하고 동기부여가 크지 않은데도 불구하고 조직이 정비되고 제도화되는 과정을 어떻게 설명할 것인가? 이 논문은 노사정위에 참여하는 행위자들의 상황설정과 그들이 처한 딜레마를 중심으로 위 질문에 대한 해답, 즉 노사정위의 제도화 과정을 탐구하고자 한다. 분석단위는 노사정위에 참여하는 각 행위자들이며, 이 행위자들의 입장이 비교적 명확하게 드러난 문헌들에 대한 분석을 토대로 이루어졌다.

## 2. 노사정위원회 참여자들의 상황 설정

노사정위는 조직 성격상 노사정 3자가 함께 참여하고 활동해야 조직으로서 의미를 갖는다. 즉 미리 정해진 틀이 있는 것이 아니라 노사정 각 참여자들의 상호작용을 통해 조직 성격이 규정된다. 성격을 규정한다는 것은 해석이 필요하다는 뜻이며, 상호작용에 기반 한다는 것은 움직임과 변화를 내포하는 것으로 그 해석이 가변적임을 의미한다.

### 1) 해석체계로서의 조직과 설정된 환경

상호작용에 기반을 둔 해석체계로 조직을 이해하게 되면, 객관적으로 주어지는 환경보다 조직이 해석하고 그에 따라 행동해서 만들어내는 환경이 더 중요해진다(Weick, 1969, 1979, 1988, 1995, 2001; Daft and Weick, 1984). 왜냐하면 조직은 자신들이 부여한 해석에 따라 남들이 중요하지 않게 생각하는 환경을 중요하게 받아들일 수도 있고, 남들이 중요하게 생각하는 환경을 전혀 중요하지 않게 바라볼 수도 있기 때문이다. 따라서 동일한 현상이나 환경이라고 해도 다양하게 해석될 수 있고, 다르게 반응할 수 있다(Bartunek, 1984; Smircich and Stubbart, 1985; Scheid-Cook, 1992).[3] 예를 들어 Scheid-Cook(1992)은 규범성을 가진 동일 제도에 대해 각 조직들의 설정이 다르기 때문에 다양하게 대응한다는 것을 경험적으로 분석하였다. 이처럼 환경 그 자체가 위협이나 기회가 아니라 조직 구성원들이 환경이라는 재료(예컨대 제도변화 및 상대방의 행동)에 주의 집중하고 의미를 부여한 후 그에 따라 행동하기 때문에 위협과 기회가 비로소 현실화된다(Weick, 1979; Smircich and Stubbart, 1985). 이 과정에서 조직들은 각각의 해석에 따라 행동하고(*action*), 반응하며(*reaction*), 재반응(*double-reaction*)하는 이중적 상호작용을 거치며 환경을 창조한다(Weick, 1979, 1993). 따라서 조직과 환경은 사회적 상호작용을 통해 함께 구성되고 창조된다는 말이 가능하다(Berger and Luckmann, 1967; Weick, 1969, 1979; Smircich and Stubbart, 1985). Weick은 이러한 입장을 일컬어 조직이 환경을 설정한다(*enact*)고 하였다(Weick, 1969, 1979, 1988, 1995, 2001).

설정(*enactment*) 개념은 조직 행동을 이해하는 데 중요한 의미를 제공한다. 환경이 설정되는 것이라면 설정자의 수만큼 많은 환경이 있게 된다. 따라서 조직의 환경이 다양한 유형으로 존재하는 이유, 각 조직의 구성원들이 같은 맥락처럼 보이는 것에 다르게 반응하는 이유들을 설명해 줄 수 있다(Pfeffer and Salancik, 1978). 결국 무엇이 환경인가를 결정하는 것은 조직 자신이기 때문에 조직행동의 결과는 조직의 설정에 좌우된다(Pfeffer and Salancik, 1978; Weick, 1988; Abolafia and Kilduff, 1988; Daneels, 2003).

그런데 조직이 환경을 설정한다고 말할 때, 환경의 한 측면에만 주의를 집중하고 해석하며, 그에 따라 행동하지만은 않는다. 조직은 주어진 환경을 동시에 다양하게 설정할 수 있다. 특히 조직구성원들은 동일한 상황에 대해 서로 상반된 시각에서 환경을 바라보는 경향이 많다. 양면성은 특정 상황에 대해 서로 반대되는 의미들을 적용할 수 있거나, 그러한 의미들이 갖는 타당성이 동등하게 적용될 때 존재하는 것이다(참고; Weick, 1979; Daft and Weick, 1984; Wagner III and Gooding, 1997).

양면적 설정을 하는 이유는 하나의 조직이 단일한 입장을 가진 구성원으로만 구성되어 있지 않기 때문이다. 조직에는 다양한 구성원과 소집단이 존재하고, 이들은 다양한 가치선호와 이해를 가지기 때문에 그만큼 다양한 해석체계를 가지고 있다. 따라서 다양하게 환경을 설정할 수 있으며, 설정된 환경들이 조직 안에서 서로 경쟁하게 된다(참고; Ranson, Hinings and Greenwood, 1980). 특히 새로운 변화가 생길 때는 변화를 반영한 새로운 설정과 기존의 설정이 언제나 충돌하게 된다. 조직을 둘러싼 환경의 불확실성과 복잡성을 기본 전제로 받아들인다면 이러한 충돌은 일상적이 된다. 이처럼 조직의 운영 과정 안에는 기본적으로 양면성이 내재되어 있으며(Benson, 1977), 양면성은 조직을 이해하는 본질적인 요소라고 가정할 수 있다(Weick, 1979).

하지만 전통적으로 효율성과 통제를 강조하는 조직은 양면성을 수용하기 보다는 그 중 하나의 방향을 선택하여 관리하는 방식을 선호해 왔다. 복잡하고 불확실한 상황에서 목표를 분명히 하고 조직원들이 그 목표를 차질 없이 수행할 것을 강조한다. 그리고 조직구성원들이 주어진 방향에서 빗나갈 경우에는 강한 제재수단을 동원할 수 있다. 이러한 방법을 통해 조직의 핵심 의사결정자들은 환경의 한 측면만을 강조하는 해석체계를 작동시키고 그에 입각한 행동노선을 취하며 그 결과를 조직 전체에 지속적으로 관철시키려고 노력한다(참고; Ranson, Hinings and Greenwood, 1980; Scheid-Cook, 1992). 즉, 조직의 성격과 조직이 처한 불확실성의 정도에 따라 단일의 모습을 띤 환경을 설정할 수도 있는 것이다. 그러나 이러한 노력이 규범적으로나 기능적으로 타당하다고 말할 수는 없다.

### 2) 위원회 조직의 양면적 환경 설정

어떤 조직에서 단면적 설정이 지배적인 위치를 점하고 있다고 해도 그것이 영원히 지속되지는 않는다. 더욱이 구조적으로 다양한 입장을 가진 참여자들이 모여 구성된 위원회 조직에서는 이러한 단면적 설정의 관철은 더 어렵다. 위원회 조직은 하나의 이해관계에 의해 움직이거나,

하나의 가치체계에 기반을 두고 있다고 말하기가 거의 불가능하다는 의미다. 위원회 조직은 특정 사안에 대한 찬반 입장에서 토론이 전개되는 경우가 많고, 그만큼 상황이나 환경을 해석하는 과정에서 양면적 설정을 하기 쉽다.

이 연구의 분석대상인 노사정위 역시 구성 시점부터 참여조직들은 이미 서로 다른 설정의 가능성을 보여준다. 다음 〈그림 7-1〉에 함축적으로 표현되어 있지만 노사정위는 경계가 분명하지 않고 참여자들의 역할이 정확히 규정되어 있지 않다. 이해관계가 서로 다른 노동자, 사용자, 정부 사이의 소위 '사회적 합의'가 조직 구성과 운영의 전제 조건이 된다. 대립하는 이해를 조율하여 합의에 도달하는 것은 매우 어려우며, 참여와 탈퇴가 자유롭기 때문에 노사정위는 깨지기 쉬운 조직이다. 더구나 각 행위자들 내부의 이해관계도 단일하지 않다. 노동자 세력은 민주노총과 한국노총으로 나뉘어져 있으며 두 조직이 모든 노동자들의 이해관계를 대변하지 않는다. 그리고 민주노총과 한국노총은 동일한 자원인 조직노동자를 두고 경쟁하는 관계이다. 사용자 세력도 전경련과 경총을 포함한 경제 5단체의 서로 다른 이해관계들로 구성되어 있고, 전경련이나 경총이 온전한 대표성을 가진 것도 아니다. 정부 역시 청와대와 주무 부처인 노동부, 그리고 협력 부처인 경제부처들 사이에 이견이 존재한다. 노사정위는 이런 의미에서 느슨하게 연결된(*loosely coupled*) 형태의 조직이다.

이상과 같은 논의를 통해 볼 때 각 참여자들이 노사정위 발족 당시부터 노사정위의 위상이나 역할에 대해 양면적 설정을 할 가능성이 높았다는 것을 알 수 있다. 그리고 노사정위라는 전체 조직을 하나의 행위자로 바라보았을 때에도 설정의 결과는 양면적으로 나타나기 쉽다는 것을 의미한다. 물론 양면적 설정이 언제나 동시에 활성화되는 것은 아니다. 분석단위를 노사정위 개별 행위자로 보든 혹은 노사정위 전체로 보든 선택을 하거나 결정을 내리는 시점에서 두 개의 설정이 동시에 표출

〈그림 7-1〉 노사정위원회와 각 행위자들

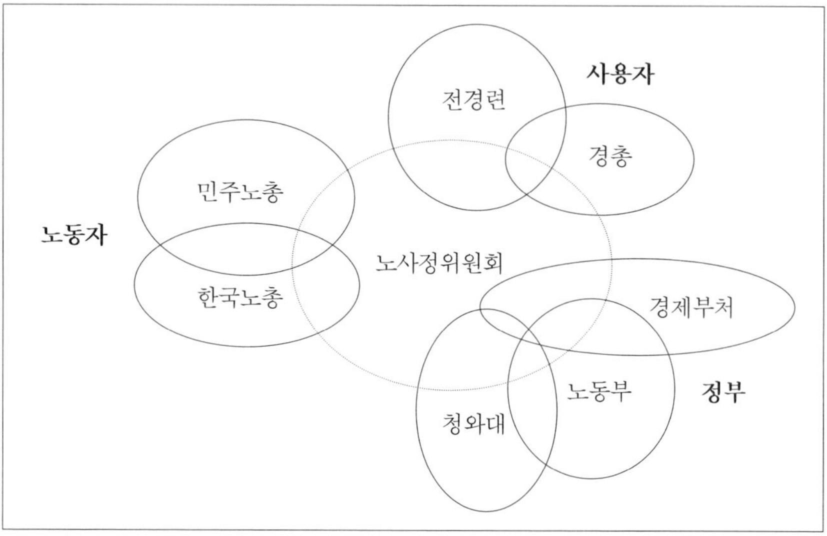


되기도 하지만, 때로는 하나의 설정만 활성화되고 나머지는 잠재되어 있을 수도 있다. 만약 중요한 결정을 하여야 하는 시점에서 양면적 설정이 활성화되어 나타난다면 그러한 상황을 선택의 딜레마라고 할 수 있다. 딜레마는 "주어진 선택상황에서 대안선택이 가져올 결과가치를 비교하기 힘들기 때문에 선택이 어려운 상황이다"(이종범 외, 1992; 소영진, 1999; 윤견수 외, 2000). 즉 이도 저도 못하는 양자택일의 결정 상황이다.

## 3. 참여자의 상황 설정과 노사정위원회의 제도화 과정

노사정위에 대한 각 행위자들의 헌신이 부족하고 오히려 반대의견이 상당하였음에도 불구하고 정치적 임의기구에서 법률적 상설기구로까지 위상이 강화되고 제도화가 이루어진 모순적인 현상을 어떻게 설명할 수 있는가? 설정의 관점에서 크게 두 가지 설명이 가능하다. 하나는 노사정위 구성과 운영에서 지배적 행위자라고 할 수 있는 정부가 노사정위 구성을 주도하였고, 정부의 해석체계를 다른 행위자들에게 관철시켜 제도화가 이루어졌다는 설명이다. 다른 하나는 각 행위자들이 IMF 위기 상황에서 사회적 지지를 얻기 위한 일종의 상징으로 노사정위를 해석하고 수용했기 때문에 제도화가 이루어질 수 있었다는 설명이다.

### 1) 정부 주도의 상황설정과 노사정위원회의 제도화

노동자와 사용자 측의 반대가 존재하는데 노사정위가 제도화되었다면 또 하나의 행위자인 정부가 제도화를 주도했기 때문이라는 설명이 가능하다. 입법과정에 큰 영향을 끼칠 수 있는 정부가 구조조정의 원활한 추진을 위해 노사정위를 구성하고 활용하는 등 주도적인 역할을 했다는 설명이다. 설정의 관점에서 본다면, 다른 행위자들이 노사정위에 대해 소극적이고 방어적인 해석체계를 작동시킨 반면, 정부는 노사 양쪽을 조정하고 책임지는 정치적 해결자로서 역할을 적극적으로 했기 때문에 정부의 해석체계가 노사정위 제도화 과정에 반영되어 그 힘을 발휘할 수 있었다는 뜻이다.

실제로 1기 노사정위부터 김대중 대통령 당선자와 정부가 주도적 역할을 했던 것은 사실이다. 그 이유는 크게 두 가지로 볼 수 있는데, 하나는 김대중 정부가 역대 정권들과 달리 노동 참여적 노동정책의 추진 의지를 가지고 노사정 합의를 통한 문제해결을 선호하였기 때문이다. 만일 노동세력을 포함하여 사회적 합의나 그 절차를 거쳐 개혁추진에 대한 노사정 합의를 이루어낸다면 소수파 정권으로 출범하는 김대중 정부는 상당한 정치적 정당성을 부여받을 수 있기 때문에 노사정위 구성과 제도화에 주도적이었다는 설명이 가능하다(유범상, 2003). 다른 하나는 IMF 요구대로 노사정위를 대외신인도 제고와 구조조정의 원활한 추진수단 등 위기극복의 처방으로서 적극적으로 활용하고자 하였기 때문이다(김훈, 2003; 노중기, 2003). 만일 사회적 합의를 거치지 않은 채 일방적으로 구조조정 등 개혁을 강행할 경우 노동 및 사용자의 저항으로 야기될 경제적, 정치적 비용은 노사정 합의과정에서 치룰 반대급부를 훨씬 넘어설 수 있었다. 이 두 가지 이유 때문에 김대중 정부는 노사정위를 IMF 위기극복의 수단으로 설정하고, 노사정위 구성과 운영을 주도하였다는 설명이 가능하다. 이러한 논리를 따르면 노사정위에 참여하는 다른 행위자들은 정부의 해석보다 나은 해석을 제시할 수 없었고, 결과적으로 노사정위의 법적 위상이 강화되는 것에 대해 크게 반대할 명분을 제시하지 못하였다고 볼 수 있다. 즉, 노사정위의 기능, 위상과 관련된 여러 개의 해석체계 가운데 정부의 것이 가장 경쟁력이 있었다는 뜻이다. 그러기 때문에 '노사정위는 기능이 확대되고 위상이 강화되어야 한다'는 설정이 지배하고 노사정위가 실제로 그 길을 걸었다는 주장이 가능하다.

그런데 이 설명에는 두 가지 약점이 존재한다. 첫째, 정부 주도의 설정이 지배적으로 관철되었다라고 하기 위해서는 정부의 설정이 단일해야 한다는 전제가 필요하다. 단일한 설정이라는 것은 정부 내에 노사정위에 대한 통일된 의견수렴과 해석체계가 존재해야 한다. 그런데 실제로 조사를 해 보면 정부는 한 목소리가 아니었다. 즉, 정부의 모든 부처가 노사정위의 기능과 위상 강화에 찬성한 것이 아니었고 반대하는 입장도 있었다. 특히 경제부처는 불필요한 규제와 간섭을 불러일으킬 수 있기 때문에 사회적 협의기구의 구성 자체에도 크게 찬성하지 않았을 뿐더러 위상 강화에는 더욱 반대하는 입장이었다(최영기 외, 1999). 경제부처 입장에서 볼 때, 부실부문에 대한 구조조정이 급박한 상황이고 보안을 유지하면서 추진하여야 하는 사안인데 이것이 노사정위 내에서 논의됨으로써 노동자 및 사용자의 이해관계로 인해 구조조정이 늦추어진다면 국가경제 전체가 위기에 직면하게 된다는 인식을 가지고 있었다(다음 〈표 7-3〉 참조). 따라서 노사정위가 노사갈등 안정화의 완충장치 역할을 하는 긍정적 측면을 인정하면서도 그 이상을 넘어서 역할이 강화되는 것에는 반대하였다.[4] 특히 2기 노사정위의 파행적 운영에 중요한 책임이 있었다는 점에서 볼 때 정부가 통일된 목소리로 노사정위 강화 등 제도화 과정에 적극적으로 참여한 것은 아니었다.

둘째, 사회적 합의라는 개념의 본래 취지를 보았을 때, 노동자나 사용자 측의 협조 없이 정부주도의 일방적 추진으로는 노사정위의 제도화가 불가능하다. 왜냐하면 사회적 합의가 정당성을 인정받으려면 3자가 동시에 공유하고 있는 해석체계가 존재하고, 3자의 상호작용이 상황 설정을 통해 제도화 과정으로 수렴되어야 하기 때문이다. 그리고 정부의 해석이 다른 행위자들의 해석과 경쟁하여 승리를 거두었고 이것이 전반적인 해석체계가 되었다는 말을 하려면, 노동자와 사용자 측이 정부의 설정을 수용하였다는 것이 전제되어야 한다. 예컨대 1996년 말부터 1997년 초까지 김영삼 정부가 일방적으로 주도한 노동법개정에 대해 노동세력의 반대투쟁과 그 결과에서도 드러났듯이(최영기 외, 1999), 정부가 아무리 주도적으로 노사정위 강화를 추진하였다고 하더라도 만일 노동자나 사용자가 적극적으로 반대하였다면, 노사정위는 법적 상설기구로까지 그 위상이 강화될 수 없었다. 즉 노동자와 사용자 각각의 설정과 정부의 설정이 서로 대립되는 부분만 있었다면, 노사정위는 구성되지 않았을 것이고, 설혹 긴박한 위기상황에서 구성되었다고 하더라도 그것이 법률적 기구로까지 제도화되지는 않았을 것이다. 이러한 맥락을 고려할 때, 노사정 3자의 노사정위에 대한 설정 사이에는 대립뿐만 아니라 공통되는 부분도 존재했었다는 점을 추론할 수 있다.

### 2) 상징적 설정과 노사정위원회의 제도화

두 번째 가능한 설명은 각 행위자들이 IMF 위기상황에서 사회적 지지를 얻기 위한 일종의 상징으로 노사정위를 설정했기 때문에 제도화가 이루어졌다는 것이다. 각 행위자들이 위기상황에서 사회적 합의라는 규범적 기대로부터 자유로울 수 없었고, 이것이 사회적 지지를 얻기 위한 수단으로 작용하였기 때문에 모든 행위자들이 노사정위의 제도화를 강하게 반대하지 않았다는 것이다. 즉 환경의 요구를 받아들이는 과정에서 노사정위를 사회적 지지 확보를 위한 상징으로 수용하고, 그 결과 노사정위가 제도화되었다고 보는 것이다.

실제로 각 행위자들이 노사정위에 참여에 따른 사회적 지지를 크게 인식한 것은 사실이다. 환율과 이자율 급등, 주가 폭락, 연쇄적인 기업 도산, 대규모 실업사태 속에서 노사정 3자는 국가적 위기를 공유하고 있었고, 이러한 위기의식은 노사정위의 위상과 성격, 의제 등에 대한 해석 차이를 부차적인 것으로 만들었다고 볼 수 있다. 결국 IMF 위기라는 급격한 환경변화 속에서 노사정 3자 모두 노사정위 구성의 필요성을 공감하였고, 이러한 해석이 2·6 사회협약 도출의 지렛대가 되었다고 볼 수 있다. 노사정위의 제도화에 반대한다는 것은 사회적 합의를 거부한다는 메시지를 전달하는 것이고, 그 결과 사회적 지지를 약화시킬 수 있기 때문에 노사정위를 만들고 정비하는 데까지 굳이 반대할 이유는 없다. 그것은 일종의 상징에 불과하기 때문이다.

그런데 이처럼 사회적 상징으로 노사정위를 설정하였다는 설명에서 두 가지 문제점을 지적할 수 있다. 첫째, 환경이 서로 분리되어 있어서 요구가 서로 상충(*trade-offs*)되는 경우 사회적 지지라는 개념을 사용하기가 쉽지 않다. 사회적으로 인정된 요구를 수용해야 조직이 정당성을 획득한다고 했을 때, 만약 그 요구가 서로 상충되는 것이라면 어떠한 요구를 수용해야 정당성을 확보할 수 있는가 하는 점이 애매해진다(윤견수, 1997). 상징으로 노사정위를 받아들일 때는 이러한 난점이 숨어 있다. 예컨대 노동자의 핵심환경은 노동자 입장을 옹호하는 국민들이고, 사용자의 핵심환경은 사용자 입장을 지지하는 국민들이라면 사회적 지지라는 개념이 너무 제한적이다. 그리고 중립적인 일반 국민이 존재한다는 가정 하에서, 그들의 지지를 얻으려는 순간 오히려 핵심환경의 지지는 받지 못하는 모순이 발생할 수 있다(참고; Pfeffer and Salancik, 1978). 단적인 예로 민주노총이 일반국민의 지지를 받기 위해 노사정위에 참여하여 사회협약을 체결하는 순간, 민주노총의 가장 큰 지지자인 노동자의 지지를 받지 못하는 모순이 발생한 것에서 이를 알 수 있다(류희택, 1998). 이러한 상황은 사용자도 마찬가지이다. 기업(재벌)의 시장지배가 당연하다고 믿는 국민도 있는 반면, 기업(재벌)활동 규제를 통해 경제정의를 실천해야 한다고 믿는 국민도 있다. 또한 기업(재벌)의 경제 활동에 전혀 관심을 보이지 않는 국민도 있다. 과연 누가 사회적 환경인가? 따라서 노사정위가 사회적 지지를 얻기 위한 상징이었다고만 보기에는 설명이 부족하다.

둘째, 노사정위를 사회적 상징으로 설정하였다는 것은 노사정위가 실질적 기구로 작동되건 작동되지 않건 크게 관심을 두지 않겠다는 것을 의미한다. 다시 말해 노사정위의 제도화가 형식적인 과정을 거쳐도 무관하다는 해석이다. 어차피 껍데기에 불과하기 때문에 상황에 맞게 처신하면 되고, 굳이 의미를 부여하면서 적극적으로 제도화에 관심을 가질 필요는 없다. 그리고 노사정위에서 다루어지는 협상안들은 노정협상이나 노사협상과 같은 개별적인 협상의 한 형태로 해석하면 되고, 그 이상의 의미를 부여할 필요가 없다는 뜻이다. 하지만 각 행위자들은 노사정위가 단순한 상징 이상으로 실질적 의미를 갖는 기구로 전환될 수 있다고 보았고, 찬성과 반대의 입장으로 나뉘어져 서로 갈등하였다(다음 〈표 7-1〉, 〈표 7-2〉, 〈표 7-3〉참조). 특히 노동측은 1기부터 노사정위를 실질적 합의기구로 강화하여야 한다고 주장하였다.[5] 그러나 민주노총의 경우 2기 후반에 들어서면서 노사정위가 완전한 상징기구('신자유주의 구조조정의 들러리기구')로 변질되었다는 해석이 강화되면서 3기에 들어서는 노사정위 해체까지 주장하게 된다(임상훈 외, 2002; 임상훈 2003; 김태연, 2003a). 그러나 한국노총의 경우, 한편으로는 민주노총이 노사정위를 '신자유주의 구조조정의 들러리기구'로 보는 것에 대해 비판을 하면서 노사정위는 역사적 발전의 산물로 이해해야 한다고 주장하면서 계속 위상강화를 주장하고 있고, 다른 한편으로는 정부와 사용자의 소극적 태도에 반발하며, 참여와 불참을 반복하고 있다(최영기 외, 1999; 임상훈 외, 2002). 한편 사용자 측은 2기부터 노사정위가 노동세력의 요구를 일방적으로 수용하는 '노동계의 민원처리창구' 또는 시장질서를 왜곡하는 '집단적 시장개입기구'로 변질되었다는 주장을 하면서 노사정위의 위상이 강화되어서는 안 된다는 주장을 하였다(〈사회평론 길〉 1998년 7월호; 임상훈 외, 2002). 정부의 경제부처 역시 노사정위가 당면한 구조조정의 걸림돌로 작동할 수 있다고 보았기 때문에 위상을 강화해서는 안 된다는 입장을 취하고 있다(박인상, 2002; 임상훈 외, 2002). 이것은 노사정위가 실제 강제력을 가지는 기구가 될 수 있다는 각 참여자들의 인식을 보여준다. 따라서 단순하게 사회적 지지를 얻기 위한 상징으로만 설정하고 제도화를 수용했다고 설명하기에는 문제가 있다.

## 4. 제도화의 숨겨진 차원 : 행위자들의 양면적 상황 설정과 딜레마

정부의 해석체계가 노사정위 제도화 과정을 주도했었다는 주장과 노사정위를 상징이나 형식적인 틀로만 수용했다는 주장에는 공통점이 있다. 그것은 행위자들의 상황 설정을 단면적으로 바라보았다는 점이다.

즉 제도화 과정에서 한 가지 해석체계만을 인정했다는 점인데 이것은 노사정위 활동을 이해할 때 큰 한계로 작용한다. 실제 사례를 보면 참여자들은 노사정위에 대해 양면적 설정을 하였고 그에 따라 딜레마를 인식하였던 것이 발견된다.

### 1) 각 행위자들의 양면적 상황 설정과 딜레마

노사정위가 출범했을 당시부터 행위자들은 그 기능과 위상 등에 대해 양면적 입장을 가지고 있었다. 하나는 노사정위가 이익이 되기 때문에 적극적으로 참여하여 기능을 확대하고 위상을 강화하자는 입장이며, 다른 하나는 손해가 되기 때문에 기능 확대와 위상 강화에 반대하고, 참여하더라도 소극적으로 참여하거나 아예 불참하자는 입장이다. 각 행위자들이 노사정위를 양면적으로 설정하게 되는 근거를 두 가지 측면에서 살펴볼 수 있다. 첫째, 조직의 정당성과 실리가 상충되기 때문이다. 노사정 각 참여자들은 '한 번도 겪어보지 못한 최초의 상황'인 IMF라는 국가적 위기상황이 가져온 환경변화에 주의집중하고 해석하는 과정에서 노사정위 참여 여부가 조직 정당성과 긴밀하게 연결되는 것으로 설정하였다. 그러나 동시에 조직 실리 차원에서 잘못 참여하게 되면 자신의 의지와는 무관하게 이끌려가면서 상황의 주도권을 빼앗기고 손해 볼 수 있다는 해석 또한 존재하였다. 둘째, 사회적 합의의 교환내용과 관련된다. 사회적 합의는 노사정 3자의 교환행위를 전제로 한다. 이 과정에서 노사정 3자는 각각 주고받기를 하여야 하는데 그 내용과 공정성에 대한 평가가 애매하였기 때문이다. 특히 주고받기의 결과 사이에는 종종 시간차가 동반되기 때문에 평가가 더욱 애매하고 양면적일 수밖에 없다.

먼저 노동자 측은 노사정위에 참여하면 받고 싶은 것(노동기본권 확대, 노사관계제도 개선 등)을 받을 수 있지만, 그에 대한 대가로 주어야 하는 것(정리해고제, 근로자파견제 수용)은 조직에게 치명적인 위협이었다. 더구나 받고자 하는 것은 시간이 지나야 구체화되지만 주어야 하는 것은 당장 실현되는 것이라는 점에서 참여를 어렵게 만든다. 하지만 이것이 조직 정당성과 직결되기 때문에 단순한 문제가 아니었다. 즉, 참여하면 실리를 잃을 수 있고, 참여하지 않으면 정당성을 잃을 수 있는 상황이었다. 그래서 노동측은 노사정위에 대해 양면적 설정을 하게 되고, 이것이 선택의 순간 딜레마로 표현된다.

민주노총은 1기 노사정위가 발족할 때 다른 어떤 행위자보다 먼저 노사정 협의기구의 구성을 주장했었다(민주노총, 1997). 그러나 정리해고제를 수용한 2·6 사회협약 체결에 대해 핵심환경인 소속 대의원들이 지도부를 불신임하고 총파업을 결정하였다(류희택, 1998). 즉 이것은 민주노총 내부에 노사정위에 대한 또 다른 해석체계가 존재하였다는 것을 보여준다. 이후 민주노총은 노정협상을 통해 노사정위의 한 주체로서 참여와 탈퇴를 반복하는 비일관성을 보였다(최영기 외, 1999). 이러한 비일관성은 한국노총도 마찬가지다. 노사정위가 산하 노조원들에게 긍정적으로 작용할 것이라는 해석과 그렇지 않을 것이라는 양면적 해석이 조직 내부에 동시에 존재하였고, 이것이 중요한 선택의 순간에 딜레마 요인으로 작용하였다.[6] 때에 따라 노사정위 활동에 참여하기도 하고 불참하기도 하였다. 이런 식으로 참여와 탈퇴를 되풀이하는 비일관적 행동은 딜레마 상황의 일반적인 특징이다(염재호·박국흠, 1992).

노사정위에 대한 양면적 설정과 딜레마 인식은 사용자들도 마찬가지였다. 사용자측은 IMF 위기상황에 대한 책임이 주로 재벌기업 등 사용자 측에 집중되었기 때문에 노사정위 참여의 규범적 압력을 크게 느끼고 있었다. 노사정위 참여가 조직의 정당성과 직결되고 있었다(최영기 외, 1999). 그러나 1기 노사정위 의제에서 사용자 측이 주어야 하는 것('재벌개혁' 프로그램: 합의의제 1~17번)과 받을 것(정리해고제 및 근로자파견제, 그리고 노사관계 안정 등)을 비교해 본 결과, 사용자들은 불만족이 큰 상황이었다. 물론 사용자들이 노사정위를 통해 정리해고제 및 근로자파견제를 얻는 것은 매우 중요한 경영수단을 확보하는 것이었다. 그러나 동시에 재벌개혁 프로그램이 그대로 집행되는 경우 사용자들은 엄청난 손해(사용자 경영수단 제한 및 강제적 구조조정 등)를 입을 수 있었다. 그러나 참여를 안 하는 경우 사용자 입장을 반영하지 못할 수 있었다. 경총의 경우 원칙적으로는 노사정위가 상설기구화 되는 것에 반대하지 않았다. 경총은 애초 산업화 시기 노사분규가 빈발하게 되면서 사용자 입장

〈표 7-1〉 노동계의 노사정위 목적, 위상, 기능에 대한 해석

| | 노동계의 노사정위 목적, 위상, 기능에 대한 해석 |
|---|---|
| 민주노총 | "2기 노사정위는 얻을 것이 대부분인데다 1기 합의사항의 이행을 촉구할 수도 있기 때문에 참여해야"(민주노총 사무노련 간부, 〈한겨레신문〉, 1998. 5. 25: 2) |
| | "어용이란 비판까지 들으며 노사정위원회 참여를 전격 선언한 뒤 지도부의 입지가 곤혹스러워진 상황이다"(민주노총 관계자, 〈한겨레신문〉, 1998. 6. 30: 2) |
| | "(부당노동행위) 사업장의 노조간부들은 부당노동행위 해결을 위해 노사정위에 적극적으로 압력을 가해주기를 바란다. 그러면서도 조합원들에게는 노사정위원회에 불참해야한다고 말한다"(민주노총 김태현 고용안정센터 추진위원회 위원장, 〈한겨레21〉, 1998. 10. 1) |
| | "들러리를 서느니 차라리 노사정위를 탈퇴해 새로운 진로를 찾아야" vs "노사정위에 더욱 적극 참여해 임금, 고용문제보다는 사회개혁에 치중해야"(민주노총 내부의 요구들, 〈한겨레신문〉, 1998. 11. 20: 5) |
| | "노동시장유연화를 관철시키기 위한 정권과 자본의 도구임이 재확인된 것"(허영구 민주노총 부위원장, 〈99 민주노총 정책토론회〉, 1999. 1. 7) |
| 한국노총 | "한국노총이 앞장서서 대타협을 주도하기로 했다"(이남순 한국노총 사무총장, 〈한겨레신문〉, 1998. 2. 6: 3) |
| | "우리 기대는 한낱 공수표가 되고 말았다. 오히려 노동자들에게 일방적인 고통전담을 강요하는 면죄부를 씌워주고 말았다"(박인상 한국노총 위원장, 〈한겨레신문〉, 1998. 5. 26: 1) |
| | "노사정위 필요성은 인정한다. 그러나 현재의 노사정위에 남아 있는 것은 의미가 없다"(한국노총 노진귀 정책본부장, 〈조선일보〉, 1999. 2. 20: 2) |
| | "노사정위는 기본적으로 긍정적 기구이다. 노동을 통제하는 기구는 아니다. 다만 운영을 얼마나 유익하고 적절하게 하느냐가 문제다"(이남순 한국노총 위원장, 〈한겨레21〉, 2001. 1. 30) |

을 전담하여 대변하는 역할을 위해 전경련에서 분리되어 구성된 조직이다. 노사분규 예방과 노사관계제도 개선이 경총의 주요 역할이기 때문에 노사정위가 노사관계 안정화에 중요한 기능을 할 수 있을 것으로 기대하는 측면이 있다(경총, 1999). 그리고 경총은 재벌개혁 프로그램에서 한 발 비켜서 있었기 때문에 전경련과는 조금 다른 입장을 가지고 있다. 하지만 노사정위가 일련의 노정합의를 통해 노동세력의 요구를 수용하는 방식으로 운영되는 측면이 있다고 보았고, 의제 범위가 너무 넓어 자칫 경영권을 침해받을 수 있다고 보았기 때문에 노사정위를 반대하고 탈퇴를 선언하기도 하였다.[7] 전경련 역시 양면적인 입장이었다. 노사정위가 노동시장 유연성과 노사안정을 가져다준다는 점에 대해 긍정적으로 보면서도 동시에 노사정위 자체가 시장 질서를 왜곡하는 '집단적 시장개입기구'의 성격을 가지는 것으로 해석하였다(임상훈 외, 2002; 임상훈, 2003). 전경련의 조직목적은 자유시장 경제를 위해 민간경제계의 의견을 정책에 반영시키는 것이고, 노사문제는 기업별 노조체제 아래에서 개별기업들이 알아서 할 일이지 전경련의 주요사업이 아니었다고 보기 때문이다. 특히 재벌개혁 프로그램은 주로 전경련의 핵심 회원사들을 대상으로 한 것이기 때문에 노사정위가 강화되고 재벌개혁의 구체적 내용이 노사정위 내에서 다루어지는 것을 수용하기 어려웠다. 더군다나 노동계의 대표들과 동등한 자격으로 협의를 한다는 것 자체도 익숙하지 않은 경험이었고 되도록 피하고 싶은 상황이었다(유범상, 2003).[8] 사실 전경련은 청와대와 별도로 구조조정에 따른 주요 의제를 논의해왔기 때문에 노사정위에서 재벌개혁을 구체적으로 논의하기를 꺼렸다(임상훈, 2003). 하지만 전경련 역시 노사정위의 존재에 대해 공개적으로 반대할 입장이 아니었다. 왜냐하면 당시 IMF 위기의 직접적인 원인제공자로 재벌기업들이 지목되어 사회적 지탄을 받고 있었기 때문이다. 이러한 점에서 전경련 역시 양면적 설정을 하고 있음을 알 수 있다. 다만 경총과 비교할 때 상대적으로 딜레마 강도가 낮다는 점에서 차이가 있다.

흥미로운 것은 앞서 언급하였듯이 정부 역시 노사정위에 대해 단일한 입장을 가지고 있지 않았다는 것이다. 노사정위 구성을 적극적으로 주도했던 청와대뿐만 아니라 노동부, 경제부처들 모두 양면적 설정을 하였고, 의사결정을 할 때 딜레마를 인식하고 있음을 알 수 있다. 김대중 대통령 등 청와대 인사들은 노사정위가 사회적 합의기구로서 큰 역할(사회합의시스템 구축, 구조조정 정당화수단)을 할 수 있는 것으로 기대하

〈표 7-2〉 사용자의 노사정위원회 목적, 위상, 기능에 대한 해석

| | 사용자의 노사정위원회 목적, 위상, 기능에 대한 해석 |
|---|---|
| 전경련 | "2·6 사회협약은 국난극복의 대전기", "대승적 차원의 합의"(전경련 성명, 〈한겨레신문〉, 1998. 2. 7: 3) |
| | "노사정위가 모든 것을 다하는 초헌법적 기구냐", "노동계에 끌려가기만 하는 것 아니냐"(전경련 관계자, 〈한겨레신문〉, 1998. 2. 7: 3) |
| | "민주노총의 탈퇴결정은 외국 언론 및 투자가의 부정적 시각을 증폭시켜 대외신인도에 결정적 악영향을 미치고 경제위기 극복을 위한 국민적 열기에 찬물을 끼얹는 심각한 결과를 초래할 것"(전경련 성명, 〈조선일보〉, 1999. 2. 25: 1) |
| | "(노사정위 참여주체의 대표성과 책임성 강화를 위해서는) 민주노총이 들어와야 한다"(전경련 관계자, 임상훈 외, 2002: 205) |
| 경총 | "개별기업 차원에서 정리해고는 피할 수 없는 현상이나 지나치게 구호화하거나 감축인원을 드러내는 것은 노동계의 저항을 불러일으키고 생산현장의 혼란을 촉발시킬 우려가 있다"(경총 이사회, 〈사회평론 길〉, 1998년 1월호: 97, 1997. 12. 17) |
| | "노사정위는 공정하게 운영되어야. 노사정위가 노동계의 참여를 유도하기 위해 불법을 묵인한다면 경영계로서는 노사정위 참여문제를 심각하게 고려하지 않을 수 없다"(경총 김창성 회장 성명, '불법파업과 노사정위원회·양노총 간의 합의에 대한 경영계 입장', 〈98 사업보고서〉, 1998. 7. 23) |
| | "노사정위 법제화에는 굳이 반대하지 않는다. 그러나 구조조정을 노동계와 사전합의하라는 요구는 받아들일 수 없다"(경총 관계자, 〈한겨레신문〉, 1999. 2. 21: 4). |
| | "(노사정위를 통해) 행동반경이 늘어난 것은 사실이다. 노총, 경총 위에 정부가 있었는데 같은 데로 내려왔다. 대등하다는 인식이 퍼졌다. 정부에 대한 요구도 많이 하고, 정책건의 수도 늘고, 정부에 대한 비판도 하고"(경총 관계자, 임상훈 외, 2002: 191) |

였고,[9] 소수파 정권의 정당성을 강화시켜줄 수 있다고 보았다(정부간행물제작소, 1998b). 그러나 동시에 노사정위의 협의과정 자체가 오히려 구조조정을 지연시키는 장애물로 작용할 수도 있음을 인식하였고( 〈신동아〉, 1999년 4월호), 그 역할에 대해 양면적 입장을 가지고 있었다.

한편 노동부의 입장에서 볼 때, 노사정위 강화는 구조조정 과정에서 폭발적으로 나타날 노사갈등을 완충할 수 있는 제도적 틀로 작동할 수 있고, 노동부 관할권이 확대된다는 점에서 긍정적으로 보았다. 더불어 노사정위 협의의제가 단순히 노사문제를 넘어서 경제, 사회문제로까지 확대되는 것 역시 주무부처인 노동부의 업무영역이 확대된다는 점에서 긍정적일 수 있다. 그러나 동시에 노사관계문제에서 일일이 협의를 통한 문제해결을 해야 하는 손실 또한 존재하였다(최영기 외, 1999). 그리고 노사정위가 필요 이상으로 강화되는 경우 독립적인 기구로 강화될 수도 있고, 노동정책의 주도권이 노사정위로 넘어갈 수 있다는 부정적 인식도 함께 가지고 있었다.[10] 경제부처 역시 사회적 합의를 도출함으로써 임박한 구조조정의 정당화 수단을 확보하는 장점이 있지만, 구조조정 자체가 노사정 간 합의의제로 다루어지는 것에 대해서는 부담을 가지고 있었다. 경제부처 역시 사용자(특히 전경련)와 마찬가지로 노동계와 동등한 자격으로 만나 협의를 한다는 것은 전혀 생소한 경험이었고 긍정적으로 수용할만한 경험이 아니었다( 〈한겨레신문〉, 1998. 9. 10: 25; 〈신동아〉, 1999년 4월호; 박인상, 2002). 바로 이러한 양면적 설정 때문에 사회적 합의시스템을 전체적으로 조정하여야 할 정부가 노사정위의 강화와 약화를 유도하는 이중적 대응행동을 동시에 보이게 된다.

결국 노사정 각 행위자 입장에서 볼 때, 노사정위 구성과 운영 자체가 중요한 환경변화이면서 애매하고 양면적인 것이었으며, 그로 인해 딜레마를 인식한 것으로 볼 수 있다. 그렇다면 이러한 양면적 설정과 딜레마 인식이 어떻게 노사정위의 제도화 과정에 영향을 미치게 되었는가?

〈표 7-3〉 정부의 노사정위원회 목적, 위상, 기능에 대한 해석

| | 정부의 노사정위원회 목적, 위상, 기능에 대한 해석 |
|---|---|
| 청와대 | "이런 식으로 계속 일을 벌여나갈 필요가 있느냐"(국민회의 관계자, 〈한겨레신문〉, 1998. 2. 7: 3) |
| | "노동부는 노사정위를 잘 해서 고통과 성과를 같이 나누게 해야. 특별한 계획을 세워라"('김대중 대통령 지시', 1998. 6. 16 국무회의, 〈한겨레신문〉, 1998. 6. 17: 2) |
| | "지금은 어떤 의미에서 졸속이라도 빨리 진행해야 한다"(김대중 대통령, 1998. 6. 17: 2). |
| | "노사정 합의는 법적 규제력이 있는 것이 아니고 일종의 신사협정"(김원기 2기 노사정위 위원장, 〈신동아〉, 1999년 4월호: 218). |
| 노동부 | "노사정위 합의 사항은 반드시 지킬 것"(이기호 노동부 장관, 〈한겨레 21〉, 1998. 5. 7) |
| | "노동문제 관련 자료를 노사정위에 보내지 말라고 직원들에게 지시한 (노동부) 고위관리가 있다"(국민회의 조성준 노사정위원회 상무위원회 간사위원, 〈한겨레신문〉, 1998. 7. 31: 5) |
| | "노사정위가 이런저런 일에 다 나선다면 주무부처인 노동부는 뭐가 되느냐"(노동부 한 관리, 〈한겨레신문〉, 1998. 7. 31: 5) |
| | "모든 정부정책을 노사와 협의해서 추진하라는 것은 현실성이 없다", "합의했다는 상징적 의미와 분위기 조성 이상은 기대하기 힘들다"(임무송 노동부 노사조정담당관, 1999. 2. 25, 최영기 외(1999): 368) |
| 경제부처 | "국가전체의 구조조정을 공공부문이 선도해야 한다. 집단이기주의로 개혁이 늦어져서는 안 된다"(진념 기획예산위원장, 〈한겨레신문〉, 1998. 5. 26: 2) |
| | "노사정위가 경제위기를 극복하는 과정에서 우리 사회 통합에 기여하는 명실상부한 사회적 합의를 도출하는 기구로 자리 잡을 수 있도록 노사정위 강화 방안을 조기 마련"(재경부장관 등 관계 장관 간담회 발표문, '최근 노동계 현안에 대한 입장', 1998. 7. 12) |
| | "노동계의 무리한 요구와 강경투쟁은 곧 구조조정을 지연시키고 대외신인도도 하락시키며 오히려 더 많은 실업자를 만들어 낼 것"(재경부장관 등 관계 장관 합동발표문, '지금 세계가 우리를 지켜보고 있습니다', 1998. 7. 13) |
| | "노사정위 결정과 관계없이 8월 4일 제2차 구조조정 안을 발표 하겠다"(진념 기획예산위원장, 민주노총 공공노련 사무처장과의 면담 중 발언, 1998. 8. 1, 〈노사정위 공공특위 제12차 회의록〉: 515) |

### 2) 행위자들의 딜레마와 노사정위원회의 제도화

이제까지 분석에 따르면 노사정 각 행위자들은 노사정위에 대해 양면적 설정을 하였고, 선택의 순간에 딜레마를 인식하였다. 물론 양면적 설정이 언제나 충돌하는 것은 아니었다. 때로는 어느 한 쪽만 표출되기도 하고, 때로는 양쪽이 다 표출되기도 하였다. 그러나 2기 후반부터 노사정 각 행위자들은 노사정위에 대한 양면적 입장 중 어느 한 입장을 활성화시키고 다른 입장을 억제하고 관리하기 시작한다. 상호작용을 통해 노사정위의 위상과 역할, 의제에 대해 각 참여자의 입장이 서서히 구체화되기 시작한 것이다. 흥미로운 것은 이렇게 어느 하나의 설정이 활성화된다고 해서 양면적 설정 중 다른 하나가 완전히 폐기되는 것이 아니라 단지 억제되거나 관리될 뿐, 단면적 설정으로 완전히 바뀌는 것은 아니라는 점이다.

예컨대 민주노총은 노사정위가 '신자유주의 구조조정을 위한 들러리 기구'로 노동자를 길들이기 위한 수단이기 때문에 불필요하게 이용당할 필요가 없고, 협상이 필요할 경우 별도의 노정교섭, 노사교섭의 수단을 취하면 되기 때문에 탈퇴하자는 입장으로 정리되었다(유병홍, 2002; 김태연, 2003a). 따라서 노사정위를 탈퇴하는 민주노총이 노사정위 강화를 반대하는 것은 당연한 것이었다. 하지만 이러한 변화에서 민주노총이 양면적 설정에서 단면적 설정으로 완전하게 전환된 것은 아니다. 실제로 2003년 노무현정권이 등장한 후 민주노총의 노사정위에 대한 입장을 보면, 노사정위가 불필요하다는 견해 못지않게 전술적인 견지에서 혹은 조건을 달아 참석해야 한다는 해석도 많았다(김태연, 2003b).[11] 한편 한국노총은 비록 정부와 사용자 측에 많은 문제점들이 있기는 하지만 노사정위가 역사발전의 산물이고, 자신들의 입장을 반영하는 정책공간으로 활용할 가능성이 여전히 남아있고, 때에 따라 협상과 투쟁을 병행하면 되기 때문에 굳이 완전한 탈퇴를 할 이유가 없다는 입장을 분명히 밝힌다( 〈신동아〉, 1999년 4월호; 이정식, 2003). 이것은 양면적 설정 중 어느 한 쪽이 활성화되고 있다는 것을 의미한다.

사용자의 경우에도 노사정위에 대한 양면적 설정 중 어느 한 입장으로 구체화된다. 전경련은 노사정위가 불필요한 개입을 하기 때문에 시장경제의 논리에 맞지 않고, 따라서 기능이 확대되고 위상이 강화되는 것을 반대한다고 그 목소리를 더 높이고 있다(박인상, 2002; 김훈, 2003). 하지만 정부와 노동자가 참여한다면 자신들도 참여하겠다는 여지는 언제나 남겨놓고 있다. 경총은 노사정위의 법제화를 굳이 반대하지 않으며 사회발전의 자연스러운 결과로 간주하고, 한번 만들어진 법은 쉽게 없어지지 않기 때문에 크게 반대하지 않는 입장이다(박인상, 2002; 노사정위원회, 2003b). 다만 노사정위에서 다룰 의제가 노동계에 일방적으로 유리한 것이어서는 안 된다는 입장을 보이고 있으며, "노사정위원회법"에 명시된 대로 협의와 자문기능에 국한하려고 한다. 다시 말해 제도화를 시키되 그 기능과 위상은 더 이상 강화시키지 않는 쪽으로 입장을 정리한다(노사정위원회, 2003b).

노사정위 참여자 가운데 흥미로운 것은 정부의 설정이다. 이미 법제화가 되었기 때문에 정부는 더 이상의 기능 확대와 위상강화를 원하지 않았다. 노사정위가 정책의 원칙과 기본방향을 협의하고 자문하는 것으로 만족해야지 구체적인 사안 하나 하나에 대해 또 하나의 정책결정기구가 되는 것은 반대하고 있는 것이다. 따라서 실무 부처들은 노사정위의 법률상 정책협의기능을 가능한 한 좁게 해석하려고 한다(최영기 외, 1999; 박인상, 2002; 노사정위원회, 2003b). 하지만 한편에서는 노사정위가 그동안 수행했던 긍정적 역할을 상기하면서 여전히 사회적 합의의 구심체 역할을 수행할 수 있다는 의견이 존재한다.

이상의 논의를 정리하면 노사정 각 행위자의 노사정위에 대한 설정은 〈표 7-4〉와 같이 역할확대/위상강화/의제확대(A)를 한 축으로 하고, 역할축소/위상약화/의제축소(B)를 다른 축으로 하는 설정으로 양분할

〈표 7-4〉 노사정위원회 참여자의 양면적 설정 내용

| A | | B |
|---|---|---|
| (실질적 합의기구) 확대 | 〈----- 역할 -----〉 | 축소 (자문 및 협의기구) |
| (상설적, 독립적, 규제적) 강화 | 〈----- 위상 -----〉 | 약화 (비상설적) |
| (사회 및 경제문제 포괄) 확대 | 〈----- 의제 -----〉 | 축소 (노사문제 국한) |

수 있다.

노사정위가 발족한 시점부터 법제화가 이루어진 1999년 5월까지는 두 가지 설정이 동시에 활성화 된 경우가 많았었다. 그만큼 각 참여자들이 경험하는 딜레마의 빈도도 높았을 것이다. 즉 노사정 3자는 노사정위의 참여에 대해 이도저도 못하는 경험을 많이 했었다. 하지만 참여자들의 양면적 설정 사이에 공통분모가 존재했기 때문에 노사정위의 제도화가 가능했다고 판단된다. 현재 "노사정위원회법"에 규정된 노사정위의 역할은 실질적 합의기구가 아닌 자문 및 협의기구로 축소되어 있고(B), 위상은 법률적 상설기구로 강화되었지만 독립기구와 규제기구로까지 강화는 아니기 때문에 약화된 쪽에 기울어져 있다(B〉 A). 그러나 의제는 노사문제에만 국한되지 않고 사회 및 경제문제를 포괄하는 등 오히려 확대된 결과를 보여주고 있다(A). 노사정위의 이러한 법률적 제도화 결과는 이 연구의 기본 입장이 타당하다는 것을 잘 보여준다. 각 참여자들이 노사정위를 양면적으로 설정하였다는 것을 받아들이지 않는다면 이러한 결과는 설명하기 어렵다. 만일 노사정위 각 참여자들이 양면적 설정을 하지 않고 단면적 설정을 하는 것으로 이해한다면, 노사정 사이에 갈등이 나타나고 힘의 논리에 의해 정부 입장이나 사용자 입장이 반영되어 역할과 위상, 의제(목적)가 모두 약화(B) 쪽으로 제도화되는 것이 상식적이다. 물론 사용자의 약화주장과 노동자의 강화주장 사이에 대립이 존재하고, 정부의 조정으로 이러한 타협적 결과가 도출될 수 있다는 설명도 가능하지만 앞에서 살펴보았듯이 노동자 세력 중 민주노총이 오히려 노사정위의 약화 혹은 폐지를 주장하였다는 점과 경총의 애매한 입장을 볼 때 이러한 설명은 설득력이 약하다. 결국 노사정 각 참여자들이 양면적 설정을 하였고, 이러한 양면적 설정 내용들 중 공통분모들의 결합으로 제도화가 이루어졌다고 보는 것이 타당하다.

## 5. 분석 결과에 대한 사색

### 1) 모더니즘적 조직이론의 한계 인식

조직에 대한 전통적 입장에서 보면, 조직의 리더들은 복잡하고 애매한 환경에서 단면적 설정을 추구해야 조직의 효율성을 달성할 수 있다고 보았다(Smircich and Stubbart, 1985). 조직의 리더들은 복잡하고 애매한 상황을 단순하게 정의하고 목표를 제시함으로써 혼동을 줄여야 한다고 보았다. 이것은 마치 조직이 복잡하고 불확실한 환경에서 통일된 의견을 가지고 환경을 헤쳐 나가면서 정체성을 확보하려는 것과 마찬가지이다(Weick, 1979). Hatch(1997)는 이러한 조직이론을 모더니즘적 조직이론이라고 한다.

모더니즘적 조직이론에서는 조직의 상황을 규정하거나 문제를 해결하기 위한 단 한 개의 정답이 있다고 본다. 정답이 없을 경우에는 권위를 가진 리더의 명령이 정답을 대신한다고 볼 것이다. 그러나 조직의 규모가 커지면서 다양한 이해를 가진 구성원 혹은 집단들이 포함되고 따라서 환경을 해석하는 방식은 그만큼 다양해진다. 심지어 조직구성원의 수만큼 환경의 수가 있다고 보아도 무방하다(Weick, 1979). 그만큼 설정의 내용도 많아진다. 다만 설정된 환경들 중 어떤 것은 활성화되어 있고, 어떤 것은 잠재되어 있기 때문에 양면성을 쉽게 인식하지 못할 수도 있다. 하나의 설정이 활성화된다는 것은 나머지 설정이 일시적으로 관리되고 있다는 것을 의미한다.[12)]

그렇다면 어떻게 두 개의 서로 다른 설정이 동시에 존재할 수 있는가? 포스트 모더니즘적 입장에서는 조직 구성원들은 패러독스나 모순 혹은 애매성 상황을 경험하고, 조직의 현실은 그만큼 다면적이면서 동시에 분절되어 있을 수 있다고 설명한다(Hassard and Parker 외, 1993; Hatch, 1997:44~46). 따라서 조직과 행위자가 서로 분리(*decoupling*)될 수 있다. 그것은 이 연구의 근본 질문에 대한 해답이 될 수 있다. 즉, 조직 참여자의 적극적인 관심이나 몰입이 없는데도 조직이 제도화될 수 있는가라는 질문에 대해, 조직 행위자와 조직구조의 인과관계를 고려하지 않아도 되는 조직 나름대로의 구조나 질서가 있기 때문이라는 답이 가능하기 때문이다. 그러한 구조나 질서를 해석체계나 담론이라고 부를 수 있다. 조직은 조직원들과는 구분되는 독립된 실체로 존재하고 기능할 수 있는데, 그 때 조직의 모습은 언어나 텍스트 혹은 담론의 형태를 띤다(Taylor and Every, 2000; Gabriel, 2000). 이 연구에서는 행위자들이 갖고 있는 양면적 설정의 내용이 그러한 담론이 된다. 노사정위라는 동일한 대상에 대한 설정이기 때문에 내용은 다르지만(예컨대 민주노총과 전경련의 노사정위에 대한 평가가 다르다), 담론의 방향은 공통분모를 가질 수 있는 것이다(그런데 두 조직 모두 노사정위에 부정적이다). 두 개의 담론체계가 잠재되어 있다가 어느 한 개가 활성화되기도 하고, 동시에 두 개가 활성화 되어 딜레마에 빠질 수도 있다. 노사정위가 제도화되는 이유는 그 기능을 확대하고 위상을 강화하는 것과 관련된 담론체계가 사라지지 않기 때문이다. 노사정위에 참여하되 소극적으로 하거나, 조건부로 참여하거나, 형식적으로만 참여하는 것들은 그 반대의 담론에 투영되어 있다. 중요한 점은 현실의 조직에는 두 개의 담론이 공존하고 있다는 사실이다.

### 2) 조직 딜레마의 원형: 양면적 상황 설정

그렇다면 두 가지 상반된 담론체계가 만들어지게 된 과정을 어떻게 설명할 수 있는가? 조직을 담론의 질서나 구조로 이해하게 되면, 조직을 문제를 해결하거나 목표를 달성하는 실체로 간주하지 않는다. 다양성과 애매성을 감소시키기 위해 다양한 해석들을 만들어 내고 그것을 공유하는 의미의 망으로 간주한다. 변화가 일어나면 Weick(1969, 1979)의 말대로 그 변화에 대한 새로운 설정이 시작된다. 조직 구성원들은 환경변화가 가져온 애매성을 줄이기 위해 다양한 방식의 해석체계를 만들고 대응하며, 그것을 토대로 이후 반응을 결정한다. 즉, 설정 내용을 명료한 상태로 만들어 나가면서 그것을 조직의 시나리오로 만든다. 시간이 지나면서 조직원들이 의미를 공유하고 조직의 전반적인 담론체계로 만들어 나간다. 이러한 담론체계들이 바로 딜레마의 원형이 된다. 특히 조직 구성원들 사이에 배분된 의사결정 권력에 우열이 없는 위원회나 네트워크 조직은 초기 상태의 모호성이 더 크다. 그래서 각자의 해석을 교환하는 상호작용 과정, 즉 의사소통과 토론 과정이 더 길어진다.

그런데 변화가 발생하는 순간, 즉 설정의 재료가 등장하는 순간, 그 변화를 수용하는 설정과 기존의 내용을 유지하려는 설정이 공존한다. 새로운 것을 지지하는 해석과 그것을 반대하는 해석이 설정 내용을 구성한다. 조직의 사회적 구성 과정에는 이런 식으로 언제나 양면성과 모순이 존재한다(Benson, 1977; Hatch and Ehrlich, 1993). 신구 질서의 충돌, 보수와 진보의 대결, 기성질서와 혁신세력 간의 갈등 등은 이러한 양면적 설정의 사회적 예가 될 것이다. 조직이 딜레마에 빠졌다는 것은 이미 그 조직 안에 양면적인 담론이 존재한다는 뜻이다. 노사정위가 제도화되는 과정을 분석해 보면 각 행위자들은 초기부터 노사정위의 등장을 양면적으로 설정하고 있었다. 하지만 그것이 행위자들에게 언제나 딜레마를 가져온 것은 아니었다. 변화 초기에는 양면적 설정이 활성화되는 경우가 많고, 따라서 많은 딜레마가 있었지만 후기로 접어들수록 양면적 설정 중 어느 하나가 활성화되기 시작하고 그에 비례해 행위자들이 딜레마에서 벗어나고 있었다. 즉, 조직의 위상과 역할이 구체화되는 흐름과 참여자들의 딜레마가 줄어드는 흐름이 비례적이었다.

## 6. 연구의 시사점과 앞으로의 과제

이 연구의 질문은 참여자들이 조직의 제도화에 헌신하지 않았는데도 불구하고 조직이 어떻게 제도화될 수 있었는가라는 것이다. 설정의 관점에서 분석한 결과 노사정위 참여자들 모두가 노사정위의 기능과 위상을 강화하자는 담론과 그 반대로 기능과 위상을 약화해야 한다는 담론을 동시에 가지고 있었기 때문에, 다시 말해 설정을 양면적으로 했기 때문에 제도화가 이루어졌다고 보았다.

이 연구의 시사점을 2가지 측면에서 살펴볼 수 있다. 첫째는 조직이 모순적이고 역설적인 행동을 할 수 있다는 반모더니즘적 시각을 경험적으로 확인했다는 점이다. 오히려 노사정위의 위상이 현재의 수준만큼에서라도 정립될 수 있었던 이유는 양면적 설정이 있었기 때문이라고 보여진다. 이해관계를 가진 다수 행위자들이 느슨하게 연결된 위원회나 네트워크 조직을 사례로 하여 이와 같은 시사점을 추가적으로 확인할 필요가 있다. 둘째는 조직 내에서 딜레마 상황의 보편성을 경험적으로 확인했다는 점이다. 이 연구에 의하면 변화가 시작될 때 조직의 설정은 양면적으로 구성되고, 그것이 행위자들 사이의 활발한 상호작용을 거쳐 서로 상반된 담론체계를 형성하는데, 이러한 담론들이 딜레마의 원형이 된다고 보았다. 그러한 원형이 존재하는 한 조직은 의사결정의 딜레마를 경험하게 될 것이다. 양면적 설정이 곧바로 딜레마가 되는 것은 아니다. 딜레마가 되기 위한 구체적인 조건들, 다시 말해 원형으로서의 양면적 설정이 활성화되는 조건들을 탐색하는 것은 앞으로의 연구주제다.

이 연구는 분석틀과 세부지표들을 체계적으로 제시하여 분석하지 못했다는 점에서 한계를 안고 있다. 이는 향후 지속적으로 보완할 점이다.

**[ 주 ]**

1) 이 논문은 《한국행정학보》 제 38권 제 4호(2004)에 게재된 것을 수정, 보완한 것이다.

2) 노사정위의 제도적 안정화는 두 가지 측면에서 살펴볼 수 있다. 먼저 조직 구조상으로 주요의제에 대한 협의를 안정적으로 하기 위해 특별위원회와 소위원회가 추가되고 정교화 과정을 거친다. 1기 노사정위가 본위원회-기초위원회-전문위원회의 단순한 3층 구조에 불과하였다면, 2기와 3기를 거치면서 본위원회-상무위원회-소위원회의 3층 기본구조 속에 주요의제에 대해 집중적인 논의를 하기위해 6~7개의 소위원회 및 특별위원회 등을 구성하여 운영하여 왔다. 둘째, 조직 운영 측면에서 볼 때, 정부 내의 다른 위원회보다 활발한 운영성과를 보이고 있다. 1기 설립 이래 2002년 12월 말까지 총 140여건의 의제를 논의하였고, 이중 129건의 합의안을 도출하였다. 129건의 합의안 중 90건은 1기의 2·6 사회협약의 산물이며, 2기 10건, 3기 29건이 합의되었다. 이러한 합의 도출을 위해 2002년 12월말까지 공식회의 719회, 보조회의 458회 등 총 1,177차례의 회의가 개최되었다(노사정위원회, 2003a).

3) 전통적인 조직이론에서는 조직의 환경이 객관적이고 가시적이라고 보았다. 따라서 조직과 환경의 성공적인 정합성(*fitness*)을 발견하는 데 관심을 둔다(Smircich and Stubbart, 1985). 따라서 의사결정자의 임무는 실제 환경과 분석된 환경 사이의 차이(*gap*)를 최소화하는 것이 된다. 만약 정합성이 높으면 효과적인 조직이 되고 정합성이 낮으면 비효과적인 조직이 된다. 그런데 이러한 관점에는 환경이 모호하거나 양면적이지 않고, 조직원들이 환경에 기울이는 관심이 어느 한 쪽으로 고정되어 있다는 전제 조건이 숨어 있다.

4) 경제부처의 노사정위에 대한 이러한 부정적 인식은 2기 운영과정에서 잘 나타난다. 애초 구조조정은 2·6 사회협약 및 양대 노총과의 노정합의에 따라 노사정위 내에서 사전협의하도록 되어 있었다. 하지만 경제부처들은 사전협의를 하지 않고, 그동안 계획하였던 구조조정 일정(정부간행물제작소, 1998a)에 따라 일방적으로 진행하였다. 구조조정 책임을 가지고 있었던 기획예산위원회와 금융감독위원회 등 경제부처

들은 55개 퇴출기업 발표(1998. 6. 18), 5개 시중은행 퇴출 발표(1998. 6. 29), 제1차 11개 공기업 민영화 계획 발표(1998. 7. 3) 등을 연이어 발표하였다(최영기 외, 1999). 특히 공공부문특위 10차 회의에서 향후 2차 공기업 민영화 계획에 대해 논의하고 있는 도중에 기획예산위원회는 '제2차 공기업 민영화 및 경영혁신계획'(1998. 7. 29)을 언론에 유출함으로써 회의가 중단되고 노사정위 공공특위 명의로 긴급성명서를 채택하는 사태가 벌어지게 된다(노사정위원회, 2002).

5) 민주노총은 1기부터 지속적으로 노사정위의 위상 강화를 요구하였다. 특히 2기의 참여조건으로 6·5 노정합의를 통해 노사정위를 실질적 합의기구로 할 것을 주장하였고(최영기 외, 1999), 민주노총과 한국노총은 공동으로 일방적 구조조정 추진에 따른 노사정위 불참과 총파업을 선언하며 노사정위 위상재정립을 위한 특별법 제정 등을 요구하기도 하였다(〈한겨레신문〉, 1998. 7. 11: 1).

6) 실제로 1999년 2월 한국노총 정기대의원대회에서는 2기 노사정위 탈퇴에 대한 결정과정에서 개혁세력과 보수세력의 찬성과 반대 입장이 격렬하게 대립하였다(〈신동아〉, 1999년 4월호).

7) 경총은 1기 협상과정에서 노조전임자 임금지급 문제 등에 있어서 노사정위가 노동계 입장을 일방적으로 수용한다고 주장하며 노사정위 탈퇴를 주장한 바 있다('노조전임자 임금지급 처벌규정 삭제에 관한 경영계 입장', 1998. 2. 5). 그리고 노사정위가 양 노총을 끌어들이기 위해 노정합의를 도출한 것에 대해 '노동계 편향적인 노사정위 운영'이라고 비판하면서 노사정위 탈퇴를 선언하고 실제로 탈퇴하였다('불법파업과 노사정위원회·양 노총간의 합의에 대한 경영계 입장', 1998. 7. 23).

8) 단적인 예로 2기 노사정위원회 운영 당시 전경련의 신임회장으로 선출된 김우중 회장은 노사정위 본회의 위원임에도 불구하고 회의에 단 한 번도 참석하지 않았다(〈경향신문〉, 1998. 11. 30: 21).

9) 청와대는 '2·6 사회협약' 체결이 구조조정 추진의 정당성과 대외신인도 제고 등 'IMF 위기극복의 견인차' 역할을 하였다고 긍정적 평가를 하였다. 그래서 곧바로 '노사정위원회 규정'(대통령령)을 공포하고, 2기 노사정위를 되도록 빨리 구성하려고 노력하였다. 더구나 노사정위가 2기 막바지에 이르러 파행적 운영을 거듭하게 되자 김대중 대통령은 국무회의(1999. 1. 19)를 통해 노동부 장관과 관계부처에 노사정위 정상화를 지시하였다(〈한겨레신문〉, 1999. 1. 20: 4). 김대중 대통령이 노사정위 정상화를 주문하였다는 것은 노사정위가 노사정 협력의 제도적 틀로 작동할 수 있었기 때문에 안정적으로 운영될 필요가 있다는 입장을 보여주는 것이다.

10) 노동부의 이런 부정적 인식은 노사정위원장과 양 노총 사이에 이루어졌던 1998년의 '7·23 노정합의'에 대해 '정부와의 합의가 아니라 노사정위원장 개인과의 합의일 뿐 기속력이 없다'는 요지의 보도자료를 배포하고, 양 노총 및 관계기관에 자료를 보낸 것을 통해 잘 알 수 있다(〈문화일보〉, 1998. 7. 30: 4; 〈한겨레신문〉, 1998. 7. 30: 2).

11) 민주노총이 2003년 3월 노사정 교섭방식에 대하여 소속 조합원에 대한 설문조사를 실시한 결과 현행 노사정위 참여 의견이 38.6%, 별도의 대화창구를 통한 노정교섭 의견이 33.6%, 필요시 사안별로 해야 한다는 의견이 17.5%, 교섭보다는 대정부투쟁에 주력해야 한다는 의견이 10.3%로 나타났다(민주노총, 2003). 이것은 민주노총 내부에 노사정위에 대한 찬성과 반대의 목소리가 동시에 존재하고 있음을 보여준다. 한편 최근 민주노총은 대의원대회(2004.1.16)를 통해 새 지도부를 선출하였는데 새 지도부는 노사정 협상에 적극 참여한다는 공약을 내걸고 당선되었다(〈한겨레신문〉, 2004.1.17: 5). 즉 민주노총의 내부에 노사정위를 반대하는 것뿐만 아니라 찬성하는 양면적 설정은 항상 존재했으며, 때때로 하나의 설정이 활성화되어 두드러지게 나타났을 뿐이다.

12) 만일 하나의 설정이 지속적으로 활성화되고 나머지 설정들에 대한 관리통제가 지속된다면, 바로 이러한 상태가 조직의 정체성이 확립된 것이라고 볼 수 있다. 간단히 말해서 조직의 단일한 환경설정이 조직 내에 안정적으로 관철되고 있다는 것을 의미한다. 그러나 이러한 단면적 설정의 상태가 결코 계속 지속되는 것은 아니다. 단면적 설정이 영원히 지속된다는 것은 그 조직이 환경과 상호작용을 하고 있지 않다는 것을 의미하며, 그것은 결국 그 조직이 더 이상 생존하지 않는 것과 같은 의미이기 때문이다.

# 제 3 부 딜레마와 정책집행의 불협화음:
## 새 딜레마, 비일관성, 신호중복, 딜레마 구성

# 8 정책 딜레마상황이 정부규제에 미치는 영향에 관한 연구[1)]

## 수도권 입지규제의 변화를 중심으로

김 태 은

이 연구는 정부규제의 변화 원인을 기존의 사익이론적 접근이 아닌 딜레마라는 독특한 이론적 틀을 가지고 분석하였다. 외환위기 이후, 국민의 정부와 참여 정부에서의 수도권 입지규제 사례를 통해 어떠한 요인에 의해 딜레마상황이 형성되고, 이러한 딜레마 상황에서의 대응이 수도권 규제에 어떠한 영향을 미치는가를 분석하였다. 분석결과는 세 가지이다. 첫째, 딜레마 상황과 딜레마 대응을 살펴보면, 국민의 정부에서는 '수도권에 외국인직접투자를 유치해야 하는가 말아야 하는가'라는 딜레마 상황이 형성되었고, 이러한 딜레마상황에서 국민의 정부는 '한정적 대응', '눈가리기식 대응'을 하였다. 참여정부에서는 국민의 정부에서의 딜레마 대응에 의해 유발된 새로운 형태의 딜레마가 형성되었다. 즉, 국민의 정부에서의 딜레마 대응은 '국내대기업의 저항'이라는 새로운 변수를 생성하였으며, 동 변수에 의해 참여정부는 새로운 딜레마 상황에 처하게 되었다. 이에 따라 참여정부는 '국내 대기업의 수도권 입지를 허용해야 하는가 말아야 하는가'의 딜레마 상황에 직면했다. 이 상황에서 참여정부는 '비일관적 대응'으로 딜레마상황에 대응하였다. 둘째, 소극적 딜레마 대응은 딜레마 상황을 근본적으로 해결하지 못함에 따라 새로운 딜레마를 형성하는 데 영향을 미쳤으며, 이는 딜레마의 경로의존성(*path dependency of dilemma*)을 유발하였다. 셋째, 이러한 딜레마 대응은 점진적이나 수도권 규제의 완화를 가져와 규제의 '형식화'(*formalization*)를 유발하였다.

## 1. 서 론

지역균형발전은 역대정권에서 오랫동안 지속적으로 추진한 정책방향이었음에도 불구하고, 실제 정치, 경제, 문화, 교육 등 모든 분야에서 수도권으로의 집중은 가속화되어왔다. 그렇다면, 왜 지역균형발전 전략은 성공을 거두지 못하는 것일까?

쉽게 생각할 수 있는 것은 해당 정권의 의지 부족 혹은 정치·경제적 필요에 따라서, 아니면 강력한 외부변수에 의해 지역균형발전 전략이 후퇴하거나 배제되었을 가능성이 있다. 뿐만 아니라 정책결정자의 의도와는 상관없이 올림픽 혹은 월드컵과 같은 국제사업의 수행을 위해 수도권 규제가 변화하였을 수도 있을 것이다. 물론 보다 학문적으로 수도권의 규제변화는 공익이론, 사익이론과 같은 규제이론뿐만 아니라 신제도주의, 정책네트워크 등 다양한 논리에 의해 설명된다.

그러나 이 연구는 기존의 이러한 접근들을 벗어나 딜레마를 통해 규제변화를 설명하고자 한다. 현실에서, 특히 공공영역에서 발견되는 정책의 딜레마(*dilemma*) 상황에서는 정책결정자에게 합리모형적 해결방안이 존재하기 어렵다.[2] 이는 정보, 예산, 시간, 기술 등이 부족해서가 아니라 두 개의 대안 간의 결과가치가 엇비슷하기 때문에 대안 간의 우선순위를 결정하지 못함에 기인한다. 따라서 어떤 정책이 딜레마 상황에 놓여 있을 경우, 명확한 해결보다는 정책결정을 지연하거나, 회피, 혹은 상징적 대응 등을 하게 된다.

이 연구는 정책 딜레마 상황에서의 이러한 의사결정의 특수성에 관심을 갖고 정책 딜레마 상황에서 의사결정이 정부규제에 어떠한 영향을 미치는가를 분석하고자 한다. 즉, 정책 딜레마 상황에서 딜레마 대응이 궁극적으로 기존의 정부규제를 어떻게 변화시키는가를 분석하고자 한다.

이 연구의 시간적 범위는 외환위기 이후부터 현재까지이고, 내용적으로는 수도권 공장입지규제를 대상으로 한 다중사례연구이다. 사례연구의 과학성, 즉, 구성타당성(*construct validity*), 내적 타당성(*internal validity*), 외적 타당성(*external validity*)을 만족시키기 위해 아래와 같은 연구방법을 시행하였다.[3] 우선, 구성 타당성을 만족하기 위해 삼각검증(*triangulation*)을 추구하였다. 삼각검증은 구성타당성을 확보하기 위한 방법이며(Yin, 2003: 97~101), 의미를 분명하게 하기 위한 다양한 인식수단의 활용과정으로 관찰과 해석에 대한 반복가능성을 보장하여 준다(Flick, 1992; Stake, 1998: 97). 이에, 이 연구에서는 첫째, 정부의 공식문서, 연구자료(각종 연구보고서), 학술논문자료, 신문기사 등을 활용하였고, 둘째, 통계자료(한국은행, 통계청)를 사용하였으며, 셋째, 규제변화의 결과를 설명하는 데 있어서는 관련법의 제·개정, 주요 정부조치 내용의 파악을 통해 제시하였다. 다음으로 독립변수와 종속변수 간에 인과관계성이 있는가와 관련된 내적 타당성을 만족시키기 위해, 첫째, 연대기적(*chronologies*)으로 서술하였고,[4] 또한 국민의 정부와 참여정부의 사례 비교를 통해 독립변수와 종속변수간의 논리적 일관성을 지속적으로 검토하면서 분석을 진행하였다. 마지막으로, 가능한 외적 타당성확보를 위해 다중사례(*multi-case study*) 연구를 수행하였다.

## 2. 이론적 고찰

### 1) 정부규제와 사익이론, 그리고 한계

정부규제는 왜 변화하고, 그에 따라 정부가 추진하는 특정 정책(이 연구에서는 이를 지역균형발전으로 살펴보고 있다)에 어떠한 영향을 미치는가? 규제는 공사영역에서 광범위하게 활용됨에도 불구하고, 규제가 무엇인지를 정의하는 것은 매우 어려운 작업이다(Mitnick, 1980: 1). 하자마다 상이한 정의에도 불구하고,[5] 일반적으로 규제는 정부의 의도에 부합하도록 유도하거나 억제하는 정부행위로 이해되고 있다. 이러한 정부규제는 협의의 정부규제(Thompson and Jones, 1982: 9)와 광의의 정부규제로(Mitnick, 1980: 2~7) 그 개념을 구분할 수도 있으나, Baldwin et al., (1998)과 Jordana and Levi-Faur(2004: 3)는 규제의 3가지 의미를 거버넌스와 관련하여 협의의 정부규제부터 광의의 정부규제까지 정리하고 있다. 즉 최협의로 거버넌스의 구체적 양식으로서 규제(*regulation as specific form of governance*), 중간적 의미로 일반적 의미로서의 규제(*regulation as governance in a general sense*), 가장 넓은 의미의 규제(*regulation in its widest sense*)로 규제 개념의 다양성을 설명하고 있다.

이러한 정부규제는 왜 형성되고 변화하는 것인가? 이에 대해, 기존 연구 중 규제의 경제학적 접근, 특히 사익이론(*private interest theory*)은 이를 설명하는 데 중요한 위치를 차지하고 있다. 규제의 근거이론인 사익이론은 정부규제는 시장실패로 인해 발생되는 문제를 해결하기 위해 정부가 개입해야 한다는 공익이론(*public interest theory*)을 비판하면서 등장하였다. Stigler, Peltzman, Posner에 의해 체계화된 사익이론은(Becker, 1983: 371~372) 정부규제의 원인을 사적이익의 추구과정으로서 설명한다. 즉, 이들은 공익이론의 주장과 달리 정부는 "공익의 수호자"(*a guardian of public interest*)가 아니라는 것을 실증 사례분석을 통해 밝혀내면서, 규제는 시장이 제 기능을 하지 못해서 생기는 비효율성을 감소시키는 데 있어 비록 완벽하지는 않더라도 시장의 자정기능보다 못할 뿐만 아니라, 부의 재분배에 있어서 오히려 특정 집단의 이익을 대변하기 때문에 시장에서보다 사회형평의 문제도 더욱 왜곡된다고 주장한다. 이 관점은 규제가 공익의 관점에서 이루어지기 보다는 생산자의 이익을 위한 것이라는 주장한다(Stigler, 1971; Posner, 1971; Jordan, 1972; Peltzman, 1976; Becker, 1983). 따라서 사익이론은 정부규제는 공익의 증가가 아니라 오히려 사후후생의 손실을 야기하고, 그 원인 가운데 가장 중요한 것은 규제를 둘러싼 정치적 과정과 관료의 행태라고 주장한다(최진욱, 2002: 148).

주장하는 방향에 있어 학자마다 차이가 있음에도 불구하고 사적 이익을 강조하는 규제의 경제이론(사익이론)은 다음과 같은 특징을 지닌다 할 것이다(Peltzman, 1989: 13). 첫째, 압축적이고 잘 조직된 집단(*compact, well-organized groups*)이 넓고 확산적인 집단에 비해 규제의 편익을 더 많이 얻을 것이다. 즉, 생산자 집단이 소비자 집단에 비해 조직화가 더 잘되기 때문에, 생산자 집단에 유리하도록 규제의 편의를 창조할 것이다. 둘째, 규제정책은 정치적으로 규제연합 간에 지대의 최적 배분의 보전을 추구한다. 따라서 시간이 흘러 최적배분에 변화가 발생하면, 수요와 가격조건의 이동을 통해 이러한 변화를 제거하려 한다. 셋째, 규제에 따른 정치적 보상은 부의 분배를 통해 발생하기 때문에, 규제정책과정은 사중손실(*deadweight losses*)에 민감하다. 따라서 재분배를 통해 전체 부(*total wealth*)를 감소시키는 정책은 피하게 되는데, 이는 다른 변수들이 동일할 때, 규제를 통한 정치적 보상을 감소시키기 때문이다.

이러한 사익이론이 규제의 형성과 변화를 설명하는 데 있어 유용한 이론적 틀을 제시하여 주고 있으나, 동시에 현대사회에서 다양하게 나타나고 있는 규제변화를 설명하는 데에는 한계를 지니고 있다.[6] 특히 이 연구와 관련하여 사익이론은 첫째, 가장 강력한 이익집단인 대기업 집단의 이익과 상충되는 수도권의 대기업 입지 규제의 지속을 설명하는 데에는 제한적이다. 특히, 외환위기라는 강력한 외부변수가 영향을 미쳤고, 이후 보다 시장중심적인 경제구조로 전환되어졌음에도 불구하고 대기업에 대한 수도권 입지규제는 지속되고 있다는 점에서 더욱이 그러하다.

둘째, 참여정부에서 대기업에 대한 수도권 입지규제가 존재함에도 불구하고 왜 어떤 대기업은 허용하고, 또 어떤 대기업은 허용하지 않는가에 대해서 사익이론은 적절한 해답을 제시하는 데 제한적이다. 즉, 참여정부에서는 수도권에 대한 대기업의 입지규제를 보면, 관련법은 존재하나, 그 적용에 있어서는 법과 상관없이 사안에 따라 어떤 경우는 허용하고 어떤 경우는 허용하지 않는 규제의 비일관적인 모습이 나타나고 있다.

셋째, 외환위기 이후, 외국자본에 대한 수도권 입지 규제는 규제완화의 대상과 시간을 한정하고 있는데 왜 이러한 방식을 적용하였는가를 설명하기 위해서는 사익이론외의 설명도구가 필요하다. 다시 말해, 왜 당시 외환위기라는 절박한 상황에서, 특히, 외국자본의 유치가 매우 중요한 시점에서 '어떤 시간적 범위 내에서', 또 '어떠한 업종에 한하여'라는 한정적인 규제완화를 할 필요성은 무엇인지를 설명할 새로운 분석도구가 필요하다 할 것이다.

넷째, 왜 특정 시점에서 규제가 변화되었는가를 사익이론으로 설명하는 데 제약이 존재한다. 예를 들어, 국내 대기업에 의한 수도권 입지규제 완화는 지속적으로 요구되어 왔고, 특히 국민의 정부에서도 줄기차게 요구된 사안이나 국민의 정부에서는 변화가 없다가 참여정부에 들어 변화하였다. 이러한 점은 사익이론 접근의 또 다른 한계를 제시한다.

이 연구는 이러한 문제인식하에 규제의 변화요인으로서 딜레마이론을 도입하여, 수도권 공장입지 규제 변화를 설명하고자 한다.

### 2) 정책의 딜레마와 딜레마 상황에서의 대응

규제이론으로서 사익이론은 '선택'이 이루어졌음을 내포한다. 정부규제를 사적 이익의 관점에서 설명함으로써 자체는 합리적 의사결정의 과정이라 할 수 있다. 그러나 행정현상은 선택이 어렵거나, 혹은 불가능한 조건이 종종 형성된다. 이러한 상황에서 형성되거나, 혹은 변화된 정부규제를 설명하는 데에는 사익이론이 유용한 도구로 활용될 수 없다. 이와 같은 딜레마 상황에서의 정부규제의 변화를 설명하기 위해 딜레마 개념을 도입하고자 한다.

딜레마(*dilemma*)는 주어진 맥락에서의 선택을 전제로 하며, 상충되는 가치가 선택상황 속에 동시에 나타나고, 그것이 대안으로 표상될 수 있으며, 대안들 간의 비교가 불가능하지만(가치간의 교환함수가 존재하지 않음) 그 중요성이 비슷하기 때문에 대안의 선택이 곤란한 상황을 의미한다(이종범 외, 1992: 7; 소영진, 1994: 46~47). 즉, 두 개의 대안이 존재할 때, 두 개의 대안을 동시에 선택할 수 없으며, 그 중 한 개의 대안을 선택하기도 곤란하지만, 제한된 시간 내에 선택을 하지 않을 수도 없는 상황(윤견수, 2006: 73)을 의미한다. 부연하면, 딜레마는 결정자의 입장에서 선택을 하여야 하나 뚜렷한 해결책이 없고, 타협점을 찾기 어려운 갈등이며, 있다고 하여도 그것을 수용할 수 없고, 결정을 하였으나 집행하기 어렵고, 집행하여도 번복될 가능성이 높은 피하고 싶은 갈등이라 할 것이다(이종범, 2005: 11). 딜레마는 기회비용의 관점에서 보면, 한 대안의 선택으로 포기된 다른 대안이 가져올 기회손실(*opportunity loss*)이 큰 상황이라 할 수 있다(이종범, 1994: 216).

구체적인 딜레마 현상의 특징은 첫째, 상이한 가치가 개입된 두 개의 대안이 존재한다. 두 개의 대안이 존재한다는 것은 아무리 복잡하고 애매한 상황이라 할지라도 그것이 최종적으로는 두 개의 대안으로 치환될 수 있다는 것을 의미한다. 둘째, 두 개의 대안이 서로 단절적이다. 딜레마 상황은 대안들을 비교하거나 우선순위에 따라 나열하기가 불가능하고 또한 타협이 불가능한 상황이다. 셋째, 두 개의 대안이 가져올 결과가치가 엇비슷하다. 넷째, 이렇게 단절적인 대안이 서로 상충적임으로, 두 개의 대안을 동시에 선택하거나 동시에 포기할 수 없는 상황이라 할 것이다(이종범 외, 1992; 소영진, 1994; 최흥석 · 윤견수, 2000). 다섯째는 선택의 시간이 제약되어 있다는 점으로, 주어진 시간 내에 상충하는 대안들 가운데 하나를 선택해야 한다는 점이다(최흥석·윤견수, 2000: 38).

의사결정자의 관점을 강조하는(안문석, 2000: 118~119; 윤견수, 2006: 76) 딜레마 이론은 정책결정자가 딜레마 상황에 처할 경우, 그 대응에 대한 연구를 활발히 진행하여왔다. 일반적으로, 딜레마 상황에서 의사결정자는 크게 3가지 반응 중 하나를 보인다. 첫째, 두 개의 대안 중 한 대안을 선택(*selection*) 하거나, 둘째, 제한된 시간이 지날 때까지 선택을 최대한 보류 혹은 지연(*delay*) 하거나, 셋째, 선택상황에서 주는 압력을 버티지 못하고 결정권을 포기할 수 있다(최흥석·윤견수, 2000: 40). 이러한 딜레마 상황에 대한 대응은 크게 적극적 대응과 소극적 대응으로 구분될 수 있다(이종범, 2005: 12). 소극적 대응으로는 결정의 지연과 상징적 대응(윤견수, 1993; 이종범, 1994), 책임의 전가(최성모·소영진, 1993), 순환적 선택 또는 정책의 비일관적 대응(염재호·박국흠, 1992), 형식주의(박통희·김동환, 1992; 최성모, 1994), 무마용 자원확대(소영진, 1993; 이종범, 1994), 운영방식의 이원화(윤견수, 1997) 등이 있으며, 적극적 대응으로 절차적 합리성을 확보하기 위한 노력(이종범, 2005: 11~21) 등이 있다.[7]

이러한 딜레마 상황에서의 대응은 그 대응이 어떠한가에 따라 서로 상이하나, 회피나 지연과 같은 대응이 아닌 경우, 대응유형에 따라 정부규제의 변화를 가져올 수 있다. 정부규제의 형성과 변화가 사익이론과 같은 차원에서 이루어지는 것이 아니라, 딜레마상황에서의 대응에 따라 이루어질 수 있다는 것이다.

위와 관련된 현재까지의 딜레마 대응에 관한 연구는 첫째, 딜레마 상황에서 어떠한 대응이 있었는가의 연구가 주를 이루고 있는 반면, 그러한 딜레마 대응이 행정영역에서 어떠한 변화를 유발하는가에 대한 연구는 매우 미미하다 할 것이다. 즉, 딜레마의 대응이 정부규제, 혹은 제도, 성과 등에 어떠한 영향을 미쳤는가에 대한 연구가 미진하다.[8] 특히 딜레마가 정부규제와 밀접히 관련되어 있다는 점을 고려할 때[9] 이 연구의 의의는 크다고 할 수 있다.

둘째, 기존의 딜레마 대응의 연구는 일부 연구를 제외하고는 단선적 접근이 주를 이루고 있다. 그러나 사회현상을 보면, 딜레마 상황이 지속적으로 변화, 혹은 승계하는 모습이 나타난다. 다시 말해, 어떤 정책 영역에서는 '뿌리는 같으나 모양새'는 다른 형태의 딜레마가 발생하고 있는데, 이에 대한 연구는 미진하다. 특히, 딜레마 상황에서의 대응 중 소극적 대응은 딜레마를 근본적으로 해결하지 못하기 때문에(이종범, 2005: 19), 딜레마 상황은 지속적으로 발생할 가능성이 매우 높다. 물론 딜레마 상황의 환경 자체가 완전히 새로운 변수에 의해 변화된다면,[10] 딜레마 상황이 해소될 수 있으나, 그러한 변수가 존재하지 않는다면, 특정 사안에 의해 유발된 딜레마 상황은 반복적으로 등장할 가능성이 있다. 여기서 반복적으로 등장한 딜레마 상황은 초기 딜레마 상황과 동일할 수도 있고, 아니면 딜레마 상황에서의 대응에 따라 초기의 딜레마 상황과 비슷하거나, 혹은 다른 형태의 딜레마 상황이 등장할 수도 있을 것이다.

이러한 문제의식 속에서 비롯된 이 연구는 딜레마 상황에서의 대응과 관련이 되어있다. 즉, 딜레마상황에서의 대응은 그것의 대응 유형에 따라 달라질 것이나, 특정한 대응은 딜레마 상황을 둘러싼 기존의 정부규제에 변화를 가져올 것이라는 점이다.

## 3. 연구 분석틀

이 연구는 '딜레마'의 개념을 통해 규제의 변화를 설명하고 있다. 〈그림 8-1〉이 보여주듯이, 어떠한 요인에 의해 딜레마 상황이 유발되면, 정책결정자는 그러한 딜레마 상황에서 대응하게 되고 그러한 대응(딜레마 대응 1)은 기존 규제의 변화(규제변화 1)를 유발한다. 만약, 딜

〈그림 8-1〉 딜레마상황과 딜레마의 대응, 그리고 정부규제의 변화

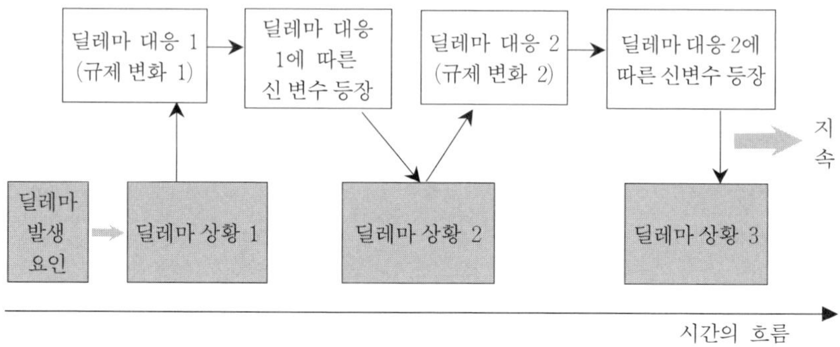


레마 대응이 소극적 대응이라면, 딜레마 상황은 근본적으로 해결된 것이 아니므로 기존의 딜레마 상황(딜레마 상황 1)은 잠재되어 있다. 이러한 상황에서 딜레마 대응 1에 따라 새로운 변수가 등장하게 되면, 동 변수에 의해 기존의 딜레마가 반복되든지 혹은 기존의 딜레마 상황과는 상이한 새로운 딜레마가 발생할 것이다(이를 딜레마 상황 2라고 하였다). 이러한 딜레마 상황 2에서 또 다시 딜레마 대응(딜레마 대응 2)이 이루어짐을 보여주고 있으며, 이와 같은 딜레마 대응과정에서 규제가 변화함을 밝히고자 한다.

여기서 딜레마 대응 1에 의해 생성되는 '새로운 변수'와 '새로운 변수'에 의해 형성되는 '딜레마 상황 2'에 관하여서 부연하면, 첫째, 딜레마 대응 1에 의한 '새로운 변수'는 딜레마 대응 1이 어떠한 특성을 지니고 있는가에 따라 출현할 수도 있고 출현하지 않을 수도 있을 것이다. 예를 들어, 딜레마 대응이 규제와 관련된 특정 집단의 비용과 편익에 변화를 가져오지 않거나 혹은 규제의 정당성에 문제를 야기하지 않는다면 새로운 변수를 출현시킬 가능성은 낮다. 다시 말해서, 규제와 관련한 딜레마 상황에서 지연이나 혹은 회피, 순환적 대응(한번은 A집단에 다음번은 B집단에 혜택부여) 등의 딜레마 대응을 한다면 새로운 변수를 형성시킬 가능성은 낮다. 반면, 딜레마 대응이 규제와 관련된 집단 간의 비

용과 편익에 변화를 수반하거나, 또는 규제의 정당성에 문제를 제기한다면 이는 새로운 변수를 출현시킬 가능성이 높을 것이다.

둘째, '새로운 변수'의 출현이 새로운 딜레마 상황(딜레마 상황 2)을 형성하기 위해서는 새로운 변수에 정책결정자가 대응할 수밖에 없는 상황이 조성되어야 할 것이다. 예를 들어, 새로운 변수가 규제의 근원에 대해 지속적으로 문제를 제기한다면 정책결정자의 입장에서는 이에 대응하지 않을 수밖에 없을 것이며, 이는 결국 새로운 딜레마 상황을 형성하게 될 것이다. 요컨대, 이 연구는 규제의 변화를 사익이론의 접근이 아니라 딜레마의 대응으로 설명하고자하며, 수도권 규제의 변화를 동 분석틀에 적용하여 고찰하고자 한다.

## 4. 딜레마 상황, 대응 그리고 수도권 공장입지규제의 변화

### 1) 국민의 정부에서의 딜레마 상황과 딜레마 대응 그리고 수도권 공장입지규제 변화

#### (1) 외국인 투자유치와 딜레마의 발생

1997년 11월, 한국은 외환위기에 직면하였다. 외환위기의 핵심은 그 용어가 의미하는 말 그대로, 외화부족이 표면적인 이유였다. 여기서 외화는 달러가 그 핵심이었는데, 원화와 달리 달러는 한국은행에서 발행할 수 없다는 데 근본적 문제가 있었다. 국제교역을 위해서는 달러가 필수적으로 요구되었으나, 당시 한국은행이 보유한 외환보유고는 외적 수요를 감당해낼 수 없었기 때문에 긴급히 구제금융을 요청하였다.[11] 실제, 외환보유액은 1997년 말 급격히 감소하여, 해외점포예치금 및 기타를 제외한 유동성외환보유액은 1997년 6월말 253.1억 달러, 10월말 223억 달러, 그리고 11월말에는 72.6억 달러까지 떨어졌다(한국은행 국제부 보도자료, 1998).

〈표 8-1〉 외국인 투자유치촉진 종합대책(1998. 6. 18)

| 기본방향 | 주요 내용 |
|---|---|
| 범부처적 효율적 협조체제 구축 | 외국인 투자촉진을 위한 관계장관회의 개최<br>외국인투자위원회의 수시 개최 |
| 투자관련 제도의 근본적인 개편 | 외국인관련법령의 전면 개편<br>외국인투자자유화<br>외국인토지취득의 자유화<br>투자전담(*One-Stop-Service*) 체계의 구축 |
| 본격적이고 조직적인 투자유치활동 전개 | 조세감면확대<br>국세감면기간의 연장<br>지자체재정지원확대<br>공단부지 가격의 인하<br>외국투자조사단 유치활동 적극 전개 |

자료: 재정경제부(1998a), 내용 표로 요약정리.

외화(달러)가 부족한 상황에서 정부가 외화를 확충하는 적절한 방법 중 하나는 외국자본을 유치하는 것이었고, 이에 따라, 정부는 산업 및 금융 전방위에서 외국자본을 유치하는 데 필요한 제도적 개선의 필요성을 인식하였다. 이에 정부는 〈표 8-1〉이 제시하듯이, '외국인투자유치촉진 종합대책'을 통해 범부처차원에서 외국자본의 유치를 추진하였다.

이러한 범정부적이고 적극적인 외자유치는 정책결정자로 하여금 딜레마(*dilemma*) 상황에 빠지게 하였다. 즉, 아직까지 정부는 큰 틀에서 수도권 개발억제정책을 추진하여 왔고, 이에 따라 수도권에서의 신규공장신설은 규제되었다. 〈표 8-2〉가 보여주듯이, 1994년 총량규제의 도입 및 수도권 내에서의 대기업의 신설금지는 외환위기이전까지 지속되었다. 물론 기존 수도권 내 공장의 증설은 허용하고 있으나, 아산공단을 제외하고는 새로운 공장의 신설은 지속적으로 금지하여 왔다.

그러나 문제는 외국인 직접투자자본이 수도권 입지를 선호한다는 점이다.[12] 〈표 8-3〉이 보여주듯이, 실제, 외국인직접투자기업의 권역별 분포를 살펴보면, 업체 수 기준으로, 전산업의 경우, 1962년에서 1979

〈표 8-2〉 수도권 공장입지 관련 대기업 중심의 주요 규제 변화
(1990~외환위기 이전)

| 시기 | 개정내용 |
|---|---|
| 1994. 1. 7<br>수도권정비<br>계획법 개정 | • 공장입지 관련 내용을 공업배치법으로 전부 위임하고 총량규제 도입대기업의 경우 공업배치법에서 규정한 7개 업종 이전과 10개 업종 증설을 제외하고는 수도권 심의 후에도 불가 |
| 1994. 7. 4<br>공업배치법[1]<br>시행령 개정 | • 대기업의 신설 일체 불허, 다만 이전 증설 일부 허용<br>• 30대 대기업이 아닌 대기업의 경우 7개 업종에 한해 과밀억제권역 또는 자연보전권역에서 성장관리권역내 도시계획법상 공업지역으로의 이전 허용<br>• 성장관리권내의 7개 첨단업종에 한하여 기존 대기업공장 건축의 25% 내에서 증설 허용 |
| 1995. 12. 7<br>공업배치법<br>시행령 개정 | • 대기업의 경우 성장관리권역내 증설허용대상에 3개 업종 추가<br>• 아산국가공단 중 수도권지역인 평택포승지구에서의 대기업 신설 허용(기존에 중소기업만 허용) |
| 1997. 7. 10<br>공업배치법<br>개정 | • 첨단 대기업 입지 제한 완화<br>– 과밀억제권역의 경우 첨단업종으로의 업종변경 허용과 기존 공장 부지 내에서의 증설 허용<br>– 성장관리권역의 경우 증설할 수 있는 범위를 기존 공장과 건축면적의 50%까지 확대 적용 |

주 1: 공업배치법은 '공업배치 및 공장설립에 관한 법률'의 약자임.
자료: 진영환 · 이동우 · 김광익(2001), p. 4. 표 수정 인용.

년간 1.67이었으나, 1998년에서 2001년에는 7.12로, 제조업의 경우는 1.50에서 2.89로, 서비스업의 경우는 10.5에서 11.52로 대폭 증가하였다. 이러한 외국자본의 입지선호는 국내자본과 비교해서 역시 뚜렷이 나타나고 있는데, 국내기업의 경우, 수도권 분포비율이 44.8%인 데 반해, 외국인직접투자기업의 수도권 분포비율은 제조업 58.6%, 서비스업 92.0%로 전체 87.8%를 보여주고 있다(차미숙 · 정윤희, 2002: 47).

수도권으로의 입지 선호는 〈표 8-4〉를 통해 확인가능한데, 금액기준으로 외국인직접투자의 비중을 보면, 수도권 지역이 8.8% 증가한 반면, 비수도권은 진북, 광주, 강원, 경북 지역을 제외하고는 모두 1997

년에 비해 감소하였음을 알 수 있다.

외국자본은 국가 간 이동성을 보장받고 있기 때문에 그들의 최대 이익이 예상되는 지역에 입지하고자 한다. 일반적으로 외국자본의 투자결

〈표 8-3〉 외국인직접투자기업의 수도권 집중도 추이, 업체 수 기준

(지방 = 1.0개 소 분포시)

| | 1962~1979 | 1980~1989 | 1990~1997 | 1998~2001 |
|---|---|---|---|---|
| 전산업 | 1.67 | 2.26 | 5.19 | 7.12 |
| 제조업 | 1.50 | 2.10 | 2.15 | 2.89 |
| 서비스업 | 10.5 | 4.56 | 13.19 | 11.52 |

자료: 차미숙·정윤희(2002). p.47 표 재인용.

〈표 8-4〉 외국인직접투자기업 비중현황(금액기준)

| | 지역 | 1997년 | 2000년 | 증감(2000~1997) |
|---|---|---|---|---|
| 수도권 | 서울 | 29.7 | 37.1 | 7.4 |
| | 경기 | 11.1 | 13.2 | 2.1 |
| | 인천 | 3.4 | 2.7 | -0.7 |
| | 수도권 전체 | 44.2 | 53 | 8.8 |
| 비수도권 | 전북 | 1.5 | 3.5 | 2 |
| | 광주 | 1.2 | 2.8 | 1.6 |
| | 강원 | 0.4 | 1.9 | 1.5 |
| | 경북 | 5.7 | 6.5 | 0.8 |
| | 경남 | 5.8 | 5.8 | 0 |
| | 대구 | 0.8 | 0.6 | -0.2 |
| | 전남 | 2.9 | 2.6 | -0.3 |
| | 충남 | 5.8 | 5.3 | -0.5 |
| | 인천 | 3.4 | 2.7 | -0.7 |
| | 울산 | 5.8 | 4.5 | -1.3 |
| | 충북 | 4.1 | 2.5 | -1.6 |
| | 부산 | 4.3 | 2.3 | -2 |
| | 대전 | 6.7 | 3.2 | -3.5 |
| | 제주 | 10.6 | 3.2 | -7.4 |

주: 1997년 12월 31일, 2000년 6월 30일 기준, 누적외국인투자기준, 현존기준, 지역미정 제외.

자료: 대한무역투자진흥공사 외국인투자지원센터(2000). p.36~37. 표 수정 인용.

정[13]은 일반적 시장규모, 생산요소비용, 투자유치정책 등에 의해 결정되는데(UNCTAD, 1998), 이를 가장 잘 충족하고 있는 곳이 수도권이기 때문이다.[14][15]

외국자본의 수도권 입지 선호는 당시, 수도권에서의 공장신설을 제한하고 있던 상황에서 새로운 딜레마를 형성하였다. 특히, 이 새로운 딜레마는 외국자본의 특성 중 '이동가능성'을 지니고 있다는 점, 즉, 특정 개별국가가 입지전에는 전혀 통제할 수 없다는 점에서 새로이 등장한 딜레마라 할 것이다. 이러한 새로운 딜레마는 곧, '수도권에 외국인 직접투자자본의 입지를 허용할 것인가 말 것인가'의 딜레마이다. 정책결정자 입장에서 이는 외국인직접투자, 수도권 개발억제 어느 한 쪽만을 선택할 수 없는 딜레마 상황이다. 다시 말해, 외국인직접투자 유치와 수도권 개발제한이라는 두 가지 대안은 서로 상충되는 가치였으며, 이 두 대안들 간의 중요성이 거의 비슷하기 때문에 정책결정자의 입장에서는 어느 한 가지 대안을 선택하기 어려운 상황이었다 할 것이다.

결국, 외환위기 이후 급격한 외자유치 필요성 증대로, 정책결정자는 기존 정책기조인 수도권 개발억제와 외국인직접투자 유치 간 선택하기 어려운 선택에 직면하였다.

### (2) 딜레마 상황에서의 대응과 수도권 규제의 변화

외국인 투자유치 필요성에 의해 형성된 딜레마 상황에서의 대응은 수도권에 외국인 투자의 전면적 허용도 아니고, 전면적인 억제도 아닌 '한정적 대응' 혹은 '눈 가리기식 대응'으로 나타났다. 즉, 수도권에 외국인 투자를 허용하되, 그러한 허용에 시간과 투자 업종, 범위를 한정하여 유치하나, 주기적으로 허용시간을 연장하고 투자업종을 확대하는 대응을 사용하였다.

다시 말해, 딜레마 상황에서 정책결정자는 기존의 수도권 규제의 근간을 유시시키면서, 동시에 외국자본을 유치힐 수 있는 방법으로, 일정한 시간적 범위 내에서만 외국인 투자자본의 수도권 진입을 허용했다. 〈표 8-5〉에서 잘 나타나듯이, 1999년 '공업배치 및 공장설립에 관한 법률'을 개정하여 첨단 20개 업종에 한정하여, 수도권의 성장관리권역 내에 신·증설을 2001년 12월 31일까지 한정하여 허용하였다. 또한 2002년 개정을 통해, 성장관리지역에서 공장의 신설·증설이 허용되는 외국인투자기업의 업종을 확대하고, 한국표준산업분류가 개정됨에 따라 업종분류코드를 변경하는 한편, 그 허용되는 기간을 2001년 12월 31일에서 2003년 12월 31일로 연장하였다(공업배치 및 공장설립에 관한 법률시행령〔일부개정 1998.12.31 대통령령 제15967호〕).

결국, 딜레마상황에서의 당시 정책결정자의 대응은 딜레마 상황에서의 대응에 관한 기존의 연구와는 사뭇 다른 모습을 보여주고 있다. 기존에 연구에서 제시된 딜레마상황에의 대표적 대응은 일반적으로 상징적 대응, 책임의 전가, 순환적 선택 또는 정책의 비일관적 대응, 형식주의 활용, 무마용 자원확대 등으로 연구되어져 왔다. 그러나 동 사례에서는 수도권규제의 근간을 내용적으로는 침해하고 있으나, 한정한다는 의미에서 한정적 대응을 활용하고 있다. 즉, "어느 시점까지, 어떤 업종에 한해 허용한다"와 같은 한정적 대응을 함으로써, 구체적으로 또한 장기간의 분석을 하지 않을 경우는 그 실체를 파악하기 어렵다. 초기에는 특정 시간까지라고 하여 수도권에서의 외국인직접투자를 허용하다가, 그 시점이 지나서는 다시 시간을 연장하고, 업종 역시 초기에 20개를 한정하였으나, 이후 25개로 늘림으로써 한정의 의미가 퇴색되었다.

결국, 이는 딜레마 상황에서 '한정적 대응' 혹은 '눈가리기식 대응'을 한 것으로 이해된다. 기존의 수도권 규제 기조가 바뀐 것이 아니라 매우 한정적으로, 특히 시간적으로 한정시켜 어떤 예외사항을 만듦으로서, 대안적 선택을 지지하는 입장에 있는 행위자나 집단들의 인식을 왜곡시켰다 할 것이다. 다시 말해, 정책결정자는 수도권 억제기조의 유지냐, 혹은 외국인직접투자의 유치인가? 라는 두 가지 모두 선택할 수 없

〈표 8-5〉 외국인투자기업의 수도권 입지 허용을 위한 한정적 대응의 주요내용

| 시기 | 개정내용 |
|---|---|
| 1998. 12. 31<br>공업배치법시행령 개정 | • 외국인투자기업의 수도권 공장입지 허용<br>– 수도권 성장관리권역[16]에서, 외국인 투자비율이 51%이상인 외국인투자기업이 설립하는 첨단 20개 업종[17]에 대해 한시적으로 2001. 12. 31일까지 허용 |
| 2002. 2. 9<br>공업배치법시행령 개정 | • 완화대상 외국인투자기업의 범위를 외국인투자비율 51% →50%로 완화하고 대상 업종을 25개 업종[18]으로 확대<br>• 외국인투자기업에 대한 규제배제기간을 2003년 말까지로 연장 |

자료: 법제처, 공업배치 및 공장설립에 관한 법률시행령(〔일부개정 1998.12.31 대통령령 제15967호〕, 〔일부개정 2002.2.9 대통령령 제17515호〕).

고, 또한 두 가지 모두 포기할 수 없는 상황에서, 형식적으로는 수도권 규제기조를 유지하면서, 실질적으로는 외국인투자기업의 수도권 입지를 허용하는 대응을 하였다 할 것이다. 이에 따라, 수도권 입지 규제는 앞의 〈표 8-5〉와 같이 변화하였으며, 딜레마 상황에서의 '한정적 대응', 혹은 '눈 가리기식 대응' 결과는 수도권 규제의 완화로 나타났다 할 것이다.

### 2) 참여정부에서의 딜레마 상황과 딜레마 대응, 그리고 수도권 입지규제 변화

#### (1) 국내·외 자본에 대한 차별적 규제에 따른 국내자본의 저항확대와 딜레마 발생

딜레마 상황에서의 소극적 대응은 딜레마 상황을 해결할 수 있는 근본적 접근과는 거리가 있다. 이는 딜레마의 특성에 기인한 것으로, 결국, 딜레마 상황에서의 소극적 대응은 딜레마 상황에서 벗어난 것이 아니라, 딜레마 상황의 또 다른 연속이라 할 것이다.

외국자본투자유치의 필요성에서 제기된 딜레마, 즉, 외국자본의 유치와 수도권 규제기조의 유지라는 두 가지 대안 중에서 하나의 선택만

을 할 수 없는 딜레마적 상황이다. 따라서 앞서 살펴본 바와 같이, 이러한 딜레마 상황에서, 정책결정자는 '한정적 대응', 혹은 '눈 가리기식 대응'을 하였다. 이러한 대응을 통해, 정책결정자는 수도권 규제의 기조를 유지하면서 동시에 외국인투자자본의 수도권 입지를 실질적으로 허용할 수 있었다.

그러나 이러한 상황은 변형된 딜레마 상황을 생산하는 데 또한 영향을 미쳤다. 시간적 한정, 투자가능업종의 한정은 초기에 딜레마 상황에서 소기의 성과를 얻을 수 있는 전략적 대응이었으나, 시간 한정의 지속적 연장, 투자가능업종의 지속적 확대는 그 자체로 새로운 변수를 형성하였다. 즉, 딜레마 상황에서 외자유치를 위한 이러한 대응은 필연적으로 국내 대기업과 외국인직접투자기업 간에 규제적용에 있어 차별을 가져왔다. 〈표 8-6〉은 이를 잘 보여주고 있는데, 일정 비율을 넘는 외국인투자기업의 경우는 실질적으로 수도권의 성장관리권역 내에 규제의 적용을 받지 않고 입지를 할 수 있으나, 국내 대기업의 경우는 특수한 상황적 조건하에서만 신설할 수 있었다. 예를 들어, 아산국가산업단지 내에서 신설하거나 혹은 폐업한 기존공장을 양도받아 동일한 규모로 입주할 경우 등 외국인 직접투자기업에 비해서 매우 제한적인 신설이 가능하였다.

외국자본유치의 필요성에서 비롯된 딜레마, 수도권 규제를 유지할 것인가, 외국자본을 유치할 것인가의 선택상황에서, '한정적 대응', '눈 가리기식 대응'은 의도하지 않게 국내대기업과 외국직접투자자본 간의 '차별적인 수도권 입지규제'를 형성하였다. 외국인 직접투자자본은 수도권의 성장관리권역 내에 공장 신·증설이 허가되었으나, 국내 자본은 신설의 금지가 지속되었고 증설 및 이전에 있어서도 매우 제한적으로 허가를 받았기 때문이다. 특히, 한시적이라는 초기의 규제설정과 달리 지속적으로 그 시간을 연장하고 또한 관련 업종의 수를 확대해온 결과 〈표 8-7〉이 보여주듯이, 심각한 국내 대기업의 저항에 직면하게 되었다.

〈표 8-6〉 외국인직접투자기업과 국내 대기업의 차별적 규제 적용의 예

| 분 류 | 성장관리권역내 규제 현황 |
|---|---|
| 외국인직접투자기업 | • 외국자본 투자비율 50%이상 25개 첨단업종, (단, 2003년 12월 31일 이전에 외국인투자기업을 유치할 목적 지정·고시된 산업단지에서 공장을 설립하는 외국인투자기업의 외국인투자비율을 30% 이상) |
| 국내대기업 | • 아산국가산업단지내에서만 신설 및 증설 가능<br>• 폐업한 기존공장을 양도받아 동일한 규모로 입주하는 공장의 신설 정기간행물등록 등에 관한 법률에 의하여 등록한 일간신문의 발행을 위한 공장의 신설 및 증설<br>• 10개의 첨단업종에 한해, 기존 공장 건축면적의 50%이내 증설, 기존공장 증설(3천 제곱미터 이내에 한정)<br>• 다음 업종에 한해, 기존공장 건축면적의 25%이내 범위 내에서 증설 가능<br>– 전자코일, 변성기 및 기타 전자유도자 제조업<br>– 전자축전기 제조업<br>– 승용차 및 기타 여객용 자동차 제조업<br>– 화물자동차 및 기타 특수 목적용 자동차 제조업 |

자료: 산업집적활성화 및 공장설립에 관한 법률시행령〔일부개정 2003. 6. 30 대통령령 제18039호〕, 별표 2 내용 요약 정리.

특히, 그동안 수도권 입지를 제약받은 대기업들은 외국인 직접투자의 수도권 입지를 이유로 하여 그들의 수도권 입지를 정당화하고자 하였다. 즉, 수도권 공장입지를 선호하는 국내 대기업들은 그동안 정부의 수도권 입지억제정책에 대해 논리적 정당성을 확보하지 못하였으나, 외국인 직접투자 자본의 지속적인 수도권 입지의 허용은 반대로 정부의 수도권 입지억제정책에 대한 논리적 정당성을 상실하게 하는 요인으로 작용하였다.

이러한 상황은 곧, 딜레마 대응이 또 다른 딜레마를 초래함을 보여주고 있다. 즉, '수도권에 외국인 직접투자자본의 입지를 허용할 것인가 말 것인가'의 딜레마 상황에서의 소극적 대응인 '한정적 대응' 혹은 '눈가리기식 대응'은 '국내 대기업의 저항'이라는 새로운 변수를 등장시켰

고, 이러한 새로운 변수에 의해 정책결정자는 새로운 딜레마, '수도권에 국내 자본의 입지를 허용할 것인가 말 것인가'의 딜레마 상황에 처하게 되었다 할 것이다.

이는 어떤 딜레마 유발요인에 의해 형성된 딜레마 상황에서의 대응은 또 다른 딜레마를 형성하게 된다는 점을 보여주고 있다. 다시 말해, 딜

〈표 8-7〉 대기업의 수도권 입지 국내·외 기업 간 역차별 해소 요구

| 주요 언론 | 제 목 |
|---|---|
| 〈한국경제〉(1999. 7. 28) | 시장개방, 외자도입 과정서 국내기업 역차별… 전경련 주장 |
| 〈한국경제〉(1999. 12. 2) | 외국인투자유치정책, 국내기업에 역차별 요인 |
| 〈한국경제〉(2000. 3. 4) | 대기업 역차별 시정돼야 |
| 〈한국경제〉(2000. 5. 11) | 국내기업 역차별 사례 |
| 〈동아일보〉(2002. 8. 27) | 국내기업 경제특구법 외국기업 수도권집중 역차별 불만 커 |
| 〈연합뉴스〉(2002. 11. 14) | 경제단체, 경제특구법 국내기업 '역차별' 우려 |
| 〈한국경제〉(2003. 5. 21) | 수도권 공장증설 놓고 역차별 논란 |
| 〈동아일보〉(2003. 6. 10) | 외국기업엔 'OK' 한국기업엔 'NO'… 전경련 역차별시정 촉구 |
| 〈디지털타임스〉(2003. 8. 14) | 한나라, 수도권공장규제, 국내기업역차별규제 완화키로 |
| 〈매일경제〉(2004. 6. 6) | 역차별에 국내기업 멍든다 |
| 〈문화일보〉(2004. 4. 22) | 국내기업 역차별 당하고 있다 |
| 〈서울신문〉(2004. 7. 27) | 전경련 '대기업 역차별' 주장 |
| 〈한국경제〉(2005. 5. 15) | 수도권 국내기업 역차별 언제까지 |
| 〈문화일보〉(2006. 5. 23) | 한국에만 있는 규제·역차별 사라져야 |
| 〈한국경제〉(2005. 5. 13) | 수도권 규제 논란 2라운드… 외투기업 OK. 대기업은 NO? |

주: 1) 1998. 2. 1~2007. 1. 30까지 신문분석 결과.
2) 수도권 공장입지에 있어서의 국내·외 기업 역차별[19] 해소 주장이 포함된 경우만을 제시함.
3) 한국경제신문을 중심으로 분석결과를 제시하였으며, 동일 내용에 대해 다른 신문에서 제시된 경우는 한 종류의 신문 내용만 제시.

레마 상황에서의 소극적 딜레마 대응은 새로운 변수를 유발하고, 이러한 새로운 변수에 의해 또 다른 딜레마가 형성됨을 보여주고 있다.

이와 관련하여, 첫째, 소극적 딜레마 대응은 새로운 변수를 유발했다. 국민의 정부에서의 '한정적 대응' 혹은 '눈 가리기식 대응'은 '국내대기업의 저항'이라는 새로운 변수를 불러왔다. 여기서, 한정적 대응, 혹은 눈 가리기식 대응이 '차별받는 국내대기업의 저항'이라는 새로운 변수를 유발한 이유는 '한정적 대응' 혹은 '눈 가리기식 대응'이 외국인 직접투자기업에게는 편익을 제공한 반면, 국내 대기업에게는 비용을 유발시켰으며, 또한 수도권 입지규제의 정당성을 침해하였기 때문이다.

둘째, 딜레마 상황에서의 소극적 대응이 유발한 새로운 변수('국내 대기업의 저항')는 새로운 딜레마 상황을 유발하는 데 중요한 역할을 수행하였다. '국내 대기업의 저항'은 정책결정자로 하여금 '수도권에 국내 대기업의 입지를 허용할 것인가 말 것인가'라는 새로운 유형의 딜레마를 형성시켰는데, 이는 국내 대기업의 저항이 수도권 입지규제에 관한 정당성 문제를 지속적으로 제기시켰기 때문이다. 즉, 규제가 왜 필요한가?, 필요하다면 공정하게 이루어져야 하는 것이 아닌가?, 왜 외국자본은 되고, 국내자본은 되지 않는가와 같이 규제의 근원에 대한 물음을 지속적으로 제기시켰고 정책결정자의 입장에서는 이에 대한 대응을 할 수 밖에 없는 상황(조건)이 조성되었다 할 것이다. 이는 곧 정책결정자가 또 다른 형태의 딜레마에 빠질 수밖에 없음을 의미한다. 결론적으로 이는 딜레마의 대응 유형 그 자체의 문제라기보다는 딜레마 대응의 성격이 또 다른 딜레마 상황을 유발하는 데 중요함을 보여주고 있다.

이러한 딜레마의 형성은 곧 t-1에서 형성된 딜레마 상황이 t시점의 딜레마 상황 형성에 영향을 미친다는 점에서 '딜레마의 경로의존성'(*path dependency of dilemma*)이라 불릴 수 있을 것이다.[20]

(2) 딜레마 상황에서의 대응과 수도권 규제의 변화

국내 대기업의 저항과 맞물려 또 다시 정책결정자는 수도권 규제에 대한 근본적인 딜레마 상황에 처하게 되었다. 즉, 수도권 개발억제인가, 아니면 외국자본투자유치인가의 딜레마 상황에서, 앞서 살핀 '한정적 대응', 혹은 '눈 가리기식 대응'은 국내 자본의 저항을 불러 일으켰고, 이러한 저항은 곧 정책결정자를 새로운 형태의 딜레마 상황에 직면하도록 하였다. 다시 말해, 외국자본은 수도권 입지를 허용하는데, 언제까지 국내자본의 수도권 입지를 제한할 수 없는 상황에 처하게 되었다. 결국, 의사결정자는 수도권에 국내자본의 입지를 허용할 것인가, 말 것인가? 라는 존재론적 딜레마 상황에 처하게 되었다.[21)]

만약, 국내자본을 수도권에 유치하게 된다면 수도권 경쟁력 확대뿐만 아니라 국내외 자본의 차별적 규제에 대한 논리적 정당성 위기를 해소할 수 있으나, 이는 기존의 수도권 개발억제정책기조는 완전히 포기하는 것을 의미하였고, 이러한 포기는 곧 막대한 국가전체의 비용으로 나타날 것이었다. 게다가, 참여정부의 정치적 비용을 고려할 때, 이들 두 가지 선택은 결코 한쪽만을 선택할 수도 없는 딜레마 상황이었다 할 것이다.

이러한 딜레마 상황은 대기업의 수도권 입지규제에 관련한 주요 의사결정자의 입장이 수시로 바뀌고 있음을 보여주는 〈표 8-8〉에서 잘 드러난다. 이러한 딜레마 상황에서 정책결정자의 대응은 비일관적 대응으로 나타났다. 비일관적 대응이라 함은 참여정부에서의 수도권 규제가 사안에 따라 개별적으로 결정되었다는 것이다. 뚜렷한 기준 없이(왜냐하면, 수도권 기준대로 한다면 규제완화는 진행될 수 없다) 사안에 따라 수도권 입지가 허가되기도 하고, 어떤 경우는 허가되지 않기도 하는 '오락가락 대응'을 하였다. 이러한 비일관적 대응은 규제에도 영향을 미쳤는데, 규제는 존재하되, 사안에 따라 결정됨으로 인해, 수도권 입지가 허가될 경우는 필연적으로 규제완화를 불러왔고, 반면, 수도권 입지가 허가되지 않을 경우에는 현재 규제가 유지되었다.

〈표 8-8〉 주요 정책결정자의 수도권 입지규제 완화에 대한 딜레마 표출

| 날짜 | 내 용 | 태도[1] |
|---|---|---|
| 2003. 2. 4 | 노무현 대통령 당선자<br>“새로운 종합정책이 나올 때까지 공장통량제 등 수도권 규제는 더 이상 풀지 않겠다”(2월 4일, 지방분권과 국가균형발전을 위한 토론회) | 반대 |
| 2003. 2. 7 | 노무현 대통령 당선자<br>“수도권은 규제에서 관리로 전환할 수밖에 없다”(2월 6일, 동북아 경제 중심국가 건설 토론회) | 찬성 |
| 2003. 5. 31 | 노무현대통령<br>“늦어도 7월까지는 행정수도 이전 및 지방활성화 방안과 연계해 수도권에 대한 각종 규제를 과감하게 풀겠다”라고 설명했다.<br>(5월 30일, 중앙언론사 편집국장 보도국장들과의 오찬 대담 중) | 찬성 |
| 2003. 8. 29 | 노무현대통령<br>“개별적으로 긴급, 시급한 것은 현행 법 테두리 내에서 하나씩 해결할 것”, “수도권 규제법 때문에 중요한 사업이 중단되거나 해외로 빠져나가거나 하는 일이 없도록 최선을 다해 우선 해나가겠다”(8월 29일, 이천 세계도자기비엔날레 개막식 참석 뒤 경기지역 인사들과 간담회에서) | 찬성 |
| 2003. 10. 16 | 고건 총리<br>“산업, 공장입지와 관련해 수도권이냐 지방이냐의 경우 지방이 우선이지만, 수도권이냐 해외탈출이냐의 선택에 기로에 있다면 국무회의에서 케이스별로 심의해서 검토해 결정하겠다”<br>(10월 15일, 국무회의 후 브리핑에서) | 찬성 |
| 2004. 1. 31 | 이희범 산업자원부 장관<br>“수도권은… 태생적인 규제가 불가피하지만 억제정책만 지속될 경우 기업들의 해외이전과 경쟁력 저하를 불러올 수 있다”<br>(1월 30일, 한경 밀레니엄 포럼 참석에서) | 반대 |
| 2004. 2. 21 | 노무현 대통령<br>“대책 없는 수도권 규제완화는 하지 않겠다”(2월 20일, 전주에서 열린 전국 시장·군수·구청장 대회에서) | 반대 |
| 2004. 10. 29 | 이해찬 국무총리<br>“헌재의 위헌 결정에 따라 신행정수도 건설이 어렵게 된 만큼 수도권 과밀화 해소대책도 전면 재검토가 이뤄져야 한다”<br>(10월 28일, 국회 대정부질문 답변에서) | 반대 |

〈표 8-8〉 계속

| 날짜 | 내 용 | 태도 |
|---|---|---|
| 2005. 9. 15 | 추병직 건설교통부 장관<br>"수도권에 공장을 새로 짓는 문제는 공공기관 이전과 행정중심 복합도시 건설 등이 완료된 2012년 이후까지 신중히 검토해야 한다"(9월 15일, 대한상공회의소가 주최한 조찬 간담회에서) | 반대 |
| 2005. 11. 04 | 산업자원부<br>'수도권 공장설립규제 완화 발표'(파주의 LG필립스LCD 클러스터 등 수도권에 8개 첨단업종의 대기업 투자규제 완화) | 찬성 |
| 2005. 11. 24 | 허범도 산업자원부 차관보<br>"수도권 투자의 불가피성과 시급성, 지방 투자 위축 여부 등을 감안해 제한적으로 접근할 계획"(11월 23일 기자 브리핑에서) | 찬성 |
| 2005. 12. 06 | 성경륭 국가균형발전위원회 위원장<br>"정부는 공장 총량제와 공업용지 총량제를 지킨다는 전제에서 국가경쟁력 강화를 위해 수도권 규제완화를 불가피하게 추진하고 있다"(12월 6일, 국가균형발전정책 추진 점검 광주 간담회에서) | 찬성 |
| 2006. 7. 21 | 권오규 부총리 겸 재정경제부 장관<br>"수도권 규제는 정부의 수도권 기본 계획과 지역균형발전정책과 관련돼 있기 때문에 당분간 함께 진행할 것"(7월 21일, 취임식에서) | 반대 |
| 2006. 8. 29 | 권오규 부총리 겸 재정경제부 장관<br>"내년 하반기에 수도권 공장 신·증설 등의 규제를 폭넓게 완화할 계획" | 찬성 |
| 2006. 11. 7 | 성경륭 국가균형발전위원회 위원장<br>"현재의 상태에서 수도권 규제에 대한 기조를 유지할 필요가 있다", "그러나 큰 기조는 유지하되, 국가경쟁력 차원에서 수도권 기업의 입지가 필요한 데 대해서는 적정선에서 긍정적인 검토가 가능하다고 본다"(KBS, 라디오정보센터 박에스더입니다에 출현하여) | 반대와 찬성 혼재 |
| 2006. 11. 14 | 권오규 부총리 겸 재정경제부 장관<br>"수도권 내 자연보전권역이 도입됐던 것은 상당히 오래전으로, 시간이 지나면서 향상된 환경처리 기술 등에 비춰 규제를 지속할지에 대한 검토가 필요하다"(11월 14일, 국회 경제분야 대정부 질의에서) | 찬성 |

〈표 8-8〉 계속

| 날짜 | 내 용 | 태도 |
|---|---|---|
| 2007. 1. 4 | 노무현 대통령<br>“수도권 내 공장증설은 예외적인 경우 외에는 수용하지 않을 것”<br>(2007년1월4일, 경제상황점검회의에서) | 반대 |
| 2007. 1. 29 | 김영주 산자부장관<br>“수도권에 소재하지 않으면 경쟁력이 떨어지거나 외국으로 갈 가능성이 높은 경우 대기업의 수도권 투자를 개별적으로 풀어주고 있다”, “앞으로도 꼭 필요한 투자는 허용해 나가겠다” | 찬성 |

주 1: 태도는 수도권 규제완화에 대한 입장을 의미함.
자료: 한국경제신문 각 년 월 일. 단, 2006년 11월 7일은 매일경제신문, 2007년 1월 4일은 서울경제신문.

우선, 비일관적 대응의 사례 2가지를 살펴보고자 한다.

〈사례 1〉 공장 증설이 금지된 업종의 증설 허용

정부는 2006년 12월 LG전자(오산)·팬택(김포)·한미약품(화성)·일동제약(안성)의 수도권 내 공장 증설을 허용하기로 확정했다. 산업자원부는 그 동안 관계부처 TF를 구성하여 수도권 성장관리지역 내 4개 대기업 공장의 증설계획을 검토한 결과를 당정협의(12. 7)를 거쳐 최종 확정했다고 밝혔다. 이에 따라, 현재 산업집적활성화 및 공장설립에 관한 법률상 금지되고 있는 수도권 성장관리지역 내 인쇄회로기판(PCB) 제조업, 방송 및 무선통신기기제조업(32202), 의약용 약제품 제조업(24221) 등 3개 업종의 공장 증설이 2007년까지 제한적으로 허용되었다(산업자원부 보도자료, 2006).

이와 관련하여, 산업정책본부장은 “이 결정은 단순한 기업애로 해소가 아닌 업종·국가경쟁력 제고 차원에서 수도권 투자의 불가피성·시급성과 함께, 정부의 수도권 정책 기조와의 조화여부도 중요한 기준으로 감도했다”라고 주장하였다.

〈표 8-9〉 성장관리지역 증설 허용 4개 사 투자 개요

| 지역 | 업체명 | 투자 유형 | 증설 면적[1] (천㎡) | 투자액 (억원) | 신규 고용효과 (명) | | | 생산품 |
|---|---|---|---|---|---|---|---|---|
| | | | | | 계 | 직접 | 간접 | |
| 합 계 | | | | 3,486 | 1,650 | 1,300 | 350 | - |
| 성장 관리 지역 | LG전자(오산) | 증설 | 33 | 2,200 | 700 | 500 | 200 | 인쇄회로기판 |
| | 팬택(김포) | 증설 | 8 | 486 | 500 | 500 | - | 휴대폰 |
| | 한미약품(화성) | 증설 | 9 | 550 | 300 | 200 | 100 | 의약품 |
| | 일동제약(안성) | 증설 | 5 | 250 | 150 | 100 | 50 | 의약품 |

주 1: 제조시설 면적 기준

자료: 산업자원부 보도자료(2006).

〈사례 2〉 공장 증설금지구역에 증설 금지

2007년 1월 정부는 Hynix의 이천 반도체 공장 증설을 불허하였다. 하이닉스는 12인치 반도체 웨이퍼 생산라인 3개 증설(1개 라인 당 4조 4500억 원씩 총 13조 5000억 원 투자)을 위해, 하이닉스는 지난 12월 13일, 2007~2009년간 구리(Cu) 공정을 사용하는 12인치 반도체 웨이퍼 생산공장을 이천에 2개(2007, 2009), 청주에 1개(2008) 증설하는 투자 계획안을 정부에 공식 제출하였으며, 금년 1월 15일, 2007년 중 비수도권에 1개 공장, 2008년 정부의 관련규제 완화를 조건으로 이천에 1개 공장을 증설하고, 나머지 1개 공장은 향후 결정하겠다는 수정안을 제출하였다(산업자원부, 보도자료, 2007).

이러한 하이닉스의 수도권 내 공장신설 요청에 대해 정부는 2008년 공장 증설 대상지로 밝힌 이천 지역이 현행 환경법령상 수질보전특별대책권역이자 수정법상 자연보전권역으로 각각 구리배출시설의 입지와 대규모 공업용지 조성이 제한되고 있어, 이천공장의 증설은 불허하기로 하였다(산업자원부 보도자료, 2007).

하이닉스 공장 증설에 있어 정부의 불허 핵심이유는 팔당호가 수도권 2300만 명의 식수원으로 대규모 공해유발(구리배출) 업체의 입지를 허

〈표 8-10〉 하이닉스 반도체 증설계획

| | 당초계획 (2006년 12월 13일) | 수정안 (2007년 1월 15일) | 정부방침 |
|---|---|---|---|
| 1라인 (2007년 증설) | 이천 | 비수도권 | 허용 |
| 2라인 (2008년 증설) | 청주 | 이천 | 불허 |
| 3라인 (2009년 증설) | 이천 | 미정 | 상수원 주변 규제 개정 검토 |

자료: 산업자원부 · 하이닉스반도체, 중앙일보(2007. 1. 25).

용할 수 없다는 것이었다. '환경'을 이유로 하여 공장 증설을 불허하였다. 그러나 이러한 정부 측의 주장은 2003년 같은 팔당 상수원에서, 하이닉스가 신청한 지역과 25km 떨어져 있는 동부전자의 경우는 동일한 사례에서 법률까지 개정하여 허가를 해준 전례가 있어,[22] 설득력은 매우 미약하다. 하이닉스 사례는 앞서 〈사례 1〉과 달리, 정부의 허가를 받지 못하였는데, 이는 곧 수도권 입지규제의 적용에 있어 비일관적 대응을 보여주는 사례라 할 것이다. 수도권에 대기업의 입지를 허용할 것인가 말 것인가의 딜레마 상황에서 정부는 어떤 경우는 허가를 하여주고, 어떤 경우는 허가를 하여주지 않는 비일관적 대응을 보여준다. 즉, 금지사항임에도 〈사례 1〉에서는 법률의 개정을 통해서까지 허가를 하여주고, 〈사례 2〉에서는 환경문제를 들어 이를 불허하였다.

이러한 사례는 딜레마 상황에서 가장 대표적인 대응 중 하나인 비일관적 대응이 수도권의 대기업 입지 딜레마 상황에서 나타나고 있음을 보여준다. 이는 아래의 글에서 잘 드러난다.

> "정부는…, 수도권 공장 입지규제의 틀을 유지하되, 국가 전체적으로 필요한 시급한 투자의 경우 지역 간 합의를 전제로 개별적으로 검토하여 처리한다는 것이 기본입장이며, 이에 따라… 수도권 대기업의 규제 완화는 구체적 투자계획에 대해 사안별로 · 개별적으로 타당성을 검토" (국토균형발전본부장, 〈건설교통부 보도자료〉, 2005. 9. 14)

이러한 비일관적 대응은 수도권 규제를 완화시켰다. 왜냐하면, 수도권 입지규제에 있어 비일관적 대응[23]은 첫째, 입지허락, 둘째, 입지불가 중 하나를 일관성 없이 사안에 따라 결정하였음을 의미한다. 그런데, 수도권으로의 입지 허락은 필연적으로 기존 규제의 완화를 수반한다. 반면, 수도권으로의 입지 불가는 기존의 수도권 규제로 가능하기 때문에 규제의 강화로 진행되지는 않는다. 결국, 비일관적 대응 중 입지허락은 수도권 규제의 완화를 가져왔다. 〈표 8-11〉이 보여주듯이, 정부는 2003년 6월 30일 '공업배치 및 공장설립에 관한 법률'을 산업집적활성화 및 공장설립에 관한 법률(이하, '산업집적활성화법'으로 함)로 법명을 전환하면서 동시에, 2003년 12월 31일 이전에 외국인투자기업을 유치할 목적으로 지정·고시된 산업단지에서 공장을 설립하는 외국인투자기업의 외국인투자비율을 30% 이상으로 완화하였다〔산업집적활성화 및 공장설립에 관한 법률 시행령(일부개정 2003. 6. 30 대통령령 제18039호)〕.

또한 2004년 2월 수도권 첨단업종 대기업의 공장 증설 규제 등 일부 수도권 규제를 완화하였는데, 주요 내용은 다음과 같다. 첫째, 성장관리지역에서 허용되는 공장의 증설은 승용차 및 기타 여객용 자동차제조업 등을 영위하는 대기업의 기존공장의 경우에는 기존 공장건축면적의 25% 범위 이내로, 전자집적회로제조업 등을 영위하는 대기업의 기존공장의 경우에는 기존 공장건축면적의 50% 범위 이내로 각각 제한하고 있었으나, 앞으로는 이를 모두 100% 이내로 확대하여 대기업의 기존공장의 증설제한을 완화하였다. 둘째, 현행 시행령은 공해발생정도가 낮은 공장만을 도시형 공장으로 정하고 있으나, 환경문제가 발생하지 않는 첨단업종에 대해서는 입지의 특수성, 도시의 자족성 확보 등을 고려하여 선택적으로 입지를 허용할 수 있도록 도시형 공장의 범위를 확대하였다. 셋째, 첨단 외국 대기업의 공장 신·증설 기간을 1년 연장(2003년 말에서 2004년 말)하였다〔산업집적활성화 및 공장설립에 관한 법률 시행령(일부개정 2004. 2. 25 대통령령 제18292호)〕.

〈표 8-11〉 딜레마상황에서의 비일관적 대응에 따른 규제 완화

| 시기 | 주요 내용 |
|---|---|
| 2003.6.30 산업집적활성화법 개정 | • 법명 변경(공업배치 및 공장설립에 관한 법률→산업집적활성화 및 공장설립에 관한 법률)<br>• 2003년 12월 31일 이전에 외국인투자기업을 유치할 목적으로 지정·고시된 산업단지에서 공장을 설립하는 외국인투자기업의 외국인투자비율을 완화 |
| 2004.2.25 산업집적활성화법 시행링 개성 | • 대기업의 공장 증설투자 허용 범위 확대<br>– 반도체 등 10개 업종[1]: 50%→100%<br>– 자동차 등 4개 업종[2]: 25%→100%<br>• 2003년 말까지 종료되는 외투기업 첨단업종(25개 업종[3]) 대기업의 공상 신·증설 허용기간을 산업단시 입주기업에 한해 1넌 연장<br>• 첨단업종은 "제2종 도시형 공장"으로 하여 도시형 공장의 범위 확대 |
| 2005.5.26 산업집적활성화법 시행령 개정 | • 외국인투자기업의 25개 첨단업종이 성장관리권역내 공장 신설·증설을 2007년 12월 31일까지 연장 |
| 2005.12.9 산업집적활성화법 시행령 개정 | • 아산국가산업단지 외의 산업단지 안에서도 8개 업종의 경우 공장의 신설 또는 증설 가능<br>• 2006년 12월 31일까지 새로이 지정받은 산업단지 안에 신설 또는 증설하거나 국가산업단지의 기존 입주업체가 관리기관과 공장의 증설을 내용으로 하는 입주변경계약을 체결하는 경우에는 수도권의 성장관리지역 안에서도 대기업의 공장 신설 또는 증설을 허용 |

주 1: 4개 업종: 전자코일, 변성기 및 기타 전자유도자 제조업, 전자축전기 제조업, 승용차 및 기타 여객용 자동차 제조업, 화물자동차 및 기타 특수목적용 자동차 제조업

주 2: 10개 업종: 다이오드, 트랜지스터 및 유사반도체 제조업, 전자집적회로 제조업, 전자카드 제조업, 액정표시장치 제조업, 유선통신기기 제조업, 방송 및 무선통신기기 제조업, 방송수신기 및 기타 영상, 음향기기 제조업, 기타 광학기기 제조업,

주 3: 25개 업종: 산업용가스 제조업, 생물학적 제제 제조업, 공기조화장치 제조업, 컴퓨터 제조업, 컴퓨터 입·출력장치 및 기타 주변기, 복사기 제조업, 다이오드, 트랜지스터 및 유사반도체, 전자집적회로 제조업, 인쇄회로판 제조업, 전자카드 제조업, 액정표시장치 제조업, 유선통신기기 제조업, 방송 및 무선통신기기 제조업, 방송수신기 및 기타 영상, 음향기기, 그외 기

타 의료용 기기 제조업, 전자기 측정, 시험 및 분석기구 제조, 속도계 및 적산계기 제조업, 기기용 자동측정 및 제어장치 제조업, 산업처리공정 제어장비 제조업, 사진기, 영사기 및 관련장비 제조업, 기타 광학기기 제조업, 자동차 엔진용 부품 제조업, 자동차 차체용 부품 제조업, 기타 자동차 부품 제조업, 항공기, 우주선 및 보조장치 제조업

자료: 산업집적활성화및공장설립에관한법률시행령〔(일부개정 2003. 6. 30 대통령령 제 18039호), (일부개정 2004. 2. 25 대통령령 제 18292호), (일부개정 2005. 5. 26 대통령령 제 18847호), (일부개정 2005. 12. 9 대통령령 제 19169호)〕, 산업자원부 보도자료(2004).

2005년 5월에도 동법 시행령을 개정하여, 수도권 성장관리지역의 산업단지에서 외국인투자기업이 광섬유 및 광학요소 제조업을 포함한 25개 첨단업종을 영위하는 공장의 신설·증설 등의 투자를 할 수 있도록 하고, 그 유효기간을 2007년 12월 31일까지로 연장(법제처, 동법 시행령 개정이유)하고 있으며, 또한 2005년 12월에 동법 시행령을 개정하여, 대기업이 방송수신기 및 광섬유 제조업 등 8개 첨단업종을 영위하는 공장을 2006년 12월 31일까지 새로이 지정받은 산업단지 안에 신설 또는 증설하거나 국가산업단지의 기존 입주업체가 관리기관과 공장의 증설을 내용으로 하는 입주변경계약을 체결하는 경우에는 수도권의 성장관리지역 안에서도 대기업의 공장 신설 또는 증설을 허용하였다(법제처, 동법 시행령 개정이유).

결국, 참여정부 시기에 있어 딜레마 대응은 비일관적 대응이었으며, 이 과정에서 결과론적으론 수도권의 대기업 규제가 완화되었다. 한번은 허가를 하여주고(규제완화), 한번은 허가를 하여주지 않더라 하더라도, 한번 허가에는 관련 법률의 개정을 수반하는 반면, 불가의 경우는 기존의 법률로서 가능하기 때문이다. 따라서 한번은 수도권에 대기업 입지를 허가해주고, 다른 한번은 대기업입지를 허가하여주지 않더라도, 결과론적으로 수도권의 입지규제는 완화된다.

정리하면, 국민의 정부와 참여정부에서의 딜레마의 대응은 수도권 규

제억제의 기조라는 공식적 표명과는 달리, 딜레마 대응과정에서 국내·외 자본이 모두 입지를 최우선으로 하는 수도권의 규제의 완화를 유발하였고,[24] 심지어는 사안에 따라 결정하는 규제의 형식화(*formalization*)가 진행되었다.[25] 처음부터 해당 규제를 집행하거나 실행을 하지 않은 것이 아니라 딜레마의 대응과정에서 결과론적으로 규제내용과 실제 집행 간에 차이를 나타내는 규제내용(법적 내용)과 상관없는 사안에 따른 결정이 이루어지는 규제의 형식화가 진행된 것이다.

## 5. 결 론

이 연구는 '왜 정부규제가 변화하는가?'라는 근본적 질문에 대해, 기존의 사익이론적 접근이 아닌 딜레마 대응이라는 독특한 이론적 틀을 가지고 분석하였다. 외환위기 이후, 김대중 정부와 노무현 정부에서의 한국의 수도권 입지규제 사례를 통해 어떠한 요인에 의해 딜레마상황이 형성되고, 또 이러한 딜레마 상황에서의 딜레마 대응이 수도권 입지규제에 어떠한 영향을 미쳤는가를 분석하였다.

분석결과, 국민의 정부에서는 '수도권에 외국인투자를 허용해야 하는가 말아야 하는가?'의 딜레마에 처하였고, 이 상황에서, 정책결정자는 수도권 규제의 기조를 유지한 채, 외국인 투자의 한시적 허용이라는 '한정적 대응', 혹은 '눈 가리기식 대응'을 지속하였다. 즉, 어느 시점까지, 어떤 업종에 한하여 허용하고, 특히, 어느 시점에서는 그 효력을 '종료한다'라고 법률에 명시함으로써, 언뜻, 수도권의 외국인투자가 매우 한시적 조치임을 보여주었다. 그러나 이후 법률의 효력기간이 다하면, 다시 이를 연장하는 방법을 구사하였다. 이에 따라, 수도권 규제는 존재하나 수도권에 외국인투자는 지속적으로 이루어질 수 있었다. 이는 곧, 형식적으로는 수도권 규제가 존재하나 실질적으로는 외국인투자의 경우

〈그림 8-2〉 분석 결과 종합

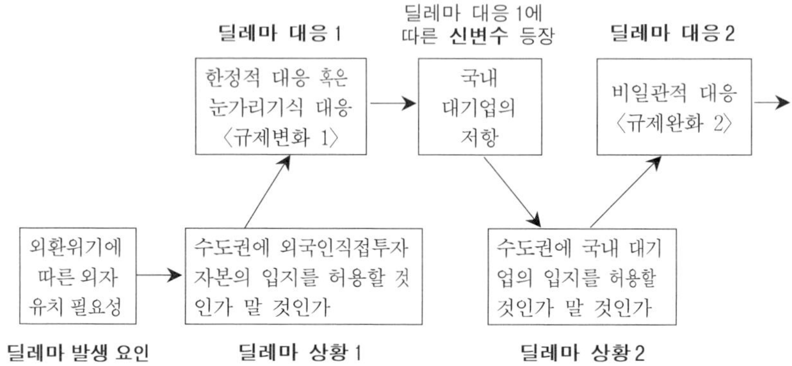


해당 규제가 존재하지 않는 것과 같은 효과를 내었다.

국민의 정부에서 이러한 소극적 대응은 그 자체로 끝나는 것이 아니라, 새로운 변수를 유발하였으며 새로운 변수는 곧 또 다른 딜레마를 생성하였다. 우선, 국민의 정부에서 딜레마 대응은 국내·외 자본에 대한 차별적 입지규제를 형성하였는데, 이는 외국인 직접투자기업에게는 편익을, 반면 국내 대기업에게는 비용을 유발시켰다. 또한 수도권 입지규제의 논리적 정당성을 훼손시킴으로서 '국내 대기업의 저항'이라는 새로운 변수를 유발하였다. 이러한 신 변수로서 '국내 대기업의 저항'은 새로운 딜레마를 형성하였는데, 이는 지속적으로 수도권 입지규제의 논리적 정당성 문제를 야기(규제의 근원에 대한 문제제기)함으로써 정책결정자의 입장에서 이에 대응하지 않을 수 없는 조건이 조성되었기 때문이다.

결국, 김대중 정부에서의 한시적 대응은 새로운 변수인 '국내 대기업의 저항'을 유발하였고, 동 변수는 정책결정자로 하여금 또 다른 형태의 딜레마 즉, '수도권에 대기업의 입지를 허용해야 하는가 말아야 하는가'의 딜레마를 형성하였다 할 것이다.

참여정부에서의 이러한 딜레마 형성의 특징은 '딜레마의 경로의존성'(*path dependency of dilemma*)을 보여주며, 이러한 딜레마 상황에서 참여 정부는 수도권 규제의 기조를 유지하나 사안별로 접근한다는 애매모호한 대응 즉, 사안에 따라 비일관적 대응을 시도하였다.

이러한 국민의 정부와 참여정부의 딜레마 대응은 수도권 입지규제를 변화시켰다. '눈 가리기식 대응'과 '비일관적 대응'은 수도권 규제가 법률적으로 존재하나, 실제적으로는 사안에 따라 결정되는 수도권 규제의 '형식화'(*formalization*)를 촉진시켰다 할 것이다.

이 연구의 함의는 다음과 같다. 첫째, 딜레마 상황에서 대응은 결과론적으로 규제의 변화요인으로 작용한다는 점으로, 기존의 정부규제변화요인을 설명하는 데 새로운 시각을 제시하였다. 둘째, 딜레마 대응에 관한 기존의 비일관적 대응 외에 새로운 대응 양식인 '한정적 대응', 혹은 '눈 가리기식 대응'을 밝혔다. 셋째, 딜레마의 승계, 변화를 보여주고 있다. 즉, 어떤 딜레마 유발요인에 의해 형성된 딜레마 상황에서의 대응은 또 다른 딜레마를 형성하게 된다는 점이다. 넷째, 정책적인 함의로, 현재의 수도권 입지규제로는 딜레마상황이 지속적으로 발생할 확률이 높다. 왜냐하면, 딜레마 상황에서의 소극적 대응은 근본적인 딜레마 해결이 될 수 없기 때문이다. 하지만 중요하게 고려할 점으로, 공공영역에서의 딜레마는 딜레마로서만 존재하지 않고 사회적 비용을 유발한다는 점이다. 부연하면, 딜레마상황에서 단기적으로는 하나의 대안 선택에 따라 다른 대안을 선택하지 못함에 따른 막대한 비용이 지출될 것이나, 장기적으로는 딜레마 상황에서의 소극적 대응에 따른 비용이 하나의 대안의 선택에 따라 발생된 비용보다 더욱 클 가능성이 있음을 고려해야 한다.

이 연구는 특정 사례에 한정하여 분석하고 있다는 점에서 일반화를 위해서 추가적인 연구를 필요로 한다. 또한 가능한 객관적 자료의 추가적 확보를 통해 연구를 보강해야 할 필요성 역시 제시된다. 특히, 정치적으로 민감한 영역에 대해서는 자료획득에 있어 어려움이 존재하였고, 이는 곧 이 연구에서 개선해야할 중요한 과제라 할 것이다.

## [ 주 ]

1) 이 논문은《한국정책학회보》제16권 제2호(2007)에 게재된 것을 수정, 보완한 것이다.
2) 합리모형은 문제를 어떻게 합리적으로 해결해야하는가에 초점을 두고 있으며, 의사결정자들이 가져야 할 조건으로, 잘 정의된 문제, 고려될 수 있는 모든 대안, 완전한 기초정보, 각각의 대안의 결과에 대한 완전한 정보, 시민들의 가치나 선호에 관한 완벽한 정보, 충분하고 적당한 시간과 기술, 자원을 들고 있다. 반면, Simon and March의 주장, 즉, 만족모형적 접근은 추상적 접근이 아니라, 행태적 접근을 강조하면서, 실제 의사결정자들은 모호하고 서투르게 정의된 문제, 대안들에 관한 불안전한 정보, 문제의 배경과 기초(*baseline*)에 관한 불안전한 정보, 제안된 대안들의 결과에 관한 불안전한 정보, 가치, 선호, 이익의 범위와 내용에 관한 불안전한 정보, 제한된 시간, 제한된 기술, 제한된 자원에 직면하고 있음을 강조한다(Foster, 1984: 23~24).
3) 사례연구의 연구설계에 대한 검증방법은 크게 구성타당성, 내적 타당성, 외적 타당성, 신뢰성이다. 구성타당성은 연구하고자 하는 개념을 정확하게 측정하였는가를, 내적 타당성은 종속변수와 독립변수 간에 인과관계성 여부를, 외적 타당성은 사례연구의 일반화 여부를, 신뢰성은 동일한 연구를 반복하였을 경우 동일한 결과가 도출될 수 있는가의 여부와 관련되어 있다(Kidder and Judd, 1986: 26~29).
4) 이외에도 분석의 인과관계를 높이는 확보하기 위한 방법으로 패턴매칭(*pattern-matching*)을 활용하기도 한다(Yin, 2003). 이와 관련하여, 이 연구에서는 제3의 변수를 제거하기 위해, 분석결과의 패턴 매칭을 수행하였다.
5) Buhler(1979: 46)의 경우는 정부규제를 "정부의 목적을 달성하기 위한 하나의 수단으로서 정부가 정부 영역밖에 속하는 개인 혹은 기업이 선택할 수 있는 행동방향을 지시하거나 근본적으로 영향을 미치기 위한 정부행위"로 규정하고 있다. 안문석(2001: 173)은 규제를 "민간부문에 속하는 개인이나 단체의 활동을 바람직한 방향으로 인도하기 위하여 정부가 만들어 놓은 길"이라 하고 정부규제는 "특정집단의 활동에 대하여 정부가 행하는 억제행위"(안문석, 1987: 5) 로 정의한다. 최병선(1992: 18)은 정부규제를 "바람직한 경제사회 질서의 구현을 위해 정부가 시장에 개입하여 기업과 개인의 행위를 제약하는 것"으로 정의하기도 한다. 한편, 이종범(1988: 75)은 경제적 규제와 사회적 규제라는 개념을 포괄하여 "정부가 시장에 직접·간접으로 개입하여 경제행위자들에게 비용이나 편익을 제공함으로써 의무를 부과하거나 행동을 제한하는 것"을 경제적 규제라 하고, "부수적이기는 하지만 노동·보건·위생·공해 등과 같이 간접적으로 경제활동과 관련 있는 규제"를 사회적 규제라 하며, 정부규제는 경제적 규제와 사회적 규제를 포함하는 개념으로 정의하기도 한다.

6) 최진욱(2002: 148~153)은 이를 크게 3가지로 정리하고 있다. 즉, 규제연구에서 이러한 사익이론은 이론적·실증적 공헌에도 불구하고 규제환경의 급속한 변화에 따른 설명력의 상실, 규제정책 결정과정의 단순화, 정태적 모형이라는 한계를 보이고 있다. 첫째, 사익이론은 1970년대 이후 급속하게 나타난 사회적 규제의 증가와 경제적 규제의 완화를 적절하게 설명하지 못하고 있으며, 규제기관과 규제를 받는 기업 혹은 의회의 위원회와 기업 간의 관계에 너무 치중한 나머지 다수의 행위자들이 역동적으로 참여하는 정책결정 과정을 단순화 시키고 있다는 것이다. 둘째, 사익이론은 규제정책과정에 참가하는 정치·경제 행위자들의 관계가 상당히 결정적이라고 가정함으로서 정치적 역학관계의 변화가능성에 대해 설명하는 데 제약이 있다. 셋째, 사익이론은 규제정책이 왜 특정 시점에서 받아들여지고 변화하는가에 대한 논의가 명확하지 않다는 것이다.

7) 참고로, 딜레마 상황에서의 대응을 비선택과 관련된 대응과 선택과 관련된 대응으로 구분하기도 한다(윤견수, 2006: 84~87). 이는 이종범(2005)의 소극적 대응을 세분화한 것이라 할 수 있는데, 비선택(*non-selection*)과 관련된 대응으로 지연(*delay*)과 결정책임의 포기(*escape*)를, 선택(*selection*)과 관련된 대응으로 내려진 결정에 대한 재검토와 철회, 상징적 행동, 형식주의를 들고 있다.

8) 이와 관련한 연구로는 딜레마 확률을 감소시키기 위한 제도적 장치의 진화 연구(이종범, 1995), 딜레마 인식여부에 따른 대응의 차이 연구(이종범·윤견수, 2000; 송위진, 2000) 등 이다.

9) 딜레마는 정부규제와 밀접히 관련되어 있다. 왜냐하면, 광의의 정부규제는 사회적 통제(*social control*)를 위한 모든 메커니즘(Jordana and Levi-Faur, 2004: 3)을 의미하기 때문에, 정부가 수행하는 모든 일들은 실제 규제의 형태로 나타나기 때문이다.

10) 예를 들어, 외환위기 전 금융부분의 구조조정은 매우 시급한 과제였다. 그러나 금융부분의 구조조정은 필연적으로 기업부분의 구조조정을 유발하고, 국가경제전반에 심각한 영향력이 예측되었기 때문에 이를 적극적으로 시도하지 못하였다. 즉, 당시, 의사결정자는 금융부분의 구조조정에 있어 해야 하지만 하기 어려운 딜레마 상황에 처해있었다 할 것이다. 그러나 의사결정자의 이러한 딜레마 상황은 외환위기라는 충격적인 외부변수가 등장함에 따라 딜레마 상황에서 벗어나 강력한 금융부분 구조조정을 시행할 수 있었다.

11) 이에 정부는 IMF로부터, 대기성차관(*Stand-By Loan*)이 60억 달러, 보완준비금융(*Supplemental Reserve Facility*, SRF) 135억 달러, 총 195억 달러를 도입하였고, IBRD로부터는 70억 달러, ADB로부터 37억 달러의 차관을 도입하였다(재정경제부 공보관, 2001; 2002).

12) 물론 이는 외국자본뿐만 아니라 국내 자본 역시 수도권 입지를 희망하고 있다. 대한

상공회의소 보도에 따르면, 2005년 수도권 소재 500개 기업을 대상으로 한 설문조사에서, 공장수요가 있는 200개 업체들의 희망입지지역으로 수도권이 72%(144개)로 가장 많았고, 다음으로 지방 22.5%(45개), 해외 5.5%(11개)로 나타났다(대한상공회의소, 2005). 수도권입지는 국내기업에게서도 일반적인 선호현상이라 할 것이다.

13) 박봉규·김용덕(2004)은 외국자본의 투자결정요인을 실증 분석하여 제시하였는데, 주요 요인은 첫째 한국시장 진출, 둘째, 입지 및 세제혜택 등 정부의 적극적인 지원정책, 셋째, 우수한 생산인력, 기타 중국 등 제3국 수출 용이성, 발달된 산업인프라, 우수한 연구인력, 부품·소재·원자재 조달 용이성 등을 들고 있다. 참고로 외국인직접투자의 동태적 특성과 영향요인에 대한 실증적 연구는 하종욱·최귀련(2003)을 참고 바람.

14) 외국인직접투자기업의 입지분포를 설명하는 주요이론은 중심지 및 대도시 선호가설(*core tendency hypothesis*), 주변지역분포 선호가설, 집적강화 및 집적지 선호가설(*self-reenforcing hypothesis*) 등이 있다(차미숙·정윤희, 2000: 17~18). 수도권은 아마도 중심지 선호가설 및 집적지 선호가설을 충족시키기 때문에 외국인의 수도권 입지 선호가 줄어들지 않는 것으로 이해된다. 즉, 수도권은 한국에서 비교대상이 없는 중심지이며, 또한 산업이 그 어느 곳보다 집적된 곳이다. 게다가 외국인투자유치 초기부터 외국인투자가 주로 수도권으로 집중되어 왔기 때문에 초기투자인근지역에서 새로운 투자를 확대할 가능성이 크기 때문이다.

15) 참고로, 외국인의 한국 투자 동기를 보면, 시장성장잠재력, 내수시장진출, 인근시장진출 교두보, 기술인력 확보 등 순으로 나타나고 있으며, 반대로, 외국인 투자유치 인센티브는 3년 평균 4.7%에 머무르고 있다. 외국인투자유치 항목을 제외하고, 나머지 항목들을 충족하기 위해서는 수도권에 입지하는 것이 유리하다는 점을 볼 때, 외국인 투자자본의 수도권 입지 선호는 이를 통해서도 잘 드러난다.

〈외국인 투자기업의 한국 투자 동기〉

(연도별 분석)

| | 2003년 (N=114) | 2004년 (N=223) | 2005년 (N=250) | 2006년 (N=280) |
|---|---|---|---|---|
| 시장성장잠재력 | 56.1 | 60.5 | 50.4 | 60.7 |
| 내수시장진출 | 59.6 | 45.3 | 44 | 35.4 |
| 인근시장진출 교두보 | 12.3 | 12.1 | 10.4 | 12.5 |
| 기술인력확보 | 11.4 | 7.6 | 8.8 | 10.7 |
| 생산효율성 | 8.8 | 6.3 | 8 | 7.5 |
| 기술제휴 및 RandD 환경 | 5.3 | 5.4 | 7.2 | 7.5 |
| 산업인프라 | 1.8 | 8.5 | 8.8 | 6.8 |
| 부품조달의용이성 | 2.6 | 2.7 | 6.4 | 4.3 |
| 외국인 투자유치인센티브 | 3.6 | 3.6 | 6.8 | 3.6 |
| 기타 | 5.8 | 5.8 | 8.8 | 6.8 |

자료: Gallup (2004), p. 81～82, Kotra · InvestKora (2006). p. 37～38. 설문조사를 취합 인용.

16) 수도권 지역은 크게, 과밀억제지역, 성장관리지역, 자연보전지역으로 구분되어 관리되고 있다. '산업집적활성화 및 공장설립에 관한 법률'에 따르면, 첫째, '과밀억제지역'이라 함은 산업의 밀집도와 인구증가율이 현저히 높아 공장의 이전촉진 및 신설 또는 증설의 제한이 필요한 대도시와 그 주변지역으로서 대통령령이 정하는 지역을 말하며, 해당지역은 서울시, 인천광역시, 경기도 의정부시, 구리시, 남양주시 일부, 하남시, 고양시, 수원시, 성남시, 안양시, 부천시, 광명시, 과천시, 의왕시, 군포시, 시흥시(반월특수지역을 제외)이다. 둘째, '성장관리지역'이라 함은 산업의 밀집도와 인구증가율을 계획적으로 관리하기 위하여 일정한 범위 안에서 공장의 신설 또는 증설의 허용이 필요한 지역으로서 대통령령이 정하는 지역으로, 경기도 남양주시 일부, 안성시 일부, 인천광역시 일부, 경기도 시흥시 중 반월특수지역이 동지역에 해당된다. 셋째, '자연보전지역'이라 함은 한강수계의 수질 및 녹지 등 자연환경의 보전을 위하여 공장의 신설 또는 증설의 제한이 필요한 지역으로서 대통령령이 정하는 지역으로, 경기도 가평군, 양평군, 여주군, 이천시, 광주시, 남양주시 일부, 용인시 일부가 이에 해당한다.

17) 20개 첨단 업종은 생물학적제제 제조업, 공기조절장치 제조업, 금속압형 가공기계 제조업, 컴퓨터 제조업, 컴퓨터 입출력장치 제조업, 복사기 제조업, 다이오드, 트랜지스터 및 유사 반도체 제조업, 인쇄회로판 제조업, 전자집적회로 제조업, 유선통신장치 제조업, 무선통신, 방송 및 응용장치 제조업, 방송 수신기 및 기타 영상, 음향기기 제조업, 달리 분류되지 않은 의료용 기기 제조업, 전자기 측정, 시험 및 분석기구 제조업, 기체 및 액체용 적산계기 제조업, 자동조정 및 제어장치 제조업, 산업처리 자동측정 및 제어장비 제조업, 촬영기 및 영사기 제조업, 달리 분류되지 않은 사진 및 광학기기 제조업, 자동차부품 제조업이다(공업배치 및 공장설립에 관한 법률 시행령〔일부개정 1998. 12. 31 대통령령 제 16043호〕, 별표 2).

18) 생물학적 제제 제조업, 공기조화장치 제조업, 금속 성형기계 제조업, 컴퓨터 제조업, 컴퓨터 입·출력장치 및 기타 주변기, 복사기 제조업, 다이오드, 트랜지스터 및 유사반도체, 전자집적회로 제조업, 인쇄회로판 제조업, 전자카드 제조업, 액정표시장치 제조업, 유선통신기기 제조업, 방송 및 무선통신기기 제조업, 방송수신기 및 기타 영상, 음향기기, 그 외 기타 의료용 기기 제조업, 전자기 측정, 시험 및 분석기구 제조, 속도계 및 적산계기 제조업, 기기용 자동측정 및 제어장치 제조업, 산업처리공정 제어장비 제조업, 사진기, 영사기 및 관련 장비 제조업, 기타 광학기기 제조업, 자동차 엔진용 부품 제조업, 자동차 차체용 부품 제조업, 기타 자동차부품 제조업, 항공기, 우주선 및 보조장치 제조업(공업배치 및 공장설립에 관한 법률 시행령〔일부개정 2002. 2. 9 대통령령 17515호〕, 별표 2).

19) 국내대기업과 외국인투자기업간의 역차별은 수도권 공장입지뿐만 아니라, 각종 금융 지원 및 인센티브 제공, 행정지원 등 여러 영역에서 제기되었다.

20) 경로의존성(*path dependency*)은 주로, 신제도주의에서 '제도의 역할을 강조하기 위해 활용되는 개념이다. 즉, t시점에서 어떤 기능적 필요에 의해 형성된 제도가 t+1시점에서의 선택을 제약하고, t시점에서 형성된 제도에 의해 제약을 받아 형성된 t+1시점의 제도는 다시 t+2시점의 제도형성, 혹은 변화에 제약을 미친다는 것이다. 즉, 어떤 시점의 제도는 종속변수로, 혹은 독립변수로 역할을 수행함으로 인해 어떤 '경로'(*path*)를 지속한다는 것이다(Krasner, 1988: 66~72). 여기서는 동 개념을 딜레마에 활용하였다.

21) 예를 들어, 존재론적 딜레마는 행정수도를 건설할 것인가 말 것인가, 고속철도를 건설할 것인가 말 것인가의 문제로 상황이 구성되는 것이고, 인식론적 딜레마는 행정수도(혹은 고속철도)를 A지역에 건설할 것인가, B지역에 건설할 것인가의 딜레마 상황이다. 이 두 가지 상황 중에서 의사결정자에게 큰 부담이 되는 것은 존재론적 딜레마인데, 이는 매몰비용효과(*sunk cost effect*), 전경과 배경효과(*figure and ground effect*), 애매성 효과(*ambiguity effect*) 때문이다(윤견수, 2006: 82~83).

22) 지난 2003년 충북 음성 소재 동부전자가 구리 공정이 포함한 비메모리 반도체 생산 투자를 계획하자, 정부는 수질환경보전법 개정을 추진했다. 당시 수질환경보전법은 상수원 상류 배출시설설치 제한지역에 특정수질유해물질 배출시설 입지를 원천적으로 제한했다. 그러나 3월 경제정책조정회의를 통해 무방류시스템 등 친환경 기술이 갖춰진 경우 환경 규제를 탄력적으로 적용할 수 있는 근거를 마련하기로 결정했다. 이후 관련부처 및 시민단체 등의 의견수렴을 거쳐 특별대책지역이라도 폐수를 방류하지 않을 경우 공장을 설립할 수 있도록 하는 개정안을 마련했다. 관련법이 통과된 것은 2004년 2월의 일이다(〈한국경제〉, 2007. 1. 25; 〈연합뉴스〉, 2007. 1. 25; *Money Today*, 2007. 1. 25).

23) 수도권 대기업 입지규제에서의 비일관적 대응 사례는 매우 많다. 국내 대기업만 하더라도, 우선, 당시 규제 여건상 증설투자의 신청조차 불가능하던 삼성전자, 쌍용자동차 증설투자가 허용되었고, 규제완화 없이는 불가능 했던 파주 LCD단지 내 LG화학, LG전자, LG이노텍, LG마이크론, 대덕전자 등 5개 대기업 계열 공장 신증설 허용 되었다(김경환·임상준, 2005). 반면, 많은 기업들은 수도권 규제로 인해 수도권에서의 투자 및 신·증설이 이루어지지 못했다. 수도권 규제로 인한 투자 신·증설 실패 사례는 경기도(2006) 자료집에서 구체적으로 제시되고 있으며, 경기도(2006)는 IT, BT 등 첨단업종 대기업 7개 기업이 수도권에서 40조 4,550억 원의 투자를 계획하고 있으나 신·증설 제한 등으로 투자를 하지 못하고 있음을 밝히고 있다.

24) 실제, 이와 관련된 몇 가지 통계지표를 보면, 우선, 서울시, 경기도, 인천시를 합한 수도권(서울시)의 외국인투자 비율이, 2003년 71%(60.5%), 2004년 63%

(43.8%), 2005년 74% (62.6%), 2006년 상반기 75%(65.2%)로 증가하였고(산업자원부 국회 보고자료, 2006a), 반면, 정부의 보조금 지원과 각종 세제지원, 행정지원, 금융지원, 부지매입지원 등 각종 인센티브가 수반되는 수도권 기업의 지방이전을 살펴보면, 2000년부터 2005년까지 총 811건이나, 종업원 50명 이하 기업이, 전체의 78%, 99명 이하가 88%를 차지하여, 대부분 중소기업들이 수도권에서 지방으로 이전하였음을 보여준다(산업자원부 국회보고자료, 2006b). 또한 1998년과 2005년 통계치를 비교해보면, 수도권의 인구는 45.60%에서 48.30%, 전체사업체 수는 43.65%에서 46.56%, 금융대출은 61.50%에서 66.70%, 지역내총생산은 46.21%에서 47.39%로 각각 증가하였다(통계청 통계정보시스템, http://kosis.nso.go.kr/).

25) 여기서 형식화는 딜레마의 일반적 대응 중 하나인 형식주의(*formalism*)와 구분할 필요가 있다. 형식주의는 한 제도가 규율하고자 하는 목적 기준이나 그것이 요구하는 수단 또는 절차의 기준과 실제 관행 간의 격차 정도(이종범, 1986: 53)로 정의할 수 있다. 즉, 정부가 정통성 획득의 목적으로 이상적 법을 만들었지만 그것을 실행하기 어려운 경우가 발생한다. 이와 같이 법이나 정책을 만들어 놓고 그 목적대로 집행하지 않는 것이 형식주의라 할 것이다(이종범, 2005: 13). 이 연구에서의 형식화도 큰 의미에서는 유사하다 할 수 있다. 그러나 굳이 형식주의라 명하지 않은 것은 처음부터 해당 규제를 집행하거나 실행을 하지 않은 것이 아니라, 딜레마의 대응과정에서 결과론적으로 규제가 형식적으로, 즉, 규제내용과 실제 집행 간에 차이를 나타냈기 때문이다.

# 9 대입정책에서 나타난 정책 비일관성의 원인 분석[1)]

## 2008학년도 이후 대학입학제도 개선안 집행을 중심으로

노명순

이 연구에서는 2008 대입정책을 둘러싸고 정부와 대학 간의 첨예한 갈등 속에서 왜 교육부는 정책집행의 비일관성을 나타내는지 그 원인을 딜레마 이론의 시각에서 분석하고, 교육정책에서 빈번하게 나타나는 딜레마 상황을 분석하여 사회적 갈등으로 확대되는 교육정책에 대한 해법을 모색해 보고자 한다. 2008 대입정책에서 교육부는 내신 강화와 대학 자율 선발이라는 상징화된 대안 간의 충돌, 평등과 자유의 가치 대립, 대통령과 집단 응집력이 높은 주요 대학 간의 첨예한 갈등으로 인하여 어느 한 가지 입장만을 선택할 수 없는 딜레마 상황에 처하게 되어 정책의 결정과 집행과정에서 비일관성을 드러낸다. 대입정책은 대립되는 대안, 가치, 행위자로 인하여 딜레마 상황이 나타날 가능성이 높고, 딜레마 상황은 내부적으로 해결되지 못하고 사회적 갈등으로 확산되기 쉽다. 따라서 이들의 충돌을 예방하고 완화할 수 있는 공적인 장치가 필요하다. 그 대안으로 생각해 볼 수 있는 것이 공론의 장 마련과 정책 대상의 분리(*decoupling*)이다.

## 1. 서론

사교육비 경감대책의 일환으로 2004년 10월 '학교교육 정상화를 위한 2008학년도 이후 대학입학제도 개선안'(이하 2008 대입정책)[2]이 발표되었다. 2008 대입정책은 입학전형에서 수능의 비중은 낮추고 학생부의 반영 비중을 늘려 고교교육의 중심축을 학교 밖에서 학교 안으로 전환하는 것을 목적으로 한다(교육부, 2004.10). 이를 위한 핵심과제로 학교생활기록부(이하 학생부) 반영 비중 확대, 대학수학능력시험(이하 수능) 점수제에서 등급제 전환, 학생선발의 특성화·전문화 강화, 사회통합을 유도하는 전형 활성화를 제시하고 있다.

그러나 2008 대입정책을 확정·발표한 이후 4년의 시간이 흐르고 있고, 개선안의 첫 대상자인 고3 학생들이 2008학년도 수능을 치른 지금까지도 정책집행과정은 논란에 휩싸여 있으며, 정책을 둘러싼 갈등은 2007년 12월 현재 더욱더 증폭되는 모습으로 나타나고 있다. 논란은 2008 대입전형에서 논술고사의 비중 강화 여부, 평준화 해체 논란, 학교 평가 문항의 공개 논란, 내신 반영비율, 수능등급제의 적절성 등으로 주제를 바꿔가며 끊임없이 문제제기가 이루어지고 있다. 그리고 다양한 집단에서 문제제기를 하고 있는데 대학, 학부모단체, 교원단체, 언론뿐만 아니라 당사자인 학생들까지 촛불집회로 2008 대입정책 논란의 한 부분을 차지하고 있다. 이들 가운데 조직적으로 자신들의 주장을 피력하며 정부 정책에 대립양상을 보이는 집단은 서울대를 비롯한 서울시내 주요 사립대학[3]이다.

우리나라의 대입정책은 각종 교육문제를 논의할 때마다, 그리고 정권이 교체될 때마다 논의되어 왔으며, 대입정책을 둘러싼 갈등은 문제의 본질을 정의하고 해결책을 제시하는 방향으로 공론화되지 못한 채 뚜렷한 방향의 정립 없이 그 시대의 정치적 분위기와 사회적 문제를 해결하기 위한 대중적 방안에 치중해 왔다(박도순, 2004: 8). 역대정권과는 달리 취임초기 대입제도를 개선하지 않겠다던 참여정부는 2004년 사교육비 경감대책의 일환으로 대입제도 개선안을 마련하는데, 그 목표 또한 선발의 타당성 확보보다는 학교교육 정상화임을 내세우고 있다. 즉, 2008 대입정책 또한 참여정부의 개혁정책의 일환으로 학생선발을 위한 평가의 타당성·신뢰성보다는 사교육비 경감을 통한 양극화 해소라는 사회문제 해결을 위한 방안으로 도입된 것이다.

참여정부 들어서 정책의 민주성을 제고하기 위해 비정부단체나 시민의 정치 및 행정참여를 공공선의 하나로 제시하면서 정책결정과 집행과정이 상당히 복잡해진다. 이로 인하여 정책딜레마[4] 상황도 증가하고 정책딜레마에 빠지게 되면 좀처럼 그 상황에서 헤어나지 못하는 경우도 많아지고 있다(김영종, 2006: 19~20). 정책딜레마 상황에서는 정책대안 선택의 어려움으로 인하여 지연, 상징적 대응, 책임의 전가, 회피, 형식주의, 비일관성 등의 대응현상이 나타난다. 선택이 어려운 이유는 정책상황의 해석과 정책가치에 대한 판단의 차이에서 비롯된다(김태은, 2007: 125).

이 연구에서는 2008 대입정책을 둘러싸고 정부와 대학 간의 첨예한 갈등 속에서 왜 교육부는 정책집행의 비일관성을 나타내는지 그 원인을 딜레마 이론의 시각에서 분석하고, 교육정책에서 빈번하게 나타나는 딜레마 상황을 분석하여 사회적 갈등으로 확대되는 교육정책에 대한 해법을 모색해 보고자 한다.

이 연구의 연구방법은 사례분석이며, 연구범위는 2008학년도 이후 대입제도 개선안이 발표된 2004년부터 2007년 현재까지 약 4년간으로 참여정부의 대학입학정책이다.

## 2. 대입정책 집행과정에서 나타난 딜레마 상황

### 1) 2008 대입정책의 딜레마 상황

정책현상을 설명하는 이론으로 딜레마가 도입된 것은 '선택상황에 처한 의사결정자의 어려움'을 설명하기 위해서이다(이종범 외, 1992, 1994; 소영진, 1994; 윤견수 외, 2000; 이종범, 2005). 윤견수(2006)는, 행정부의 의지는 정책과정을 통해 표현되고, 정책은 다수의 이해관계가 복잡하게 얽혀있는 어려운 선택상황이기 때문에, 공공의 영역에서 내려지는 결정은 딜레마와 관련된 결정이 많을 것이라는 것이 이들의 가정이라고 한다.

선택이 곤란한 결정 상황 모두가 딜레마는 아니지만, 적어도 어떤 상황이 딜레마가 되기 위해서는 몇 가지 조건들이 필요하다. 이종범 외(1992, 1994)는 딜레마에 대한 최초의 연구에서 시간의 제약, 두 개의 대안, 표상화된 대안, 대안들 간의 단절성, 대안들 간의 비교불가능성, 어느 정도의 기회손실, 선택의 곤란성 등을 제시하고 있다. 소영진(1999)은 그러한 조건들이 가지고 있는 개념의 모호성을 수정하여 대안들의 단절성, 대안들 간의 상충성, 대안이 가져올 결과가치의 균등성, 선택의 불가피성 등을 딜레마가 되기 위한 형식적 조건 혹은 본질적 구성요소로 다시 정리하고 있다.

여기에 윤견수(2006)는 한 가지 조건을 추가한다. 정부의 결정이 다양한 이해관계자들 간의 상호작용을 토대로 이루어지기 때문에 딜레마 상황이 되기 위한 조건에 '행위자'들의 문제가 포함되어야 한다는 것이다. 최초의 딜레마 이론에서도 딜레마의 조건으로 각 대안을 지지하는 행위자들 간의 갈등 상황을 제시하고 있다(이종범 외, 1992). 행위자들은 뚜렷한 가치 입장을 갖고 있을 때, 자신들의 가치 입장에 따라 행동하려는 성향이 강할 때, 서로의 가치가 충돌했을 때 딜레마에 상태에

〈그림 9-1〉 2008 대입정책의 딜레마 상황

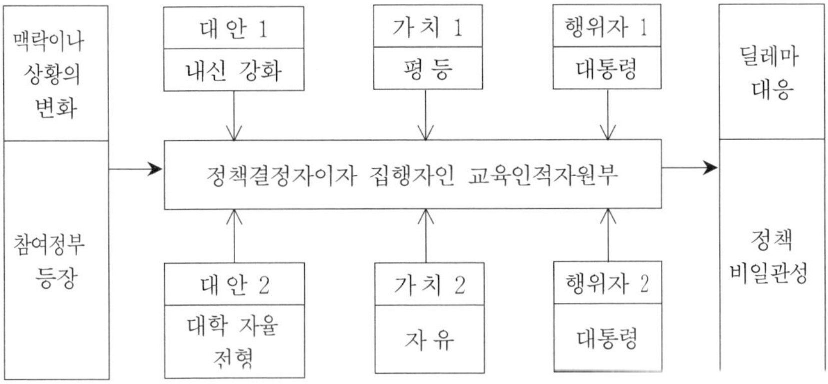


들어간다(이종범, 2005).

따라서 딜레마 상황은 ① 두 개의 단절적인 대안이 존재하고, ② 각 대안이 가져올 결과가치가 서로 상충적이며, ③ 각 대안을 지지하는 행위자들이 서로 대립하고 있지만, ④ 주어진 시간 내에 결정을 내려야 하는 문제 상황을 조건으로 한다(윤견수, 2006). 이러한 딜레마 조건에 비추어 2008 대입정책의 딜레마 상황을 다음 〈그림 9-1〉과 같이 표현할 수 있다.

이러한 상황은 내신 강화와 대학 자율 전형이라는 대안이 대립하고, 선발의 공공성과 교육기회의 평등이라는 가치 대 대학의 자율성과 교육의 수월성이라는 가치가 대립하고 있기 때문에 정책결정자이자 정책집행자인 교육부는 두 개의 조건을 동시에 충족시킬 수 없고, 한 조건만을 수용하기도 힘들다. 또한 2008학년도부터 적용되어야 하기 때문에 주어진 시간 내에 어느 한 가지를 선택해야만 하며, 상충적인 대안과 가치를 둘러싸고 응집력이 강한 이해관계자들이 양분되어 갈등을 겪고 있다. 따라서 대입정책을 둘러싼 현재의 상황은 딜레마 상황이다.

### 2) 교육인적자원부의 딜레마 대응: 정책 비일관성

정책의 비일관성은 결정된 정책에 대해서 원래의 정책목표에 상응하는 집행이 이루어지지 않고 포기, 중단, 지연, 변질되어 나타나는 현상을 의미한다. 이러한 정책 비일관성은 정책결정상의 비일관성과 정책집행상의 비일관성으로 나눌 수 있다. 정책결정상의 비일관성에는 하나의 정책을 결정한 다음에 다시 이를 변경하여 새로운 정책을 결정하는 것, 정책을 결정하고 추후에 정책내용의 일부를 수정하여 새롭게 결정하는 것, 상이한 정책내용이 공존하는 것 등이 있다. 정책집행상의 비일관성은 정책결정이 이루어졌는데 정책집행이 효과적으로 나타나지 않아 정책의도가 일관성을 상실하게 되는 것을 의미한다. 이는 정책결정자와 정책집행자 사이의 정책에 대한 상이한 입장과 해석에서 기인하는 것으로, 정책집행자가 정책딜레마를 인식하기 때문에 발생한다. 이 경우 정책집행자는 정책결정자의 의도를 파악하여 명목적 정책을 무시해 버릴 것인지 아니면 집행하지 않음으로 야기되는 책임을 감당할 것인지에 관한 딜레마 상황에 봉착한다. 이와 같이 정책집행자에게 딜레마가 발생하면 이에 대한 대응으로 결정된 정책을 집행하지 않기도 하고, 결정된 정책에 대해 정책집행을 상이하게 적용하기도 한다(염재호·박국흠, 1994: 161).

2008 대입정책은 정책결정과 집행에서 비일관성을 나타내고 있다. 먼저 정책결정과정에서 4대 핵심과제를 제시하고 있는데, 학생부 반영비중 확대, 수능 등급제 도입, 사회통합을 유도하는 전형 활성화는 평등을 강조하는 것이고, 학생선발의 특성화·전문화 강화는 자유를 강조하는 것이다. 이는 2008 대입정책에 상반된 정책내용이 공존하고 있음을 의미한다. 한편, 정책집행상의 비일관성은 더욱 두드러진다. 정책집행과정에서 교육부는 문제해결 접근방식이 아닌 즉각적인 상황대응을 하고 있는 것을 볼 수 있다.[5] 교육부는, 공공성과 교육기회의 평등을

강조하는 정책결정자인 대통령과 적격자 선발과 전형방법의 자율성을 강조하는 대학 사이에서 정책결정자이자 정책집행자로서 위치하고 있다. 2008 대입정책을 발표할 때 교육부는 대입전형을 대학자율에 맡겨 세부적인 전형에는 개입하지 않고, 공정한 대입전형의 관리자로서 대입제도의 안정적 정착을 위한 인프라 구축에 총력을 다할 것임을 밝히고 있다(교육인적자원부, 2004.10). 이후 서울대와 서울시내 주요 7개 사립대학이 선발의 변별력을 위해 통합교과형 논술, 수능성적만으로 학생을 선발하는 수능우선선발제 등의 방안을 내놓자 이는 전체 모집학생의 일부를 대상으로 하는 것으로, 새 대입안이 큰 틀에서는 유지되고 있다며 별다른 움직임을 보이지 않았다.

그러나 2005년 통합교과형 논술에 대해 대통령이 본고사의 부활이라며 강력 대응을 지시하고, 2007년 내신 상급자 동점처리 방안에 대해 내신 무력화 방안이라며 대통령이 강경 제재할 것을 주문하자 교육부의 입장은 급선회한다. 국무총리주재 관계장관회의가 긴급히 소집되어 범정부차원의 강력한 행·재정 규제방침이 결정된다. 정부의 강경 방침에 대해 주요 대학은 집단적으로 반발하고, 정부와 대학 간의 갈등은 사회적 갈등으로 확산된다. 결국 교육부총리는 대국민 담화문을 발표하여 대학에서 제시한 내신 실질반영률의 단계적 확대 방안을 수용할 것을 밝혀 정부와 대학 간의 갈등이 봉합되는 듯하였으나, 2007년 9월 4일 교육부는 2008학년도 대입전형 종료 후 그 결과를 분석하여 행·재정 제재를 가할 것이라는 강경입장을 다시 밝히고 있다.

이처럼 대입정책을 둘러싸고 교육부는 대학자율화 방침과 강경 규제 사이를 오락가락하는 정책의 비일관성을 보여주고 있다. 다음의 〈표 9-1〉은 교육부의 비일관적인 정책대응을 교육부 보도자료와 관련 기사를 정리하여 보여주고 있다. 세부적인 전형에 개입하지 않고 대학의 자율적인 전형을 허용하는 경우에는 + 표시를, 대학의 전형방안에 대해 강경한 입장을 보이며 규제할 것임을 밝힌 경우에는 - 표시를 하였다.

〈표 9-1〉 교육부의 대응

| 일 정 | 내 용 | 대응 |
|---|---|---|
| 04. 10. 28. | • 수능의 영향력은 약화하고 내신은 강화하는 대입제도 개선안 발표.<br>• 정부는 대입전형의 대학자율 원칙에 따라 세부적인 전형에 개입하지 않고, 공정한 대입전형 관리자임을 밝힘. | + |
| 05. 6. | • 대학의 통합교과형 논술에 대해 교육차관보는 국·영·수 위주의 지필시험이 아니기 때문에 본고사로 보기 힘들다며 문제 삼지 않을 것임을 밝힘. | |
| 05. 7. | • 교육부의 탁상행정이라는 청와대의 질책으로 사후심의제로 본고사형 논술을 관리할 것이며, 대입논술 가이드라인을 발표하여 위반 시 강력 규제. | - |
| 05. 12. | • 7개 대학 공동 입학전형 발표에 유감표명하며 내신 비중 강화 권고. | |
| 06. 8. 31. | • 2008학년도 대입전형 기본계획 발표.<br>• 내신반영 여부, 방법, 비율은 대학자율로 결정하되, 학교교육의 과정과 결과가 중시되는 방향으로 시행할 것을 권고. | |
| 07. 2. | • 주요 사립대학의 수능우선선발제, 비교내신제 도입에 대해 대학 자율의 원칙 내세워 간섭하지 않을 것임을 밝힘. | + |
| 07. 3. | • 전체 대학의 입학전형계획에 대한 대통령 현황 보고 시 큰 틀에서 2008 대입정책의 방향이 유지되고 있는 것으로 보고함. | |
| 07. 6. 15. | • 대학의 1~4등급 동점처리 방침에 대해 대통령 지시로 범정부 차원의 대학재정지원 사업 조정으로 규제방침 결정. | - |
| 07. 6. 18. | • 수시모집에서는 내신 등급 간 점수 차와 내신의 실질반영률 대학자율에 맡기고, 재수생 위한 비교내신제 도입 한시적 허용. | + |
| 07. 6. 18. | • 내신 실질반영률 문제에 있어 대학과의 타협 불가 입장. 대학 학무과장은 당초 각 대학이 발표한 대로 내신 50%로 하겠다고 한 대학은 실제 50%로, 40%라고 한 대학은 40%로 맞추라고 주문. | - |
| 07. 6. 19. | • 내신 축소 국립대에 대해 내년 교수 증원 시 배정인원 축소, 집중 학사감사 실시할 것이라고 밝힘. 이는 1~2등급 동점 처리 확정한 서울대에 대한 초강력 압박. | |
| 07. 6. 21. | • 국회 교육위 비공개회의에 참석한 교육부총리는 원칙은 지키되 올해 당장 대학이 내신 실질반영률을 50%까지 올리는 것에 대해서는 신축적으로 대응한다는 내부방침을 밝힘. 이는 | + |

〈표 9-1〉 계속

| 일정 | 내용 | 대응 |
|---|---|---|
| 07.6.21. | 기존의 타협불가 강경입장에서 물러선 것으로, 대학의 연차적 확대 건의를 수용할 의사 보인 것임. | + |
| 07.6.25. | • 학생부 성적반영방법 논란 관련 입장 및 대책 발표. 내신등급 통합, 당초 발표한 내신 반영비율 준수하지 않는 경우 관련부처 간 협의를 거쳐 그에 상응하는 불이익 조치 취할 것임을 밝힘. | - |
| 07.6. | • 부총리의 내신 실질반영률 연차적 확대와 관련된 보도에 대해 교육부는 그러한 내부입장을 정한 적이 없음을 보도자료를 통해 해명함. | |
| 07.7.6. | • 부총리, 2008 대입제도 관련 대국민 담화문 발표. 대학자율로 하되, 내신 실질반영률 연차적 확대를 당부함. 대학 의견 수용. | + |
| 07.8.14. | • 2009학년도 대입전형 기본계획의 행정예고에서 비동일계로 진학하는 특목고 재수생의 비교내신제 금지를 명시함. | - |
| 07.9.1. | • 2009학년도 대입전형 기본계획 확정안에서 특목고생의 비교내신 적용을 대학자율로 허용함. | + |
| 07.9.4. | • 2008학년도 입학전형이 종료된 후 대입전형 결과를 분석·평가하여 행·재정 규제를 가할 것임을 밝힘. | - |

일련의 대응과정에서 교육부가 딜레마를 느끼고 정책대응을 하고 있음을 〈표 9-1〉을 통해 확인할 수 있다. 부처에 막강한 영향력을 미치는 최고 결정권자인 대통령의 지시가 있었음에도 불구하고 교육부는 정책 일관성을 보이지 못하고 반대 입장을 수용하는 모습을 보이고 있다. 이는 대안, 가치, 행위자가 서로 충돌하고 있음을 교육부가 인지하고 딜레마를 느꼈기 때문이다. 이하에서는 대안, 가치, 행위자가 어떻게 서로 충돌하여 딜레마 상황을 만들어 내고 그로 인해 정책 비일관성을 유발하는지 분석하고자 한다.

## 3. 정책 비일관성의 원인 분석

### 1) 상징성을 띠는 대안

2008 대입정책에서 대립하는 대안은 내신 강화와 대학자율전형이다. 앞서 언급했듯이 정책결정과정에서는 두 가지 대안을 모두 포함하고 있다. 따라서 균형을 잃었을 때 갈등은 불가피하다. 그러나 정부는 집행과정에서 내신 강화만을 강조함으로서 대학자율전형을 요구하는 대학의 강력한 반발에 직면하게 된다. 2008 대입정책에서 내신 강화가 부각된 중요한 원인으로 작용한 것은 정책변화의 상징성이다. 즉, 입시 제도를 수능 위주의 선발에서 내신 중심의 선발로 변경시켜 수능 준비로 인한 '사교육비를 경감'시키고, '교실붕괴'라고 표현될 정도로 학생과 학부모로부터 외면 받는 '공교육을 정상화'한다는 상징성을 갖고 있었다. 정부는 사교육비 경감대책의 일환으로 대입정책 개선안을 준비하였고, 개선안의 제목은 '학교교육 정상화를 위한 2008학년도 이후 대학입학제도 개선안'이었다.

윤견수(2005)의 연구에 의하면, 대안의 상징성이 높으면 대안이 가지고 있는 여러 가지 특성들 가운데 한두 개의 특성만 은유적으로 부각되며(Mumby, 1988: 9), 다양한 평가기준이 무시되고 각자가 생각하는 기준들만 가장 중요한 기준으로 등장한다(Smircich, 1983: 231~234). 따라서 대안을 이해하고 평가하는 정보처리의 과정이 순식간에 발생하고, 그에 비례하여 감정의 개입수준이 높아진다. 집단이 어떤 상징을 공유하고 있으면 집단 구성원들은 그 상징을 통해 세상을 이해하고, 그 상징과 관련된 행동에 헌신적이다(ElderandCobb, 1983). 상징은 인지와 정서 그리고 행동을 어느 한 곳으로 몰고 나가는 힘이 있다. 따라서 어떤 상징에 대한 찬성과 반대의 입장이 갈리면 그 입장은 양극화되는 경향이 있다. 그리고 대안이 가지고 있는 단절적인 성격을 강화시키며 범주 간의 타협과 조정을 힘들게 한다.

정부에서 공교육 정상화와 사교육비 감소를 정책목표로 내세운 이유는, 기존의 대입전형에서 특별전형과 수시모집을 확대했음에도 불구하고 주요 대학이 선발인원의 절반 이상을 수능 성적 위주로 선발하고 있었기 때문이다. 따라서 학생들은 수능 고득점을 위하여 학교교육보다는 사교육 시장에 의존하게 되고, '교실붕괴'라는 표현이 등장할 정도로 학교교육은 학생들의 외면을 받게 되었다. 또한 이런 현상은 재수생에게 유리한 대입제도라는 인식도 심화시켰다. 이러한 문제를 해결하기 위해 정부는 수능 점수를 9등급만으로 표시해 수능의 대입 결정력을 낮추어 사교육 의존도를 줄이고, 내신을 강화하여 학교 수업에 충실하도록 하고, 그동안 점수 부풀리기 관행 때문에 전형에서 거의 사용되지 않았던 내신의 반영비율을 높여 교실붕괴로 표현되는 공교육을 정상화할 수 있다고 판단한 것이다.

그러나 수능을 등급제로 전환하고 내신 위주의 선발을 하여 사교육비를 경감하고 공교육을 정상화하겠다는 정책 목표를 달성하기는 매우 어려운 일이다. 양길석(2006)은, 수능 9등급제에서는 어느 정도의 점수를 받으면 어떤 성적이 부여될 것인지 예견하기 어렵고, 다른 수험생보다 점수를 잘 받아야만 등급이 높아질 수 있는 과열경쟁이 나타날 수밖에 없다고 예견하고 있다.[6] 상대평가에 기초한 9등급제는 계속해서 더 많은 내용을 학습하고 더 많은 문제를 풀어야 다른 학생과의 경쟁에서 우위에 설 수 있는 점수체제라는 지적인데, 이는 2008 수능에서 현실로 나타났다. 과목에 따라서는 1등급을 받기 위해 만점을 받아야 하고, 한 문제라도 틀린 경우에는 2등급을 받게 된 것이다.

또한 등급만 제공하므로 수험생들은 자신이 어느 위치에 있는지 알 수 없기 때문에, 공교육 차원에서 진학지도를 위한 정보가 제한된다. 따라서 학생들은 사설학원의 정보에 더욱 의존하게 되어 또 다른 사교육비를 발생시킨다. 참여정부에서 사교육비는 계속해서 증가하고 있음이 통계청 조사를 통해 드러남으로써 2008 대입정책의 정책목표가 실효성보다 상징성이 큰 정책임을 알 수 있다. 수능을 점수제에서 등급제로 바꾼다거나 내신의 반영비율을 높이기 위해서는 먼저 그 자체의 타당도와 신뢰도 검증을 토대로 개선되어야 하는데, 2008 대입정책은 이러한 기초 작업을 면밀히 수행하지 않고 정책의 상징성에 중점을 두어 도입된 것으로 보인다.

### 2) 대립되는 결과가치

결과가치는 대안이 가져올 미래 상태 즉 대안의 채택으로 인해 시스템이 얻게 될 편익을 의미한다. 준거틀 이론(*frame theory*)에서는 상황을 유리하게 보는가 아니면 불리하게 보는가 하는 관점의 차이에 따라 행동 양식이 달라진다고 한다(윤견수, 2005: 22). 동일한 딜레마 상황이라고 해도 문제 상황이 부정적인 것으로 묘사되었을 때의 딜레마 강도가 더 크다. 참여정부는 내신 위주의 2008 대입정책을 확립하지 않으면 고교교육 정상화는 요원한 일이 될 것이고, 내신 위주의 대입정책 기조를 대학에 양보하면 결과의 평등[7]에 근거한 교육의 형평성을 보장할 수 없게 될 것이라고 상황을 인식하고 있다. 이는 정책의 결과를 부정적 가치로 인식하고 있는 것으로 내신 위주의 대입정책을 실시하면 고교교육 정상화를 유도할 수 있고, 강제하지 않는다면 대학의 자율성을 보장하게 될 것이라는 상황구성보다 훨씬 더 심각한 것으로 충돌과 갈등을 불사하게 한다.

결과가치의 부정성 못지않게 딜레마의 강도에 영향을 미치는 것은 결과가치의 절대성이다. 가치 중에는 다른 가치와 맞교환할 수 없는 가치가 존재하는데 Baron과 Spranca(1997)는 이를 보호된 가치(*protected value*)라고 표현한다. 이들은 보호된 가치의 특징을 다섯 가지로 정리하고 있다. 첫째, 다른 가치와의 교환을 거부하는데 특히 경제적 가치와 교환되지 않는다(교환 거부). 둘째, 수량에 둔감하여 양이 많고 적음과 무관하며(양적 둔감성), 셋째, 결과가 아니라 행위에 적용되기 때문에 행위자를 떠나서는 존재할 수 없으며(행위자 의존성), 넷째, 관습, 선호, 법률, 필요와는 달리 도덕적 의무의 관점에서 내리는 판단(도덕적 의무)이며, 다섯째, 보호된 가치를 가지고 있는 사람들은 다른 사람들이 그 가치에 복종해야 한다고 믿으며, 만약 그렇지 않을 경우 그들이 가지고 있는 이해관계 때문이라고 해석하고, 다른 사람들이 그 가치를 위반하면 정서적으로 민감하게 반응하며 분노한다(분노). 행위자 의존성을 제외한 보호된 가치의 네 가지 속성들은 정책 대안 혹은 가치에 대한 의사결정자의 태도라고 할 수 있다(김동환, 2002: 31~32). 즉, 특정한 정책 가치를 교환하는 것에 대해 거부감을 느끼는 의사결정자는 수량에 둔감하고, 해당 가치에 높은 도덕적 의무를 보이고, 해당 가치에 대한 반대 의견에 상당한 분노를 보일 것이다. 따라서 딜레마로 구성된 상황을 대변하는 대안들이 이와 같이 보호된 가치들 간의 충돌을 토대로 할 때, 다른 어떤 딜레마보다 강도가 크다고 할 수 있다.

2008 대입정책에서 교육부가 딜레마 상황에 빠진 것은, 대통령이 보호된 가치의 관점에서 2008 대입정책을 입안하고 정책집행과정에 관여하였기 때문이다. 노무현 대통령은 Baron과 Spranca가 제기한 보호된 가치의 특성을 보여주고 있다. 대통령은 취임초기부터 지방분권특별법, 지역균형발전특별법, 신행정수도건설특별법 등을 잇달아 통과시켜 그의 통치이념으로 평등이 강하게 자리하고 있음을 보여주고 있으며, 이는 교육문제에서도 동일하게 나타난다. 참여정부의 교육정책 방향을 제시하는 대통령자문기구인 교육혁신위원회(2004)에 의하면, 참여정부에서 추구하는 교육의 가치는 모든 아이의 재능을 발굴하여 이를 전문적 역량으로 육성하고, 사회·경제적, 신체·정신적 이유로 교육기회가 박탈되는 일이 없게 하며, 교육으로 인하여 계층 간의 간격이 더 넓어지도록 하는 것이다. 이를 구현하기 위해 교육정책에서 공교육 정상화를

추진하고 있음을 밝히고 있다. 또한 참여정부의 교육혁신 방향에 관한 교육혁신위원회의 보고서에서는 학교교육을 받은 결과의 가치로 인해 지역 간 계층 간 불평등이 확대 재생산되고 있으며, 학교교육이 지역과 계층에 따라 사회분열을 가속화시키는 기제로 작용하고 있다고 밝히고 있다(김민남 외, 2005).

따라서 공교육 정상화는 교육의 공공성과 형평성을 강조하는 참여정부의 교육정책을 총체적으로 지칭하는 것으로, 사교육 시장에 들어갈 경제적 여유가 없는 저소득층이나 농어촌 지역의 학생들에게도 원하는 대학에 입학할 수 있는 기회를 제공한다는 의미로 교육결과의 평등을 전제로 한 정책이다. 반면, 노 대통령에게 대학의 학생선발 자율권 보장은, 서열화된 대학체제에서 서울지역 주요 대학의 자유로운 우수학생 독식 체제의 보장으로 이해된다. 즉, 대통령에게 평등은 보호된 가치로서 대학의 자율성과의 타협을 불가능하게 하고, 이 가치에 반대하는 집단은 사회적 책무를 다하지 않는 공익에 해를 가하는 집단으로 인식하게 한다. 이러한 인식 때문에 노 대통령은 2008 대입정책의 집행과정에서 나타나는 여러 문제제기에 대해 타협하지 않는 것이다. 대통령의 이러한 태도는 서울대와 당정 간의 갈등, 서울대의 주장을 옹호하는 한나라당의 입장표명, 전교조, 교총, 교육시민단체의 입장표명으로 이어져 가치 갈등을 표면화시킨다. 여당과 진보시민단체는 공교육 정상화에, 보수적 야당과 기득권층은 대학의 학생선발 자율권 확대에 보다 강조점을 두어 보혁 간의 가치 대립으로 이끌면서 교육주체 간 갈등을 사회적 갈등으로 확산시키고 있다.

대입정책에는 부정적 가치와 보호된 가치 간의 대립이 있을 뿐만 아니라 그 자체적으로 대립된 가치를 내포하고 있다. 우리나라에서 대학입학은 대학에서 수학하는 데 필요한 능력과 자질을 평가하여 입학적격자를 가려내는 '선발의 기능', 고교 교육과정을 충실히 이수하도록 지원하는 '교육적 기능', 교육의 기회균등을 구현하는 '사회적 기능'을 하며,

입학전형에서 공정성, 공공성, 형평성, 자율성, 다양성, 타당성의 원칙을 준수하여야 한다. 이처럼 대학입학제도는 선발의 기능 대 교육적 기능 및 사회적 기능, 공공성 대 자율성, 형평성 대 자율성 등 대립된 기능과 원칙이 내재되어 있다. 따라서 어느 한 쪽을 강조할 경우 정책의 실제에서 상당히 다른 모습이 나올 수 있으며, 평등과 자유로 양분되어 심각한 가치 대립이 나타날 개연성이 상당히 높다. 2002학년도 대입전형부터 대학의 자율성이 강조되면서 특별전형의 확대, 수시모집 선발 인원의 확대, 논술고사 및 심층면접 등 대학의 독자적 평가 비중이 확대되면서, 대학은 학생 선발 자율권을 확대·강화해 가던 추세에 있다. 따라서 정부의 일방적인 정책방향은 수용될 수 없는 상황이다. 그런데 참여정부는 교육적·사회적 기능과 공공성의 원칙만을 강조함으로써, 상대적으로 대학의 적격자 선발 기능과 자율성을 소홀히 하여 대립과 갈등을 초래하고 있다.

### 3) 응집력이 높은 행위자

대립집단이 가지고 있는 응집력은 현실의 정책상황을 딜레마로 빠지게 하고 또 딜레마의 강도를 크게 하는 중요한 변수이다. 소영진(1999)의 위천공단 설치를 둘러싼 지역갈등의 사례분석을 보면, 대립집단의 응집력이 강할수록 요구의 내용이 구체적이며 정책결정자의 운신의 폭을 좁게 하기 때문에 결정의 어려움이 커진다고 한다. 박통희와 김동환(1994)은 딜레마 상황에서 내려진 결정이 특정의 고객집단에게 큰 영향을 줄 때, 그 고객집단이 조직화되어 있을 때, 그리고 결정자가 고객집단과 밀접한 관련이 있을 때 딜레마의 강도가 강해지고 내려진 결정에 대한 집행이 형식화되기 쉽다고 한다. 결정은 했지만 딜레마 상황이어서 그대로 집행할 수만은 없기 때문이다. 또한 윤견수(2001, 2005)는 문제상황이 '가치'가 아니라 '행위자'들 간의 대립으로 구성되었을 때 딜레마 강도가 높을 수 있다고 한다. 이는 의사결정자들이 대안이 가져올 결과가치만 갖고 판단하는 것이 아니라 이해당사자들의 입장을 반영하는 결정을 하기 때문이다. 그리고 그 가치가 먼저 존재하고 행위자들이 따라오는 것이 아니라, 행위자들이 자신들의 이해관계를 주장하는 과정에서 가치를 동원하고 만들어낸다. 이런 식으로 행위자들 간의 대립과 거기에 영향을 미치는 응집력이 강할수록 딜레마 상황의 강도는 더 커진다.

대립하는 집단들은 상대방과의 게임에서 유리한 고지를 차지하기 위해 선호를 거짓으로 표출하거나 실제보다 부풀리는 등 전략적 행동을 한다. 이러한 전략적 행동은 결정자에 대한 불신이 존재하는 경우 더욱 치열해진다. 죄수의 딜레마에서 보듯이 전략적 행동의 결과는 비합리적인 사회적 결과를 낳는 경우가 많다(소영진, 1999). 대입정책의 집행과정에서 주요 대학의 행동은 이러한 행위자의 전략적 행동을 전형적으로 보여주고 있다. 행위자(대학)들은 자신들의 이익을 가치로 전환하여 행위의 정당성을 주장한다. 특히 갈등 당사자들 간의 감정대립이 심할 때 행위자들은 자신의 이익을 가치로 표방하는 경향이 있다. 여기서 문제가 되는 점은 이익이나 손해는 교환함수가 존재하고 서로 절충이 가능하지만 가치갈등으로 표현되기 때문에 마치 타협할 수 없는 것처럼 간주된다. 더구나 감정적인 행동들이 되풀이 되면서 그러한 상황을 더욱 악화시킨다(김상돈, 2004).

2008 대입정책이 정책 비일관성을 드러낸 세 번째 이유는 관련 행위자들의 집단 응집력이 높고, 그들 간에 대립구도가 형성되어 있으며, 정책결정자이자 집행자인 교육부의 역할 때문이다. 2008 대입정책에서 갈등의 주체는 대통령과 주요 대학이다. 행위자의 한쪽은 자신의 가치를 분명하게 드러내는 최고결정자로서 한 사람이며, 대립집단은 서울 소재의 주요 대학이다. 특히 7개 사립대학은 공동성명발표, 공동 입시 설명회, 대학교육협의회, 주요 대학 총장모임, 주요 대학 입학처장 모

임 등을 통해 상당한 응집력을 보이고 있다. 공동으로 정부의 정책집행에 대응하고 있는 것이다. 이하에서는 대입정책에서 대학, 대통령, 교육부의 행위자 특성이 어떻게 정책딜레마를 유발하고 있는지 검토하고자 한다.

(1) 대학

갈등이 직접적으로 표출된 것은 대학을 통해서이다. 2004년 8월 29일 고려대 총장의 '고교 간 학력 격차를 입시에 반영하는 것은 당연하다'는 발언 이후, 대학 측의 2008 대입정책에 대한 공식적인 문제제기가 시작된다. 9월 10일 서울시내 9개 대학 입학처장 모임을 통해 2008 대입정책이 적격자 선발 기능이 미흡함을 지적하고 나아가 학생 선발에 대한 대학의 자율권을 주장하는 목소리가 나온다. 여기에 전교조와 참교육학부모회가 공식적으로 일부 대학의 고교등급제 적용 문제를 제기하면서 갈등은 대학 대 교직단체 및 학부모단체 간의 대립으로 확산된다. 그러나 한국대학교육협의회(대교협) 확대 임원 간담회에서 대학의 고교등급제 미실시가 합의되고, 이후 교육부가 나서서 고교등급제의 실태를 조사하여 결과를 발표하고 해당 대학에 시정 조처하면서 고교등급제를 둘러싼 갈등은 해소단계로 접어든다.

그러나 서울대 총장이 대학의 학생선발 자율권 보장을 주장하고, 여당과 정부가 고교등급제 금지를 포함한 3불 원칙의 법령화 추진을 발표함에 따라 대학의 자율성을 둘러싼 새로운 갈등이 표출된다. 더욱이 한국교원단체총연합회(교총)가 기자회견을 통해 대학의 학생선발 자율권 보장과 본고사 지지를 선언함에 따라 대학의 자율성 논쟁은 사회적 이념 논쟁으로 확대될 조짐 속에서 정부의 개선안이 확정된다. 개선안 확정 이후, 전국 202개 4년제 대학 가운데 130개 대학의 입학처장들이 개최한 토론회에서 대학입학처장들은 개선안의 기본취지에 대한 공감을 밝히고 고등학교의 내신 신뢰도를 높이는 방안을 정부와 고교에 촉구하는 한편, 한 목소리로 대학의 입시 자율권이 보장되어야 함을 밝히고 있다.

개선안이 확정된 이듬해에 주요 대학들은 2008학년도 입학전형부터 논술과 심층면접이 강화될 것임을 발표한다. 이는 수능 등급제로 변별력 확보가 어렵고, 내신에 대한 신뢰도가 낮은 상황에서 대학이 선택한 전형방법이다. 이에 대하여 청와대는 3불 정책에 반하는 것이라며 강력한 규제방침을 밝혔지만 주요 7개 사립대학 입학처장들은 공동기자회견을 통해 2008 대입에서 7개 대학의 수시 1학기 모집을 폐지하고, 논술과 면접 등 대학별 고사의 반영비율을 큰 폭으로 넓힐 것을 발표 한다.[8)]

이후 논술이 당락을 좌우하는 본고사가 될 것이라는 비판이 높아지자 교육부가 대학에 제동을 걸었으나, 대학들은 고교 간 학력차이와 내신 부풀리기 전례를 거론하며 학생부를 공격한다. 또한 이들 대학은 새로운 전형 개발에 시간이 걸린다며 2008학년도 대입전형 계획 제출 마감시간을 지키지 않음으로써 정부의 일방적인 정책결정과 자율권 침해에 집단적으로 반발한다. 그러나 논술비중 확대에 대해 청와대와 교육부, 여론의 압박이 커지자 7개 주요 사립대학 입학처장들은 2008학년도 입학전형에서 논술의 경우 반영비율이 높아지는 것은 사실이지만, 내신이나 수능에 비해 비율 자체가 그리 높지 않기 때문에 동점자를 변별하는 보조적 역할만 하게 될 것이므로 2008 입시에서 논술이 주가 되진 않는다는 설명과 함께 내신 반영비율을 50% 이상으로 확대 · 적용할 것임을 발표하게 된다. 이때 2008 정시모집에서 '내신 50% 반영'을 약속한 대학은 서울대·연세대 등 37곳에서 129곳으로 크게 늘어나 겉으로 정부의 방침을 수용하는 모습을 보여 준다.

입시를 1년도 남겨놓지 않은 2007년 2월, 주요 대학들은 정시모집 일반전형에서 수능 우선 선발제[9)]와, 비교내신제[10)] 도입을 발표하는데, 이는 내신 중심의 2008 대입정책과는 그 방향이 다른 것으로 수능 위주의 전형방법이다. 또한 서울대의 내신 1~2등급 만점처리, 주요 사립대학의 내신 1~4등급 만점처리 검토에 대해 교육부가 내신 실질반영률 50%를 대학에 요구하자 대학들은 사립대총장협의회, 전국입학처장협의회, 국공립대교수협의회연합회, 사립대교수협의회연합회를 통하여 내신의 실질반영률을 50%까지 확대하는 것은 어렵다며 집단 반발 결의문을 발표하기에 이른다.[11] 2007년 11월 수능이 치러진 후 7개 사립대학은 공동 입학설명회에서 내신 등급 간 점수 차를 차등 조정하여 상위 등급 간 격차는 좁히고 하위 등급 간 격차는 넓혀 내신보다는 수능이나 논술의 영향력이 클 것이라고 설명하고 있다. 즉, 대학들은 정부의 강경한 규제 방침 앞에서 내신 동점처리 계획을 철회하는 듯한 모습을 보이기도 하였으나 실질적으로는 점수 차를 적게 함으로써 정부의 내신 위주 전형방법보다 대학의 의도대로 입학전형을 고수하고 있다.

(2) 대통령

대통령은 행정부 수반으로서 행정기관을 지휘하여 모든 정책의 집행을 감독하는 권한과 책임을 지고 있다. 미국과 같은 다원적이고 권력분산형의 정치체제하에서는 대통령의 정책과정상의 역할은 여러 제약 속에서 이루어지는 데 반해, 우리나라와 같이 정치발전 수준이 선진국에 이르지 못한 경우에는 대통령이 정책의제설정에서부터 정책집행에 이르기까지 강력한 영향력을 미치고 있다(정정길 외, 2004: 163~166).

정책과정에서 나타나는 이러한 대통령의 특징은 대입정책 의제설정단계에서부터 드러나고 있다. 노 대통령은 대선 공약으로 사교육비 경감을 제시하였고, 당선 이후 이를 정책화한다. 노 대통령은 역대 대통령들과는 달리 2003년 취임사에서 대입제도에 대해 언급하지 않았다. 대통령직 인수위원회의 대입제도 검토과정에서도 교육부는 '제도를 바꾸지 않는 것이 가장 좋은 대입제도'라는 태도를 분명히 하였다. 교육분야 대통령 자문기구인 교육혁신위원회도 대입제도 개선보다는 '대학서열화'와 '학벌사회' 등 우리 교육의 근본적인 화두를 푸는 데 초점을 맞추었다.

그러나 노 대통령의 대선 공약에는 사교육비 경감, 공교육 정상화, 대학서열화 극복 등이 포함되어 있었고, 이러한 문제해결을 위한 근본대책의 일환으로 대입제도 개선은 불가피하였다(국정브리핑, 2007. 9. 14). 결국, 사교육비 경감책의 일환으로 2004년 8월까지 2008학년도 이후 적용될 대입전형제도를 개선할 것을 함께 발표하게 된다.

이렇게 도입된 2008 대입정책은 정책집행과정에서 정책 대상자 중 하나인 대학과 전형방법을 놓고 사안마다 갈등을 겪게 되고, 그 과정마다 대통령의 정책의지와 정책결정이 드러나게 되어 갈등을 해결하기 보다는 더욱 증폭시킨다. 예컨대, 2005년 6월 통합교과형 논술고사의 비중을 강화하는 것을 골자로 하는 서울대의 2008학년도 입학전형 기본방향에 대해 대통령은 청와대 수석·보좌관회의에서 교육부의 탁상행정을 질책하며 강도 높은 대책을 지시한다. 통합교과형 논술고사는 참여정부가 금지하는 3불정책(본고사, 기여입학제, 고교등급제 불인정) 중 본고사 부활에 해당한다고 여겨 당·정에 서울대에 대한 예산 감축, 법학전문대학원 제외 등 행·재정적 제재와 3불정책의 법제화를 검토할 것을 지시한 것이다. 또한 곧바로 서울대 총장을 포함한 대교협 회장단과의 간담회를 개최하여 사회 양극화가 극복되는 시점까지 3불정책이 유지되어야 한다고 언급하며, 양극화 해소 수단으로 '교육기회'를 강조하여 교육과 대학진학이 '사회적 배려' 기능을 담당해야 한다고 밝히고 있다.

2006년에는 학생부(내신)의 반영비율을 놓고 문제가 불거지자 내신위주의 2008 대입정책에 호응하는 전형계획(내신 50% 이상 반영)을 공동 발표한 대학의 총장들을 청와대로 초청하여 공동입장을 발표하지 않았던 대학들의 반발을 불러일으켰다. 당시 내신 50% 이상 반영하겠다던 대학들의 실질반영률이 명목반영률과 달리 상당히 미미한 것으로 드러나자 대통령은 또다시 교육부에게 내신 강화 조치를 지시한다. 이로 인하여 당초 교육부 수준에서 대학을 규제하려던 방침은 관계부처 긴급대책회의 소집을 통해 과학기술부, 정보통신부 등을 포괄하는 범정부

수준의 재정지원 제재안을 도출하기에 이른다.

행·재정 제재방침을 발표한 이후 청와대는 전국대학 총장과의 토론회(2007. 6. 26)를 마련한다. 이 자리에서 대통령은 내신 실질반영률을 축소하고 내신 1~2등급 동점처리 방침을 고수하는 국립대학에 대하여 대학이 집단 이기주의를 버려야 한다고 언급하면서, 대학은 사회적 파장이 큰 대입전형을 통해 사회를 통합해 나가는 배려를 해야 하는데 그럴 수 없다면 국가 공공의 이익을 위해 대학의 자율도 규제받을 수 있다고 강조하고 있다(〈국민일보〉, 2007. 6. 26).

대화의 자리를 빌려 대통령이 일방적으로 정책의지를 전달함으로써 감정 대립을 격화시키고 있는 것이다. 이는 대통령에 대한 행위자들의 불신을 강화시키는 것으로 정책에 대한 집단반발로 이어지게 한다. 정책결정자에 대한 신뢰가 높으면 딜레마는 예방되거나 완화될 수 있다. 그러나 기회의 균등, 사회 양극화 해소 등 일관된 통치이념을 보이고 있는 대통령에 대해 주요 대학, 우파적 성향의 언론, 한나라당 등 보수적 색채의 정당은 정책 비판을 확대 재생산하여 정책 전반에 대한 신뢰도에 부정적 인식을 야기하고 있다.

### (3) 중간자 위치의 교육인적자원부와 조직의 리더십

중간 영역은 크게 두 가지로 분류된다. 공간적으로는 서로 다른 두 시스템의 요구와 주장 사이에 끼여 있는 상황이고, 시간적으로는 현재 상태와 미래 상태 사이에 존재하는 상황이다. 앞의 것을 중간자의 입장, 뒤의 것을 과도기 상황이라고 할 수 있는데, 중간자는 서로 다른 요구가 팽팽히 맞서고 있는 상황에 놓여 있는 행위자이다. 중간자에게 권한이 주어진다면 정책을 조정하거나 이해관계를 조율하는 역할을 하게 된다(윤견수, 2000). 2008 대입정책에서 교육인적자원부는 최고 결정자인 대통령과 정책 대상자인 대학 사이에 존재하는 중간자이다.

1995년 5·31 교육개혁의 일환으로 도입된 '새 대학 입학전형제도'는 지금까지 정부가 주도하고 있던 학생선발권을 획기적으로 대학에 돌려주는 것을 큰 줄기로 삼고 있다. 이때 정부는 전형의 자율화 범위 확대를 내세웠으며 이후 대입정책의 큰 방향이 되었다. 즉, 교육부 대입정책의 주요 방향은 대학의 자율화이다. 또한 고등교육의 경쟁력강화를 위해 교육부는 선택과 집중의 원칙하에 대학의 특성화를 유도해 왔다. 이는 대학의 자율성을 바탕으로 하는 고등교육 정책기조를 유지하는 것으로, 교육부 내부에서 대학자율에 대한 이해도가 어느 정도 축적되어 왔음을 짐작케 한다. 또한 오랫동안 대학교수로 대학에 몸담아 왔던 교수 출신의 교육부총리는 누구보다 대학자율에 대한 고민이 깊다 할 것이다.

그리고 내신 실질반영률에 있어서 서울대 및 주요 사립대의 입장과 나머지 다른 대학의 입장에 차이가 있다. 서울대 및 주요 사립대는 입학전형에서 대학의 자율성을 액면 그대로 행사하고자 하는 욕구가 강하고, 다른 대학들은 교육부의 방침을 따르고 있다. 이런 대학 간의 입장 차이를 교육부는 인지하고 정책집행과정에서 유연성을 보이고자 한다. 예컨대, 내신의 반영비율에서 명목비율과 실질비율을 구분한 적이 없었으며, 통상적으로 명목비율로 활용되어 온 것을 교육부는 알고 있었지만 별도의 언급을 하지 않았다. 그러나 대통령이 '국가 공공의 이익'을 내세우며 내신 실질 반영비율을 위해 교육부의 강력한 개입을 요구하자 교육부는 최고결정자의 의사를 따를 수밖에 없게 되고, 이는 대학의 강한 반발에 부닥치며 정책집행의 비일관성을 나타내게 된 것이다. 결국 교육부는 대학의 자율성보다는 대통령의 규제강화를 받아들여 대학에 대한 행·재정적 제재수단을 발표한다. 하지만 실제 집행에서는 규제강화와 대학자율 사이를 오가는 딜레마 대응을 보인다.

정책대응과정에서 교육부의 수장인 교육부총리의 역할은 누구보다 크다 할 수 있다. 2008 대입정책을 입안할 당시에는 안병영 부총리가 재직하였고, 그 이후에는 김진표, 김신일 부총리가 재직하고 있다. 세

명의 부총리를 비교하여 보면, 정책결정자(대통령)와 이해관계자(대학) 사이에서 교육부의 중간자적 역할과 딜레마 관리의 묘를 읽을 수 있다. 안병영 전부총리의 경우, 2008 대입정책을 입안할 때 정책적용의 현실성과 평가의 변별력을 위하여 5등급제를 주장하는 교육혁신위원회, 7등급제를 주장하는 대통령에 대하여 9등급제와 1등급 비율을 4%로 할 것을 설득하는 한편, 대학의 고교등급제에 대해서는 재정지원 제재를 가함으로써 정책 딜레마를 관리하는 모습을 보인다. 그러나 김진표 전부총리와 김신일 부총리는 코드인사, 교육관치라는 여론의 비판을 받을 정도로 대통령의 의지를 일방적으로 대학에 전달하는 모습을 보이고 있다. 김진표 전부총리의 경우 2005년 주요 대학을 돌며 내신 반영률을 50%까지 올리겠다는 약속을 받아냈고, 김신일 부총리의 경우에는 실질반영률이라는 세부 사안까지 규제하는 모습을 보인 것이다. 이로 인하여 두 부총리는 정책 딜레마를 관리하지 못하고 사회적 갈등으로 확산되는 것을 막지 못하고 있다고 할 수 있다.

참여정부는 도구적 합리성에만 입각하여 정책목표 달성을 위한 수단을 일방적으로 전달함으로써 갈등을 확산시키고 있다. 정책문제는 목표 자체도 음미해야 하는 것이며, 대입정책과 같이 내재적으로 상반될 수 있는 특징을 지닌 경우에는 더욱 조심해야 한다. 정부가 도구적 합리성에만 입각하여 행동할 때 가장 위험한 것은 국민의 선호와는 상반된 잘못된 목표를 가장 능률적으로 수행하는 것이다. 다소 비능률적이라 하더라도 국민의 선호가 반영된 목표를 추진하는 것이 더 바람직하다(Singer and Wooten, 1976: 79~103; 이종범, 2005, 재인용). 그러나 참여정부는 스스로 설정한 정책목표에만 몰두함으로써 국민의 선호를 제대로 반영하지 못하고 사회적 합의 도출에 실패하였다. 이는 도구적 합리성에 치중한 나머지 실질적 합리성을 확보하지 못하는 우를 범한 것이다.

## 4. 결 론

이상에서 2008 대입정책에서 나타나는 교육부의 정책 비일관성과 그 원인을 분석하였다. 내신 강화와 대학의 자율선발이라는 대안의 충돌, 평등과 자유의 가치 대립, 대통령과 주요 대학 간의 첨예한 갈등으로 인하여 교육부는 어느 한 가지 입장만을 선택할 수 없는 딜레마 상황에 처하게 되어 정책의 결정과 집행과정에서 비일관성을 보일 수밖에 없다. 교육정책은 대립되는 대안, 가치, 행위자로 인하여 딜레마 상황이 나타날 가능성이 높다. 따라서 이들의 충돌을 예방하고 완화할 수 있는 공적인 장치가 필요하다. 그 대안으로 생각해 볼 수 있는 것이 공론의 장 마련과 정책 대상의 분리(*decoupling*)이다.

딜레마는 집단 간에 타협하기 어려운 가치의 충돌이 있을 때 나타나는 정책 상황이다. 따라서 먼저 집단의 가치입장이 밝혀지고 그것의 정당성 여부가 판단될 수 있는 여건이 조성되어야 한다. 나아가서 이를 근거로 당사자 간이 되었든, 제3자가 되었든 또는 이해관계자 전체가 되었든 그들의 선택을 통해서 최종결정을 하고, 이것을 집행하는 제도가 필요하다(김동환, 1999; 김영평, 1991; 이종범, 2005). 이는 대립된 집단이 자신의 이해관계나 상이한 목표 또는 해석틀에 근거한 대안을 두고 공식 및 비공식 토론을 통하여 합의를 이룩하여 가는 것이다. 공정하고 개방된 토론은 딜레마 상황이 가지고 있는 독특한 특성, 즉 서로의 가치가 충돌하기 때문에 결정의 어려움이 생기는 현상을 어느 정도 예방하고 관리할 수 있다(이종범, 1992, 2005). 절차적 합리성이 지켜지면 다원적인 가치들을 인정하게 되고 극단적인 범주로 대안이나 가치들이 나뉘는 것을 예방할 수 있다(윤견수, 2005).

교육정책에서 자유와 평등의 가치는 수월성 추구와 사회적 형평성 확보 차원에서 충돌할 때가 많다. 그러나 대부분의 경우 양자는 선택의 문제가 아니라 조합과 조화의 문제이다. 두 가지 가치는 함께 존중해야 하며 그때그때 상황에 따라 양자를 어떻게 조화시키느냐가 논의의 핵심이 되어 사회적 합의를 도출해야 한다. 실제로 우리나라에서는 대입시험이나 고교 교육과정과 연관해 양당사자인 대학과 고교가 서로 협의하는 기회가 전혀 없었다.[12] 그러다보니 자칫 공익을 외면하고 자신의 눈앞 이익만을 추구하는 경우가 많아진 것이다. 고교와 대학 간에 대화의 통로가 없으면 우수학생의 선발에 일차적 관심이 큰 대학과 그보다는 고교교육의 정상화에 집착하는 고교 간의 이해관계는 어긋날 수밖에 없다. 따라서 고교, 대학, 학부모 등이 함께 모여 입시개혁안의 근본정신을 바탕으로 내신, 수능, 논술 등의 적정 비율이나 내신의 신뢰도 강화 방안, 논술의 출제수위, 고교 교육과정의 정상화 등을 함께 고민하고 심도 있게 협의해 합리적인 가이드라인을 마련하여 사회적 협약으로 공론화시켜 개별 당사자의 일탈을 방지해야 한다.

사회가 민주화되고 국민들의 요구가 다양해지면서 서로 상반되는 교육적 가치를 요청하는 오늘날에도 교육정책은 이해당사자 간의 협의나 갈등을 중재하는 기구 없이 대통령자문위원회나 교육부 주도로 정책결정이 이루어져왔다. 이로 인하여 교육문제는 언제나 사회문제로 확산되는 결과를 가져왔으며, 대입정책도 마찬가지이다. 2008 대입정책은 관련집단 간의 의사소통과 대화의 부족으로 대립 상황이 자주 발생한 것이다. 갈등의 쟁점이 된 고교등급제나 통합교과형 논술고사, 내신 반영비율 등 주요 개념에 대해서 관련 집단은 각자의 입장에서 해석하는 경향을 보이고 있다.

따라서 공공의 갈등을 관리하고 해결하는 방안으로 갈등 당사자 간의 대화와 타협을 이뤄낼 수 있는 공론의 장을 마련해야 한다. 이는 너무나 당연하여 식상하기까지 한 결론이지만, 교육문제를 해결하기 위한 공론의 자리가 한 번도 제대로 마련되지 않았다는 현실 앞에서 다시 한 번 당연한 결론을 내려야 할 것 같다. 노동 · 환경 · 보건 등의 분야에서는 분쟁이 생겼을 때 이해관계의 관점이 비교적 명확하기 때문에 대체적 분쟁조정장치 설계를 통해 분쟁 해소를 하고 있다. 그런데 교육문제는 이해관계보다는 불특정 다수가 관여된 가치의 대립이기 때문에 그동안 공론장치를 설계하지 못하거나 했더라도 운영하지 못했던 것이다. 그러나 대안, 가치, 행위자가 대립하고 강하게 충돌하는 대입정책이 정책 일관성을 갖기 위해서는 공론의 장을 통해 상호조정과 이해를 도모해야 한다.

또한 상반된 가치가 공존하는 대입제도의 특성상, 대입정책은 언제나 딜레마 상황으로 전환될 수 있다. 따라서 딜레마를 관리해야 하는데 그 방법으로 생각해 볼 수 있는 것이 동일한 정책목표 하에서 정책 대상을 분리(*decoupling*)하여 딜레마를 관리 하는 것이다. 교육정책으로 인한 교육서비스 향상 혜택은 학생, 학부모 등 많은 이해당사자에게 분산되기 때문에 비용에 비해 체감효과가 적다. 따라서 정책의 혜택을 골고루 느낄 수 있도록 하기 위해서는 정책 대상을 분리해야 한다. 교육정책은 정책집행 대상자 간의 입장 차이가 큰 경우가 많다. 특히, 고등교육분야에서 성적우수자가 몰리는 상위권 대학과 나머지 대학 간의 입장에는 상당한 차이가 있다. 이러한 입장 차이는 대입정책에서 뿐만 아니라 대학과 관련된 고등교육정책 전반에서 나타나고 있다. 대학특성화정책이 대표적인 예가 될 것이다. 수도권대학특성화사업과 동일한 정책목표를 갖지만 정책대상을 분리하여 별도로 지방대혁신역량강화사업을 실시함으로서 정책 수요자의 만족을 높이고 있다. 이처럼 동일한 정책에 대하여 정책집행 대상자 간의 입장 차이가 큰 경우에 정책결정자는 대상자 분리를 통해 정책딜레마에서 벗어날 수 있게 될 것이다.

## [주]

1) 이 논문은 《한국교육학연구》 제 14권 제 1호(2008)에 게재된 것을 수정, 보완한 것이다. 또한 이 논문은 2007년 2학기 팀티칭으로 진행된 '공공관리특강Ⅱ' 강의에 참여하신 여러 교수님의 코멘트로 발전된 글임을 밝히는 바이다. 강의를 개설하여 연구의 기회를 주신 이종범 교수님, 따뜻한 격려와 조언을 아끼지 않으셨던 윤견수 교수님과 여러 교수님들께 깊은 감사를 드린다.

2) 2004년 10월 28일 교육부는 '학교교육 정상화를 위한 2008학년도 이후 대학입학제도 개선안'을 확정 · 발표하였다. 이는 2008학년도부터 적용될 대입정책의 기본방향이다. 본문에서는 편의상 '2008 대입정책'으로 기술하고 있지만, 정책 대상 연도는 2008년 한 해가 아니라 2008학년도 이후 지속적으로 적용되는 것임을 밝혀둔다. 2008 대입정책의 기본방향은 대입전형에서 학교교육의 과정과 결과를 중시하고, 대학 자율화 · 특성화와 연계한 전형을 다양화하며, 선발경쟁에서 입학 후 교육경쟁으로 전환하는 것이다.

3) 2008 대입정책과 관련하여 대학의 논술강화, 고교등급제, 학생부 신뢰성 및 변별력 등 전형방법으로 정부와 대립각을 세우고 있는 대학은 서울대, 고려대, 서강대, 성균관대, 연세대, 이화여대, 중앙대, 한양대 등이다. 이 연구에서 지칭하는 주요 대학은 이들 대학임을 밝혀둔다.

4) 정책딜레마란 정책갈등의 한 형태로 정책결정과정에서 협의과정이 중단되고, 분석과 토론절차도 제대로 진행되지 못하는 반면에, 정책참여자들의 문제제기, 또는 집단의 사표시, 항의집회 등이 폭발적으로 발생하여 최종적 정책결정권자가 이러지도 저러지도 못하는 상황에 빠지는 경우를 말한다(김영종, 2006: 20).

5) 이의 단적인 예를 들자면, 2007년 6월 15일 오전 11시 교육부 대학지원국장의 기자브리핑이 있었다. 대학의 내신 1~4등급 동점처리 방침에 대해 범정부차원의 제재가 있음을 밝히는 자리에서 교육부 국장은 고3 수험생과 학부모에게 2008 대입에서 대학들은 내신의 실질 반영 비율을 50%까지 끌어올리도록 하겠다는 발표를 하였다. 이에 대해 기자들이 내신의 기본 점수를 주지 않겠다는 것인지 질문하자 국장은 그렇다고 대답하였다. 내신에서 기본 점수를 주지 않게 되면 총점이 1000점인 경우 학생들의 점수 차는 0~500점까지 벌어진다는 것을 의미하는 것이고, 이렇게 되면 논술과 수능의 영향력은 전혀 없게 된다. 즉, 교육부는 대학에게 내신만으로 학생을 선발하라고 한 것이다. 이날 오후 1시 30분 다시 열린 브리핑에서 내신 기본 점수를 주지 말라는 내용은 빠지고, 대신 수능 및 논술과 비교하여 내신의 실질반영률을 높이라는 내용이 발표되었다(문화일보 2007. 6. 18). 이는 대통령의 지시로 범정부차원의 강경방침 발표 직후 나온 교육부의 대응으로서 정책집행을 문제해결이 아닌 딜레마 대응으로 하고 있음을 보여주는 사례이다.

6) 양길석(2006)은 그의 연구에서 수능 9등급제의 측정학적 측면과 정책효과 측면을 검토하였는데, 그 타당성이 결여되어 있음을 밝히고 있다. 수능 9등급제의 기본 점수 형태는 정규분포이다. 그러나 수능 9등급제는 이 점수의 기본가정인 정규분포를 충족시키지 못하고 있으며, 등급별 산출 비율의 안정성도 결여하고 있다. 또한 서로 다른 시험의 점수 분포가 매우 상이할 경우, 두 등급 점수를 비교하는 것은 불합리하다는 측정학적 문제를 내재하고 있다. 그리고 수능 9등급제는 다른 수험생과의 서열경쟁을 필연적으로 유발하고, 어느 수준의 등급을 안정적으로 받을 수 있는가를 예측하기 어렵고, 1~2문항의 차이로 등급이 낮아질 가능성이 커서 문항 하나하나에 대한 부담을 더욱 크게 느끼게 한다. 따라서 수험생 부담 경감 및 사교육비 완화라는 교육정책 효과 측면에서도 타당하지 않음을 밝히고 있다.
7) 교육기회에 대한 평등은 허용적 평등, 보장적 평등, 조건의 평등, 결과의 평등으로 발전하여 왔다(김성기, 2004: 56~58). 역사적으로 신분제도가 무너지고 근대 시민사회가 형성되면서 차별을 거부하고 법 앞의 평등을 실현하면서 교육권은 형식적으로나마 계급적 제약을 받지 않게 되었는데 이를 허용적 평등이라고 한다. 이는 능력주의 평등관의 원형으로, 허용적 평등 체제에서는 경제적 이유 때문에 실질적으로 교육권이 제한될 수밖에 없었다. 그런데 산업혁명기를 거치면서 교육받은 노동자의 필요성 증가와 시민의식의 성장으로 국가에서 교육기회를 보장하기 시작하였다. 이를 보장적 평등이라 하며, 이를 제도화한 것이 의무교육제도이다. 허용적 평등과 보장적 평등은 모두 산술적 기회의 평등을 의미한다. 만약 산술적 기회가 동일하게 주어진다 하더라도 그 과정이나 조건이 불평등하다면 실질적으로 평등을 보장할 수 없게 된다. 그래서 등장한 것이 조건의 평등이며, 이를 제도화한 것이 고교평준화이다. 그런데 조건의 평등을 취하였음에도 불구하고 대개 대학입학에서의 성적 차이는 부모의 사회경제적 차이를 그대로 반영하고 있다. 이는 학업성취도를 결정하는 요인에 관한 다수의 연구에서 선천적·가정적 요인이 지배적으로 나타난다는 점에서 출발점에서의 불평등한 조건이 교육결과에까지 이르고 있음을 보여주는 것이다. 따라서 배움의 결과가 같아야 평등하다는 결과의 평등이 등장하게 되었다.
8) 입학처장들은 학생부의 신뢰가 제고되면 반영비율을 점차 높여나갈 것이라며, 성적 부풀리기가 심하거나 비교과 영역 기록이 부실한 학교의 경우 7개 대학이 공동으로 해당 고교에 개선을 요구하는 등 학생부가 충실하게 기록될 수 있도록 7개 대학이 적극적으로 정보를 교환하고 일선 고교와 협의해 나간다는 입장을 밝히고 있다.
9) 고려대가 정시 일반전형 정원의 50%를 수능 성적만으로 뽑는 제도. 내신, 수능, 통합논술을 모두 잘 해야 한다는 이른바 죽음의 트라이앵글로 일컬어지는 2008 대입제도 하에서 일부 대학의 수능 우선 선발제 도입은 수능 성적만 뛰어날 경우에는 굳이 내신이 떨어지거나 논술을 보지 않고도 대학에 합격할 수 있는 길을 열어준다는 의미가 있다.

10) 고졸검정고시를 치른 학생처럼 학교생활기록부로 전형하기 어려울 때 수능성적과 연동해 산출한 점수를 내신으로 활용하거나 학생부에 따른 내신과, 수능에 따른 비교내신 점수 중에 유리한 것을 고를 수 있도록 하는 제도이다. 그러나 이를 확대할 경우 사실상 '수능을 다시보자'는 재수와 반수를 장려할 수 있다.

11) 대학들의 이러한 반발은 교육부의 입학사정관제 지원계획 불참으로 이어지게 되는데, 일부 사립대는 입학사정관제와 관련한 재정지원을 받았다가 대학의 자율성이 훼손당할 우려가 있을 것으로 판단하고 불참을 결정한다. 이들은 입학사정관제 자체를 거부하는 것이 아니라 교육부가 지원하는 입학사정관제를 반대하는 것이라고 강조하고 있다.

12) 2004년 12월 15일 교육부총리 자문기구로 '교육발전협의회' 산하에 '고교대학협력위원회'가 발족되었다. 이는 대립적 이해관계를 가진 관련 집단 간에 의사소통의 창구를 마련함으로써 갈등을 해소하고 나아가 협력 체제 구축의 기반을 마련한 것으로 선행연구에서 제안하고 있는 딜레마 예방과 관리를 위한 공론의 장을 마련한 것이다. 교육발전협의회는 고교와 대학·학부형·교원단체·교육전문가·기업체 등 각계각층으로 구성하였지만, 불행히도 이를 추진하던 안병영 전부총리가 물러나면서 이 기구도 유명무실해지고 결국에는 사라졌다. 고교대학협력위원회가 활발하게 운영되었다면 최소한 오늘과 같이 정부-대학 간의 감정대립을 노골적으로 드러내어 사회적 갈등으로 확산시키지는 않았을 것이다.

# 10 전자정부 추진과 제도의 갈등[1)]

안 성 민

이 논문은 '제도와 개혁' 모형을 통해서 행정개혁의 과정이 신호중복 현상을 야기할 수밖에 없기 때문에 성공적 행정개혁을 위해서는 신호중복의 관리방안이 필요함을 지적하고, 그 관리방안의 하나로 환류를 통해 특정 신호를 강화하는 감사제도를 검토하였다. 감사제도가 '전자정부 추진'에 미친 영향을 검토하기 위해 정보화 담당 공무원들을 대상으로 면접조사와 설문조사를 실시하였다. 분석 결과 '전자정부 추진'(행정개혁)의 신호를 강화하지 못하는 합법성 위주의 사후감사제도는 전자정부 추진을 방해할 수 있음을 보여주고, 특히 매몰비용과 관련하여 책임을 추궁하는 감사제도에 대해 공무원들은 책임 회피적인 과잉순응과 무사안일의 행태를 취함으로써 효과적이고 통합적인 전자정부의 추진을 어렵게 하고 있음이 나타났다. 효과적인 전자정부의 추진을 위해서 담당 공무원들은 감사인의 정보화에 대한 전문성 제고, 성과감사로의 방향 전환, 사후적 감사가 아닌 사전평가와 중간점검 등 과정상의 환류기능 강화를 요청하고 있다.

## 1. 서 론

정보화시대를 맞이하여 전자정부(*electronic government*)는 정부혁신을 가져올 수 있는 중요한 수단으로 인식되고 있다. 이는 정보기술의 발달이 업무의 자동화, 간소화를 통한 정부의 생산성 제고를 가능하게 하고 주민들의 개별적인 수요를 신속하고 효과적으로 만족시킬 수 있는 업무의 통합적 제공을 가능하게 하기 때문이다. 다시 말해서, 전자정부는 주민들의 수요를 효과적이고 효율적으로 만족시킬 수 있는 '작은 정부'를 가능하게 한다고 하겠다. 그러나 전자정부의 구현은 그 속도나 효과면에서 당초의 기대에 훨씬 미치지 못하고 있다. 전자정부 추진의 선두에 있는 미국조차도 조달업무의 전자화나 전자문서 도입 등의 면에서는 성과를 보이고 있으나 정부 내에서 정보의 효율적 활용과 이를 통한 생산성 증대가 부진해 보이며, 대부분의 나라들이 방향을 설정하고 전자정부를 추진하는 단계라 하겠다(황종성, 1998).

우리나라는 지난 1982년부터 행정전산화사업을 추진하였고, 1987년부터 국가기간전산망사업의 일환으로 행정전산망사업을 추진하였으며, 1996년부터 전자정부화를 정보화촉진 10대 중점과제로 선정하여 추진하고 있으며, 2001년부터 전자정부특별위원회를 통하여 11대 중점과제를 중심으로 전자정부 추진에 박차를 가하고 있다. 이러한 전자정부 추진을 위한 진지한 노력들은 전자정부 구현을 통하여 정보화, 세계화로 대변되는 세계적 변화에 능동적으로 대처하기 위함이라 하겠으나, 전자정부의 추진이 항상 순탄한 것도 아니고 국민들이 느낄 수 있는 가시적인 효과를 창출한 것도 아니다.

이 논문에서는 전자정부 추진의 어려움을 전자정부를 추진하고 있는 공무원들의 측면에서 살펴보고자 한다. 전자정부의 추진이 지체되고 있는 것은 공무원들이 전자정부를 적극적으로 추진하고 있는가 하는 의문을 가져온다. 만일 공무원들이 적극적으로 전자정부를 추진하고 있지 않다면 그 원인을 찾아내고, 문제를 해결하는 것이 전자정부의 성공적인 추진을 위해 필요하다. 이러한 관점에서 전자정부를 추진하는 데 공무원들이 느끼는 갈등과 어려움을 살펴보고자 한다. 전자정부를 추진하는 데 공무원들이 느끼는 어려움 중에 큰 부분이 감사에 대한 것이다. 효과적이고 효율적인 작은 정부를 실현하기 위한 전자정부의 추진이 평가와 환류를 통해 정책실현을 담보하는 감사제도와 갈등을 빚는다는 것이 아이러니지만 그러한 갈등상황을 살펴보고 그 원인을 찾아서 대응방안을 모색하는 노력이 필요하다. 이 논문은 이러한 목적을 위해 두 부문으로 구성하고자 한다. 첫째, 전자정부 추진과 감사제도의 갈등 가능성을 설명하기 위해서 '전자정부 추진'을 개혁으로 이해하고 개혁과 기존 제도와의 상관관계를 살펴보고자 한다. 이를 위해 '개혁과 제도'의 모형을 설정하여 개혁이 가져올 수 있는 가능한 갈등의 양상을 예측한다. 둘째, 전자정부를 추진하는 공무원들을 대상으로 실시한 면접과 설문지 조사 결과를 분석하여 '개혁과 제도' 모형이 예측하는 갈등이 전자정부 추진과 감사제도 사이에 실제로 존재하는지를 살펴보고 그 양상을 알아본다. 이러한 논의를 통하여 전자정부를 추진하는 공무원들이 느끼는 어려움과 갈등을 완화할 수 있는 방안을 모색하여 보고자 한다.

## 2. '개혁과 제도' 모형

### 1) 개혁과 제도의 갈등

개혁은 환경적 변화에 대응하거나 잘못된 제도와 운영을 고치기 위한 필요성에서 정치·사회적 변화 및 조직의 변화를 인위적으로 추진하는 것을 말한다. 이러한 맥락에서 Mosher(1967)는 "행정개혁은 행정부가 변화하는 주위환경에 효율적으로 대처하기 위해 의식적으로 추구하는 계획적인 변혁"이라고 정의하였으며, Caiden(1969)은 행정개혁을 "인위적으로 강행된 행정적 변형"이라고 정의하였고, 안해균(1986)은 행정개혁에 관한 개념들을 종합하여 행정개혁을 "행정환경으로서의 사회상황의 변화하는 수요에 대응하고, 모든 계층의 국민들의 균형 있는 생활의 질 향상이라는 행정의 궁극적 목표를 보다 효과적으로 실현하기 위해서 행정체제의 여러 가지 비합리성과 비민주성이 제거된 새로운 조직, 정책, 행정절차 등을 모색하고 실현하는 인위적이고 계획적인 과정"이라고 정의하였다. 결국 행정개혁은 ① 환경적 변화에 대한 대응 또는 인지된 제도나 운영의 문제를 고침으로써 ② 행정목표 달성에 기여하도록 ③ 인위적이고 계획적으로 조직, 정책, 행정절차 등을 변경하는 것이라 하겠다.

오석홍(1986)은 이러한 행정개혁이 가능하기 위해서는 다음의 네 가지가 전제되어야 한다고 지적하였다. 첫째, 조직과 행정의 인위적 변동가능성이 전제되어야 한다. 둘째, 인간과 조직의 불완전성과 미래의 불확실성이 전제되어야 한다. 셋째, 인간 속성의 양면성－변동 추구적인 속성과 현상 고수적인 속성－이 전제되어야 한다. 넷째, 행정개혁은 독립변수이며 동시에 종속변수임이 전제되어야 한다. 인간의 불완전성과 미래의 불확실성이 전제되면, 우리가 만든 조직의 불완전성을 상정할 수밖에 없고 그에 따른 조직의 변동가능성을 상정할 수 있다. 행정을 개혁함으로써 우리의 일상생활에 영향을 미칠 수 있기에 행정개혁이 독립변수가 될 수 있고, 환경적 변화에 의해 행정개혁이 수반되기도 하기에 종속변수로서 생각할 수도 있다. 마찬가지로, 인간은 능동적으로 변화를 추구하기도 하지만 때에 따라서는 변화에 저항하기도 하는 양면성을 보여주기도 한다. 문제는 그러한 양면성이 나타나는 이유를 설명해야 하는 것이다.

행정개혁의 개념정의와 행정개혁을 위한 네 가지의 전제조건들은 행정개혁이 제도변경(*institutional change*)의 일부분임을 나타낸다. 제도(*institution*)는 개인들이 상호작용 할 수 있는 기본틀(*framework*)을 제공하여 사회질서를 구축시키는 협동적이고 경쟁적인 관계들이 형성되도록 하는 것으로서, 제도는 개인의 행동을 제약할 수 있는 규칙들, 순응의 과정, 도덕적이고 윤리적인 행위규범들로 구성된다(North, 1981: 201~202). 다시 말해서, 제도는 특정 행위들을 인도할 수 있는 '신호 보내기'(*signaling*)를 통해 상호작용의 기본틀을 제공함으로써 상호관계에 질서와 예측 가능성을 가져온다(안성민, 2001a). 이러한 제도는 공식적인 부문과 비공식적인 부문으로 이루어지는데, 공식적인 부문은 특정 행동을 강제할 수 있는 규칙(*rules*)과 절차(*procedures*) 등을 포함하고, 비공식적인 부문은 내재화된 가치에 의해서 개인들에게 특정 행동을 인도하는 규범(*norms*), 문화(*culture*) 등을 포함한다.

제도를 공식적인 부문과 비공식적인 부문으로 나누어 볼 때, 제도변경은 공식적인 부문과 비공식적인 부문 모두에서 나타날 수 있지만 제도변경의 방법과 속도는 두 부문이 차이가 난다. 공식적인 제도는 제도의 영향 아래 있는 사람들에게 새로운 상호관계를 만들기 위해 의도적으로 변경할 수 있는 영역으로 그 변경의 속도가 빠를 수 있지만, 비공식적인 제도는 이와 다르다. 규범, 문화 등 비공식적인 제도는 상호관계의 경험을 통해 내재화되는 것으로서, 일단 특정한 비공식적인 제도가 형성되면 이를 변경하는 것이 용이하지 않다. 사회 환경의 변화 또는 공식적인 제도의 영향으로 규범과 문화 등 비공식적인 부문이 변경되기도 하지만 공식적인 제도의 변경이 비공식적인 제도의 변경으로 항상 연결되는 것은 아니다. 공식적인 제도의 변경이 그에 상응하는 비공식적인 제도의 변경을 가져오지 못할 때 양자는 각기 다른 신호를 보냄으로써 상호관계에 형식주의 또는 갈등을 유발할 수 있다(안성민, 2001b). 이렇게 문화로 대변되는 비공식적인 제도의 변경 어려움과 느린 변경의 속도는 결국 제도의 변경이 쉽지 않고 경로 의존적(*path dependent*)으로 나타나게 되는 이유이다(North, 1996). 다시 말해서 강제를 통한 의도적인 규칙이나 절차의 변경이 그에 상응하는 규범과 문화의 변경을 가져오지 못할 때 제도의 변경은 형식적이 되거나 갈등이 나타날 수 있다.

공식적인 제도의 변경이 항상 비공식적인 제도와 다른 신호를 보내는 상황을 만드는 것은 아니다. 만일 공식적인 제도의 변경이 다른 신호를 보내고 있는 비공식적인 제도의 내용을 수용하는 것이라면, 공식적인 제도의 변경은 신호 중복(*double signaling*)의 문제를 해결하는 것이다. 마찬가지로 공식적인 제도의 변경이 야기할 수 있는 형식주의와 갈등은 공식적인 제도와 비공식적인 제도의 충돌에 의해서만 나타나는 것은 아니다. 많은 경우에 공식적인 제도의 변경은 공식적인 제도의 일부분을 변경하는 것이다. 만일 변경된 일부분의 공식적인 제도가 변경되지 않은 공식적인 제도의 내용과 상충 한다면 공식적인 제도의 부문들이 각기 다른 신호를 보내게 되고, 이 경우에도 신호 중복의 문제가 나타나게 된다.

행정개혁을 인위적이고 계획적인 행정적 변경 또는 변경과정으로 이해할 때, 행정개혁은 공식적인 제도의 변경으로부터 시작된다. 이는 행정개혁이 형식주의로 끝나는 경우나 행정개혁이 여러 가지 갈등으로 인하여 추진이 지체되는 경우들에 대한 설명을 가능하게 한다. 즉, 강제를 통한 규칙이나 절차의 변경을 통해 행정개혁을 꾀할 때, 비공식적인 영역(규범이나 문화)의 변경이 수반되지 않거나 기존 제도들과 행정개혁의 내용이 상충한다면 행정개혁이 성공적으로 추진되기 어렵다. 행정개혁에 따른 공식적인 제도의 정비가 늦어짐으로써 야기되는 신호 중복 현상과 공식적인 제도와 비공식적인 제도의 신호 중복 현상은 기존 제도와 변경을 꾀하는 제도의 문제 또는 개혁과 (기존)제도의 문제로 바꾸어 설명할 수 있다.

### 2) '개혁과 제도' 모형

개혁은 이제까지 작동하고 있는 제도의 변경을 통해 기존 제도에 의해 유지되고 있는 상호관계와 역할 담당의 구조를 변경하고자 하는 것이다. 공식적인 부문과 비공식적인 부문의 제도변경 속도가 다르고, 공식적인 부문의 제도들도 각기 다른 변경 속도를 나타내기에, 개혁의 과정에는 개혁된 제도와 기존의 제도가 상반되는 신호를 보내게 되는 경우가 나타나게 된다. 개혁이 추진되는 조직 내부에 상반되는 신호가 존재할 때, 조직의 구성원들은 상반된 신호에 대해 전략적인 선택을 하거나 선택이 어려운 딜레마에 빠지게 된다. 상반된 신호에 대한 전략적인 선택은 자신의 손실계산에 기초하여 선택적으로 특정 신호를 무시하는 것을 말한다. 전략적인 선택의 결과는 형식주의 또는 갈등상황으로 나타난다.

형식주의(*formalism*)는 분석단위에 따라 다음의 두 가지로 정의될 수 있다. 즉, 형식주의는 사회의 구성요소인 제도들이 처방하고 있는 질서와 실제의 관행과의 차이의 정도를 사회 전체적인 관점에서 지칭하거나 한 제도가 규율하고자 하는 목적 기준이나 그것이 요구하는 수단 또는 절차의 기준과 실제 관행과의 격차 정도를 지칭한다(Riggs, 1964; 이종범, 1986; 박통희 · 김동환, 1994에서 재인용). 결국 형식주의는 개혁이 처방하는 상호관계를 확립하는 것이 조직구성원들에게 이득을 제공하지도 않고 변경된 규칙과 절차를 강제하는 힘도 약할 때, 조직구성원들이 기존의 관행을 유지함으로써 나타나는 것으로 조직구성원들의 전략적 선택의 결과라 할 수 있다. 이와는 달리 일부의 조직구성원들은 개혁이 처방하는 상호관계를 확립하려고 하고 일부의 조직구성원들은 개혁의 내용을 무시하고 기존의 관행을 고수하려고 한다면 양자 간에는 갈등이 발생하게 된다. 그리고 만일에 조직구성원이 상반된 신호에 대해 전략적인 선택을 하지 않는다면 선택이 어려운 딜레마에 처하게 된다.

개혁이 가져올 수 있는 형식주의와 관련하여 Bogt와 Helden(2000)은 네덜란드 정부의 회계제도 변경에 관한 예상(*expectations*)과 실제(*realizations*) 사이에 차이(*gap*)가 있음을 발견하고, 정부개혁의 세력이 조직목표에 기초한 공식적인 회계제도의 변화(*development of formal accounting change*)를 가져왔으나 조직문화에 기초한 실제 회계제도의 변화(*actual accounting change*)와는 차이가 남을 지적하고 있다.

행정개혁의 과정에 나타날 수 있는 신호 중복 현상에 대한 전략적 선택의 결과 형식주의, 갈등 등이 발생할 수 있고, 전략적인 선택을 하지 않더라도 상충하는 신호로 인해서 딜레마를 겪을 수 있음은 행정개혁의 성공적인 추진이 쉽지 않고, 성공적인 개혁의 추진을 위해서 규칙과 절차의 변경을 넘어서는 '신호 중복' 관리방안이 필요하다 하겠다. 손태원(1998)도 성공적인 행정개혁을 위해서는 '변화관리'가 필요하다고 지적하고 있다.

'신호 중복'으로 인하여 선택이 어려운 딜레마를 회피하는 방법은 전략적으로 형식주의를 선택하거나 중복된 신호를 관리하는 방안을 모색하는 것이다. 형식주의는 상반된 신호에 대한 전략적인 선택이나 행정개혁을 성공적으로 추진시키지는 못한다. 행정개혁의 성공적 추진을 위해서는 신호 중복의 관리방안이 필요하다. 신호 중복의 관리방안으로 다음의 세 가지를 생각할 수 있다. 첫째, 공식적인 부문 간의 신호 중복 현상은 행정개혁을 통해 마련된 새로운 규칙과 절차에 맞게 기존의 법과 제도를 정비함으로써 관리할 수 있다. 둘째, 공식적인 부문 간의 신호 중복 또는 공식적인 부문과 비공식적인 부문 간의 신호 중복 현상은 이를 파악하고 적극적으로 관리하는 리더십을 통해 관리할 수 있다. 셋째, 신호 중복은 새로운 규칙과 절차에 순응하지 않을 때 감수해야 할 비용을 높임으로써 새로운 규칙과 절차에 순응하도록 동기를 부여하는 방안으로 관리할 수 있다.

첫째 방안은 지속적인 행정개혁을 통하여 신호 중복의 문제를 해결하

〈그림 10-1〉 개혁과 제도의 모형

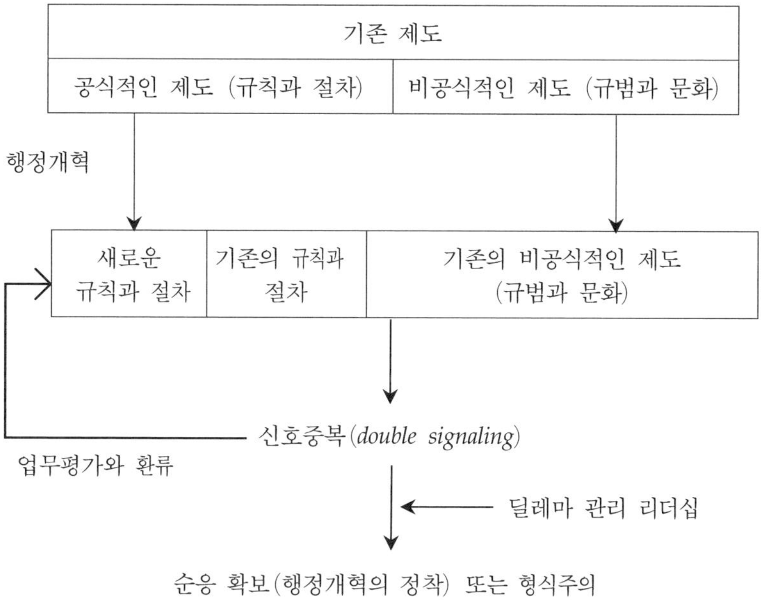


는 것으로서 일회성의 행정개혁이 성공하기 어려운 이유를 분명하게 보여주지만 다른 한편으로 필요한 법과 제도의 정비는 구성원들의 논의와 합의가 필요한 부문으로 상당한 시간과 노력이 요청되는 방안이다. 따라서 지속적인 행정개혁을 추구할지라도 법과 제도의 정비과정에 조직과 사회가 작동하기 위해서는 신호중복을 관리할 수 있는 방안이 필요하다. 두 번째 지적한 리더십을 통한 관리방안은 조직구성원들에게 특정 신호를 보내는 비전을 제시함으로써 신호 중복 현상을 관리하는 것이다. 세 번째 방안은 순응의 동기를 부여하는 제도적 장치를 이용하는 방안이다.

제도적 장치로서 세 번째 방안은 조직구성원의 업무에 대한 평가와 환류를 통하여 순응을 확보하는 방안으로 적절한 평가제도, 감사제도 등을 통하여 특정 신호(개혁의 방안)를 강화하는 방법이다. 평가제도와 감사제도가 행정개혁의 내용을 지원할 수 있다면, 행정개혁을 성공적으로 추진시킬 수 있는 기제가 될 수 있다. 하지만 평가제도와 감사제도가 행정개혁의 방안을 지원하지 않을 때는 오히려 행정개혁의 추진을 어렵게 만드는 걸림돌이 될 수 있다. 다시 말해서 평가제도와 감사제도가 개혁이 처방하는 상호관계를 확립하려고 하는 조직구성원들에게 불이익을 주게 된다면, 이는 상반된 신호에 대해 전략적인 선택을 하지 않고 딜레마에 처한 조직구성원들에게 형식주의를 택하게 하는 신호로 작동하는 것이다. 이제까지의 설명을 도식적으로 나타내면 〈그림 10-1〉과 같다.

## 3. 전자정부 추진과 감사제도의 갈등 가능성

### 1) 전자정부 추진의 배경과 내용

정보통신 기술과 인터넷을 기반으로 하는 전자정부는 정부혁신이라는 궁극적 목적 달성을 위한 전략적 수단이라 하겠다. 전자정부는 안전하고 신뢰할 수 있는 정보유통 환경에서 생산성과 투명성이 극대화된 정부(G2G)를 실현하여 인터넷 기반의 전자정부 단일창구(*Single Windows*)를 통해 최고 수준의 대국민 서비스 제공(G2C)과 기업활동에 최적의 환경 제공(G2B)을 하고자 한다(전자정부특별위원회, 2001). 이러한 전자정부는 행정업무를 컴퓨터로 처리하는 전산화만을 의미하는 것이 아니라 통합적 정보화를 통하여 정부의 일하는 방식을 바꾸고 새로운 국가운영의 방안을 모색하는 것이다. 그래서 안문석(2001)은 전자정부가 추구하는 이념이 "능률적이고 효율적인 정부, 투명한 정부, 학습능력이 있는 정부, 그리고 개별국민의 요구를 최대한 수용하는 맞춤형 정부"라고 설명하고 있다.

그간 정보화의 성과로 세계수준의 정보통신 인프라를 확립하고 전자정부 구현을 위한 기반은 마련되었다고 평가되나 공공부문 정보화의 부진이 정보통신 인프라에 대한 효율성을 높이는 데 장애요인으로 지적되고 있다. 윤동윤(2001)은 전자조달, One-Stop 민원서비스 등 민간부문의 효율성 제고와 직결된 공공정보화 사업이 그동안 부진하여서 정보기술에 대한 투자 효과를 반감시켰다고 지적하였다. 이러한 문제점은 전자정부 특별위원회의 보고서에서도 지적되고 있다. 전자정부 특별위원회 보고서(2001)는 그간 정보화의 문제점으로서 ① 각 부처의 전자정부 구현을 위한 정보화 마인드 부족, ② 부처·기관 간 정보공유 및 연계 부족으로 통합적 대국민·기업 서비스 미흡, ③ 국가핵심업무의 통합 정보화 미흡으로 정책결정 지원기능 미약, ④ 표준화 및 공통전산환경 미비로 중복투자 발생, ⑤ 인터넷 처리를 지연시키는 각종 법·제도의 존치 등을 들고 있다. 분산적으로 이루어진 기존 정보화의 성과로는 효과적이고 효율적인 정부서비스가 어렵다는 현실이해에서 전자정부의 추진 원칙은 ① 2002년까지 우선 추진해야할 과제 선정,[2] 효과 가시화, ② 기존 정보자원의 공동 이용, 연계 및 중복개발 방지, ③ 여러 부처 관련 사업은 단일사업으로 통합추진, ④ 범정부적 정보화 표준·지침을 개발, 적용, ⑤ 정보화 평가기능의 강화와 예산과의 연계 등으로 정했다(전자정부특별위원회, 2001).

### 2) 전자정부 추진의 어려움

전자정부의 추진은 추진원칙이 보여주고 있는 것처럼 2002년까지 우선 추진해야할 과제를 선정하여 효과를 가시화함으로써 전자정부 추진을 지속시킨다는 것이다. 이는 전자정부의 성과를 가시화하지 못한다면 행정개혁을 위해 필요한 힘을 축적하지 못함으로써 행정개혁이 성공적으로 추진되기 어렵다는 판단에서 나온 결정이다. 이와 관련하여 서삼영(1999)은 "부분적 정보화와 전통적 업무처리 방식의 병존은 정보시스템의 효과를 미미하게 할 뿐만 아니라 개발된 시스템의 생존을 위협하기 때문"에 전국적 보급이 필요하고 효과가 크게 예상되는 사업은 그 보급 및 이용주기를 최대한 단축하여 완결시키는 것이 중요하다고 지적하였다.

하지만 신속하고 효과적인 전자정부의 추진은 몇 가지의 문제점을 안고 있다. 첫 번째 문제점은 행정개혁의 과정에 쉽게 찾을 수 있는 '신호중복'의 문제이다. 전자정부는 기존 정보자원의 공동이용, 연계 및 중복개발을 방지하고 여러 부처 관련 사업은 단일사업으로 통합하여 추진해야 하지만 우리 정부의 행정처리 절차나 조직은 산업사회의 특징을 반영하는 부처 중심으로 되어 있어서 이를 어렵게 한다. 첫 번째 문제점은 전자정부의 추진이 단순한 업무의 전산처리를 넘어서 관련 부처 간 업무처리의 방식을 변경해야 하는 제도변경의 문제임을 보여주며, 부처 간 조정 및 협력의 방안이 요청된다 하겠다. 두 번째 문제점은 전자정부의 추진이 정보통신기술의 발달에 기초하여 미래지향적인 투자를 요청한다는 점이다. 미래의 불확실성은 예측 오차를 수반할 수밖에 없는데 빠른 속도의 정보통신기술의 발달은 불확실성을 가중시킴으로써 전자정부 추진은 위험이 크고 숨은 비용과 매몰비용이 많이 소요되는 사업이다. 전자정부를 추진하는 공무원들이 높은 불확실성으로 인해 발생할 수 있는 매몰비용에 대해 책임을 추궁 당한다면, 그들은 책임추궁을 회피하기 위해서 결정을 유보하고자 할 것이고 일단 실행된 사업의 변경이 요청될 때에도 기존 사업을 지속시킴으로써 효율적이고 효과적인 전자정부의 추진을 어렵게 할 수 있다.

### 3) 전자정부 추진과 감사제도

전자정부 추진과정에 나타나는 어려움에 대해서 다양한 접근이 가능하지만 여기서는 감사제도와 관련된 것을 논의하기로 한다. '개혁과 제도'의 모형에서 살펴보았듯이, 신호 중복의 상황에서 '환류'(*feedback*)를 통한 특정 신호의 강화는 성공적인 개혁을 위해서 중요하다. 감사제도가 이러한 환류의 기능을 담당하고 있기에 감사제도가 어떻게 작동하는가 하는 것이 전자정부 추진에 상당한 영향력을 미칠 수 있다.

감사제도는 공공부문의 업무가 법규에 따라 투명하고 공정하게 처리되는지, 효율적으로 수행되는지, 입법취지와 정책의 의도를 합목적적으로 달성하는지를 검증하고, 평가·환류를 통하여 성과와 역량을 확충할 수 있도록 한다(박재완, 1997; 이문영·윤성식, 1995). 다시 말해서 감사제도는 합법성 감사, 효율성 감사, 효과성 감사 등을 통해 책임성을 확보하게 하며, 신뢰할 수 있는 정보를 창출하고 이를 환류시켜 성과와 역량을 확충하게 하는 기능을 수행한다. 이러한 두 가지의 기능 수행이 감사제도가 가져올 수 있는 효용이라 한다면, 감사제도가 기능을 적절히 수행하지 못함으로써 사회적 비용이 초래될 수 있음이 지적되었다. 일례로 배일섭(1996)은 현대 공공행정기관이나 담당 공직자들은 다양한 행정이념에 따라 업무를 수행하는 책임성이 요구됨에도 불구하고 감사기준이 오직 법과 규칙에 따른 명시적인 기준에 따라 행동하도록 요구한다면 감사가 공직사회를 규정에만 안주하게 하는 부작용을 낳을 수 있다고 지적하였다. 박재완(1997)은 감사오류는 감사인의 감사 대상 업무에 대한 전문성 부족과 감사 대상 업무의 수행시점과 감사시점의 시차에 따른 정보의 확실성 차이 등에 의해서 발생하며, 제 1종과 제 2종의 감사오류가 발생할 수 있다고 설명하였다. 제 1종 감사오류는 수감자가 그릇되게 처리한 업무를 간과하는 경우로 같은 잘못을 반복하게 하고 비리불감증에 걸리게 할 수 있다. 제 2종 감사오류는 수감자가 올바르게 처리한 업무를 잘못 처리했다고 지적하는 경우로 감사대상자의 과잉순응과 무사안일을 야기할 수 있다.

전자정부 추진과정에서 염려되는 것은 제 2종 감사오류라 할 수 있다. 감사원의 감사판단기준의 변화추이를 살펴본 문경삼·송건섭(1997)

은 우리나라 감사원이 1·2·3·4공화국 시절에는 사후적발 위주의 합법성 감사에 치중하였고, 제5공화국에서는 성과감사로 효율성을 강조하여 감사방향을 전환하였으나, 제6공화국에 와서 다시 합법성 기준을 우선적으로 적용하고 있다고 분석하였다. 감사원이 합법성에 기초한 감사에 치중할 때, 개혁의 뒷덜미를 잡을 가능성이 크다고 안문석(1998)은 지적하였다. 즉, 법률개정에 평균 1년 반 이상이 소요되는데 정보와 지식의 평균 수명이 2년 반으로 단축된 정보화 시대에서는 규제의 근거가 되는 법률이 현실의 뒷덜미를 잡는 일이 흔히 있을 수 있고, 준법투쟁이 현실적인 의미를 갖는다는 것이다. 다시 말해서, 전자정부의 추진이 변화하는 정보화 시대에 적합한 법·제도의 정비를 요청하고 있는 상황에서 기존 규칙과 절차에 기초한 감사의 시행은 수감자가 올바르게 처리하는 업무를 잘못 처리했다고 지적함으로써 오히려 개혁(신호변경의 노력)을 어렵게 할 수 있다는 것이다.

## 4. 전자정부 추진과 감사제도의 관계에 대한 실증분석

'제도와 개혁'의 모형은 행정개혁의 과정은 신호 중복 현상을 야기할 수밖에 없기에 성공적인 행정개혁은 신호 중복을 관리할 수 있어야 하며, 신호 중복을 관리하기 위해서는 단순한 법률의 개정에 만족하지 않고, 관련된 부문들을 종합적으로 고려하는 시각과 변경하고자 하는 신호를 강화하는 방안이 요청됨을 보여 주었다. 특정 신호를 강화할 수 있는 방안으로써 환류를 가져오는 감사제도를 생각할 수 있지만 합법성에 기초한 감사에 치중할 때 감사제도가 오히려 개혁을 방해할 수 있음을 앞 절에서 지적하였다.

실제로 전자정부를 추진하는 공무원들은 감사제도에 대해서 어떻게 생각하는지를 알아보기 위해서 공무원들을 대상으로 면접과 설문조사를 실시하였다. 면접 및 설문조사 기간은 2001년 9월부터 10월까지 두 달 동안이다. 중앙정부에서 정보화를 담당하는 6명의 공무원을 면담하였고, 재정경제부, 기획예산처, 정보통신부, 행정자치부, 산업자원부, 교육인적자원부, 중앙인사위원회, 국세청, 공정거래위원회, 경기도 등의 기관에서 정보화를 담당하는 공무원들에게 150부의 설문지를 배포하고 108부를 수거하여 분석하였다.

### 1) 면접 결과

중앙정부에서 정보화를 담당하는 6명의 공무원에게 정보화와 관련하여 감사원의 감사경험 유무와 감사에 대한 견해, 효율적인 감사방향에 대해서, 그리고 부처 간(내) 갈등으로 인해서 통합된 정보화가 어려운 이유에 대해서 질문하였다.

면접한 공무원들은 감사가 절차와 법규를 따지는 합법성감사와 사후감사로 되어 있고, 정보기술도입과 관련한 시행착오나 매몰비용에 대한 고려가 없으며 정보화에 대한 전문성이 부족하다고 지적하였다. 부처 간 갈등으로 인한 통합된 정보화가 어려운 이유에 관한 질문에 대해서 면접한 공무원들은 부처이기주의의 문제, 법·제도 정비의 문제, 전체적인 조율의 필요성과 함께 매몰비용에 대한 책임문제를 지적하였다. 이는 매몰비용과 관련한 감사의 문제가 전자정부 추진에 상당한 장애요인으로 작용하고 있음을 지적하는 것이다. 그리고 효율적인 감사방향에 대해서는 전문성을 제고하고 비용편익분석과 같은 효과감사 또는 성과감사의 필요성과 함께 사전평가, 중간 점검 등 과정상의 환류기능 강화를 주문하고 있다.

〈표 10-1〉 면접결과

| | 감사원 감사 경험 | 감사에 대한 견해 | 효율적인 감사 방향 | 부처 간 갈등 이유 |
|---|---|---|---|---|
| 1 | 있다 | 절차와 법규 위주이다. | 전문성을 향상하고 실제의 성과에 대한 감사 필요 | 각 부처의 입장이 전체적인 입장에서 조율되지 않는다. |
| 2 | 있다 | 절차와 법규 위주이다. | | 각 부처에서는 자신들이 담당하는 업무의 고유한 성격이 있고, 게다가 입력서식을 하나로 통일하게 되면 현재의 정보화 기기나 소프트웨어들을 다시 바꾸어야 됨으로써 높은 매몰비용이 발생하여 문제가 될 것임 |
| 3 | 없다(신설 부서) | 매몰비용과 관련하여 우려된다. | 과정상 자문 역할 필요(사전 평가, 중간 점검) | 매몰비용에 대한 책임문제로 기존 체제 운영을 새로운 체제로 개편할 때 부처 간 갈등이 심하게 된다. |
| 4 | 없다(기획 담당) | 정보기술도입은 시행착오가 있을 수 있는데 사후회계감사로 책임을 묻는 것이 문제이다. | 비용편익분석처럼 들어간 비용에 대한 효과를 측정하는 방식이 필요 | 정보자원에 대한 소유욕과 부처이기주의 |
| 5 | 있다 | 감사는 업무방해만 되며 복지부동을 조장한다. | 정보화에 대한 전문성에 의문이 가서 감사결과를 수긍하기 어렵다. | 법과 제도가 정비되지 않아서 |
| 6 | 있다 | 사후감사(정보화 추진은 법령 변경 전 시범운영이 있는데 법적 근거 없는 예산 낭비로 감사에서 지적될 수 있다) | 정보화에 대한 전문성을 높이고, 사전적, 중간점검이 필요하다. | 법과 제도가 정비되지 않아서 |

### 2) 설문지의 분석 결과

#### (1) 전자정부의 추진 및 평가에 대한 설문

전자정부의 추진 및 평가에 관련된 사항들을 5점 척도로 질문하였고, 각 질문에 대한 평균값은 <표 10-2>와 같다.

설문결과는 정부의 정보화 속도가 대기업과 비교할 때 약간 느리며 전자정부를 구축하는 데 있어서 부처 간의 갈등이 상당히 큰 편임을 보여주고 있다. 전자정부를 구축하는 데 있어서 공무원의 불만이 상당히 클 것으로 예상하였지만 설문결과는 불만이 상당히 큰 것은 아님을 보여주고 있다. 마찬가지로 정보화추진위원회의 평가와 감사원 감사의 영향력이 작지는 않지만 상당히 큰 편은 아님을 보여주고 있고, 외부기관 평가의 영향에 대해서 중립에 가까운 견해를 보여주고 있다. 이러한 설문결과는 면접조사에서 나타난 평가와 감사의 문제점을 추론하기 어렵게

<표 10-2> 전자정부의 추진 및 평가에 대한 설문결과

| 설문 내용 | 평균값 | 표준오차 |
|---|---|---|
| 대기업의 정보화 진전속도에 비해 정부의 정보화 속도는 어떻다고 생각하십니까?* | 2.14 | 0.97 |
| 전자정부를 구축하는 데 있어서 부처 간의 갈등은 어느 정도라고 생각하십니까?** | 2.05 | 0.58 |
| 전자정부를 구축하는 데 있어서 공무원의 불만은 어느 정도라고 생각하십니까?** | 2.82 | 0.75 |
| 정보화추진위원회에서 시행하고 있는 정보화사업에 대한 평가가 전자정부 추진에 얼마나 크게 영향을 미친다고 생각하십니까?** | 2.82 | 0.89 |
| 감사원의 감사는 전자정부 추진에 얼마나 크게 영향을 미친다고 생각하십니까?** | 2.92 | 0.87 |
| 전자정부를 추진하는 데 있어서 외부 기관의 평가는 부정적이라고 생각하십니까 혹은 긍정적이라고 생각하십니까?*** | 3.19 | 0.91 |

* ① 매우 느리다, ② 약간 느리다, ③ 거의 유사하다, ④ 약간 빠르다, ⑤ 매우 빠르다
** ① 매우 크다, ② 상당히 크다, ③ 보통이다, ④ 상당히 약하다, ⑤ 전혀 없다
*** ① 매우 부정적, ② 상당히 부정적, ③ 중립적, ④ 상당히 긍정적, ⑤ 매우 긍정적

〈표 10-3〉 전자정부의 추진 및 평가에 대한 응답의 상관관계

| | 정보화 속도 | 부처 간 갈등 | 공무원 불만 | 정보화사업 평가 | 감사원 감사 |
|---|---|---|---|---|---|
| 정보화 속도 | | | | | |
| 부처간 갈등 | 0.240* | | | | |
| 공무원 불만 | 0.282* | 0.320** | | | |
| 정보화사업 평가 | 0.029 | -0.058 | -0.048 | | |
| 감사원 감사 | 0.239* | -0.043 | 0.352** | 0.065 | |
| 외부기관 평가 | 0.319** | 0.129 | 0.107 | 0.026 | 0.116 |

*상관관계가 0.05 수준에서 유의미하다.
**상관관계가 0.01 수준에서 유의미하다.

하지만 설문결과들의 상관관계는 흥미 있는 사실들을 보여주고 있다.

〈표 10-3〉은 전자정부의 추진 및 평가에 대한 응답의 상관관계를 보여주고 있다. '정보화 속도'는 '부처 간 갈등', '공무원 불만', '감사원 감사' 및 '외부기관 평가'와 유의미한 정(正)의 상관관계를 보여주고 있다. 이는 정부의 정보화 속도가 느리다고 응답한 공무원들이 전자정부 추진에 있어서 부처 간 갈등, 공무원의 불만 및 감사원 감사의 영향력이 상당히 크고 외부 기관 평가의 영향력이 부정적이라는 견해를 가지고 있다는 것이다. '공무원 불만'은 '부처 간 갈등' 및 '감사원 감사'와 유의미한 정의 상관관계를 보여주고 있다. 이는 전자정부 추진에 있어서 부처 간의 갈등 및 감사원 감사의 영향력이 크다고 응답한 공무원들이 전자정부 추진에 있어서 불만이 높다는 것이다. 그리고 '외부기관 평가'는 다른 설문문항과 유의미하지는 않지만 정의 상관관계를 보여주고 있다. 이는 정보화사업 평가 및 감사원 감사의 영향력이 크다고 응답한 공무원들이 외부기관의 평가에 대해 부정적이라는 것이다.

(2) 감사효과에 대한 설문

〈표 10-4〉는 감사원의 감사가 전자정부 추진에 미치는 효과와 전자정부 구축사업의 실패에 대한 책임의 정도에 관한 설문결과이다. 감사원의 감사가 미치는 전반적인 효과와 함께 감사원이 예산의 오·남용을 막고 잘못을 시정하는 효과 때문에 감사가 전자정부 추진에 필요하다는 견해와 사후적 감사가 전자정부 추진에 방해된다는 견해를 질문하였다. 설문 결과는 감사가 전자정부 추진에 미치는 영향이 보통보다는 크다는 것이며, 오·남용을 방지하는 감사효과가 전자정부 추진에 필요하다는 견해와 사후감사가 전자정부 추진을 방해한다는 견해에 대해 동의와 보통의 중간값을 보여주고 있어서 감사의 필요성과 감사에 대한 우려가 공존함을 보여주고 있다.

〈표 10-5〉는 감사효과에 대한 응답의 상관관계를 보여주고 있다. 비록 상관계수가 작지만 감사의 전반적 영향과 감사의 오·남용 방지효과와 사후감사의 문제에 관한 상관계수는 흥미있는 점을 시사한다.

〈표 10-4〉 감사효과에 대한 설문 결과

| 설문 내용 | 평균값 | 표준오차 |
|---|---|---|
| 감사원의 감사는 전자정부 추진에 얼마나 영향을 미친다고 생각하십니까?* | 2.92 | 0.87 |
| "예산의 오·남용을 막을 수 있고 잘못을 시정할 수 있어서 감사는 효율적인 전자정부 추진에 꼭 필요하다"는 견해에 대해서 어떻게 생각하십니까?** | 2.67 | 1.00 |
| "기술과 장비가 빠르게 발전하는 상황에서 예측과 계획에 기초한 전자정부의 추진은 예측의 오류를 수반할 수 있는 반면, 감사는 사후적으로 투자 대비 효과를 살피기에 감사가 오히려 전자정부 추진을 방해한다"는 견해에 대해서 어떻게 생각하십니까?** | 2.52 | 0.92 |

*① 매우 크다, ② 상당히 크다, ③ 보통이다, ④ 상당히 약하다, ⑤ 전혀 없다
**① 적극 동의한다, ② 동의한다, ③ 보통이다, ④ 반대한다, ⑤ 적극 반대한다

〈표 10-5〉 감사효과에 대한 응답의 상관관계

| | 감사의 전반적 효과 | 오·남용 방지 효과 |
|---|---|---|
| 감사의 전반적 효과 | | |
| 오·남용 방지 효과 | -0.088 | |
| 사후감사의 문제 | 0.002 | -0.442** |

** 상관관계가 0.01 수준에서 유의미하다.

즉, 전자정부 추진에 감사의 영향이 크다고 평가한 사람들은 감사의 오·남용 방지 효과가 전자정부 추진에 필요하다는 견해에 부정적인 입장을 표했으며 사후감사가 전자정부 추진을 방해한다는 견해에 동조하고 있다. 이는 감사의 영향력을 크게 느끼는 사람이 현재의 감사제도에 대하여 부정적인 견해를 가지고 있음을 보여주는 것이다. 그리고 감사의 오·남용 방지 효과와 사후감사의 문제가 유의미한 음의 부호를 보여주고 있음은 사후감사제도가 문제라고 느끼는 사람은 감사의 오·남용 방지도 부정적으로 생각하고 있다는 것이다.

감사효과에 대한 설문 결과는 감사제도가 전자정부 추진에 영향을 미치며, 특히 합법성 위주의 사후감사가 전자정부 추진에 방해가 된다는 견해를 보여주고 있다. 이는 앞서 논의한 감사의 제 2종 오류 가능성이 전자정부 추진에서 나타나고 있다는 것이며 감사의 책임회피를 꾀하는 수감자들의 행태가 나타날 수 있다는 것을 시사한다. 즉, 위험 회피적인 감사대상자는 감사에서 자신의 업무처리가 부당한 것으로 지적될 확률을 낮추기 위해서 과잉순응과 무사안일의 태도를 취하게 된다는 것이다.

(3) 전자정부 실패에 대한 공무원의 책임에 대한 설문

전자정부 추진에 감사의 제 2종 오류의 문제가 나타나는지를 알아보기 위해서 전자정부 구축사업의 실패에 대하여 공무원들이 어느 정도의 책임을 부담해야 하는가를 다섯 가지 문항(①형사처벌 ②중징계 ③경징계 ④경고 ⑤조치 불필요)으로 조사하였다.

〈표 10-6〉 전자정부 실패에 대한 공무원의 책임

| | 평 균 | 표준편차 |
|---|---|---|
| 계획된 일정에 맞추어 구축할 수 없게 되었다. | 4.03 | 0.83 |
| 이전에 구입했던 소프트웨어보다 성능이 좋고 저렴한 소프트웨어가 출시되었다. | 4.62 | 0.62 |
| 해커가 침입하여 하루 동안 행정서비스를 제공할 수 없게 되었다. | 3.79 | 0.93 |
| 국민들에 대한 데이터의 일부가 누출되었다. | 2.70 | 1.00 |
| 입력된 데이터에 오류가 있어서 행정서비스에 차질이 생겼다. | 3.79 | 0.84 |
| 인터넷 속도가 늦어, 국민들이 접속하는데 어려움이 발생한다. | 4.47 | 0.74 |
| 인터넷상에 최신의 자료를 올려놓지 않아서 국민들의 이용이 저조하다. | 4.12 | 0.62 |
| 인터넷으로 신청한 민원에 대해서 신속하게 처리하지 못한다. | 4.03 | 0.64 |
| 많은 공무원들이 인터넷 또는 컴퓨터를 사용하는 데 익숙하지 않다. | 4.43 | 0.65 |
| 부처들 간에 사용하는 소프트웨어가 달라서 서류를 주고받는데 불편하다. | 4.46 | 0.75 |
| 부처들 간에 데이터 공유가 이루어지지 않아 전자정부의 구축에 차질이 생겼다. | 4.03 | 0.99 |
| 전자정부의 구축에도 불구하고, 국민들에게 요구하는 서류가 대폭적으로 감소되지 않았다. 행정서비스를 받기 위해 국민들은 여전히 많은 서류를 제출해야 한다. | 3.96 | 0.95 |
| 전자정부의 구축에도 불구하고, 행정서비스와 관련된 비용은 감소하지 않았다. | 4.16 | 0.97 |
| 전자정부의 구축에도 불구하고, 행정에 대한 국민들의 참여는 향상되지 못하였다. | 4.34 | 0.85 |
| 전자정부를 중앙집권적으로 추진하였기 때문에, 각 부처의 요구사항이 충분히 반영되어 있지 못하다. | 4.22 | 0.89 |

전자정부 구축사업의 실패에 대해서 공무원이 책임을 느끼는 정도가 약한 부문은 시대에 뒤떨어진 소프트웨어의 사용, 느린 인터넷 속도로 국민의 접속 어려움, 부처 간 소프트웨어가 달라서 초래되는 의사소통의 어려움, 공무원의 컴퓨터 사용 미숙 등이다. 공무원의 컴퓨터 사용 미숙을 제외한 세 부문은 모두 효과적이고 통합적인 서비스가 가능하도록 소프트웨어나 하드웨어를 변경할 필요성이 요청되는 업무추진을 회피함으로써 발생되는 실패들로, 이는 매몰비용(*sunk cost*)에 대한 책임을 회피함으로써 발생되는 것들이다. 이러한 실패에 대해 공무원이 느끼는 책임의 강도가 낮은 것은 결국 합법성 위주의 감사가 공무원들의 과잉순응과 무사안일의 행태를 가져오고, 이런 실패에 대한 책임추궁이 약함으로써 이러한 잘못된 행태를 지속시키는 감사의 제1종 오류와 제2종 오류가 함께 나타난 결과로 보인다.

이와 반대로 전자정부 구축 사업의 실패에 대해서 공무원이 느끼는 책임의 강도가 높은 부문은 개인정보 누출, 해커 침입, 입력된 데이터 오류 등으로 경고 이상의 책임을 느낀다고 답하였다. 이러한 부문들은 기존의 업무분담과 관련하여 책임을 물었던 부문들이다.

이와 함께 전자정부 실패에 대해서 공무원들이 느끼는 책임의 정도가 이중적임을 지적할 수 있다. 전자정부 일정에 차질을 빚는 것은 경고를 감수할 만큼의 책임(4.03)을 느끼지만 실제로 전자정부 일정에 차질을 초래하는 구체적인 내용들, 느린 인터넷 속도로 국민의 접속 어려움(4.47), 부처 간 소프트웨어가 달라서 초래되는 의사소통의 어려움(4.46), 공무원의 컴퓨터 사용 미숙(4.43)에 대해서는 아주 약한 책임을 느끼고 있다. 마찬가지로 부처 간 데이터 공유 실패는 경고를 감수할 만큼의 책임(4.03)을 느끼지만 부처 간 소프트웨어가 달라서 초래되는 의사소통의 어려움에 대해서는 약한 책임(4.46)을 느끼고 있다. 이러한 현상은 전자정부 추진의 방향에 대해서 원론적으로 이해하고 책임을 지고자 하지만 실제로 업무를 처리하는 부문들에서는 '전자정부 추진'이 제공하는 신호가 정착되지 못함으로써 발생한다 하겠다.

전자정부 실패에 대해서 공무원들이 느끼는 책임의 정도가 이중적이고, 기존에 책임을 담당한 부문들에는 상대적으로 강한 책임을 느끼지만 효과적이고 통합적인 서비스의 제공을 위해 필요한 업무추진의 실패에 대해서는 아주 약한 책임을 느끼고 있다. 이는 '전자정부의 추진'이라는 개혁과정에서 나타날 수 있는 신호 중복의 현상과 함께 신호 중복의 문제를 완화할 수 있는 감사제도가 제 기능을 하지 못하고 오히려 과잉순응과 무사안일을 초래하고 있음을 보여주는 것이다.

## 5. 결 론: 전자정부 추진의 딜레마 관리 방안

'제도와 개혁'의 모형을 통해서 행정개혁의 과정은 신호 중복 현상을 야기할 수밖에 없기에 성공적인 행정개혁을 위해서는 신호 중복의 관리 방안이 필요함을 지적하였다. 신호 중복 관리의 필요성은 행정개혁이 특정 법률과 절차의 개정을 넘어서 개혁의 방안이 (공식적이고 비공식적인 측면에서) 제도화될 수 있는 관리를 요청한다. 신호 중복을 관리하는 방법은 특정 신호를 제시하는 리더십의 활용과 특정 신호(개혁의 내용)를 강화하는 방안을 생각할 수 있다. 제도적인 측면에서 특정 신호를 강화하는 방안의 하나로서 환류를 가져오는 감사제도가 있다. 감사제도는 평가와 환류를 통해 개혁의 성공적인 추진에 기여할 수 있지만, 다른 한편으로 감사제도가 행정개혁의 내용과 다른 신호를 보내게 되면 오히려 개혁을 방해할 수도 있다.

'전자정부'가 감사제도에 의해서 성공적으로 추진되고 있는지 혹은 추진에 장애를 겪고 있는지를 알아보기 위해서 정보화를 담당하는 공무원들을 대상으로 면담과 설문조사를 실시하였다. 분석의 결과는 합법성을 위주로 하는 사후감사제도는 전자정부의 추진을 방해하는 부문이 있음을 보여주고 있다. 특히 매몰비용과 관련하여 책임을 추궁하는 감사제도에 대해 공무원들은 책임 회피적인 과잉순응과 무사안일의 행태를 취함으로써 효과적이고 통합적인 전자정부의 추진을 어렵게 할 수 있음이 나타났다.

효과적인 전자정부의 추진을 위해서는 이러한 감사제도의 문제에 대한 진지한 논의와 개편의 노력이 필요하다. 이와 관련하여 담당 공무원들은 감사인의 정보화에 대한 전문성을 높이고 성과감사로의 방향전환, 그리고 사후적 감사가 아니라 사전평가와 중간 점검 등 과정상의 환류기능 강화를 요청하고 있다. 합법성에 기초한 감사로 전혀 딜레마를 느끼지 않는 감사인들이 행정개혁의 과정에 신호 중복 현상으로 갈등을 겪고 있는 공무원들에게 잘못된 신호를 주고 있음에 반해서, 감사인들이 합법성 감사와 성과감사라는 두 방향의 감사기준 사이에서 딜레마를 느끼며 진지하게 고민하는 노력이 행정개혁의 과정에서 갈등하고 있는 공무원들에게 성공적인 개혁을 가능하게 하는 힘을 실어줄 수 있을 것이다.

**[주]**

1) 이 글은 〈전자정부 추진에 있어서 장애요인의 극복방안: 정책딜레마 관점을 중심으로〉(전자정부특별위원회, 2001)에 수록된 것을 수정한 것이다.

2) 중점 추진과제는 단일창구를 통한 민원업무 혁신, 4대 사회보험 정보시스템 연계구축, 정부 통합전자조달 시스템 구축, 인터넷을 통한 종합국세서비스 제공, 국가 재정정보시스템 구축, 시·군·구 행정 종합 정보화, 전국단위의 교육행정 정보시스템 구축, 표준인사관리시스템 구축, 전자결재 및 전자문서유통 정착, 전자서면·전자관인시스템 구축, 범정부적 통합전산환경의 단계적 구축 등 11개이다.

# 11 정책 딜레마의 사회적 구성[1)]

## 프레임 분석을 중심으로

서준경

딜레마 연구는 기존의 정책이론이나 조직이론에서 다루지 못한 새로운 설명을 시도해 왔다. 그러나 기존의 딜레마 연구에서는 "딜레마 상황"이라는 객관적인 상황을 가정하고 그 결과로서 대응행동만을 지나치게 강조함으로써 정책과 조직현상을 설명하는 데 개념 위주의 단선적이고 연역적 논리에 너무 치우쳐 딜레마가 왜 발생하고, 어떻게 형성되는지에 대해서 일관된 설명을 제시하지 못한다는 문제가 있었다. 따라서 이 연구에서는 사회적 구성주의의 관점이 딜레마 연구에 어떻게 적용될 수 있는지에 초점을 두고, 특정 행위자가 어떻게 의도된 방향으로 딜레마 상황을 사회적으로 구성하고, 강화하였는가를 조명해 보고자 하였다. 특히, 딜레마가 사회적으로 구성되는 과정과 맥락을 빈틈없이 기술하기 위해서 미디어연구에서 활발하게 활용되고 있는 사회운동론적 관점(*social mobilization perspective*)에서의 프레임 분석(*frame analysis*)을 딜레마 연구에 접목하였다. 이를 통해 이 연구에서는 인터넷 실명제 도입과정에서 특정 행위자가 어떻게 딜레마를 사회적으로 구성해내고 이를 통해 정부를 딜레마 상황으로 몰고 갔는지를 조명해 보고자 하였다. 그리고 기존의 딜레마 연구가 결여하고 있는 딜레마 형성에 대한 논의를 보완해 보고자 하였다.

# 1. 서론

## 1) 문제제기

지금까지 딜레마 연구는 딜레마를 "주어진 선택상황에서 대안들이 초래할 결과가치가 엇비슷하기 때문에 선택이 곤란한 상황"으로 정의함으로써 기존의 정책이론이나 조직이론에서 다루지 못한 새로운 설명을 시도해 왔다(윤견수, 2001). 무엇보다도 정보가 불완전하기 때문에 선택이 곤란하다는 기존의 논의와는 달리 대안의 선택이 초래할 기회손실이 크기 때문에 선택이 곤란하다는 것을 강조하고 이에 대한 장·단기적 및 소극적·적극적(또는 예방적) 대응행동을 밝힘으로써(이종범 외, 1991 ; 윤견수, 2001; 김동환, 2002 ; 이종범, 2005), 비교 불가능한 대안이나 가치들 간의 피할 수 없는 선택상황에서 이루어지는 실제 정책결정에 중요한 시사점을 제공해 주어 왔다.[2)]

그러나 한편으로 기존의 딜레마 연구는 정책의 비일관성, 결정지연, 형식주의 및 정책실패 등의 존재를 먼저 인식하고 이러한 현상이 나타나는 원인으로서 딜레마의 존재를 파악함으로써 딜레마와 대응행동 사이의 관계를 파악하는 데 주된 관심을 가졌다는 한계를 가지고 있다(이종범 외, 1991: 13). 즉, 딜레마라는 개념과 발생조건을 통해 "딜레마 상황"이라는 객관적인 상황을 가정하고 그 결과로서 대응행동만을 지나치게 강조함으로써 정책과 조직현상을 설명하는 데 개념 위주의 단선적이고 연역적 논리에 너무 치우쳐 딜레마가 왜 발생하고, 어떻게 형성되는지에 대해서 일관된 설명을 제시하지 못한다는 문제가 있었다(김동환, 2002). 이는 딜레마 연구의 대부분이 결정단위 전체의 입장에서 딜레마 또는 객관적인 딜레마 상황을 파악하려는 전체적 접근방법을 통해 논의를 진행해 왔다는 점에서 명백해 진다.

여기서 흥미로운 점은 이러한 전체적 접근방법을 채택한 연구들조차

암묵적으로는 "객관적인 딜레마 상황이 존재하는데 그것이 정책결정자에 의해 주관적으로 설정된다"는 것을 전제로 논의를 진행해 왔다는 것이다(이종범 외, 2000: 11). 이는 역설적으로 이러한 암묵적 전제가 다른 한편으로는 딜레마가 객관적으로 존재하는 것이 아니라 오히려 선택상황에 관련된 행위자들의 인지와 해석을 통해 사회적으로 구성되는 사회적 구성물(*social construct*)임을 내포한다(이종범 외, 1991; 윤견수, 1993; 윤견수, 2006).

이러한 관점에서 기존 연구에서도 딜레마의 존재를 인정하고 그에 대한 대응행동으로서 주관적인 판단을 고려하는 개체적 접근방법을 채택하고 있는 연구가 없는 것은 아니지만, 딜레마의 주관적 인식이나 설정을 딜레마에 대한 대응 중의 하나로 취급하고 있다는 한계를 가지고 있다(이종범 외, 1991). 다른 한편으로는 딜레마의 전략적 활용 즉, 적절한 판단기준이나 새로운 판단의 차원 또는 제 3의 범주 등을 도입함으로써 모든 상황을 딜레마 상황으로 만들어 낼 수 있고 이를 전략적으로 활용할 수 있다는 논의도 있지만 딜레마가 왜 발생하고 어떻게 만들어지는가에 대한 설명은 거의 없었다 해도 과언이 아니다(소영진, 1999; 안문석, 2000).

이러한 사실은 그 동안 딜레마 연구에서 다루어지지 않은 사회적 구성주의(*social constructivism*)의 관점에서 딜레마를 해석하려는 시도가 딜레마 연구에서 매우 중요하고 의미있는 접근방법이 될 수 있다는 것을 시사한다(이종범 외, 1991: 19, 윤견수, 2001). 사회적 구성주의에서는 객관적인 현실이라는 것은 상호주관적인 개인의 해석을 통해 만들어진 것에 불과하다고 가정한다(Berger and Luckman, 1967; 윤견수, 2002; 하민철·윤견수, 2004; 김명환, 2005). 따라서 딜레마도 객관적으로 존재하는 것이 아니라 행위자의 인식과 해석에 따라 의미가 부여되고 상호주관적으로 만들어지는 것에 불과하다고 본다. 이러한 관점을 딜레마 연구에 도입하면 기존의 딜레마 연구에서 미처 다루지 못했던,

딜레마가 어떻게 만들어지는가를 살펴 볼 수 있게 된다. 즉, 딜레마가 형성되고 해체되는 과정 또는 딜레마의 내용이 변질되거나 다른 내용으로 전환되는 동적인 과정을 풍성하게 설명해 낼 수 있게 되고(이종범 외, 2000: 311), 만들어진 딜레마에 반응하는 과정과 그 규칙을 연구할 수 있게 된다(이종범 외, 1991: 19). 이처럼 딜레마 연구에서 사회적 구성주의 관점은 구체적인 맥락을 중심으로 정책 딜레마가 형성되는 과정을 살펴봄으로써, 특정 행위자가 의도적으로 딜레마 상황을 구성하여 상대방을 딜레마 상황에 빠뜨리는지를 설명할 수 있는 중요한 해석적 준거틀을 제공한다. 그리고 이를 통해 일반적으로 딜레마를 기피 또는 해결의 대상으로 생각하는 정책결정자들이 딜레마가 사회적으로 구성되는 과정에 대한 이해와 학습을 통해 앞으로의 딜레마를 예방하기 위한 제도적 장치를 설계하는 데 도움이 될 수 있을 것으로 기대한다.

따라서 이 연구에서는 사회적 구성주의의 관점이 딜레마 연구에 어떻게 적용될 수 있는지에 초점을 두고, 특정 행위자가 어떻게 의도된 방향으로 딜레마 상황을 사회적으로 구성해내고 이를 통해 정부를 딜레마 상황으로 몰고 갔는지를 조명해 보고자 하였다. 그리고 이를 통해 기존의 딜레마 연구가 결여하고 있는 딜레마 형성에 대한 논의를 보완해 줄 수 있을 것으로 기대한다.

### 2) 연구대상 및 연구방법

이를 위해 이 연구에서는 정부의 인터넷 실명제 도입사례를 연구의 대상으로 선정하였다. 이는 인터넷 실명제 도입사례가 전 세계적으로 우리나라에서만 발생한 매우 희소하고 일탈적인 사례로서의 가치를 가지고 있을 뿐만 아니라 기존 연구에서 제시하고 있는 딜레마의 개념과 구성요건을 충족하고 있기 때문이다.[3]

연구방법으로는 문헌조사와 사례연구 방법을 채택하였다. 이는 이 연구에서 채택한 사회적 구성주의 관점이 일반화를 토대로 법칙을 수립하기보다는 개별적 사례를 충실하게 기술하는 방법론을 주로 채택하고 있기 때문이며(Burrel and Morgan, 1982 ; 윤견수, 2005: 5), 또한 이 연구의 목적이 정책문제에 대한 사회적 행위자들의 인식과 이에 기반한 담론의 내용과 그 변화에 주된 관심을 두기 때문이다. 특히, 사례를 심층적으로 기술하기 위해 원래의 텍스트(*original text*)를 수집하여 사례를 구성하고 부족한 내용을 보완하기 위해서 비표준화된 면접을 활용하였다.[4)]

또한 인터넷 실명제 도입사례에서 딜레마가 사회적으로 구성되는 과정과 맥락을 빈틈없이(*thickly*) 기술하기 위해서 미디어연구에서 활발하게 활용되고 있는 사회운동론적 관점(*social mobilization perspective*)에서의 프레임분석(*frame analysis*)을 딜레마 연구에 접목하였다.[5)]

## 2. 정책 딜레마, 사회적 구성주의 그리고 프레임 분석

### 1) 정책 딜레마와 보호된 가치(*protected value*)

정책 딜레마에 대한 기존 연구들의 접근방법은 크게 두 가지로 방식으로 구분될 수 있다. 첫 번째는 전체적 접근방법과 개체적 접근방법으로 구분하는 것이다(이종범 외, 1991: 13~18). 딜레마 연구 초기에는 전체적 접근방법을 주로 채택함으로써 정책의 비일관성, 결정지연, 형식주의적 집행, 정책실패 등의 존재를 먼저 인식하고 이러한 현상이 나타나는 원인으로서 객관적인 딜레마의 존재를 파악하여 딜레마와 대응행동 간의 관계를 파악하는 데 관심을 가졌다.

그러나 딜레마 연구가 계속되면서 딜레마의 존재를 인정하고 그에 대한 대응으로서 주관적인 판단과 설정을 고려하는 개체적 접근방법을 채택하는 연구가 점차 많아 졌다. 이러한 연구들은 주어진 딜레마를 주관적으로 딜레마로 인식하지 않는 '무시된 딜레마'(*neglected dilemma*), 딜레마가 아닌 상황을 딜레마로 인식하는 '유사 딜레마'(*pseudo-dilemma*) 등에 초점을 두고 딜레마의 주관적 인식이나 설정을 딜레마에 대한 대응 중의 하나로 취급하였다.[6] 다른 한편으로는 딜레마의 전략적 활용 즉, 적절한 판단기준이나 새로운 판단의 차원 또는 제3의 범주 등을 도입함으로써 딜레마를 창출하고 이를 전가함으로써 딜레마를 전략적으로 활용할 수 있는가에 관심을 가지게 되었다(소영진, 1999; 안문석, 2000).

두 번째는 딜레마 연구에 대한 최근의 경향으로 딜레마를 공리주의적 관점과 보호된 가치(*protected value*)의 관점으로 구분하여 접근하는 관점이다(김동환, 2002: 27~31). 공리주의적 관점은 딜레마를 정책의 결과의 관점에서 이해함으로써 "두 정책 대안(가치)이 가져오는 기회손실이 유사하기 때문에 대안의 선택이 어려워지며, 그 결과 정책 딜레마가 발생한다"고 강조한다. 또한, 정책결정자들이 두 대안의 기회손실을 상호 비교한다는 점에서 정책결정자에 대한 합리적인 관점을 내포한다고도 볼 수 있다.

이와는 달리 최근의 연구에서는 딜레마에 대한 상이한 관점이 제기되고 있다.[7] 이는 도덕적 판단에 대한 최근의 연구 중에서 Baron 등이 제시한 '보호된 가치'(*protected value*)의 관점이다. 여기서 보호된 가치는 "다른 가치와의 교환으로부터 보호된 가치"(*protected against being traded off for other values*)를 의미한다(Baron and Spranca, 1997; Baron, 1999; 김동환, 2002; 양정호, 2007). 그들은 보호된 가치를 특징으로 하는 정책 즉, 규범화된 가치를 내포한 정책 또는 금기시되는 정책들은 어떠한 결과를 얼마만큼 가져오는가에 관계없이 도덕적으로 옹호되거나 배척된다는 것을 여러 차례에 걸친 실험을 통해 증명하였고 이를 통해 보호된 가치가 정부의 정책에 심각한 문제를 초래할 수 있다는 것을 밝혔다(Baron and Spranca, 1997; Ritov and Baron, 1999; 김동환, 2001: 29).

특히, Baron(1999)은 보호된 가치의 속성으로 교환에의 거부감, 양적 둔감성, 행위자 의존성, 도덕적 의무, 분노 등을 들면서 이러한 속성들이 정책에 어떠한 문제를 초래하는가에 관심을 가졌다. 그는 '교환에의 거부감'이란 보호된 가치로 여겨지는 것은 비교가 불가능하다고 생각하며 비교하는 행위 자체가 보호된 가치를 파괴하는 것이라 여기는 것, '양적 둔감성'(*quantity insensitivity*)은 정책 결과의 크기와 보호된 가치가 무관하다는 것, '행위자 의존성'(*agent relativity*)이란 보호된 가치는 결과가 아니라 행위에 적용되는 개념이기 때문에 행위자를 전제로 한다는 것, '도덕적 의무'(*moral obligation*)는 보호된 가치가 관습이나 선호와는 다르다는 것,[8] 분노(*anger*)는 보호된 가치를 위반하는 생각만 하더라도 화가 난다는 것을 의미하며, 정책결정에 있어서 갈등하는 가치가 이러한 속성을 가진 보호된 가치일 경우 부분적인 양보나 타협, 합리적인 토론에 의한 문제해결이 매우 어렵다고 하였다(김동환, 2002; 양정호, 2007).[9]

이러한 보호된 가치의 관점에서 정책 딜레마는 정책의 결과가 아니라 정책 상황의 특성에 초점을 두고 "두 개의 가치들이 상호 비교될 수 없기 때문에 선택이 곤란한 상황"으로 정의된다(김동환, 2002). 여기서 비교될 수 없다는 말은 첫째, 기술적인 측면에서 상호 비교하기 어려울 수 있다는 것 둘째, 한 사람의 생명이 얼마의 화폐로 환산될 수 있는가를 알 수 없는 경우를 의미한다. 이는 두 개의 가치를 상호 비교하는 것 자체가 사회적으로 허용되지 않는다는 것을 의미한다.[10] 그리고 정책이 이처럼 보호된 가치들 간의 충돌을 토대로 할 때, 다른 어떤 딜레마보다 강도가 크다는 것을 강조한다(김동환, 2002). 또한 결과에 대한 비교를 허용하지 않는다는 점에서 보호된 가치는 상대적인 공리주의적 관점이 아니라 절대적 관점을 취하고 있으며, 상이한 정책가치에 대한 판단에 관심을 둠으로써 개체적인 접근방법을 활용한 딜레마 연구나 사회적 구성주의의 관점과 관련을 맺고 있다고 볼 수 있다.

이러한 관점은 정책 딜레마를 보다 체계적으로 이해할 수 있는 해석적 준거틀을 제공해 준다(김동환, 2002). 즉, 보호된 가치라는 개념을 통하여 가치들 간의 비교불가능성이 왜 발생하는지를 이해할 수 있을 뿐만 아니라 정책 딜레마를 구성하는 정책 가치(대안)의 속성을 이해할 수도 있게 해준다는 유용성이 있다.

이처럼 최근의 연구에서는 딜레마에 대한 상이한 접근방법들이 등장하고 있다. 그러나 이러한 상이한 접근방법들은 각자의 관점에 따라 상이한 현상을 설명하고자 할 뿐 어느 하나는 옳고 어느 하나는 틀렸다고 보기는 어렵다. 결국 딜레마 연구에서 어떤 접근방법을 채택할 것인가는 연구자가 어떠한 정책을 연구대상으로 선정하는가에 달려 있다(김동환, 2002). 이러한 맥락에서 이 연구에서는 기존의 딜레마 연구와는 달리 인터넷실명제 도입사례를 보호된 가치 및 이에 근거한 비교불가능성에 초점을 두어 접근하고자 하였다.

### 2) 사회적 구성주의와 프레임 분석

이 연구에서는 기존의 딜레마 연구가 결여하고 있는 딜레마 형성에 대한 논의를 보완하기 위해 즉, 특정 행위자가 딜레마를 구성하는 현실적 조건으로서 보호된 가치를 어떻게 구성해나가는가를 밝히기 위해서 사회적 구성주의(*social constructivism*)의 관점을 채택하였다.

사회적 구성주의는 연구자에 따라 다양한 방식으로 사용되어 왔고, 이론적 입장도 개별적인 관심에 따라 큰 편차를 보여주고 있다(양승목, 1997: 8). 그러나 이러한 다양성에도 불구하고 사회적 구성주의는 대체로 "객관적인 현실이라는 것은 상호주관적인 개인의 해석을 통해 만들어진 것에 불과하다"는 기본가정을 공유하고 있다는 것에는 이견이 없다(Berger and Luckman, 1967; 김선혁, 2004; 안혁근·김명환, 2006). 즉, 사회적 구성주의는 사람들이 대화와 상호작용을 통해 현실을 만들어 낸다고 가정한다(배귀희·차재권·홍희정, 2005). 따라서 사회적 구성주의는 다양한 행위자들이 정책과정에 가지고 오는 의미들, 정책을 정당화하기 위해 사용된 언어와 상징에 대한 연구에 초점을 맞추고 있다. 여기서 언어와 상징은 단순히 현실을 반영하는 수단이 아니라 현실을 구성하기 위해 사용하는 인식의 도구이다(윤견수, 2005).

이러한 관점을 딜레마 연구에 적용하면 딜레마 상황도 객관적으로 존재하는 것이 아니라 행위자들의 인식과 해석에 따라 의미가 부여되고 상호주관적 또는 사회적으로 구성되는 것에 불과하며, 딜레마 연구의 주된 관심도 딜레마가 사회적으로 구성되는 과정에서 사용된 언어와 상징이 될 수밖에 없다.

그렇다면 행위자들이 딜레마가 사회적으로 구성되는 과정과 그 과정에서 사용된 언어와 상징을 어떻게 심층적으로 해석해 낼 수 있을 것인가? 이를 위해서 이 연구에서는 미디어 연구에서 활발하게 연구되고 있는 사회운동론적 관점(*social mobilization perspective*)에서의 프레임분석(*frame analysis*)을 딜레마 연구에 접목하였다.[11)]

이는 '프레임'(*frame*)이 "개인들이 자신들의 삶의 공간과 세계에서 일어나는 일들을 배치하고, 지각하고, 구별하며, 이름붙이는 것을 가능하게 해주는 해석의 틀(*schemata of interpretation*)"을 의미하고(Goffman, 1974: 21; 임희섭, 2004), 사회적 구성주의의 관점에 입하여 현실을 정의하고 해석하는 대표적인 방식으로(양승목, 1997; Scheufele, 1999),[12)] 행위의 의미를 그 행위가 일어나는 맥락 속에서 행위자의 의도와 함께 심층적으로 기술하는 것(*thick description*)을 가능하게 해주기 때문이다.

특히, 사회운동론적 관점에서의 프레임분석은 사회적 구성주의 관점에서 사회운동을 설명하는 방법으로 "개인이나 조직에 의해서 의도적 혹은 전략적으로 구성되는 프레임을 강조함으로써 프레임(*frame*)과 프레임 규정(*framing*)을 통해서 사회운동조직의 사회적 영향력을 증대시키는데 관심"을 가지고 있어 행위자들이 딜레마를 사회적으로 구성해 내는 과정을 기술하는 데 보다 적합하다고 보았다(이준웅, 2000: 100~

104; 정정화, 2007: 182).[13]

이러한 사회운동론적 관점에서의 프레임 분석은 분석수준을 개인에 두고 이들의 개별적인 인지구조가 행태와 어떻게 연결되는가에 관심을 두는 미시적 접근방법이라기보다는 분석수준을 집단에 두고 집단구성원의 인지구조의 공유된 속성을 강조하는 거시적인 접근방법으로 '집합행동 프레임'(*collective action frame*)의 분석에 초점을 두고 있다. 그 대표적인 예로 Snow and Benford(2000)는 다양한 사회운동조직들이 현실을 인식하고 해석하는 의미체계를 집합행동 프레임으로 설명한다. 사회운동조직들은 활동과정에서 단체의 이념과 목표에 부합하는 집합행동 프레임을 구성하게 되는데, 이런 집합행동 프레임은 특정 사건이나 상황, 그리고 개인이나 집단의 경험과 행동의 특정요소를 강조 또는 생략하거나 무시함으로써 현실에 대한 일정한 방향의 해석을 유도하는 역할을 수행한다는 것이다(이준웅, 2000; 정정화, 2007: 182~185). 그들은 사회운동이 성공하기 위한 프레임 규정(*framing*) 메커니즘으로 "프레임 정렬"(*frame alignment*)이라는 개념을 주로 사용한다. 여기서 프레임 정렬이란 "개인들의 이해, 가치, 신념 등이 사회운동조직의 활동, 목표, 이념 등과 일치하고 상호보완적이 될 수 있도록 개인들의 해석적 정향과 사회운동조직의 해석적 정향을 연결하는 과정"을 의미한다(Snow et al., 1986: 281; 임희섭, 2004: 352~402). 나아가 Snow and Benford (2000) 는 평화운동, 종교운동, 인권운동 등에 대한 관찰결과를 바탕으로 프레임 정렬을 '프레임 연결'(*frame bridging*), '프레임 증폭'(*frame amplification*), '프레임 확장'(*frame extension*), '프레임 변환'(*frame transformation*) 등 네 가지 유형으로 구분하였다. 그리고 프레임 정렬이 성공적이기 위해서는 조직의 집합행동 프레임이 일반인들의 사회문화적 삶과 공명(*resonance*)해야 한다고 강조하였다(이준웅, 2000; 정창화, 2007; 강민아・장지호, . 2007).[14] 이를 구체적으로 살펴보면 다음 〈표 11-1〉과 같다.

그러나 이러한 사회운동론적 관점에서의 프레임 분석은 방법론적으로 프레임을 사회운동의 과정에서 경험적으로 확인하는 방식을 채택하고 있어 설명적·분석적으로 사용된다기보다는 주로 서술적인 개념으로 사용하고 있어 프레임과 프레임 규정이 가능한 조건과 발생기제 등에 대한 이론적 논의가 미흡하다는 한계를 가지고 있다(이준웅, 2000).

이상의 논의를 토대로 이 연구에서는 사회적 구성주의와 프레임 분석을 통해 특정 행위자가 프레임 정렬을 통해서 어떻게 딜레마 상황을 구성하는 현실적 조건을 사회적으로 구성해 나가는지를 조명해 보고자 한다.

〈표 11-1〉 프레임정렬의 유형

| | |
|---|---|
| 프레임연결<br>frame bridging | 이념적으로는 일치하지만 구조적으로는 연관되어 있지 않은 둘 또는 그 이상의 프레임들을 특정한 쟁점이나 문제와 관련해서 연결하는 과정[15] |
| 프레임증폭<br>*frame amplification* | 특정한 이슈나 문제 혹은 일련의 사건들에 관련된 해석적 프레임을 명료화 또는 활성화하는 활동[16] |
| 프레임확장<br>*frame extension* | 사회운동조직이 본래 지니고 있는 일차적인 프레임(*primary framework*)의 경계를 확장함으로써 잠재적인 지지자들에 대한 호소력을 증대시키려고 시도하는 활동[17] |
| 프레임변환<br>*frame transformation* | 사회운동조직이 잠재적 동원의 대상이 지니고 있는 기존의 프레임을 변환(*transform*) 혹은 재규정(*reframe*)하려고 시도하는 것[18] |

자료: Snow et al., 1986; 임희섭, 2004에서 재정리

## 3. 정책 딜레마의 사회적 구성

### 1) 사례의 개요

사실 '인터넷 실명제'는 예전부터 여러 차례 제기되었던 문제이기에 그리 새삼스러운 사안은 아니다(한상희, 2003). 익명성을 악용한 갖가지 욕설과 명예훼손, 유언비어 등이 게시판에 난무하고 그 과정에서 각종 사건과 사고가 잇달아 터져 나오고 있는 것이 지금 인터넷 공간의 엄연한 현실이다. 그리고 이러한 익명성으로부터 비롯된 폐해와 부작용을 치유하기 위한 대책으로 제기된 것이 다름 아닌 인터넷 실명제이다. 즉 인터넷 이용을 실명으로 한다면 이용자의 책임의식이 강화될 수밖에 없고, 따라서 건전한 인터넷 문화가 촉진될 것이라는 논리이다.

이러한 맥락에서 '인터넷 실명제'는 사이버공간에서의 활동 주체인 '네티즌'의 동일성(*identity*) 즉 그 '신원'(ID 또는 사용자계정) 확인을 법으로 제도화 하겠다는 것을 의미한다. 즉, 사이버공간에서의 활동 주체의 익명성 인정 여부를 각 사이트의 임의적 자율에 맡기지 않고 이를 법으로 강제하겠다는 것이 인터넷 실명제라 할 수 있다(강경근, 2005).

문제는 사이버 폭력의 방지를 위해 실명제가 필요하다는 정통부의 입장과 그로부터 발생할 개인정보 유출 및 표현의 자유 침해 등 또 다른 부작용을 염두에 둔 시민단체의 반대 논리가 동시에 설득력을 얻고 있다는 데 있다.[19] 이러한 상황은 인터넷 실명제 도입사례가 진퇴양난의 정책 딜레마 상황에 놓여있다는 것을 의미한다.

즉, 인터넷 실명제에는 상충되는 가치와 이해관계를 가진 복수의 집단이 존재하고, 그들의 요구가 서로 팽팽히 맞서고 있으며 그들이 주장하는 가치가 서로 갈등적이라는 점에서 딜레마이론이 규정하고 있는 딜레마 상황을 구성하는 기본적인 조건을 갖추고 있다.[20] 첫째, 인터넷 실명제 논의는 표현의 자유나 언론의 자유 차원에서 자유롭게 보장할 것인가 아니면 사회적 역효과를 줄이기 위해 강력하게 규제해야 할 것인가에 대한 판단이 곤란하다는 점에서 두 개 가치 간의 갈등이나 딜레마로 표현될 수 있다. 둘째, 인터넷 실명제 논의는 표현의 자유나 언론의 자유를 주장하는 대형 포털사이트, 언론, 시민단체 등으로 대표되는 반대론자들과 인터넷의 역기능과 폐해를 줄이기 위해 정부가 개입해야 한다고 주장하는 정보통신부, 정당 등으로 대표되는 찬성론자들이 서로 팽팽히 맞서 갈등을 초래하고 있다. 그 결과 정보통신부는 인터넷 실명제의 도입 발표와 철회를 반복하는 등 비일관적 대응 양상을 나타냈고 제도의 도입이 법적으로 결정된 이후에도 지속적으로 사회적 논란을 불러일으키고 있다.[21]

### 2) 프레임 분쟁(*frame dispute*)과 정책 딜레마

정부와 시민단체로 대표되는 찬성론자들과 반대론자들은 인터넷 실명제라는 정책을 해석하는 데 각각 상이한 관점과 접근방법을 채택하고 있다. 그렇다면 인터넷 실명제 도입사례에서 등장하는 각각의 행위자들은 어떠한 '집합행동 프레임'(*collective action frame*)을 가지고 인터넷 실명제를 해석하고 있으며 어떠한 행동을 취하고 있을까?

프레임의 분석수준을 개별 집단에 두고 집단 구성원들의 공유된 속성을 거시적인 관점에서 살펴보면 찬성론자와 반대론자들의 '집합행동 프레임'(*collective action frame*) 즉, 문제에 대한 진단(원인 진단과 책임 귀속)과 처방(문제해결 방법과 전략)이 매우 상이하고 서로 문제에 대한 정의를 자신들에게 유리한 방향으로 규정(*framing*)하고 있다는 것을 확인해 볼 수 있다.[22] 그들은 동일한 사건에 대해 다른 정보원을 인용하고, 다른 용어를 사용하면서 다른 관점에서 해석함으로써 행위자들 간의 '프레임 분쟁'(*frame dispute*)을 일으켰다(임희섭, 1999: 400~403).

따라서 이 연구에서는 인터넷 실명제라는 정책문제에 대한 상호주관

〈그림 11-1〉 프레임 분쟁(*frame dispute*)과 정책 딜레마

| 프레임 A | | 대항프레임 B |
|---|---|---|
| 가치 x<br>대안 a<br>행위자 p | ↔ | 가치 y<br>대안 b<br>행위자 q |

A: 공리주의 x: 질서유지 a: 인터넷실명제 p: 정보통신부, 선관위, 정당

B: 보호된 가치 y: 표현의 자유 b: 인터넷실명제 반대 q: 시민단체, 인터넷언론 및 기업

주: 이 프레임은 2007년 가을 고려대 행정학과 대학원의 〈공공관리특강II: 정책과 딜레마〉에서 윤견수·하민철에 의해 제시되었고, 이를 근거로 서준경이 실제 사례에 적용하여 〈한국정책학회보〉에 발표한 것임

적 의미를 놓고 충돌하는 정책행위자들에 의해 이러한 문제들이 어떻게 정의되고 규정되는가, 구체적으로 인터넷 실명제 도입과정에서 어떠한 프레임들이 제기되었으며 이들 간의 분쟁(*dispute*)이 정부를 어떻게 딜레마 상황으로 몰아갔는가를 살펴보았다.

이를 위해 이 연구에서는 편의상 찬성론자들의 집합행동 프레임을 질서유지라는 "공리주의"로 반대론자들의 대항 프레임(*counter frame*)을 표현의 자유라는 "보호된 가치"로 단순화하여 명명하고 논의를 진행하였다.[23)]

### (1) 찬성론자들의 프레임: "공리주의"(utilitarianism)

인터넷 실명제 도입을 찬성하는 주요 정책행위자는 크게 정보통신부와 선거관리위원회, 정당으로 대변될 수 있다. 특히, 정보통신부는 정책결정자로서의 중립적인 입장과 더불어 정책행위자로서의 이중적인 입장을 가지고 있다. 그렇다면 찬성론자들 대변하는 정보통신부는 어떤 프레임을 가지고 인터넷 실명제를 정의하고 또 해석하고 있는가?

정부는 계층제적 권위와 권한을 조직원리로 하여 공익실현을 목적으로 하고 있다(홍성만, 2002: 49). 이러한 맥락에서 정보통신부는 인터넷

실명제 도입의 정당성을 질서유지, 바꾸어 말하면 정책의 유용성(또는 효용)이라는 공리주의적 관점에서 정의하고 있다. 즉, 정보통신부는 인터넷 실명제에 대해서 ① 사이버 폭력이 심각하다 ② 사이버 폭력은 인터넷의 '익명성'에 기반하고 있다 ③ 따라서 인터넷 실명제를 도입해야 한다는 공리주의적 프레임을 가지고 접근하고 있었다.

이러한 공리주의적 프레임은 2003년 정보통신부가 대통령 업무보고에서 "사이버 상의 인권침해 문제를 해결하기 위해 '인터넷게시판 실명제'를 단계적으로 실시할 계획"을 공표한 데서 잘 나타난다. 뿐만 아니라 정보통신부의 각종 공식문서에서도 반복적으로 나타나고 있다.

> 사이버 폭력의 방지를 위해서는 관련법이나 제도 등을 전면적으로 재검토하여 필요시 법령 제·개정을 통한 사이버 폭력방지 방안을 강구하고, 제한적인 인터넷실명제 도입에 있어서는 사회 각계의 의견을 폭넓게 수렴하여 바람직한 정책대안을 조속히 마련해야 할 것임. 이와 관련하여 국민들께서 우리 정책의 필요성에 공감할 수 있도록 홍보에도 각별히 신경써주기 바람(자료: 정보통신부 장관 월례조례 훈시, 2003. 10.).

이후 정보통신부는 시민단체 등의 반대에 대한 대응으로 인터넷 실명제에 대한 정보통신부의 입장을 반복해서 명확하게 밝힘으로써 정보통신부의 프레임을 증폭(*amplification*)시키고, 잠재적인 지지자들을 획득하기 위해서 노력하였다. 그리고 이 과정에서 인터넷 실명제에 대한 정의와 정보를 자신들에게 유리한 방향으로 규정(*framing*)하고자 노력하였다. 이러한 사실은 정보통신부가 2003년 4월 시민단체의 반대에 직면한 이후 발표한 성명서 '인터넷실명제에 대한 기본입장' 등의 공식문서에서 지속·반복적으로 나타나고 있다.

> 우리부가 이러한 정책을 검토하고 있는 이유는 무엇보다 현재 인터넷 게시판의 익명성을 악용한 사이버 인권침해, 거짓 여론 형성 등으로 인

한 개인들의 피해 및 사회적 비용이 확대되고 있어 문제가 심각하다고 판단했기 때문입니다. 실제로 정보통신윤리위원회에 신고 된 사이버 인권침해 건수가 2001년 196건에서 2002년 3,616건으로 약 18배 증가하여 익명성의 폐해는 이미 사이버 공간의 건강자체를 위협하여 일반 국민의 불편을 야기하고 있습니다.

우리부는 게시판 실명제가 이러한 익명성의 부작용을 예방하는 효과를 가지고 있다고 생각합니다. 실제로 2002. 8월부터 우리부 게시판에 실명제를 적용한 결과 명예훼손, 광고 등이 대폭 감소(69%→2.1%) 되었으며 게시판 이용자도 실명제 시행 전보다 1.3배 이상 증가함으로써, 정보통신 정책관련 토론과 정보교환의 장이라는 게시판 본연의 역할이 되살아났다고 생각합니다(자료: 2003년 4월 정보통신부 '인터넷 실명제에 대한 기본입장').

뿐만 아니라 이후 정보통신부는 시민단체들의 반대를 완화하기 위해서 "인터넷 실명제"라는 용어 대신 "실명확인 우대제", "제한적 인터넷 실명제" 등으로 명칭을 계속해서 변경하고 정책의 수준과 내용을 완화하는 한편, "시민단체들이 표현의 자유만을 일방적으로 주장하면서 인터넷상의 각종 욕설이나 명예훼손, 유언비어로 인한 시민들의 피해는 외면한다"고 비판하면서 인터넷 실명제 도입의 정당성을 지속적으로 강조하였다.

(2) 반대론자들의 프레임: 대항 프레임으로서의 "보호된 가치"(*protected value*)

인터넷 실명제 도입을 반대하는 주요 정책행위자는 크게 시민단체, 인터넷언론, 인터넷기업 등이 있다. 특히 이러한 반대론자의 중심에는 시민단체가 있다. 그렇다면 반대론자를 대변하는 시민단체는 어떤 프레임을 가지고 인터넷 실명제를 정의하고 해석하는가?

시민단체의 조직원리나 추구하는 목적을 보면 시민단체는 자발적 결사를 조직원리로 하고 있으며 추구하는 목적은 기본적으로 각각의 시민단체들이 추구하는 가치의 실현에 있다. 이와 같은 점에서 시민단체들은 여타의 조직에 비해서 이념적 결사 성향을 크게 가지고 있다(홍성만, 2002: 49~50). 이러한 맥락에서 시민단체들은 인터넷 실명제를 "표현의 자유"라는 보호된 가치(*protected value*)의 관점에서 정의하고 있다. 그들은 인터넷 실명제 도입으로 인해 침해되는 표현의 자유는 그 어떤 정책의 유용성이나 결과와도 비교되거나 교환될 수 없는 보호된 가치로서의 절대성을 가지고 있다는 것을 강조한다.

즉, 시민단체들은 사이버공간에서의 역기능이 많은 문제점을 발생시키고 있는 것은 사실이지만 이런 문제를 핑계로 삼아서 단순히 인터넷 실명제라는 규제를 통해서 민주주의의 주요 가치이자 기본권인 표현의 자유까지 억압하려고 해서는 안 된다는 것을 강조한다. 그들은 인터넷 실명제는 표현의 자유의 본질적 내용으로서 익명으로 표현할 자유를 침해하고 헌법에서 금지하고 있는 사전검열에 해당하기 때문에 헌법 제21조 표현의 자유를 침해하고 언론기관의 본질적 기능의 하나인 토론과 의견수렴을 제한함으로써 언론의 자유를 침해한다는 것이다. 이러한 보호된 가치 프레임은 2003년 정보통신부 장관에게 보내는 공개서한, 2004년 시민단체 등이 제기한 헌법소원심판청구서 등에서 지속·반복적으로 나타난다.

> 인터넷 실명제는 근본적으로 시민적 자유를 부정하는 제도이며, 자유와 인권을 향해 전진하는 우리 사회의 흐름을 따라잡지 못하는 낡은 사고의 산물입니다〔자료: 함께하는 시민행동(2003), '정보통신부장관에게 보내는 공개서한'〕.

> 표현의 자유는 사상이나 의견을 외부에 표현하는 자유로서 '현대 자유 민주주의의 존립과 발전에 필수불가결한 기본권이며 이를 최대한도로 보장하는 것은 헌법의 기본원리의 하나'(헌재 1992. 6. 26. 90헌가23)이기도 합니다. 민주주의는 사회 내 여러 다양한 사상과 의견이 자유로

> 운 교환과정을 통하여 여과 없이 사회 곳곳에 전달되고 자유로운 토론과 비판이 활발하게 이루어질 때에 비로소 가능하기 때문입니다. 또한 표현의 자유는 인간이 자신의 생각을 타인과 소통함으로써 스스로 공동체의 일원이 되는 동시에 자신의 인격을 발현하는 가장 적절하고도 직접적인 수단으로서 기능합니다. 이러한 표현의 자유는 현대 정보화사회에서 특히, 사전검열금지, 알 권리 등으로 구체화되어 더욱 중요시되고 있습니다. 그런데 이 사건 법률조항은 사전검열금지원칙에 반하고, 청구인들의 알권리를 침해할 뿐만 아니라 무엇보다 표현의 자유의 본질적 내용을 침해하여 그 위헌성이 중대하다 할 것입니다(자료: 헌법소원심판청구서, 2004: 6).

이처럼 시민단체들은 정부의 "공리주의" 프레임을 프레임 변환(*frame transformation*)을 통해 "표현의 자유"라는 민주주의의 원리로 어떠한 경우라도 본질적인 내용을 침해받아서는 안 되는 보호된 가치라는 새로운 범주로 재규정(*reframing*)함으로써 정부의 프레임에 대항하는 대항프레임(*counter frame*)을 만들어냈다. 그리고 이를 통해 인터넷 실명제가 규범화된 가치를 내포한 정책이기 때문에 정책의 결과가치 즉, 정책이 어떠한 결과를 얼마만큼 가져오는가에 관계없이 도덕적으로 배척되어야 한다고 주장함으로써 인터넷 실명제를 도입하려는 정부를 딜레마 상황으로 몰고 갔다.

### 3) 정책 딜레마의 사회적 구성: 프레임 정렬(*frame alignment*)을 중심으로

정책 딜레마의 사회적 구성은 기존 연구에서 딜레마 상황을 구성하는 요소로 제시된 대안의 상충성, 가치의 충돌, 행위자들 간의 갈등, 문제상황의 긴급성 등이 커지는 것과 밀접한 관련이 있다(윤견수, 2006: 78). 이런 특성의 가시성이 높아질수록 딜레마의 강도(*strength*)와 발생확률이 높아지기 때문이다.

그렇다면 인터넷 실명제 도입사례에서는 정책 딜레마 상황을 구성하는 현실적 조건들이 어떻게 사회적으로 구성될 수 있었을까? 인터넷 실명제 도입사례의 경우 시민단체들이 정부의 인터넷 실명제를 "표현의 자유"라는 보호된 가치 즉, 규범화된 가치를 내포한 정책으로 프레임을 재규정(*reframing*)함으로써 정부를 딜레마 상황으로 몰고 갔다. 이를 주요 국면별로 구분하여 살펴보면 다음과 같다.

### (1) 국면 1. 정책 딜레마 잠재기: "통신실명제"와 "정보통신이용자실명제"

우리나라의 주민등록법은 모든 국민에 대하여 주민등록을 강제하고 있다. 이러한 상황에서 법원에서 사용하는 일부 문서를 제외한 거의 대부분의 공문서는 물론, 일반적인 사적 거래에서나 정보통신서비스에의 가입행위 대부분이 이와 같은 주민등록번호와 실명을 제출하도록 요구하고 있는 업계의 관행은 이미 별도의 법이나 규정이 필요 없을 정도로 강력한 인터넷 실명제를 담보하고 있다(한상희, 2003).

사실 인터넷 실명제는 이전에도 "통신실명제" 또는 "정보통신이용자실명제"라는 이름으로 이미 존재해 왔다. 그러나 1998년 통신실명제는 정보통신서비스에 수요자들이 비실명으로 가입하도록 정부가 방임하는 것이 건전치 못한 통신문화를 이끌고, 이용요금의 연체로 인하여 인터넷 기업들의 채산성을 악화시킬 수 있다는 취지에서 도입되었고,[24] 당시에는 이를 둘러싼 행위자들의 시각 차이와 갈등이 심하게 표출되지 않았다. 2000년 '정보통신망 이용 촉진 및 정보보호 등에 관한 법률 개정안'의 경우 시민단체들의 반대가 심했지만 그 당시 이슈가 되었던 것은 "정보통신이용자실명제"가 아닌 "인터넷 내용등급제"였다.

따라서 정부도 인터넷 실명제를 정책 딜레마로 크게 인식하지 않았을 뿐만 아니라, 이를 둘러싼 정책행위자들도 명확하게 드러나지 않은 상태였다.

〈표 11-2〉 주요 사건일지

| 일 시 | 주 요 내 용 |
|---|---|
| 1998. 12 | 정보통신부 '통신실명제' 발표 |
| 2000. 7 | 정보통신부 '인터넷내용등급제', '정보통신이용자실명제' 등을 주요 내용으로 하는 '정보통신망 이용 촉진 및 정보보호 등에 관한 법률 개정안' 발표 |

(2) 국면 2. 정책 딜레마 형성기: "인터넷게시판 실명제"

인터넷 실명제 도입에 대한 행위자들의 시각 차이와 갈등이 심각하게 표출되어 정책 딜레마 상황으로 구성되기 시작한 것은 2003년 정보통신부가 대통령 업무보고에서 "사이버 상의 인권침해 문제를 해결하기 위해 '인터넷 게시판 실명제'를 단계적으로 실시할 계획이며, 우선 공공기관부터 도입한 뒤 민간 분야는 공청회를 거쳐 사회적 합의를 이끌어 합리적으로 실시할 것"을 공표하면서부터이다.

정보통신부는 도입 발표 직후부터 반대론자들의 격렬한 반대에 직면하게 되었다. 특히, 반대론자들을 대표하는 시민단체들은 질서유지를 위해 인터넷 실명제 도입이 반드시 필요하다는 정부의 공리주의적 프레임을 공리주의적 관점에서 분해(*decoupling*)함으로써 정보통신부의 원인분석과 처방이 잘못되었다는 것을 강조하고 인터넷게시판 실명제 도입을 반대하였다. 그들은 첫째, "인터넷은 정말로 익명적인가?"라는 문제제기를 통해서 "실명 확인을 하지 않는다고 하더라도, 대부분의 서버에서 IP 주소를 남기고 있다. 실제 수사기관에서 사이버 범죄를 수사할 때 IP 주소를 이용하고 있으며, IP 주소를 이용해도 실명 확인과 별 차이가 없다"는 것을 강조하였다. 둘째, "사이버 폭력의 원인이 정말로 인터넷의 익명성에 있는가?"라는 문제제기를 통해 "인터넷 상에서 발생하는 문제의 상당 부분은 오프라인에서도 발생하는 것들이며, 그 근본적인 원인은 다른 곳에 있다고 주장하였다(한상희, 2003; 오병일, 2005; 변희재, 2005).[25]

〈표 12-3〉 주요 사건일지

| 일 시 | 주 요 내 용 |
|---|---|
| 2003. 3 | 정보통신부 '인터넷게시판실명제' 도입 계획 발표 |
| 2003. 3 | 시민단체 '인터넷 실명제에 대해 정보통신부 장관에게 보내는 공개서한' 발송 |
| | 시민단체 헌법재판소에 '헌법소원심판청구서' 제출 |
| 2003. 3 | 55개 시민단체 '인터넷국가검열 반대를 위한 공동대책위원회' 결성 |
| 2003. 4 | 정보통신부 '인터넷실명제에 대한 기본입장'이라는 성명서 발표 |
| 2003. 10 | 행정자치부 시민단체의 '인터넷게시판실명제에 대한 검토의견' 회신 |
| 2003. 12 | 정보통신부 장관 월례브리핑 '인터넷게시판실명제' 철회, '실명확인우대제'로 선회 |

그러나 시민단체의 반대가 다른 행위자들에게 설득력을 얻기 시작한 것은 시민단체의 인터넷 실명제의 유용성에 대한 공리주의적 비판 때문이 아니라 인터넷 게시판 실명제를 인터넷에 대한 국가의 "검열"로 해석하고, 인터넷 실명제에 표현의 자유라는 민주주의의 원리와 어떠한 경우라도 본질적인 내용을 침해받아서는 안 되는 기본권이라는 새로운 가치를 천명함으로써 정보통신부의 질서유지라는 공리주의 프레임을 표현의 자유라는 보호된 가치의 대항프레임 즉, 새로운 의미와 이해관계로 재규정(*reframing*) 함으로써 프레임 변환(*frame transformation*)에 성공하면서 부터이다.[26] 시민단체들이 효용(*utility*) 즉, 정책이 어떠한 결과를 얼마만큼 가져오는가에 관계없이 인터넷 실명제가 표현의 자유라는 기본권과 민주주의적 가치를 어떻게 침해하고 있으며, 왜 우리는 도덕적으로 반대할 수밖에 없는가를 천명하고 이를 인터넷 실명제에 대한 공통적인 불만을 가진 잠재적 지지자들(예를 들면, 네티즌이나 다른 관련 단체들) 을 대상으로 기자회견, 성명서 발표 등 언론을 통해 프레임 연결과 프레임 확장을 시도하였다.[27]

이후 함께하는 시민행동을 중심으로 한 55개 시민단체들은 '인터넷 국가검열 반대를 위한 공동대책위원회'(http://nocensor.org)를 결성하였고 정부의 인터넷 실명제 도입에 대한 조직적인 반대운동을 벌이기 시작하였다.[28] 그 결과 시민단체들은 인터넷게시판 실명제 도입을 사이버범죄의 예방 등과 같은 정책의 결과가치와 무관한 보호된 가치의 문제로 구성해냈고 인터넷게시판 실명제를 도입하려던 정보통신부를 딜레마 상황에 처하게 만들었다. 그리고 결국 정보통신부는 2003년 12월 "인터넷 게시판 실명제"를 "실명확인 우대제"로 선회하면서 사실상 철회하게 되었다.[29]

(3) 국면 3. 정책 딜레마 증폭기 Ⅰ: "선거게시판 실명제"

2003년 12월 정부가 '인터넷 게시판 실명제'를 '실명확인 우대제'로 철회한지 얼마 되지 않아 국회 정치개혁특별위원회는 2004년에는 제17대 국회의원 총선거에 대비해 익명성을 악용해 인터넷 공간에서 불법 선거운동을 하지 못하도록 하자는 취지에서 선거법 개정안에 선거관련 게시판에서 실명제를 도입하는 내용을 통과시켰다. 그러나 이러한 선거법 개정안도 발표되자마자 거센 반대에 직면하게 되었고, 결국 선거게시판 실명제도 사실상 유보되었다.

그런데 이 시기에는 "국면 2. 딜레마 형성기"와는 사뭇 다른 양상이 나타난다. 첫 번째는 시민단체들이 보호된 가치의 중요한 속성인 도덕적 의무(*moral obligation*)의 관점에서 선거게시판 실명제가 이미 법제화되었고 사회적으로 바람직한 결과를 가져온다고 할지라도 선거게시판 실명제는 도덕적으로 잘못된 행위라고 판단하고 있으며, 이에 대한 감정적인 분노(*anger*)를 표출하기 시작했다는 점이다. 이러한 사실은 이후의 선거게시판실명제 사례에서 시민단체들이 선거게시판 실명제가 법제화되었음에도 불구하고 철회를 요청하고 불복종선언을 통해 계속해서 거부하고 있다는 것에서 잘 나타난다.[30]

두 번째는 시민단체들이 프레임 정렬(*frame alignment*) 과정을 통해 다른 시민단체들뿐만 아니라 인터넷 언론, 인터넷기업 및 기타 관련단체들을 포함하는 광범위한 반대연합을 구성하여 조직적으로 대항함으로써 집단의 상호작용과 응집력을 강화함으로써 딜레마의 강도를 더욱 높여 나갔다는 점이다. 여기서 주의 깊게 보아야 할 점은 시민단체들이 "표현의 자유"를 보호하기 위해 투쟁하는 것이 민주주의 발전을 위해 매우 의미 있는 일을 하는 것으로 프레임 확장(*frame extension*)을 시도함으로써 본래의 이해관계를 넘어 다양한 집단이 불복종선언에 참여하도록 유도하였다는 것이다.[31)]

〈표 11-4〉 주요 사건일지

| 일 시 | 주 요 내 용 |
|---|---|
| 2003. 12 | 국회 정개특위 '선거게시판실명제'를 주요내용으로 한 선거법 개정안 발표 |
| | 네티즌들의 거센 반발, 인터넷신문협회 '선거게시판실명제' 전면 철회 요청 |
| | 열린우리당 정개특위 사실상 선거게시판 철회 방침 발표 |
| 2004. 2 | 국회 정개특위 '인터넷매체에 대한 실명제 도입안' 통과 |
| | 시민단체 국가인권위에 '선거게시판실명제에 대한 의견표명' 요청<br>국가인권위 '선거게시판실명제' 반대 입장 발표 |
| | 63개 주요 시민단체 '선거게시판실명제'에 대한 불복종 선언 발표(1차) |
| | 인터넷검열공대위, 인터넷신문협회, 인터넷언론기자협회 공동으로 인터넷실명제 반대<br>인터넷 캠페인 사이트(freeinternet.or.kr) 개설, 서명운동 및 항의메일 보내기 운동 |
| | 32개 시민단체 2차 인터넷실명제 불복종선언 발표 |
| | 한국온라인신문협회도 인터넷실명제 도입 반대 성명서 발표 |
| | 포털사이트 미디어다음 인터넷실명제 불복종선언 |
| | 28개 지역단체 3차 인터넷실명제 불복종선언 |
| 2004. 3 | 민변 인터넷실명제 반대성명 발표 |
| | 인터넷 국가검열반대를 위한 공동대책위원회 인터넷실명제에 대한 헌법소원 제출 |
| 2004. 4 | 중앙선관위 '선거게시판실명제' 사실상 유보 |

또한 인터넷 실명제 반대 인터넷 캠페인 사이트(freeinternet.or.kr)를 개설・운영함으로써 시민단체들은 인터넷을 통해 인터넷 실명제에 대한 특정 이슈나 사건, 신념을 선택적으로 강조하고 자신의 입장을 밝힐 수 있는 프레임 증폭(*frame amplification*)의 기회를 가지게 되었고, 한편으로는 온라인 반대서명운동 등을 통해 광범위한 인터넷 실명제 반대 네트워크를 구축하였다.[32)]

한편 이러한 다양한 집단의 불복종선언 동참과 지지는 시민단체들로 하여금 선거게시판실명제 철회에 대한 요구와 집합적 행동의 정당성을 사회적 맥락에서 재확인 할 수 있는 기회를 제공하였다.[33)] 또한 느슨하게 결합되어 있던 인터넷 실명제 반대 네트워크 내의 상호작용과 응집력을 강화함으로써 보다 강도 높은 딜레마 상황을 구성해냈고, 결국 선거관리위원회는 2003년 12월 선거게시판 실명제를 사실상 유보하게 되었다.

(4) 국면 3: 정책 딜레마 증폭기 II: "제한적 인터넷 실명제"

2005년 6월 "개똥녀"사건이 이 발생하고 점차 인터넷의 역기능의 폐해가 심각해지자 6월 14일 이해찬 국무총리는 익명성을 통한 인터넷 상의 문제점들을 지적하며 "인터넷 실명제를 적용할 부분을 구분하고, 개인의 명예훼손을 방지하면서도 공익을 보호할 방안을 강구하라"고 지시하였다. 이튿날인 6월 15일 진대제 정보통신부 장관은 15일 기자간담회를 갖고 "(사이버 폭력을 막기 위해) 당장 인터넷 실명제를 도입할 수 없는 상황이라면 실명우대제를 검토해 볼 만하다"고 밝혔다.[34)] 이어 6월 30일 정보통신부는 민간기구인 (가칭)'인터넷 익명성에 의한 역기능 연구반'에 참여하는 것을 시작으로 인터넷 실명제와 관련된 구체적인 정책을 마련키로 했다.[35)] 이러한 움직임은 2005년 7월 3일 인터넷포털사이트 여론조사 결과가 발표되고 실명제 찬성론이 우세한 것으로 나타남에 따라 가속화 되었다. 7월 6일 열린우리당이 '인터넷 실명제 도입'을 추진하기로 결정하였고, 인터넷 실명제는 이미 정보통신부가 올해 10월까지 도입 방안을 마련하겠다고 밝혔고 한나라당도 원칙적으로 찬성하는 입장을 밝혔다.[36)]

그러나 7월 7일 참여연대와 인권운동사랑방, 민변 등 15개 시민단체들은 이날 기자회견을 열고 "인터넷 실명제는 프라이버시권과 표현의 자유를 침해할 우려가 크다"고 우려를 표명했다. 그러자 7월 25일 열린 우리당과 정보통신부는 25일 협의회를 열어, 인터넷 실명제와 관련해 그동안 거론된 ① 순수 인터넷 실명제 ② 인터넷 게시판 실명확인제 ③ 인터넷 게시판 실명표시제 ④ 실명 게시판 우대제 등 4가지 방안의 실효성과 부작용 등을 다음 달 말까지 검토한 뒤 최종안을 확정하기로 발표하였다.

이후 9월 2일 인터넷 익명성 문제 연구반에서는 인터넷의 역기능을 야기하는 여러 가지 원인 중 익명성에 의한 '자기책임성' 결여가 중요한 원인의 하나라고 진단하고 자기책임성 확보를 위한 '제한적 실명제' 도입을 권고한다. 정보통신부는 이러한 권고안에 대해 인권보호와 익명의 표현의 자유 간의 균형을 모색하는 합리적인 대안으로 평가하면서 권고안을 토대로 9원 12일 인터넷 실명제 실시 방안을 놓고 사회적 논란이 가중되고 있는 가운데 정부와 학계, 기업들이 참여한 '익명성에 의한 폐해 최소화 및 피해구제의 실효성 확보 대책 토론회'를 개최, 상업성이나 전파력이 매우 강한 일정 규모 이상의 포털업체들이 게시판 이용자의 본인확인을 위한 조치를 취하도록 의무화하는 포털게시판 '제한적 실명제' 도입 의사를 밝혔다.[37)]

그러나 이러한 제한적 실명제도 발표되자마자 거센 반대에 직면하게 되었고, 결국 정보통신부는 다시 한 번 도입을 유보한다. 결국 9월 14일 정보통신부는 "의견 수렴 과정을 서두르면 연내 법안을 국회에 제출할 수 있을지 몰라도 인터넷 실명제를 시행하는 것은 물리적으로 어렵다"며 "내년 시행을 목표로 업계 등 관련 단체와 협의하고 있다"고 밝힘

으로써 사실상 제한적 인터넷실명제 도입을 유보하였다.[38]

그런데 이 시기에는 "국면 2"이나 "국면 3"과 유사하면서도 상이한 양상을 드러낸다. 첫 번째는 정부가 정책 딜레마에 대한 대응으로 민간기구인 (가칭)'인터넷 익명성에 의한 역기능 연구반'을 구성하고 그 권고안을 수용하여 인터넷 실명제의 규제수준을 일부 완화하였고 한편으로는 정부와 학계, 기업들이 참여한 '익명성에 의한 폐해 최소화 및 피

〈표 11-5〉 주요 사건일지

| 일 시 | 주요내용 |
|---|---|
| 2005. 6 | 국무총리 '인터넷 실명제를 적용할 부분을 구분하고, 개인의 명예훼손을 방지하면서도 공익을 보호할 방안을 강구' 할 것을 지시 |
| | 정보통신부 장관 기자간담회 '인터넷게시판 실명우대제' 도입 검토 발표 |
| | 정보통신부 민간기구인 (가칭)'인터넷 익명성에 의한 역기능 연구반' 참여 |
| 2005. 7 | 열린우리당 '인터넷 실명제' 도입을 추진하기로 결정<br>한나라당 '인터넷실명제'에 대한 원칙적인 찬성 입장 발표 |
| | 정보통신부가 2005년 10월까지 인터넷실명제 도입방안을 마련하겠다고 발표 |
| | 15개 시민단체 '프라이버시권과 표현의 자유를 침해'에 대한 우려 표명 |
| | 정보통신부 ① 순수 인터넷 실명제 ② 인터넷게시판 실명확인제 ③ 인터넷게시판 실명표시제 ④ 실명게시판 우대제 등 4가지 방안 발표 |
| 2005. 9 | 인터넷 익명성문제 연구반 '제한적 실명제' 권고 |
| | 정보통신부 '익명성에 의한 폐해 최소화 및 피해구제의 실효성 확보 대책 토론회' 개최 |
| | 정보통신부 '제한적실명제' 도입 계획 발표 |
| | 20여 개 시민단체 반대성명 발표 |
| | 한국인터넷기업협회 이사회 반대 입장 발표 |
| | 220여 개 인터넷기업협회 반대성명서 제출, 철회 또는 권고로 조정의견 제출 |
| | 정보통신부 '제한적 인터넷실명제' 도입 유보 발표 |

해구제의 실효성 확보 대책 토론회' 등을 개최하여 절차적 정당성을 확보함으로써 정책딜레마를 해소하려고 노력하였다는 점이다.

그러나 이러한 정부의 딜레마 해소 노력에도 불구하고 시민단체들은 정부가 제시한 제한적 인터넷 실명제의 내용과 기대효과와 무관하게 제한적 인터넷 실명제의 도입에 강하게 반대하였다. 이는 시민단체들이 인터넷 실명제가 규범화된 가치 즉, 보호된 가치를 내포한 정책으로 정책의 결과와 상관없이 정책 행위 자체에 반대하였기 때문이다. 이처럼 시민단체들은 보호된 가치의 속성인 양적 둔감성(*quantity insensitivity*) 때문에 전체 실명제로 하든 부분적인 실명제로 하든 상관없이 인터넷 실명제라는 행위자체에 거부감을 표시하였다.

또한 이 시기에 눈여겨봐야 할 점은 인터넷 실명제에 대한 부담을 져야하는 인터넷 기업이라는 새로운 행위자들이 시민단체의 보호된 가치 프레임을 수용하고 전략적으로 활용하고 있다는 것이다. 인터넷기업협회는 인터넷 실명제 반대가 그들의 이해관계 때문이 아니라 "표현의 자유"를 보호하기 위해 반대하는 것이 민주주의 발전을 위해 매우 의미 있는 일을 하는 것으로 규정(*framing*)하고 프레임 확장(*frame extension*)을 시도하고 이를 통해 인터넷기업협회의 반대를 사회적으로 정당화함으로써 정보통신부에 반대의견을 제출하였다.[39] 그 결과 정보통신부는 시민단체나 인터넷언론사뿐만 아니라 인터넷 실명제 이행주체인 인터넷기업협회의 반대에 직면하게 됨으로써 보다 강도 높은 딜레마 상황에 처하게 되었고, 2005년 9월 다시 "제한적 인터넷 실명제" 도입을 유보하게 되었다.

(5) 국면 5: 정책 딜레마 완화기 : "제한적 본인 확인제"

이러한 상황에서 6월 12일과 9월 12일 노무현 대통령은 인터넷 포털사이트 대표들을 청와대로 초청해 가진 오찬에서 "왜곡된 정보만 없다면 선거로 지도자를 결정하는 정치는 계속될 것"이라며 민주주의 사회에서 정보제공의 중요성에 대해서 언급하면서 "불편하지 않은 실명제라는 개념이 중요하다. 원칙은 실명제로 가되, 최대한 기술적으로 불편하지 않은 방법을 찾는 게 필요하다"고 밝혔다.

이후 정보통신부는 인터넷 실명제의 명칭을 "인터넷 게시판 실명제" →"실명확인 우대제"→"제한적 인터넷 실명제"에서 다시 한 번 "제한적 본인 확인제"로 변경하고 규제의 수준과 내용을 대폭적으로 완화함으로써 딜레마 해소를 시도하였다. 그 결과 2006년 12월 정보통신망 이용촉진 및 정보보호 등에 관한 법률 일부 개정법률안이 정기국회를 통과하였고, 지난 2007년 7월부터 하루 이용자 30만 명 이상 35개 사이트의 게시판 글에 대해 본인임을 확인토록 하는 부분적 인터넷 실명제, 이른바 '제한적 본인 확인제'가 다시 도입되었다.

한편 2007년 대통령선거를 앞두고 선거관리위원회가 다시 선거게시판 실명제를 강행함으로써 주요 시민단체들은 현재 '인터넷 선거실명제 폐지 공동대책위원회'를 구성하여 인터넷 실명제가 표현의 자유를 침해하고 참정권을 제한하고 국가가 개개인의 의견 표명을 관리·통제하는 것이라며 인터넷 실명제를 거부하였다. 특히, 진보적 인터넷 언론들을 중심으로 강하게 반발하면서 '인터넷 실명제' 거부가 조직적으로 확산되었다.[40] 중앙선관위에 따르면 2007년 12월 현재 6개 인터넷 사이트가 인터넷 실명제를 거부하였고, 1천만 원의 과태료 처분을 받은 것으로 나타났다. 이에 대해 인터넷 언론들은 "게시판 분리 운영에 대해서까지 과태료를 부과한 선관위 방침에 대해 위헌 소송을 할 계획"임을 밝혔고,[41] 다른 한편 부과된 과태료에 대한 후원금 모금을 병행하고 있다.

또한 최근 2008년 총선 때에도 인터넷 실명제를 거부를 천명하고 인터넷 실명제 불복종 운동을 펼치는 한편 2008년 4월 4일 인터넷 게시판에 실명인증시스템을 설치하지 않아 과태료 1천만 원을 부과 받은 인터넷언론사가 위헌법률심판 제청신청서를 법원에 제출함으로써 다시 새로운 국면으로 접어들고 있다.

## 4. 결론

이 연구에서는 지금까지의 딜레마 연구가 정책과 조직현상을 설명하는 데 개념 위주의 단선적이고 연역적 논리에 너무 치우쳐 딜레마가 왜 발생하고, 어떻게 형성되는지에 대해서 일관된 설명을 제시하지 못한다는 문제가 있었다고 보고(김동환, 2002), 사회적 구성주의 관점이 딜레마 연구에 어떻게 적용될 수 있는지에 초점을 두고, 행위자가 어떻게 의도된 방향으로 정책 딜레마 상황을 구성하는 현실적인 조건을 만들어 내고 강화하였는지를 프레임 분석을 통해 조명해 보고자 하였다. 그리고 이를 통해 기존의 딜레마 연구가 결여하고 있는 딜레마 형성에 대한 논의를 보완해 보고자 하였다.

그 결과 사례연구를 통해 시민단체들이 프레임 정렬(*frame alignment*)을 통해 정부의 프레임에 대항하는 새로운 의미와 이해관계를 가진 대항프레임을 설정하고 이를 통해 인터넷 실명제 도입을 정책의 결과가치와 무관한 보호된 가치의 문제로 사회적으로 구성해냈다는 것을 살펴볼 수 있었다. 또한 정책이 표현의 자유라는 보호된 가치(*protected value*)로 재규정(*reframing*)됨으로써 프레임 확장이 활성화되고, 이를 통해 일반 대중 및 관련 단체들의 지지와 동참을 이끌어 냄으로써 정부를 딜레마 상황으로 몰고 갔고 그 결과 인터넷 실명제의 도입과 철회를 반복하는 정부의 비일관적 대응을 초래하였다는 것을 확인할 수 있었다.

그러나 이 연구는 첫째, 정책 딜레마의 사회적 구성의 가능성을 강조하기 위해서 딜레마의 개념과 구성요건을 느슨하게 완화하였다는 점 둘째, 단일사례 연구라는 점, 마지막으로 방법론적으로 프레임을 사회운동의 과정에서 경험적으로 확인하는 방식을 채택하고 있어 프레임 분석을 설명적·분석적으로 사용한다기보다는 주로 서술적인 개념으로 사용하고 있어 프레임 구성(*framing*)과 재규정(*reframing*)이 가능한 조건과 발생기제 등에 대한 논의가 미흡하다는 한계를 가지고 있다. 향후 이러한 문제에 대한 후속연구를 기대해 본다.

**[주]**

1) 이 논문은《한국정책학회보》제17권 제2호(2008)에 게재된 것을 수정, 보완한 것이다.
2) '선택의 어려움이 왜 생기는가'라는 질문에 대해 기존의 의사결정이론들은 선택상황과 관련된 지식과 정보가 부족하거나 그것을 처리하는 인간의 능력이 부족하기 때문이라고 보았다. 불확실성(*uncertainty*), 애매성(*ambiguity*) 등은 선택의 어려움을 설명하기 위해 개발해낸 개념들이다. 하지만 선택상황에서 지식과 정보를 완전히 갖추고 있더라도 결정이 어려운 경우가 생긴다. 예를 들어, 이익집단의 이해관계가 첨예하게 대립되어 있는 상황에서 특정집단에게 유리한 방향으로 어떤 결정을 내리게 되면 반대집단의 반발을 불러일으켜 사회적으로 많은 비용이 초래된다. 이렇게 되면 정책결정자는 어느 한 대안을 선택했을 때의 기회손실이 너무 크기 때문에 이러지도 저러지도 못하는 양자택일의 상황에 빠진다. 딜레마 연구는 이와 같은 상황을 설명하고 처방하는 데 많은 시사점을 던져줄 수 있다(이종범 외, 2000).
3) 인터넷실명제 도입사례는 상충되는 가치와 이해관계를 가진 복수의 집단(예 : 정부 vs. 시민단체)이 존재하고, 이들의 요구가 서로 팽팽히 대립하고 있으며 그들이 주장하는 가치가 서로 갈등적이라는 점에서 딜레마이론이 규정하고 있는 딜레마 상황을 구성하는 기본적인 조건을 갖추고 있다. 또한 딜레마 상황에 대한 대응으로써 정책의 비일관성 등이 매우 뚜렷하게 나타나고 있다.
4) 1998년부터 2007년 12월까지 google 뉴스검색을 통한 신문기사 및 각 행위자들의 공식문서 및 보도자료.
5) 여기서 빈틈없는 기술(*thick description*)이란 행위의 의미를 그 행위가 일어나는 맥락 속에서 행위자의 의도와 함께 심층적으로 기술하는 것을 의미한다(윤견수, 2005).
6) 무시된 딜레마는 주어진 딜레마를 주관적으로 인지·해석하는 과정에서 딜레마가 아닌 것으로 설정하는 경우이다. 즉, 무시된 딜레마는 결정상황에 포함된 가치 중의 일부를 의도적으로 또는 비의도적으로 무시하여 대안에 표상하지 않은 것을 의미한다. 의사 딜레마는 현재상황이 딜레마가 아님에도 불구하고 딜레마 상황으로 결정자가 설

정하는 것으로써 이것도 결정단위에 불필요한 긴장상태를 초래한다. 의사 딜레마는 결정자의 인지상의 착오로 일어나는 경우도 있고 의도적으로 의사 딜레마를 창출하는 경우도 있다(이종범 외, 1991). 여기서 한 행위자가 의도적으로 딜레마를 창출한다는 것은 자신 또는 상대방에게 유사 딜레마를 만들어 냄으로써 이를 전략적으로 활용한다는 것을 의미한다(이종범 외, 2000).

7) 김동환(2002 : 30~31)은 딜레마 연구의 초기에 딜레마를 "주어진 맥락에서의 선택을 전제로 하며 대안들의 비교가 불가능하지만 그 중요성이 비슷하기 때문에 선택이 불가능한 상황"이라고 정의함으로써 기회손실과 비교불가능성의 개념을 혼합하여 딜레마를 정의하였으나, 딜레마 연구가 진행되면서 "주어진 선택상황에서 대안들이 초래할 결과가치가 엇비슷하기 때문에 선택이 곤란한 상황"으로 개념 정의의 폭을 확대하면서 비교불가능성의 개념을 버리고 기회손실의 개념을 채택하고 있다고 지적하면서 보호된 가치의 관점에서 딜레마의 개념을 재정의하고 그 이론적 시사점을 논의하였다.

8) 보호된 가치는 절대적인 도덕적 판단에 기초하고 있다. 비록 낙태 행위가 많은 사람들에 의해 시행되고 있는 관습이고, 법률적으로 허용되어 있으며 많은 사람들이 선호하고 사회적으로 바람직한 결과를 가져온다고 하더라도, 낙태 행위는 도덕적으로 잘못된 행위라고 판단할 수 있다. 이처럼 보호된 가치는 관습, 선호, 법률, 필요성과는 달리 도덕적 의무의 관점에서 내리는 판단이다.

9) 이는 보호된 가치의 문제가 전부 아니면 전무를 특징으로 하기 때문에 부분적인 양보나 타협이 어렵고, 도덕적 의무감에서 비롯된 분노가 합리적인 토론을 방해하기 때문이다. 오히려 토론이 진행될수록 상대방에 대한 분노가 더 커질 수도 있다(김동환, 2002; 양정호, 2007).

10) 예를 들면 낙태수술에 대한 반대자들은 낙태 수술의 허용에 따른 이익과 손실을 고려하기보다는 낙태수술의 비도덕성 때문에 반대한다는 것이다. 낙태수술로 인하여 상실되는 생명의 가치는 그 어떤 결과와도 비교되거나 교환될 수 없다(김동환, 2002).

11) 이러한 프레임 분석은 연구자의 이론적 관심에 따라 크게 사회적 상호작용 시각, 텍스트 분석적 접근, 사회운동론적 접근, 예상이론적 접근, 메시지 효과론적 접근으로 구분될 수 있는데(이준웅, 2000; 86), 이 연구에서는 사회운동론적 관점에서의 프레임을 중심으로 논의하였다.

12) Gamson(1989)은 같은 사건이라도 이에 관한 다양한 정의와 해석이 있을 수 있으며 어떤 이슈에 대해서도 다양한 접근이 나올 수 있지만 결국 궁극적으로 표출되는 사건에 대한 정의가 존재하는데 이것을 프레임이라고 하였다. 그러나 프레임은 주체가 해석의 대상에 대해 강조하기를 원하는 특정 측면만을 부각시키기 위해 현실의 한쪽 측면만을 보게 만듦으로써 필연적으로 다른 한쪽 측면은 보지 못하게 만드는 '인지적 가리개'(*cognitive blinder*)로서 기능하기도 한다(주경일, 2002: 339 재인용).

13) 즉, 사회운동론적 관점에서의 프레임분석은 행위자들의 전략적 커뮤니케이션에 초점을 두고 정책에 대한 프레임과 프레임 규정(*framing*)을 통해서 정책과 관련된 이념과 의미를 동원하거나 방해하는 과정을 둘러싼 투쟁의 중요성을 잘 보여주기 때문에 행위자가 딜레마를 구성하는 구체적인 메커니즘을 체계적으로 기술하는 데 유용하다고 할 수 있다.

14) Gamson(1988)도 특정 프레임의 성공의 결정적 요인으로 한 사회의 문화나 가치들과 얼마나 공명하는가, 그리고 특정 프레임이 미디어 종사자들의 규범과 가치에 얼마나 부합하는가를 제시하였다(이준웅, 2000; 송용회, 2006; 정정화, 2007).

15) 프레임 연결은 공통적인 불만(*grievances*)과 태도를 공유하고 있으면서도 자신들의 불만을 표출하거나 자신들의 이익을 추구하는 행동을 실행하는 데 필요한 조직적 기반을 지니지 못한 다수의 개인 또는 조직들이 일반적으로 대상이 되며, 개인 간 또는 집단 간 연결망(*networks*)과 대중매체, 전화, 우편, 또는 전자우편 등을 통한 사회운동조직의 활동과 정보확산을 통해 이루어진다(임희섭, 2004: 387~389).

16) 대개 특정한 이슈의 의미나 일상생활과의 관련성은 사람들의 무관심이나 다른 사람들의 거짓 또는 사건 자체의 모호성이나 불확실성 등으로 인해 가려져 있기 쉬운데, 이때 해석적 프레임을 명확하게 밝히고 활성화함으로써 사회운동에 대한 참여와 지지를 촉진 할 수 있게 된다(임희섭, 2004: 389~392).

17) 사회운동조직은 추진하는 사업이나 목표가 잠재적 지지자들의 이익이나 생활에 직접적인 관련이 없는 경우에 사회운동의 목표와 활동이 잠재적 지지자들의 이익과 가치에 일치하도록 프레임의 범위를 확장함으로써 지지자들의 폭을 넓히려는 시도를 하게 된다(임희섭, 2004: 392~393).

18) 사회운동조직이 추구하는 가치나 목표 또는 사업이 기존의 해석적 프레임이나 관행과 일치하지 않거나 상반되는 경우, 사회운동조직은 참여자와 지지자들을 확보하기 위해서 일반대중이 가진 잘못된(*misframed*) 프레임을 제거하는 대신 새로운 가치를 전파함으로써 새로운 프레임을 재규정(*reframe*)하려고 시도하게 된다(임희섭, 2004: 393~395).

19) 지난 2005년 YMCA는 인터넷 실명제에 대한 시민들의 견해를 묻는 설문조사 결과를 발표했다. 이 조사에 따르면 응답자의 72%가 실명제 도입에 찬성 입장을 취한 것으로 나타났다. 그러나 실명제 도입에 따른 프라이버시 침해에 대해서도 73%가 우려의 태도를 보였으며 56%의 응답자가 자유로운 정보 교류나 의견 교환이 어려워질 것이라고 답변했다고 한다. 사이버 폭력의 방지를 위해 실명제가 필요하다는 정통부의 입장과 그로부터 발생할 개인정보 유출 및 표현의 자유 침해 등 또 다른 부작용을 염두에 둔 시민단체의 반대 논리가 동시에 설득력을 얻고 있다는 것으로 풀이된다.

20) 딜레마 상황을 구성하는 현실적 조건들은 다음과 같다(윤견수, 2006: 78~84). 첫째, 대안의 상충성, 즉 딜레마 상황에서 두 대안의 충돌이 크게 인식되는 원인으로

그 대안들이 가진 상징적 성격을 들 수 있다. 집단이 어떤 상징을 공유하고 있으면 집단 구성원들은 그 상징을 통해 세상을 이해하고 그 상징과 관련된 행동에 헌신적이게 된다(Elder and Cobb, 1983). 상징은 인지와 정서 그리고 행동을 어느 한 곳으로 몰고 가는 힘이 있다. 따라서 어떠한 상징에 대한 찬성과 반대의 입장이 갈리면 그 입장은 양극화되는 경향이 있으며, 상징은 대안이 가지고 있는 단절적인 성격을 강화시키고 범주 간의 타협과 조정을 힘들게 한다. 둘째, 결과가치의 성격 즉, 부정적 가치와 보호된 가치를 들 수 있다. 윤견수(2001)는 준거틀 이론을 딜레마 상황과 연결시켜 간단한 실험을 하여 동일한 딜레마 상황이라고 해도 문제상황이 부정적인 것으로 묘사되었을 때의 강도가 더 크다는 것을 밝히고 있다. 또한 가치 중에는 다른 가치와 교환할 수 없는 보호된 가치가 존재하는데 딜레마로 구성된 상황을 대변하는 대안들이 이와 같이 보호된 가치들 간의 충돌을 토대로 할 때 다른 어떤 딜레마보다 강도가 크다고 할 수 있다(김동환, 2002). 셋째, 행위자의 성격 즉, 상호자용과 응집력을 들 수 있다. 대립집단이 가지고 있는 응집력은 현실의 정책상황을 쉽게 딜레마로 빠지게 하고 딜레마의 강도를 크게 하는 중요한 변수이다. 행위자들은 자신의 이해관계를 주장하는 과정에서 가치를 동원하고 만들어내며 그것을 적극적으로 활용하는데 이러한 과정을 통해 행위자들의 대립과 이에 영향을 미치는 응집력이 강해질수록 딜레마 상황의 강도는 더 커지게 된다. 넷째, 문제상황의 특성, 즉 존재론적 딜레마를 들 수 있다. "그것을 선택할 것인가"의 질문과 관련된 존재론적 딜레마는 "둘 가운데 어떤 것을 선택할 것인가"의 질문과 관련된 인식론적 딜레마의 경우보다 고민의 강도가 훨씬 더 커지게 된다.

21) 정보통신부는 시민단체들의 반대를 완화하기 위해서 인터넷 실명제의 도입과 철회의 반복뿐만 아니라 "인터넷 실명제"라는 용어 대신 "실명확인 우대제", "제한적 인터넷 실명제" 등으로 명칭을 계속해서 변경하고 정책의 수준과 내용을 완화하는 등 비일관적 대응을 계속해 나갔다.

22) Gray and Donnellon(1989)은 갈등과 분쟁문제에 대한 연구를 통해 프레임 유형의 결과를 여섯 가지로 유형화하였는데 "무엇에 대한 갈등, 분쟁인가"라는 정의와 관련된 행위자들의 해석적 시각을 '실체프레임'(*substantive frame*)으로 명명하였다(주경일, 2003: 201~208 재인용). 문제는 갈등당사자들 간에 이러한 실체 인식에 대한 차이가 현격할 때 동일한 현상을 놓고도 서로 다르게 이해하기 때문에 상호대립과 충돌이 심화되고, 갈등상황의 논쟁점이 다르게 나타난다는 것이다.

23) 일반적으로 프레임 분석은 전체를 분석하여 가능한 모든 프레임을 도출하는 귀납적 방법과 문헌연구를 통해 추려낸 특정 프레임 유형이 실제에서 어떻게 사용되는가를 연구하는 연역적 방법으로 구분된다(박은혜·김영욱, 2007: 91~92). 이 연구에서는 연역적 방법의 프레임 분석을 채택하였다. 이는 이 사례의 경우 주요 행위자들이 제기한 주장이 다양하지 않고 몇몇 제한된 주장만이 반복적으로 사용되었기 때문에

비교적 단순한 이해관계 구조에서 상반된 입장이 첨예하게 대립하고 있기 때문이다.

24) 정보통신부 온라인서비스 이용증진 방안(1998. 12. 7. ; 한상희, 1999: 370~374 재인용).

25) 즉, 시민단체들은 "사이버 폭력의 근본적인 원인은 인터넷이 아니라, 우리 사회의 성 차별적 구조와 인식에 있는 것이다" 또한 "사이버범죄의 피해가 오히려 실명제를 이미 실시 중인 포털사이트에서 빈번하게 발생한다"는 것을 강조하였다.

26) 이러한 점은 시민단체들이 설정한 "표현의 자유"라는 대항프레임이 Baron and Spranca(1997)가 제시한 보호된 가치의 속성으로서 교환에의 거부감, 양적 둔감성, 행위자 의존성, 도덕적 의무, 분노 등의 특성을 잘 나타내고 있다는 점에서 명확해 진다. 특히, 표현의 자유는 보호된 가치로서의 절대성(*absoluteness*)을 가지고 있다. 헌법에도 표현의 자유는 민주주의의 기본원리이며 어떠한 경우라도 본질적인 내용을 침해받아서는 안 되는 기본권으로 규정되어 있다.

27) 이러한 시민단체의 프레임 연결 시도는 당시 인터넷게시판 실명제 반대를 주도했던 "함께하는 시민행동"의 "인터넷 실명제에 대해 정보통신부 장관에게 보내는 공개서한"(2003. 3. 1), "헌법소원심판청구서"(2003. 3. 18) 및 진보네트워크센터의 "정보통신부가 인터넷 실명제를 도입할 수 없는 네 가지 이유" 등 각종 성명서 등에 명확하게 나타난다.

28) 한편 정보통신부는 이러한 시민단체들의 반대를 극복하기 위해서 "정보통신부 '인터넷실명제'에 대한 기본입장" 등을 발표함으로써 입장을 명확하게 하고, 사이버범죄의 심각성을 강조함으로써 인터넷게시판 실명제 도입이 의미 있고 필요하다는 신념을 언론을 활용하여 확산시키려는 프레임 증폭(*frame amplification*)을 시도하고 이를 통해 인터넷게시판 실명제에 대한 일반대중의 지지를 확보하고자 하였다(정보통신부의 인터넷실명제에 대한 기본입장, 2003. 3. 28).

29) 정보통신부는 "민간부문 게시판까지의 전면적으로 실명화하는 것에 대해서는 국민 의견이 현재 찬·반으로 나뉘어져 있어 사회적 합의가 필요한 것으로 판단되는바 민간까지의 확대 여부는 사회적 합의 형성 후 추진 여부를 검토해 나갈 예정이다"라고 밝히면서 인터넷 게시판 실명제 중에서 가장 논란이 되고 있는 사항을 철회하였다. 그러나 정부의 이러한 부분적인 철회에도 불구하고 반대여론은 줄어들지 않았다. 그럼에도 불구하고 정보통신부는 인터넷 게시판 실명제를 지속적으로 추진하고자 했으나, 결국 2003년 12월 정보통신부 월례브리핑에서 정보통신부 장관이 "공공기관 게시판의 인터넷 실명제는 강제할 경우 국민 참여의 폭을 제한할 가능성이 있다는 의견이 있어 이미 시행하고 있는 부처는 종전대로 운영하고 신규 적용할 부처에 대해서는 실명확인 우대제를 실시하고 여건이 성숙되는 대로 자연스럽게 확산되기를 기대한다"고 밝히면서 사실상 인터넷 게시판 실명제를 철회하였다.

30) 이를 구체적으로 살펴보면 이 시기의 시민단체들은 다양한 방식으로 프레임 정렬을

시도한다. 그 대표적인 예가 3차에 걸친 인터넷 실명제 불복종선언이다. 2004년 2월 19일 민주노총, 환경연합, 인의협, 영화인회의, 전북여성단체연합 등 63개 주요 시민사회단체들이 선거법상 인터넷 실명제가 국회를 통과할 경우에 이에 불복종하겠다는 선언문을 1차로 발표하였고, 불복종 선언문에서, "만일 국회에서 인터넷 실명제가 통과된다면 우리 인권시민사회단체들은 불복종할 것이며 즉각적인 위헌소송과 폐지 운동에 돌입할 것"이라고 밝혔다. 이어 2월 20일에는 여성연합, 사이버 녹색연합, 좋은 벗들, 전국교수노동조합, 역사문제연구소, 한국청년단체협의회 등 32개 시민사회단체가 2차로 인터넷 실명제 불복종선언을 하였다. 2월 25일에는 민주개혁을 위한 인천 시민연대, 대전 참여자치 시민연대, 울산·대구 참여연대 등 28개 지역단체들이 3차로 인터넷 실명제 3차 불복종선언에 참가하였다.

31) 시민단체들은 3차에 걸친 "인터넷 실명제 불복종 선언" 및 "기자회견" 등을 통해 언론을 활용하여 반대여론을 확산시키려는 프레임 증폭(*frame amplification*)을 시도함으로써 인터넷신문협회, 인터넷언론기자협회, 한국온라인신문협회 등 인터넷언론뿐만 아니라 인터넷 실명제에 대한 반대와 불복종 의사를 가지고 있음에도 불구하고 이를 표출하는 데 필요한 조직적 기반을 지니지 못한 다수의 개인 또는 단체들을 불복종선언에 동참시켰다.

32) 인터넷검열공대위, 인터넷신문협회와 인터넷언론기자협회도 공동으로 인터넷 실명제를 반대하는 인터넷 캠페인을 전개할 사이트(freeinternet. or. kr)를 개설하고 이 사이트에서 인터넷 실명제 반대 서명운동과 함께, 정개특위와 법사위 위원을 포함한 전체 국회의원을 대상으로 항의메일을 보내는 운동을 진행하기로 밝혔다. 또한 〈오마이뉴스〉, 〈프레시안〉 등이 소속되어 있는 인터넷신문협회(대표, 이창호, 〈아이뉴스24〉)도 성명을 발표하여, 이 법이 통과되더라도 거부하겠다는 입장을 밝혔다. 2월 24일에는 〈디지털조선〉, 〈동아닷컴〉 등이 소속되어 있는 한국온라인신문협회도 "인터넷언론의 자율성을 부정하는 인터넷 실명제 도입을 반대한다"는 성명서를 발표하며, 인터넷 실명제 반대운동에 합류하였고, 2월 25일에는 포털사이트로 처음 미디어다음이 인터넷실명제 불복종선언에 동참한다.

33) 심지어 시민단체들은 정부기관인 국가인권위원회에 '선거게시판실명제에 대한 의견표명'을 공식적으로 요청하여 국가인권위원회로 하여금 '선거게시판실명제'에 대한 반대입장을 발표하도록 함으로써 선거게시판실명제 반대의 정당성을 다시 한 번 확인받게 된다.

34) 실명우대제란 인터넷 사이트에서 실명을 사용하는 사람들에게 접속절차를 간편화할 수 있도록 혜택을 주는 방법이다.

35) 이 연구반은 학계, 관련 업계 및 시민단체 전문가 10여 명으로 발족했으며 정통부는 자문 자격으로 참여한다. 연구반은 이르면 8월 중 익명성의 역기능에 대한 종합보고서를 만든 뒤 공청회를 열어 각계 의견을 수렴한다는 방침이다.

36) 인터넷 실명제가 필요하다는 여론은 수년 전부터 제기돼 왔지만 열린우리당은 그동안 실명제 도입에 미온적이었다. 열린우리당의 한 관계자는 "2002년 대선에서 노무현 후보가 승리한 데는 인터넷 여론의 힘이 컸다는 점에서 실명제가 자칫 '잠재적 우군'의 행동반경을 위축시킬 수 있다는 우려가 있었던 것이 사실"이라고 말했다. 그러나 4·30 재·보선 이후 당 홈페이지 방문자 수에서 한나라당에 밀리기 시작하고 재외동포법 개정안 부결 직후 누리꾼들로부터 비난 세례를 받는 등 '사이버 여론전'에서 고전을 면치 못하자 당내 분위기가 달라진 것이다.

37) 정보통신부는 이 연구반에서 제시한 권고를 토대로 학계·업계 등 각계 전문가가 참여하는 '법문안 작업반'(좌장: 황승흠 성신여대 교수)을 구성해 제한적 본인확인 의무부과, 자율규제의 활성화 등이 포함된 관련법 개정(안)을 마련하였다.

38) 라봉하 당시 정보통신부 인터넷정책과장 인터뷰.

39) 인터넷기업협회(회장 허진호)는 2005년 9월 13일 인터넷실명제 관련 공식 입장 표명에서 협회는 20여개 주요 인터넷기업들과 함께 '사이버 가처분 제도', '이용자 참여형 심의위원회', '업계 공동의 캠페인 사업' 등 역기능을 최소화 할 수 있는 업계 자율의 액션플랜을 마련, 이미 정부에 건의한바 있으며, 이것은 이번 정부 정책에 충분히 반영되어 자율규제가 법적 근거를 갖게 됨으로써 역기능 해소 노력에 더욱 박차를 가할 수 있을 것으로 기대한다고 밝혔다. 또한 인터넷실명제 의무화는 국가가 나서서 익명에 의한 표현 공간을 법적, 명시적으로 제한하는 것으로서, 익명의 폐단을 줄이고자 하는 취지가 결국은 '표현의 자유'라는 자유 민주주의의 기본원칙까지 침해할 수 있어 심히 우려된다고 덧붙였다.

40) 인터넷 실명제 거부 언론사들은 다양한 불복종 방식을 동원했다. 민중언론 참세상은 실명제 실시를 전면 거부하며 게시판 운영을 진보넷에게 맡기는 방식을 택했고, 노동넷 방송국은 인터넷 실명제 기간 동안 사이트를 닫는 '사이트 파업'을 단행했다. 대자보와 이주노동자방송국, 울산노동뉴스 등은 이 기간 동안 게시판을 임시로 닫았다. 미디어 비평지 미디어스는 댓글을 달 수 있게는 했지만 미공개로 하고 기자들만 읽고 소통할 수 있도록 했다(자료: "인터넷 실명제 실시, 그 후", 노동넷 2007. 12. 18, 인터넷검열공대위에서 재인용).

41) 〈민중언론 참세상〉, 유영주 편집국장 인터뷰.

# ▪참고문헌

강경근(2005), "인터넷실명제", 〈인터넷실명제 민·당·정 간담회 자료집〉.

강민아·장지호(2007), "정책결정과정의 프레이밍에 대한 담론 분석: 방사성폐기물처리장 입지선정과정을 중심으로", 〈한국행정학보〉 41(2): 23~45.

강일국(2005), "교육적 원칙에서 바라본 2008 대입제도의 특징", 〈교육비평〉 19: 45~80.

건설교통부 보도참고자료(2005), "대기업 수도권 공장증설 불허…, 수도권 인구 안정화 효과시까지".

경기도(2006), 《수도권 규제 피해 사례집(Ⅰ)》.

경 총(1999), 《1998년도 경총 사업보고서》. 경총.

경향신문(1998. 11. 30), "노사정위 위상이 흔들린다", 21.

고숙희(1993), "정치체제변화와 이익집단활동 간의 관계: 노동법개정과정을 중심으로", 〈한국행정학보〉 27(3): 737~752.

고시로 가쓰도시(1998), "일본에서의 집단적·개별적 노사분쟁의 해결", 〈노사분쟁해결제도의 발전방향〉, 국제 심포지엄 자료.

고혜원·이철순(2004), "외국인 고용허가제 도입 과정", 〈한국정책학보〉 13(5): 17~44.

교육인적자원부(2004), "공교육 정상화를 통한 사교육비 경감대책", 교육인적자원부.

______(2004), "학교교육정상화를 위한 2008학년도 이후 대학입학제도 개선안".

교육혁신위원회(2004), "참여정부의 교육혁신론".

국정브리핑 특별기획팀(2007. 9. 14), "실록교육정책사", 국정브리핑 http://www.korea.kr.

권해수(2003), "행정개혁의 과제와 방향", 한국시론, 〈한국일보〉(2003. 1. 22).

권헌영(1999), "지식기반국가 건설을 위한 정부개혁", 정보통신정책연구원.

김경달(2005), “사이버 폭력의 원인과 제한적 실명제가 업계에 미치는 영향”, 인터넷실명제 심층진단 국회 토론회 발표문.

김경환·임상준(2005), 〈수도권 규제에 대한 재인식: 규제논리의 비판적 고찰과 정책대안의 모색〉, 한국경제연구원.

김길수(2004), “정책집행과정에서 주민저항 사례연구”, 〈한국정책학보〉 13(5): 159~184.

김도희(2005), “주민배심원제를 통한 비선호시설 성공적 입지사례의 정책적 함의: ‘북구 음식물자원화시설’ 유치사업의 실증적 분석을 중심으로”, 〈한국정책학회보〉 14(3): 261~284.

김동욱(1996), “전자정부 구현을 위한 행정정보화의 효율적인 추진방안”, 〈행정논총〉 34(2): 269~288.

김동원(2005), “행정학의 규범이론을 위한 포스트모더니즘의 인식론적 함의”, 〈한국행정학보〉 39(3): 1~20.

김동환(1994), “정책결정의 합리성과 딜레마”, 이종범 외, 《딜레마이론: 조직과 정책의 새로운 이해》, 나남출판, 135~153쪽.

______(1999), “인과지도를 활용한 정책딜레마 분석: 김대중 대통령의 IMF 대처방을 중심으로”, 〈한국행정학보〉 33(4): 279~296.

______(2000), 《김대중 대통령의 시스템 사고》, 아산재단 연구총서 66집, 집문당.

______(2002), “보호된 가치와 정책딜레마”, 〈한국정책학회보〉 11(1): 27~52.

______·김헌식(2005), 《촛불@ 광장: 사회의 메커니즘》, 북코리아.

김명환(2005), “행정학의 재정립에 관한 소고: 담론적 접근법을 중심으로”, 〈한국행정학회 춘계학술대회 발표논문집〉.

김민남·손종현·백정하(2005), “참여정부의 교육혁신 방향연구”, 대통령자문 교육혁신위원회.

김배원(2003), “인터넷과 표현의 자유”, 〈인터넷법연구〉 2: 83~124.

김상돈(2004), “딜레마 상황에서의 악순환적 행위에 관한 연구: 부안 방사성 폐기물 처리장 입지정책을 중심으로”, 〈한국지방자치학회보〉 16(1): 249~269.

______·정광섭(2004), “위험시설 입지정책의 딜레마상황구조와 행위에 관

한 연구: 안면도와 부안사례의 비교연구", 〈한국행정연구〉 13(4): 92~121.

김상호(1998), "한국과 독일의 노동분쟁 조정제도", 〈노사분쟁해결제도 발전방향〉, 국제 심포지엄 자료.

김서용(2004), "비용편익분석에서 인지적, 문화적 판단편향(*judgment bias*)에 대한 연구", 〈행정논총〉 42(2): 55~88.

김선혁(2004), "비교정책학의 현재와 미래: 신제도주의, 사회적 구성주의, 신비교행정학을 중심으로", 〈한국정책학회보〉 13(3): 259~280.

김성기(2004), "대학입학특별전형의 제도적 원칙: 미국 판례 분석을 중심으로", 〈교육법학연구〉 16(1): 55~70.

김안나(2003), "대학입학 수능 성적 분포의 변화추이를 통해 본 고등교육의 서열화 구조", 〈교육사회학연구〉 13(3): 89~108.

김영미(1996), "노동위원회 제도의 개선방안에 관한 연구-심사담당자들의 관점을 중심으로", 고려대학교 경영정보대학원 석사학위논문.

김영종(2006), "공공시설 입지갈등과 정책딜레마 형성에 관한 연구", 〈한국정책과학학회보〉 10(4): 19~40.

김영평(1991), 《불확실성과 정책의 정당성》, 고려대학교 출판부.

김영홍(2003), "인터넷 실명제를 반대한다", 〈국회보〉.

김용철(2005), "한국의 인터넷 선거운동과 법적 규제", 〈국제평화〉 2(2): 232~267

김정수(2004), "스크린쿼터제: 한국영화 의무상영제도", 〈한국정책학보〉 13(5): 121~158.

김준한(1996), "행정부와 대체적 분쟁해결제도", 〈한국행정학보〉 30(4): 37~53.

김치선(1996), "법적 측면에서 본 한국노동운동사의 재조명", 고려대학교 노동대학원 광복50주년 기념학술세미나.

김태기(1999a), "노사분쟁 조정 및 중재제도의 개선방안", 〈노동위원회 조정·심판제도의 개선방안〉, 중앙노동위원회 '99정책토론자료.

______(1999b), 〈노사분쟁 조정에 관한 연구〉, 한국노동연구원.

김태연(2003a), "노사정위원회에 대한 민주노총의 입장", 〈노동사회〉 76: 28~36.

______(2003b), "노사정위원회: 독이냐 약이냐, 민주노총의 노사정위원회 논의 전망", 〈노동자의 힘〉 28: 22.

김태영(2004), "행정수도이전에 대한 찬반논의 사례연구", 〈한국정책학보〉 13(5): 185~216.

김태은(2007), "정책딜레마 상황이 정부규제에 미치는 영향에 관한 연구: 수도권 입지규제의 변화를 중심으로", 〈한국정책학회보〉 16(2): 119~152.

김항규(1995), "정책결정과정에서의 정치적 합리성의 확보방안에 관한 연구", 〈한국행정학보〉 29(3): 681~698.

______(1996), "행정절차법상 청문에 대한 실천적 논증이론의 적용요건", 〈한국행정학보〉 30(4): 19~36.

김호섭(1991), "행정가치갈등의 해소에 관한 논리적 소고", 〈한국행정학보〉 23(2): 581~599.

김　훈(2003), "노사정위원회 활동 평가와 발전 방안", 노사정위원회 활동 평가 및 발전 방안에 대한 토론회(노동연구원/한국노사관계학회 공동 개최).

김훈기(2004), "한국 생명윤리법, 윤리보다 생명공학 육성 중시", 〈한국정책학보〉 13(5): 45~72.

남수경(2005), "2008학년도 이후 대학입학전형제도 개선안을 둘러싼 갈등 전개과정 분석", 〈교육행정학연구〉 23(3): 453~477.

노동자신문(1999. 10. 25), "민주노총 조정전치주의 개정 입법청원".

노동일보(1999. 5. 18), "노동위 판정 노사위원 배제".

______(1999. 4. 27), "쟁의적법성 누가 판단하나".

______(1998. 11. 17), "노동위원회는 노동부 정년대기소?".

______(1997. 7. 22), "노동위원회 달라졌나".

______(1997. 7. 4), "노동위 조정 부실화 우려".

______(1997. 5. 23), "노동위원회 발전방향-심사관이 바로 서야 노동위가 산다".

______(1996. 10. 11), "노동위원회의 가장 큰 문제는 권한도 없는 쟁발신고 심사".

노사정위원회(2002), 《공공부문구조조정특별위원회 자료집 제1권》, 노사정위원회.

______(2003a), 《노사정위원회 5년 백서: 전개과정과 활동성과》, 노사정위원회.

______(2003b), "공개토론회: 노사정위원회 활동평가와 발전방안", 〈노사정포럼〉 2: 107~125.

노중기(2003), "노사정위원회 5년, 평가와 전망", 〈동향과 전망〉 56: 48~76.

대한무역투자진흥공사(2000), 〈지역별 외국인투자유치 현황분석-외환위기 이후 투자지역 분포변화〉.

대한상공회의소 보도자료(2005), 〈수도권 기업의 공장수요 및 애로실태〉.

동아일보(2002. 8. 27), "국내기업 경제특구법 외국기업 수도권집중 역차별 불만 커".

______(2003. 6. 10), "외국기업엔 'OK' 한국기업엔 'NO'… 전경련 역차별 시정 촉구".

디지털타임스(2003. 8. 14), "한나라, 수도권공장규제, 국내기업 역차별규제 완화키로".

라웅길(1998), "효율적인 국가정보화추진체계 정립방향(상·하)". 〈행정과 전산〉 20(3): 50~63; 20(4):47~58.

류희택(1998), "폭설을 뚫었던 뿌리 얕은 희망: 민주노총 정기대의원대회 참관기", 〈현장에서 미래로〉 30.

매일경제(2004. 6. 6), "역차별에 국내기업 멍든다".

______(2006. 11. 7), "성경륭, 수도권 규제 현 기조 유지 필요".

매일노동뉴스(1998. 12. 4), "노동법 칼럼-노동법 전문가의 딜레마".

______(1998. 4. 15), "노동위-대량실업 따른 조정·심판업무에 주력".

명재진(2003), "공공기관의 인터넷게시판 실명제", 〈CLIS Monthly〉, 정보통신정책연구원.

문경삼·송건섭(1997), "감사원 감사판단기준의 변화추이 분석", 〈한국행정학보〉 31(4): 113~133.

문상현(2003), "거버넌스, 담론 그리고 사회적 행위자들: 전자상거래 거버넌스의 사회적 구성", 〈언론과 사회〉 11(2): 10~71.

문대현(2005), "정책담론과정에서 권력불균형의 통제방안", 〈한국정책학회보〉 14(3): 81~101.

문화일보(1998. 7. 30), "노동부-노사정위 갈등 심화", 4면.

______(1999. 10. 25), "노동쟁의 조정전치제도 위헌소지".

______(2004. 4. 22), "국내기업 역차별 당하고 있다".

______(2006. 5. 23), "한국에만 있는 규제·역차별 사라져야".

민경배(2005), "사이버 폭력의 원인과 인터넷 실명제의 폐단과 대책", 〈인터넷실명제 심층진단 토론회 세미나자료〉.

민변 노동위원회(편저) (1999), 《노동조합 및 노동관계조정법》, 민주사회를 위한 변호사 모임.

민주노총(1997), "IMF 구제금융 조건과 과제".

______(1999), "99년 정세전망과 민주노총사업평가 및 사업방침수립을 위한 정책토론".

______(2003), 〈2002년 민주노총 조합원 생활실태·의식조사결과 보고서〉.

박도순(2004), "대학입학전형제도의 바람직한 개선방향", 〈공교육 정상화를 위한 대학입학선발제도와 평가체제의 패러다임 변화〉, 2004년도 교육혁신위원회·한국교육평가학회 공동개최 학술세미나.

박봉규·김용덕(2004), "한국의 외국인직접투자 지원정책이 투자의사 결정에 미치는 영향에 관한 실증분석", 〈한국무역학회〉 29(60): 125~146.

박은혜·김영욱(2007), "언론 프레이밍과 이미지회복 전략이 공중의 위기인식에 미치는 영향", 〈한국언론정보학보〉 38(2): 73~119.

박인상(2002), "노사정위원회 평가와 발전 방향", 〈2002년 국정감사자료집〉.

박재완(1997), "공공감사의 사회적 효익과 비용", 〈한국정책학회보〉 6(2): 221~245.

박통희·김동환(1992), "딜레마와 형식주의", 〈한국행정학보〉 25(4): 45~63.

박통희·김동환(1994), "딜레마와 형식주의", 이종범 외, 《딜레마이론: 조직과 정책의 새로운 이해》, 나남출판, 189~211쪽.

배귀희·차재권·홍희정(2005), "사회적 구성주의 관점에서 대표관료제에 대한 고찰: 여성공무원을 중심으로", 〈한국행정학회 춘계학술대회 발표논문〉.

배무기(1998), "노사분쟁의 유형과 그 대응과제: 노사분쟁으로 본 한국의 노사관계", 한국 경제학회 제8차 국제학술대회 발표논문.

배일섭(1996), "행정이념과 행정감사기준: 감사원 감사를 기준으로", 〈한국정책학회 발표문집: 21세기에 대비한 분야별 정책〉, 177~198쪽.

변희재(2005), "인터넷 실명제", 〈인터넷 실명제 민·당·정 간담회 자료집〉.

〈사회평론 길〉(1998), "최초의 상황, 최초의 대응", 1: 92~97.

______(1998), "2기 노사정위원회의 진로: 한국형 사회적 합의기구, 그 자체가 실험", 7: 112~117.

산업자원부 국회요구자료(2006a), 〈외국인투자유치 관련〉.

______(2006b), 〈기업 지방이전 관련〉.

______(2006c), 〈기업지방이전 지원제도 현황〉.

산업자원부 보도자료(1999), "수도권에 외국인투자 대기업 공장 신설 허용".

______(2006), "LG전자·팬택·한미약품·일동제약 수도권 내 공장증설 허용".

산업자원부 보도참고자료(2004), "수도권 첨단업종 대기업 공장증설 규제개선 추진: 산업집적활성화 및 공장설립에 관한 법률시행령 개정 입법 예고".

산업집적활성화 및 공장설립에 관한 법률시행령(〔일부개정 1998.12.31 대통령령 제15967호〕, 〔일부개정 2002.2.9 대통령령 제17515호〕, 〔일부개정 2003.6.30 대통령령 제18039호〕, 〔일부개정 2004.2.25 대통령령 제18292호〕, 〔일부개정 2005.5.26 대통령령 제18847호〕, 〔일부개정 2005.12.9 대통령령 제19169호〕, 〔일부개정 2003.6.30 대통령령 제18039호〕).

서경석(편저)(1999), 《새노동법: 신·구조문대비표》, 논문사.

서삼영(1996), "고도정보사회 구축을 위한 정보통신정책의 방향 모색", 한국언론학회·한국행정학회 공동심포지엄, 〈정보화와 정부, 언론의 역할〉, 23~43쪽.

______(1999), "국가정보화 촉진 지원과 향후 과제", 〈감사〉 61: 52~57.

서울경제(2007.1.4), "노무현 대통령, 수도권 공장증설 허용 않겠다".

서울신문(2004.7.27), "전경련 '대기업 역차별' 주장".

소영진(1993), "정책딜레마와 조직의 대응: 한국의 산업안전보건정책을 중심으로", 고려대학교 대학원 행정학과 박사학위논문.

______(1994), “딜레마와 패러독스”, 이종범 외, 《딜레마이론: 조직과 정책의 새로운 이해》, 나남출판, 45~75쪽.

______(1999), “딜레마 발생의 사회적 조건: 위천공단 설치를 둘러싼 지역갈등을 중심으로”, 〈한국행정학보〉 33(1): 185~205.

손창희(1998), “한국노동위원회의 심판(판정) 기능”, 〈노사분쟁해결제도의 발전방향〉, 국제 심포지엄 자료.

손태원(1998), “기업식 정부에 대한 기대: 성공적인 행정개혁을 위한 변화관리”, 〈한국행연구〉 7(2): 66~88.

송용회(2006), “미디어, 프레임, 현실구성 : 미디어 프레임 연구의 과제와 발전방향 모색을 위한 소고”, 〈프로그램/텍스트 13〉, 한국방송영상산업진흥원.

송위진(2000), “딜레마와 중간조직의 대응행동: 노총의 ‘사회적 합의’(1993~1995)”, 윤견수 외, 《딜레마와 행정》, 나남출판, 279~305쪽.

송희준(2004), “정부산하기관 경영평가의 제도화 분석”, 〈한국정책학보〉 13(5): 73~94.

신동아(1999), “협상 택한 한국노총, 투쟁 택한 민주노총”, 4: 200~211.

______(1999), “노사정위 탈퇴로 노동계 얻을 것 없다”, 4: 212~219.

안문석(1987), “우리나라에서의 정부규제 강화요인에 관한 연구”, 전국경제인연합회.

______(1996), “한국정부의 정보화 현황 및 과제”, 〈한국행정연구〉 5(3): 5~25.

______(1998), “정부개혁의 이슈”, 〈한국행정연구〉 7(2): 5~19.

______(2000), “딜레마의 정책적 활용: 딜레마 이론의 관점에서 본 한국의 핵외교정책의 방향”, 윤견수, 소영진, 김동환, 이종범 외, 《딜레마와 행정》, 나남출판, 115~139쪽.

______(2001), 《정부와 기업 그리고 시민사회》, 박영사.

______(2001), “신뢰사회 구축과 전자정부”, 〈행정포커스〉 2001년 7월, 한국행정연구원, 2~4쪽.

안병영(2007), “안병영 전 교육부총리 연세대 퇴임 고별강연”, 〈신동아〉.

안성민(2000), “제도의 변경과 딜레마”, 윤견수 외, 《딜레마와 행정》, 나남출판, 219~249쪽.

______(2001b), "신제도주의와 문화이론", 《정책과 제도의 문화적 분석》, 나남출판.

안혁근 · 김명환(2006), "대상집단에 대한 사회적 인식의 전환에 따른 정책변화: 성매매특별법을 대상으로", 〈한국행정학보〉 40(4): 460~490.

안해균(1986), "행정개혁의 '이론'화를 위한 시론: 개념과 접근방법", 〈행정논총〉 24(2): 1~16.

양길석(2006), "2008학년도 대학수학능력시험 점수체제(9등급제)에 대한 비판적 고찰", 〈한국교육학연구〉 12(2): 141~164.

양승목(1997), "언론과 여론: 구성주의적 접근", 〈언론과 사회〉 17(3): 6~40.

양정호(2007), "방폐장 부지선정정책과 보호된가치(PVs)의 역할: 부안, 경주간 방폐장 부지선정과정 비교를 중심으로", 〈한국행정학회 · 구미시 춘계공동학술대회 발표논문집〉.

양정혜(2001), "사회갈등의 의미 구성하기: 의료분쟁 보도의 프레임 분석", 〈한국언론학보〉 45(2): 284~315.

연합뉴스(2002. 11. 14), "경제단체, 경제특구법 국내기업 '역차별' 우려".

______(2007. 1. 25), "정부 구리배출 규제 '이중잣대' 논란".

염재호 · 박국흠(1992), "정책의 비일관성과 딜레마: 제6공화국 정책대응을 중심으로", 〈한국행정학보〉 25(4): 23~44.

염재호 · 박국흠(1992), "딜레마와 정책의 비일관성: 제6공화국의 정책대응", 《딜레마이론: 조직과 정책의 새로운 이해》, 나남출판, 157~185쪽.

오병일(2005), "인터넷 실명제", 〈인터넷실명제 민 · 당 · 정 간담회 자료집〉.

오석홍(1986), "행정개혁론", 〈행정논총〉 24(2): 88~111.

우 명(2003), 《세상너머의 세상》, 참출판사.

______(2005), 《하늘이 낸 세상구원의 공식》, 참출판사.

유민봉(1992a), "정책논변모형을 통한 이윤율규제의 대안분석", 〈한국행정학보〉 26(2): 493~520.

______(1992b), "정책결정의 논변모형에 의한 접근과 논변과정에서의 왜곡", 〈한국행정학보〉 25(4): 103~122.

______(1994), "정책분석틀로서 정책논변모형", 〈한국행정학보〉 28(4): 1175~1190.

유범상(2003), “외환위기 이후 노동정치와 사회적 대화: 등장, 전개, 해석”, 〈동향과 전망〉 56: 12~47.

유병국(2004), “이동전화 번호이동성 정책변경의 사례”, 〈한국정책학보〉 13(5): 1~16.

유병홍(2002), “민주노총 노사정 협의모델: 새로운 교섭틀 마련을 위하여”, 〈노동사회〉 65: 22~33.

윤견수(1992), “상징체계를 통해 본 조직의 변화과정”, 고려대학교 행정학 박사학위 논문.

______(1993), “조직의 딜레마에 대한 상징적 반응”, 〈한국행정학보〉 26(4): 1257~1280.

______(1997), “정당성의 논리와 중간조직의 딜레마”, 〈한국행정학보〉 31(2): 93~109.

______(2000), “정당성의 논리와 중간조직의 딜레마”, 윤견수 외, 《딜레마와 행정》, 나남출판, 253~277쪽.

______(2001), “선택상황의 구성방식과 의사결정자의 딜레마”, 〈한국정책학보〉 10(1): 5~30.

______(2003), “딜레마의 유형과 발생조건”, 〈충북행정학보〉 6: 137~153.

______(2005a), “한국행정학의 질적 연구방법에 대한 반성과 제안”, 〈한국행정학보〉 39(2): 1~22.

______(2005b), “공공 의사결정 상황을 이해하기 위한 개념적 장치로서 딜레마 이론이 가지는 의미”, 〈한국행정학회 2005년도 추계학술대회 발표논문집〉.

______(2006), “정부의 결정을 딜레마 상황으로 가게 하는 요인과 그에 대한 대응책에 관한 연구”, 한국행정연구〉 15(1): 71~100.

______ · 소영진 · 김동환 · 이종범 외(2000), 《딜레마와 행정》, 나남출판.

______ · 소영진 · 김동환 · 이종범(2000), “딜레마이론과 조직이론의 서평에 대한 몇 가지 보완점”, 〈사회과학논평〉 20: 85~89.

______ · 하민철(2005), “전자정부의 딜레마: 정책의 메타포와 스토리텔링의 관점에서”, 〈한국조직학회보〉 2(1): 73~99.

윤동윤(2001), “4반세기 정보화 추진의 역사와 우리의 과제”, 〈정보화저널〉 8(2).

이강노(1999), "한국에서 진보적 노동운동의 성장과 민주주의 공고화의 진행: 1990~1999". 〈한국정치학회보〉 33(4): 133~156.

이경우(1999), "심판제도의 운영상의 문제점 및 개선방안", 〈노동위원회 조정·심판제도의 개선방안〉, 중앙노동위원회 '99정책토론자료.

이경희·권순만(2004), "의약분업정책: 이익집단의 영향과 정책과정의 교훈", 〈한국정책학보〉 13(5): 255~279.

이문영·윤성식(1995), 《재무행정원론》, 학현사.

이미홍(2005), "한국수자원정책의 합리성: 댐정책을 중심으로", 〈한국사회와 행정연구〉 16(1): 253~274.

이민창(2005), "정책갈등 현상의 제도론적 분석: NIMBY 사례를 중심으로", 〈한국정책학보〉 14(1): 71~96.

이영면(1998), "한국의 분쟁조정제도", 〈노사분쟁해결제도의 발전방향〉, 국제심포지엄 자료.

이영철(1999), "재편의 정치와 노동의 재편: 발전적 권위주의 국가 노동정책의 원형", 〈한국행정학보〉 33(1): 279~294.

이정식(2003), "노사정위원회에 대한 한국노총의 입장", 〈노동사회〉 76: 37~42.

이준웅(2000), "프레임, 해석 그리고 커뮤니케이션 효과", 〈언론과 사회〉 29: 85~152.

이종범(1986), 《국민과 정부관료제》, 고려대학교 출판부.

______(1988), "다원화시대에 있어서 행정의식의 문제점", 전경련 편, 《제6공화국과 정부규제 합리화 추진방향》.

______(1990), "정책딜레마와 상징적 행동", 《소정 이문영교수 정년기념논문집》, 법문사, 368~389쪽.

______(1994), "딜레마와 상징적 행동", 이종범 외, 《딜레마이론: 조직과 정책의 새로운 이해》, 나남출판, 213~235쪽.

______(1995), "딜레마 확률과 제도적 대응: 서울시 도시재개발사업을 중심으로", 〈한국행정논집〉 7(2): 1~21.

______(1996a), "행정개혁과 저항: 행정쇄신위원회의 3년간 활동을 중심으로", 〈행정과 정책〉 2: 157~173.

______(1996b), "딜레마 확률과 제도적 대응: 서울시 도시재개발 사업을

중심으로", 〈한국행정논집〉 7(2): 1~21.
______(1999), "개혁의 딜레마와 조직의 제도적 대응: 행정쇄신위원회의의 조직화 규칙과 전략", 〈정부학연구〉 5(1): 185~227.
______(2005a), "불확실성, 모호성과 딜레마 상황하에서 절차적 합리성의 탐색", 〈행정논총〉 43(4): 1~27.
______(2005b), "선택의 어려움과 절차적 합리성: 불확실성, 애매성과 딜레마", 서울대학교 철학사상연구소 발표논문.
______·안문석·이정준·윤견수(1992), "정책분석에 있어서 딜레마 개념의 유용성", 〈한국행정학보〉 25(4): 3~22.
______·안문석·염재호·박통희 외(1994), 《딜레마이론: 조직과 정책의 새로운 이해》, 나남출판.
______·윤견수(2000), "정부의 딜레마에 대한 제도적 해결장치의 연구: 노동위원회의 분쟁조정제도의 변천을 중심으로", 〈한국정치학회보〉 34(3): 149~171.
이종훈(1998), "새로운 고용관계와 노동분쟁조정 제도의 개선방안", 〈노사분쟁해결제도 발전방향〉, 국제 심포지엄 자료.
이해명(2005), 《한국의 교육개혁은 왜 실패하였는가?》, 교육아카데미.
임상훈(2003), "노사정위원회를 둘러싼 노·사·정의 전략과 활동전망", 〈동향과 전망〉 56: 77~109.
______·조성재·유범상·장홍근(2002), 《노사정위원회 활동평가 및 발전방안에 관한 연구》, 한국노동연구원.
임현진·김병국(1993), "민주화 과정에서의 국가·자본·노동관계의 한국적 현실", 최장집·임현진 편, 《시민사회의 도전》, 나남출판. 139~200쪽.
임희섭(1999), 《집합행동과 사회운동의 이론》, 고려대학교 출판부.
장지호(2004), "출자총액제한제도의 변동 연구: 공정거래위원회와 재정경제부의 상반된 신념체계를 중심으로", 〈한국정책학보〉 13(3): 169~196.
재정경제부(1998), 〈외국인 투자유치촉진 종합대책〉.
전영한(2004), "공공조직의 목표모호성: 개념, 측정 그리고 타당화", 〈한국행정학보〉 38(5): 49~65.

전자신문(1998. 1. ~ 2003. 3.).
전자정부특별위원회(2001), “세계일류국가 도약을 위한 전자정부구현 전략”, 전자정부특위보고자료(2001년 5월).
정보통신부(2007), 〈정보통신망법 시행령 및 시행규칙 개정(안) 공청회 자료집〉.
정부간행물제작소(1998a), 〈국민의 정부 이렇게 일하겠습니다〉, 정부간행물제작소.
______(1998b), 〈국난극복의 출발: 국민의 정부 출범 100일〉, 정부간행물제작소.
정재황 외(2002), “사이버 공간 상의 표현의 자유와 그 규제에 관한 연구”, 〈헌법재판소 연구보고서〉.
정정길(2002a), “행정과 정책연구를 위한 시차적 접근방법: 제도의 정합성 문제를 중심으로”, 〈한국행정학보〉 36(1): 1~19.
______(2002b), “정책과 제도의 변화과정과 인과법칙의 동태적 성격: 시차적 접근방법을 위한 제언”, 〈한국정책학회보〉 11(2): 255~272.
______ · 최종원 · 이시원 · 정준금(2004), 《정책학원론》, 대명출판사.
정정화(2006), “환경정책과정에서 NGO의 미디어전략과 언론보도 내용분석: 새만금간척사업을 중심으로”, 〈한국행정논집〉 18(4): 1081~1101.
______(2007), “부안사태에 대한 미디어 프레임 분석”, 〈한국행정학회 춘계 학술대회 발표논문집〉.
정철희(1995), “한국의 민주화운동의 사회적 기원: 미시동원맥락과 프레임의 형성”, 〈한국사회학〉 29: 501~532.
______(1996), “중위동원과 6월항쟁: 사회운동조직의 구조적 · 문화적 통합”, 〈한국사회학〉 30: 65~87.
정충식(1997), 《전자정부론》, 녹두.
______(2001), “전자정부법 제정에 따른 문제점”, 함께하는 시민행동 토론회(2001. 5. 11), 〈전자정부구현을 위한 방안과 과제〉, 37~59쪽.
조경호 · 주재복(1994), “딜레마적 정책결정 상황하의 정부의 전략적 대응과 선택에 관한 연구: 쌀시장 개방정책을 중심으로”, 〈한국행정연구〉 3(1): 1144~1169.

조선일보(1999. 2. 20), “노사정위에 남아있을 의미 없다”, 2면.

______(1999. 2. 25), “경제에 악영향, 경총-전경련 비난”, 1면.

주경일(2002), “폐기물 처리시설의 입지갈등 문제에 대한 인지적 접근: 집단프레임의 관점에서”, 〈정부학연구〉 8(2): 336~369.

______·최흥석·주재복(2004), “프레임 분석을 통한 수자원 갈등 각 이해집단의 의미구성 이해: 한탄강댐 건설사례를 중심으로”, 〈행정논총〉 41(4): 193~221.

주선미(2003), “환경정의운동과 지역정책 과정: 공론장 모형에 의한 사례분석”, 〈한국행정학보〉 37(3): 139~157.

______·한인숙(2002), “공론장과 지방정치: 고양시 러브호텔 건립 저지 사례를 중심으로”, 〈한국행정학보〉 36(1): 275~295.

중앙노동위원회(1998), 〈노동위원회 연보〉.

______(1997~1999), 〈중앙노동위원회자료집〉.

중앙일보(2007. 1. 25), “하이닉스 이천공장 증설 결국 불발”.

진영환·이동우·김광익(2001), “수도권공장입지 규제실태와 개선방안: 공장총량제를 중심으로”, 국토연구원.

차미숙·정윤희(2002), “외국인직접투자기업의 유형별 입지특성과 지역연계 연구”, 국토연구원.

최병선(1992), 《정부규제론》, 법문사.

최성모(1994), “산업전보건규제의 도덕성 회복을 위한 제언: 근로자의 전과 보건 대 기업의 생산성”, 이종범 외. 《협동사회의 정착과 정부의 역할》, 집문당, 119~166쪽.

______·소영진(1993), “산업재해 현실과 산업전보건규제 완화의 문제점”, 〈한국행정학보〉 27(2): 517~537.

최영기·김준·노중기·유범상(1999), 《한국의 노사관계와 노동정치(1): 87년 이후 사회적합의를 중심으로》, 한국노동연구원.

최장집(1993), “한국노동계급의 정치적 세력화 문제, 1987~1992”, 최장집·임현진 편, 《시민사회의 도전》, 나남출판. 109~138쪽.

최장집(1996), “정치적 측면에서 본 한국노동운동사”, 고려대학교 노동대학원 광복50주년 기념학술세미나.

최종원(1995), “합리성과 정책연구”, 〈한국정책학회보〉 4(2): 131~160.

최진욱(2002), “규제연구에 대한 제도주의적 접근”, 〈정부학 연구〉 8(2): 144~180.

최흥석 · 윤견수(2000), “딜레마 상황에서의 의사결정 행동”, 윤견수 외, 《딜레마와 행정》, 나남출판. 29~53쪽.

통계청 통계정보시스템, http://kosis.nso.go.kr/.

하민철 · 윤견수(2004), “행위자들의 양면적 상황설정과 딜레마 그리고 제도화: 노사정위원회의 제도화과정을 중심으로”, 〈한국행정학보〉 38(4): 63~84.

하연섭(2006), “사회의사결정구조의 개선: 담론구조와 틀짓기 개념을 중심으로”, 〈한국행정학회 동계학술대회 발표논문집〉.

하종욱 · 최귀련(2003), “외국인직접투자의 동태적 특성 및 영향요인에 관한 연구”, 〈국제통상연구〉 8(1): 25~51.

한겨레21(1998.5.7), “이기호 노동부 장관 인터뷰”.

______(1998.10.1), “노사정위에 대한 노동계의 이중적 시각”.

______(2001.1.30), “문제는 중장기 전략과 비전”.

한겨레신문(1998.2.6), “두 노총 협상팀에 위임 뒤 급진전”, 3면.

______(1998.2.7), “노사정 대타협 환영 반 우려 반”, 1, 3면.

______(1998.5.25), “불만폭발 강경입장 속 여론감안 협상참여론 고개”, 2면.

______(1998.5.26), “‘노사정 합의 공수표’ 불신고조”, 1면.

______(1998.5.26), “공공부문 개혁난항”, 2면.

______(1998.6.17), “몇몇 장관 직접 거론 야단쳐”, 2면.

______(1998.6.30), “양대 노총 금융, 공공부문 일방구조조정 거센 반발”, 2면.

______(1998.7.11), “정부 양보 없으면 무기한 철수”, 1면.

______(1998.7.30), “두 노총 복귀합의 무시해도 돼”, 2면.

______(1998.7.30), “당-정 갈등 개혁의 ‘덫’으로”, 5면.

______(1998.9.10), “기대가 크니 실망도 크다: 2기 노사정위 출범 100일”, 25면.

______(1998.11.20), “민주노총 조직혁신 착수”, 5면.

______(1999.1.14), “관료들 노사정위 따돌린다”, 26면.

______(1999.1.20), “김대통령 ‘노사정 적극협력’”, 4면.

______(1999. 2. 21), "노동계 노사정탈퇴 논의 재계-정부 24일 회동", 4면.
______(2004. 1. 17), "'이수호 체제' 출범배경과 전망", 5면.
한국경제(1999. 12. 2), "외국인투자유치정책, 국내기업에 역차별 요인".
______(1999. 7. 28), "시장개방, 외자도입 과정서 국내기업 역차별 … 전경련 주장".
______(2000. 3. 4), "대기업 역차별 시정돼야".
______(2000. 5. 11), "국내기업 역차별 사례".
______(2003. 10. 16), "고 총리, 수도권 규제 합리적으로 풀겠다".
______(2003. 2. 4), "盧 수도권 규제 안풀어".
______(2003. 2. 7), "수도권지역 규제에서 관리로", 노당선자, '동북아 중심국가' 국정토론회.
______(2003. 5. 21), "수도권 공장증설 놓고 역차별 논란".
______(2003. 5. 31), "노대통령, 수도권 규제 과감히 풀겠다".
______(2003. 8. 29), "노대통령, 수도권규제 긴급현한 우선해결".
______(2004. 1. 31), "과도한 수도권투자 규제 정비 … 이희범 산자".
______(2004. 10. 29), "이총리, 수도권 규제완화 전면 재검토".
______(2004. 2. 21), "노대통령, 대책 없이 수도권 규제완화 안해".
______(2005. 11. 24), "수도권 공장 규제완화 꼬인다".
______(2005. 12. 6), "성 위원장, 수도권 규제완화 불가피".
______(2005. 11. 4), "정부, 수도권 공장설립규제 완화 발표 예정".
______(2005. 5. 13), "수도권 규제 논란 2라운드 … 외투기업 OK. 대기업은 NO?".
______(2005. 5. 15), "수도권 국내기업 역차별 언제까지".
______(2005. 9. 15), "수도권 공장신축 규제 2012년까지 안 푼다".
______(2006. 11. 14), "권부총리, 수도권 규제 재검토해야 … 하이닉스 증설 허용여부 주목".
______(2006. 7. 21), "권부총리, 수도권 공장 신·증설 규제 안 푼다".
______(2006. 8. 29), "권부총리, 수도권 규제 내년 대폭 완화".
______(2007. 1. 29), "김 산자, 수도권투자, 꼭 필요한 것은 허용".
한국경제신문(2007. 1. 25), "하이닉스 '이천불허' 처리과정 문제투성이 …".
한국인터넷기업협회(2005), "안전한 인터넷 구현을 위한 인터넷기업 자율규제 Action Plan".
한국전산원(1997), "정보화시대의 행정서비스와 행정체제 개선방안 연구: 전자정부의 전략적 구축을 위한 핵심과제와 방향".
한상희(1999), "음란물 규제법제와 통신실명제", 〈정보법학〉 3: 370~374.
______(2003), "사이버공간에서의 익명성과 책임", 〈CLIS Monthly〉, 정보통신정책연구원.
한석수(2005), 《교육정책의 나비효과를 꿈꾸며》, 아르케.
허경미(2006), "인터넷 게시판 실명제 관련법의 정비방향에 관한 연구", 〈형사정책연구〉 17(2), 한국형사정책연구원.
홍성만(2002), "정부와 비정부조직(NGO)의 정책경쟁과 합의형성과정", 〈한국행정학보〉 36(1): 21~40.
홍완식(2006), "인터넷실명제 관련 법률안의 입법원칙에 따른 검토", 〈토지공법연구〉 31: 285~308.
황종성(1998), "전자정부 구현의 정치적 쟁점: 정보관리 패러다임의 변화를 중심으로", 〈정보화저널〉.
황승흠(2005), "제한적 본인확인제 도입을 위한 정보통신망법 개정방안", 〈건전한 사이버환경 조성을 위한 정보통신망법 개정(안) 공청회〉.
황용석(2005), "인터넷게시판 실명제에 대한 비판적 연구: 익명적 표현의 권리를 중심으로", 〈언론과 사회〉 15(2): 97~130 .
Gallup(2004), 〈2004년 외국인 투자기업 경영/생활환경 애로조사 보고서〉.
Kotra · InvestKora(2006), 〈2006년 외국인 투자기업 경영환경 애로조사 보고서〉.
Money Today(2007. 1. 25), "2003년 동부전자와 2007년 하이닉스".
교육인적자원부, http://www.moe.go.kr.
경향신문, http://www.khan.co.kr.
Google 뉴스검색, http://news.google.co.kr.
국민일보, http://www.kukinew.com.
동아일보, http://www.donga.com.
문화일보, http://www.munhwa.com.
매일경제, http://www.mk.co.kr.
오마이뉴스, http://www.ohmynews.com.

인터넷검열공대위, http://www. freeinternet. org.
조선일보, http://www. chosun. com.
중앙일보, http://www. joins. com.
진보네트워크, http://www. jinbo. net.
한겨레신문, http://www. hani. co. kr.

Abolafia, M. Y. and Kilduff, M. (1988), "Enacting Market Crisis: The Social Construction of a Speculative Bubble", *Administrative Science Quarterly* 33(2): 177~193.

Adler, P. S., Goldoftas, B. and Levine, D. I. (1999), "Flexibility versus Efficiency? A Case Study of Model Changeovers in the Toyota Production System", *Organization Science* 10(1): 43~68.

Baldwin, R., Scott, C. and Hood, C. (1998), "Introduction", in R. Baldwin, C. Scott and C. Hood(eds.), *A Reader on Regulation*, Oxford: Oxford University Press.

Baron, J. (1997), "Biases in the Qualitative Measurement of Values for Public Decisions", *Psychological Bulletin* 112(1): 72~88.

______(1999), "Utility Maximization as a Solution: Promise, Difficulties, and Impediments", *American Behavioral Scientist* 42(8): 1301~1321.

______ and Spranca, M. (1997), "Protected Values", *Organizational Behavior and Human Decision Processes* 70(1): 1~16.

Bartunek, J. M. (1984), "Changing Interpretive Schemes and Organizational Restructuring: The Example of a Religious Order", *Administrative Science Quarterly* 29(3): 355~372.

______(1988), "The Dynamics of Personal and Organizational Reframing", in Quinn, Robert E. and Kim S. Cameron(eds.), *Paradox and Transformation: Toward a Theory of Change in Organization and Management*, Cambridge: Balinger, pp. 137~162.

Bazerman M. H., Moore, D. A. and Gillespie, J. J. (1999), "The

Human Mind as a Barrier to Wiser Environmental Agreements", *American Behavioral Scientist* 42(8): 1277~1300.

Becker, G. A. (1983), "A Theory of Competition Among Pressure Group for Political Influence", *The Quarterly Journal of Economics* 98(3): 371~400.

Benford, R. D. and Snow, D. A. (2000), "Framing Process and Social Movement: An overview and Assessment", *Annual Review of Sociology* 26: 611~639.

Benson, J. K. (1977), "Organizations: A Dialectical View", *Administrative Science Quarterly* 22(1): 1~22.

Bently, A. F. (1967), *The Process of Government*, Cambridge, Mass: Belknap Press of Harvard University Press; first published 1908.

Berger, P. and Luckmann, T. (1967), *The Social Construction of Reality*, Garden City, N.Y.: Anchor Books.

Biggart, N. W. and Baldridge, R. (2004), "System of Exchange", *Academy of Management Review* 29(1): 28~49.

Biggart, N. W. and Hamilton, G. G. (1984), "The Power of Obedience", *Administrative Science Quarterly* 29(4): 540~549.

Bogt, H. J. ter and Helden, G. J. van (2000), "Accounting Change in Dutch Government: Exploring the Gap between Expectations and Realizations", *Management Accounting Research* 11(2): 263~279.

Bolman, Lee G. and Terrence E. Deal (1991), *Reframing Organizations: Artistry, Choice, and Leadership*, San Francisco: Jossey-Bass Publishers.

Boudon, R. (2003), "Beyond Rational Choice Theory", *Annual Review of Sociology* 29: 1~21.

Boulding, K. E. (1962), *Conflict and Defense: A General Theory*, Lanham, MD: University Press of America.

Buhler, W. (1979), "The Origins and Costs of Regulation", in G. David Hughes and E. Cameron Williams (eds.), *The Dialogue That*

*Happened: Proceeding of Workshop on the Private Cost of Regulation*, Cambridge, Mass: Marketing Science Institute.

Burrell, G. and Morgan, G. (1982), *Sociological Paradigms and Organizational Analysis*, 윤재풍 역, 《사회과학과 조직이론》, 박영사.

Caiden, G. E. (1969), *Administrative Reform*, Chicago: Aldine〔안해균(1986)에서 재인용〕.

Cameron, K. S. (1986), "Effectiveness as Paradox: Consensus and Conflict in Conceptions of Organizational Effectiveness", *Management Science* 32: 539~553.

Chauhan, D. S. (1994), "Managing Public Labor Disputes: Conflict Resolution in Collective Bargaining", in Jack Rabin, Thomas Vocino, W. Bartley Hildreth, and Gerald J. Miller(eds.), *Handbook of Public Sector Labor Relations*, New York: Marcel Dekker, Inc., pp. 183~232.

Choi, H. S. and Yoon, Gryonsoo(1997), "Decision Making Under Dilemma: A Neglected Dimension", Proceeding paper presented to the 58th ASPA Conference, Philadelphia, USA, July.

Christine, S. L. and Baron, J. (2005), "Protected Values in Malaysia, Singapore, and the United States", http://www.sas.upenn.edu/~baron/lim.htm.

Coase, R. H. (1937), "The Nature of Firm", *Economica* 4(16): 386~405

______(1960), "The Problem of Social Cost", *Journal of Law and Economics* 3: 1~44.

______(1988), *The Firm, the Market and the Law*, Chicago: The University of Chicago Press.

Colins, D. (1989), "Organizational Harm, Legal Condemnation and Stakeholder Retaliation: A Typology, Research Agenda and Application", *Journal of Business Ethics* 8: 1~13.

Coser, L. A. (1968), "Conflict: Social Aspects", *International Encyclopedia of Social Sciences* 3: 231~236, New York: Crowell

Collier and Macmillan, Inc.

Covaleski, K. S. and Dirsmith, M. W. (1988), "An Institutional Perspective on the Rise, Social Transformation, and Fall of a University Budget Category", *Administrative Science Quarterly* 33 (4): 562~587.

Cyert, R. M. and March, J. G. (1963), *A Behavioral Theory of the Firm*, Englewood Cliffs: Prentice-Hall.

Daft, R. and Weick, K. E. (1984), "Toward a Model of Organizations as Interpretation System", *Academy of Management Review* 9(2) 284~295.

Dahrendorf, R. (1959), *Class and Class Conflict in Industrial Society*, Stanford, CA: Stanford University Press.

Dandridge, Thomas C. (1983), "Symbols' Function and Use", In Louis R. Pondy, Peter J. Frost, Gareth Morgan, and Thomas C. Dandridge (eds.), *Organizational Symbolism*, Greenwich, Conn: JAI Press.

Danneels, E. (2003), "Tight-Loose Coupling with Customers: The Enactment of Customer Orientation", *Strategic Management Journal* 24(6): 559~576

Diesing, P. (1962), *Reason in Society*, Urbana: Univ. of Illinois.

Duncan, R. B. (1972), "Characteristics of Organizational Environments and Perceived Environmental Uncertainty", *Administrative Science Quarterly* 17(3): 313~327.

Edelman, M. (1977), *Political Language: Words that Succeed and Policies that Fail*, New York: Academic Press.

Elder, C. D. and Cobb, R. W. (1983), *The Political Uses of Symbols*, New York: Longman Inc.

Farmer, D. J. (1995), *The Language of Public Administration: Bureaucracy, Modernity, and Postmodernity*, Tuscaloosa: University of Alabama Press, 《행정학의 언어》, 강신택 역, 박영사.

______ (2000), "The Ladder of Organization-Think: Beyond Flatland",

*Administrative Theory and Praxis* 22(1): 66~88.

Fiske, A. P. and Tetlock, P. E. (1997), "Taboo Trade-Offs: Reactions to Transactions That Transgress the Spheres of Justice", *Political Psychology* 18(2): 255~297.

Flannery B. L. and May, D. R. (2000), "Environmental Ethical Decision Making in the U.S. Metal-Finishing Industry", *Academy of Management Journal* 43(4): 642~662.

Flick, U. (1992), "Triangulation Revisited: Strategy of Validation or Alternative?" *Journal for Theory of Social Behaviour* 22: 175~198.

Forester, J. (1984), "Bounded Rationality and the Politics of Mudding Through", *Public Administration Review* 44(1): 23~31.

Fox, C. J. and Miller, H. T. (1996), *Postmodern Public Administration: Toward Discourse*, London: Sage.

French, W. and Allbright, D. (1998), "Resolving a Moral Conflict through Discourse", *Journal of Business Ethics* 17(2): 177~194.

Gabriel, Y. (2000), *Storytelling in Organizations, Facts, and Fantasies*, New York: Oxford University Press.

Galbraith, J. R. (1973), *Designing Complex Organizations*, Massachusetts : Addison-Wesley Publishing Company.

______(1977), *Organization Design*, Reading: Addison-Wesley.

Gamson, W. A. (1998), "A Constructionist approach to Mass Media and Public Opinion", *System Interaction* 11: 161~174.

Gardner, Martin(1990), 〈이야기 파라독스〉 이충호 역, 사계절.

Gardner, W. L. and Martinko, M. J. (1988), "Impression Management in Organization", *Journal of Management* 14(2): 321~338.

Gerhart, P. F. (1994), "Maintenance of the Union-Management Relationship", in Jack Rabin, Thomas Vocino, W. Bartley Hildreth, and Gerald J. Miller(eds.), *Handbook of Public Sector Labor Relations*, New York: Marcel Dekker, Inc, pp. 97~132.

Goffman, E. (1959). *The Presentation of Self in Everyday Life*, Garden City: N.Y.: Doubleday Anchor.

Goffman, F. (1974). *Frame Analysis: An Essay on the Organizational Experience*, New York: Harper and Row.

Gresov, C. and Drazin, R. (1997), "Equifinality: Functional Equivalence in Organization Design", *Academy of Management Review* 22(2): 403~428.

Gomez, P. and Jones, A. C. (2000), "Conventions: An Interpretation of Deep Structure in Organizations", *Organization Science* 11(6): 696~708.

Hall, C. S. and Lindzey, G. (1978), *Theories of Personality*, New York: John Wiley and Sons.

Hammond, J. S., Keeney, R. L. and Raiffa, H. (1998), "The Hidden Traps in Decision Making", *Harvard Business Review* 76(5): 47~58.

Harrison, G. W. and McKee, M. (1985), "Experimental Evaluation of the Coase Theorem", *Journal of Law and Economics* 28(3): 653~670.

Hassard, J. and Martin, P. (eds.) (1993), *Postmodernism and Organizations*, London: Sage.

Hatch, M. J. (1997), *Organization Theory: Modern, Symbolic, and Post-modern Perspectives*, New York, NY: Oxford University Press.

______ and Sanford, B. E. (1993), "Spontaneous Humour as an Indicator of Paradox and Ambiguity in Organizations", *Organization Studies* 14(4): 539~560.

Hoffman, E. and Matthew, L. S. (1982), "The Coase Theorem: Some Experimental Tests", *Journal of Law and Economics* 25(1): 73~98.

Holmes, Douglas(2001), *e-Gov: eBusiness Strategies for Government*, London: Nicholas Brealey Publishing.

Hummel, R. P. (1991), "Stories Managers Tell: Why They are as Valid as Science", *Public Administration Review* 51(1): 31~41.

Jones, E. E. and Pittman, T. S. (1982), "Toward a General Theory of

Strategic Self-Presentation", In Jerry M. Suls (eds.), *Psychological Perspectives on the Self*, Vol. 1: 231~262, Hillsdale, NJ: Lawrence Erlbaum Associates.

Jones, T. M. (1991), "Ethical Decision Making by Individuals in Organizations: An Issue-Contingent Model", *Academy of Management Review* 16(2): 366~395.

Jordan, W. A. (1972), "Producer Protection, Prior Market Structure and the Effects of Government Regulation", *Journal of Law and Economics* 15(1): 151~176.

Jordana, J. and Faur. D. L(2004), "The Politics of Regulation in the Age of Governance", in Jordana, J. and D. Levi Faur(eds.), *The Politics of Regulation: Institutions and Regulatory Reforms for the Age of Governance*, Cheltenham, UK: Northampton.

Kahneman, D. and Tversky, A. (1979), "Prospect Theory: An Analysis of Decision under Risk", *Econometrica* 47(2): 263~291.

______ and ______(1984), "Choices, Values, and Frames", *American Psychologist* 39(4): 341~350.

Kesting, S. (1998), "A Potential for Understanding and the Interference of Power: Discourse as an Economic Mechanism of Coordination", *Journal of Economic Issues* 32(4): 1053~1078.

Kidder, L., and Judd, C. M. (1986), *Research Methods in Social Relations* (5th ed.), New York: Holt, Rinehart and Winston.

Krasner, S. D. (1988), "Sovereignty: An Institutional Perspective", *Comparative Political Studies* 21(1): 66~94.

Langer, Susanne K. (1957), *Philosophy in A New Key: A Study in the Symbolism or Reason, Rite, and Art*, Cambridge, MA: Harvard University Press.

Leary, M. R. and Kowalski, R. M. (1990), "A Literature Review and Two-Component Model", *Psychological Bulletin* 107(1): 34~47.

Lee, A. S. (1991). "Integrating Positivist and Interpretive Approaches to Organizational Research", *Organization Science* 2(4): 342~365.

Lichtenstein, S., Robin, G., Paul S. and Willem, A. (1990), "When Lives Are in Your hands: dilemmas of the Societal Decision Maker", In Robin M. Hogarth (eds.), *Insights in Decision Making*, Chicago: The University of Chicago Press.

Lindblom, C. E. (1959), "The Science of 'Muddling Through'", *Public Administration Review* 19(2): 79~88.

______(1965), *The Intelligence of Democracy*, New York: Macmillan.

March, J. G. (1978), "Bounded Rationality, Ambiguity, and the Engineering of Choice", *Bell Journal of Economics* 9(2): 587~608.

______ and Simon, H. A. (1958), *Organizations*, New York: Wiley.

______ and Olsen, J. P. (1976), *Ambiguity and Choice in Organizations*, Bergen: Universitetforlaget.

Meyer, J. W. (1992), "Conclusion: Institutionalization and the Rationality of Formal Organizational Structure", In John W. Meyer and W. Richard Scott. (eds.), *Organizational environments: Ritual and rationality*, Newbury Park: Sage, pp. 262~282.

Mitnick, B. M. (1980), *The Political Economy of Regulation*, New York: Columbia University Press.

Mosher, F. C. (1967), *Governmental Reorganizations: Cases and Commentary*, Indianapolis: Bobbs Merrill Co. (안해균[1986]에서 재인용).

Mumby, D. K. (1988), *Communicationa and Power in Organizations: Discourse, Ideology, and Domination*, Norwood: Ablex Publishing Corporation.

Muray, Edward J. (1968), "Conflict: Psychological Aspects", *International Encyclopedia of Social Sciences* 3: 220~226, New York: Crowell Collier and Macmillan, Inc.

Nadar, Laura (1968), "Conflict: Anthropological Aspects", *International Encyclopedia of Social Sciences* 3: 236~242, New York: Crowell Collier and Macmillan, Inc.

North, D. G. (1981), *Structure and Change in Economic History*, New York: Norton.

______(1990), *Institutions, Institutional Change and Economic Performance*, Cambridge: Cambridge University Press, 《제도, 제도변화, 경제적 성과》, 이병기 역(1996), 자유기업센터.

North, R. C. (1968), "Conflict: Political Aspects", *International Encyclopedia of Social Sciences* 3: 226~231, New York: Crowell Collier and Macmillan, Inc.

Oliver, C. (1991), "Strategic Responses to Institutional Processes", *Academy of Management Review* 16(1): 145~179.

Peltzman, S. (1976), "Toward A More General Theory of Regulation", *Journal of Law and Economics* 19(2): 211~240.

______(1989). *The Economic Theory of Regulation after a Decade of Deregulation*, Washington, D.C.: Brookings Institution.

Peters, Thomas J. and Robert H. Waterman, Jr. (1982), *In Search of Excelence: Lessons from America's Best-run Companies*, New York: Warner Books.

Pfeffer, J. and Salancik, G. R. (1978), *The External Control of Organizations: A Resource Dependence Perspective*, New York: Harper and Row.

Poole, M. S. and Van de Ven, A. H. (1989), "Using Paradox to Build Management and Organization Theories", *Academy of Management Review* 14(4): 562~578.

Posner, R. A. (1971), "Taxation by Regulation", *Bell Journal of Economics and Management Science* 2(1): 22~50.

Quinn, R. E. (1988), *Beyond Management: Mastering the Paradoxes and Competing Demands of High Performance*, San Francisco: Jossey-Bass.

______ and Cameron, K. S. (eds.) (1988), *Paradox and Transformation: Toward a Theory of Change in Organization and Management*, Cambridge, Mass: Ballinger Publishing Company.

Radner, R. (1975a), "A Behavioral Model of Cost Reduction", *Bell Journal of Economics* 6(1): 196~215.

______(1975b), "Satificing", *Journal of Mathematical Economics* 2: 253~262.

Ranson, S., B. H., and Greenwood, R. (1980), "The Structuring of Organizational Structures", *Administrative Science Quarterly* 25(1): 1~17.

Rindova, V. P. and Kotha, Suresh (2001), "Continuous Morphing: Competing Through Dynamic Capabilities, Form and Function", *Academy of Management Journal* 44(6): 1263~1280.

Ritov, I. and Baron, J. (1999), "Protected values and omission bias", *Organizational Behavior and Human Decision Processes* 79(2): 79~94.

Rosenbloom, D. H. (1986), *Public Administration: Understanding Management, Politics, and Law in the Public Sector*, New York: Random House, Inc.

Scheid-Cook, T. L. (1992), "Organizational Enactments and Conformity to Environmental Prescriptions", *Human Relations* 45(6): 537~554.

Scheufele, D. A. (1999). "Framing as a theory of media effects", *Journal of Communication* 49(1): 103~122.

______(2000). "Agenda-setting, priming, and framing revisited: Another look at cognitive effects of political communication", *Mass Communication and Society* 3(2 and 3): 297~316.

Schon, D. (1979), "Generative Metaphor: A Perspective on Problem-setting in Social Policy", In A. Ortony(ed.), *Metaphors and Thought*, Cambridge: Cambridge University Press, pp. 248~283.

Sementelli, A. J. and Herzog, R. J. (2000), "Framing Discourse in Budgetary Processes: Warrants for Normalization and Conformity", *Administrative Theory and Praxis* 22(1): 105~116.

Senge, P. et al., (1994), *The Fifth Discipline Fieldbook*, 《학습조직의 다

섯 가지 수련》, 박광량·손태원(공역), 21세기북스.

Siggelkow, N. (2002), "Evolution Toward Fit", *Administrative Science Quarterly* 47(1): 125~159.

Simon, H. A. (1955), "A Behavioral Model of Rational Choice", *The Quarterly Journal of Economics* 69(1): 99~118.

______(1956), "Rational Choice and the Structure of Environment", *Psychological Review* 63: 129~138.

______(1972), "Theories of Bounded Rationality", In C. B. McGuire and Roy Radner(eds.), *Decision and Organization*, pp. 161~171, Amsterdam : North-Holland Pub, Co.

______(1976), "From Substantive Rationality to Procedural Rationality", In S. J. Latsis(eds.), *Method and Appraisal in Economics*, Cambridge: Cambridge University Press, pp. 129~148.

______(2005), *Administrative Behavior*, 《관리행동론: 조직의 의사결정연구》, 이시원 역, 금정.

______(1976), *Administrative Behavior* (4th ed.), New York: Free Press.

Singer, E. A. and Wooten, L. M. (1976), "The Triumph and Failure of Albert Speer's Administrative Genius: Implications for Current Management Theory and Practice", *Journal of Applied Behavioral Science* 23(1): 79~103.

Smircich, L. (1983), "Implications for Management Theory", in Linda L. Putnam and Michael E. Pacanowsky(eds.), *Communication and Organizations: An Interpretative Approach*, pp. 221~241, Beverly Hills: Sage Publishers.

______ and Stubbart, C. (1985), "Strategic Management in an Enacted World", *Academy of Management Review* 10(4): 724~736.

Stake, R. E. (1998), "Case Studies", in Denzin, Norman K. and Lincoln Yvonna S. (eds.), *Strategies of Qualitative Inquiry*, Sage Publication, Inc, pp. 86~109.

Stigler, G. J. (1971), "The Theory of Economic Regulation", *Bell Journal of Economics and Management Science* 2: 3~21.

Stivers, C. (2000), "Public Administration Theory as Discourse", *Administrative Theory and Praxis* 22(1): 132~139.

Stone, D. A. (1988), *Policy Paradox and Political Reason*, Glenview, Illinois: Scott, Foresman and Company.

______(2002), *Policy Paradox: The Art of Political Decision Making* (Revised ed.), New York: W.W. Norton and Company, Inc.

Suchman, M. C. (1995), "Managing Legitimacy: Strategic and Institutional Approaches", *Academy of Management Review* 20(3): 571~610.

Taylor, J. R. and Elizabeth J. Van Every (2000), *The Emerging Organization: Communication as its Site and Surface*, Mahwah, NJ: Erlbaum.

The Price Waterhouse Change Integration Team (1996), *The Paradox Principles: How High-Performance Companies Manage Chaos, Complexity, and Contradiction to Achieve Superior Results*, Chicago: Irwin Professional.

Thompson, F. and Jones, L. R. (1982), *Regulatory Policy and Practices: Regulating Better and Regulating Less*, New York: Praeger Publishers.

Townley, B. (2002), "The Role of Competing Rationalities in Institutional Change", *Academy of Management Journal* 45(1): 163~179.

Tversky, A., Paul, S., and Kahneman, D. (1990), "Causes of Preference Reversal", *American Economic Review* 80(1): 204~217.

Urban, W. M., 한기욱 역(1988), "상징 체계의 일반이론", 김용직 편, 《상징》, 문학과 지성사.

Van de Ven, A. H. and Poole, M. S. (1988), "Paradoxical Requirement for a Theory of Organizational Change", in Robert E. Quinn and Kim S. Cameron(eds.), *Paradox and Transformation: Toward a Theory of Change in Organization and Management*, Cambridge: Ballinger Publishing Company, pp. 19~63.

Wagner III, J. A. and Gooding, R. Z. (1997), "Equivocal Information and Attribution: An Investigation of Patterns of Managerial Sensemaking", *Strategic Management Journal* 18(4): 275~286.

Weber, J. (1996), "Influences upon Managerial Moral Decision Making: Nature of the Harm and Magnitude of Consequences", *Human Relations* 49(1): 1~22.

Weick, K. E. (1969), *The Social Psychology of Organizing*, Reading, MA: Addison-Wesley.

______(1976), "Educational Organizations as Loosely Coupled System", *Administrative science Quarterly* 21(1):1~19.

______(1979), *The Social Psychology of Organizing* (2nd ed.), Reading, MA: Addison-Wesley, 《조직화이론》, 배병룡·김동환(공역), 율곡.

______(1988), "Enacted Sensemaking in Crisis Situations", *Journal of Management Studies* 25(4): 305~317.

______(1993), "Sensemaking in Organizations: Small Structures with Large Consequences", in J. Keith Murnigham(eds.), *Social Psychology in Organizations: Advances in Theory and Research*, Englewood Cliffs, NJ: Prentice-Hall.

______(1995), *Sensemaking in Organizations*, Thousand Oaks, CA: Sage Publications.

______(2001), *Making Sense of the Organization*, Malden, MA: Blackwell Publishers.

Whitener, E. M., Brodt, S. E., Korsgaard, A. K. and Werner, J. M. (1998), "Managers as Initiators of Trust: An Exchange Relationship Framework for Understanding Managerial Trustworthy Behavior", *Academy of Management Review* 23(3): 513~530.

Yin, R. K. (2003), *Case Study Research: Design and Methods* (3th ed.), Thousand Oaks: Sage Publications.

# 찾아보기

## ㄱ·ㄴ

ㄷ · ㅁ

ㅇ



ㅈ·ㅊ

ㅋ · ㅌ · ㅍ

ㅎ



기타

## ■ 편집자 및 집필자 소개


**이 종 범**

미국 펜실베이니아대학 정치학 박사
현 고려대학교 행정학과 명예교수
경력 : 고려대학교 행정학과 교수, 한국행정학회 회장
저서 : 《국민과 정부관료제》, 《전환시대의 행정가》(편저), 《딜레마와 행정》(공저) 등.
논문 : “형식주의의 재음미: 딜레마와 상징적 형식주의” 등.

**안 문 석**

미국 하와이대학 자원경제학 박사
현 고려대학교 행정학과 교수
경력 : 고려대 교무부총장, 한국정책학회 회장, 한국과학기술학회 회장
저서 : 《정보체계론》, 《정부와 기업 그리고 시민사회》, 《한국전자정부론》 등.
논문 : “국가발전과 규제: 한국의 규제개혁 개관”, “정부에 미치는 영향요인에 관한 실증연구”(공저) 등.

**소 영 진**

고려대학교 행정학 박사
현 대구대학교 행정학과 교수
저서 : 《지방분권형 국가만들기》, 《딜레마와 행정》(공저) 등.
논문 : “전자정부 거버넌스의 개념정립 및 구축방안”, “행정학에 있어서 현상학적 방법의 가능성 탐색” 등.

이 영 철
미국 노틀댐대학 정치학 박사
현 전남대학교 행정학과 교수
미국 켈로그연구소 초빙연구원
저서 : 《노동행정론》.
논문 : “사회과학에서 사례연구의 이론적 지위”, “신공공관리론의 이론적 비판: 원자화된 개인, 강력한 시장, 축소지향형 정부” 등.

윤 견 수
고려대학교 행정학 박사
현 고려대학교 행정학과 교수
경력 : 한국정책학회 연구이사, 한국조직학회 부회장
저서 : 《딜레마와 행정》(공저) 등.
논문 : “약자의 설득전략 : 어느 하위직 지방공무원의 개혁활동에 대한 현상학적 보고서”, “정부의 결정을 딜레마 상황으로 가게 하는 요인과 그에 대한 대응책에 관한 연구” 등.

김 동 환
고려대학교 행정학 박사
현 중앙대학교 행정학과 교수
경력 : 한국전자통신연구원 선임연구원, 한국시스템다이내믹스학회 부회장
저서 : 《시스템 다이내믹스》(공저), 《김대중 대통령의 시스템 사고》, 《시스템 사고》 등.
논문 : “A System Dynamics Model for a Mixed-strategy Game”, “부동산 정책에 관한 시스템 사고의 교훈” 등.

안 성 민
미국 인디애나대학 정책학 박사
현 울산대학교 행정학과 교수
저서 : 《정책과 제도의 문화적 분석》(공저) 등.
논문 : “주민참여예산제도 사례분석 : 울산광역시 동구를 중심으로” 등.

하 민 철

고려대학교 행정학 박사
현 청주대학교 행정학과 교수
논문 : "정책문제해결기구의 설계와 제도화", "조직의 정당성 인식, 프레임 구성, 그리고 성장" 등.

김 태 은

고려대학교 행정학 박사
현 충주대학교 행정학과 교수
논문 : "합리성의 제약요인으로서 정책딜레마와 정책변화", "정부규모가 경제성장에 미치는 영향에 관한 연구" 등.

서 준 경

고려대학교 행정학 박사과정 수료
논문 : "공공부문에서의 정보화정책 성과의 영향요인 분석"

노 명 순

고려대학교 교육학과 박사과정 수료
논문 : "대학입학정책 변화요인의 역사적 신제도주의적 분석"

딜레마와 행정